民国史专家力作

军统特务活动史

民国第一特工组织的兴衰

马振犊　邢　烨◎著

U0951801

金城出版社
GOLD WALL PRESS

图书在版编目（CIP）数据

军统特务活动史 / 马振犊，邢烨著 . — 北京 ：
金城出版社，2016.5（2024.12 重印）
ISBN 978-7-5155-1013-2

Ⅰ. ①军… Ⅱ. ①马… ②邢… Ⅲ. ①中国国民党－特务组织－史料②军统局－史料 Ⅳ. ① D693.65

中国版本图书馆 CIP 数据核字（2014）第 015130 号

军统特务活动史

作　　者	马振犊　邢　烨
责任编辑	谢艳芝　蔡传聪
开　　本	700 毫米 ×960 毫米　1/16
印　　张	24
字　　数	350 千字
版　　次	2016 年 10 月第 1 版
印　　次	2024 年 12 月第 6 次印刷
印　　刷	北京科信印刷有限公司
书　　号	ISBN 978-7-5155-1013-2
定　　价	55.00 元

出版发行	金城出版社 北京市朝阳区利泽东二路 3 号 邮编：100102
发 行 部	(010) 84254364
编 辑 部	(010) 61842989
总 编 室	(010) 64228516
网　　址	http://www.jccb.com.cn
电子邮箱	jinchengchuban@163.com
法律顾问	北京植德律师事务所　（电话）18911105819

序　言

民国时期的特务组织与特务活动，是中国近现代史上隐晦最深的一页，而其中以国民党特务组织及其活动的历史为其主体。

南京国民政府执政的二十余年，特别是抗战八年，为中国情报特工组织的急速发展时期。在那纷乱的年代，特务组织因其在政治、军事、反侵略活动中的特殊地位与作用，在中国内政外交活动中扮演了重要角色，成为民国历史研究中的一个重要方面。但有关的国民党特务组织历史的研究，迄今在国内外学术界都还没能充分展开，其中档案资料开放的不足，为写作信史形成了障碍。

现今仍保存在台湾情特机构及档案部门的有关国民党中统、军统组织以及汪精卫伪政权特工总部76号的档案，原稿阙如。最近几年来，台湾相关部门编辑出版了一部分戴笠与抗战的档案资料，并经审查，有选择地开放了部分相关人物档案，为研究与撰述工作提供了一些便利。但就总体而言，有关国民党特务组织全面与基本的工作状况，特别是中统、军统及76号行动工作档案的开放力度还远远不足。

坊间流传的大量关于民国时期特务活动的“纪实”“演义”“揭秘”类书籍，充斥书刊市场，内容混杂，虚实难辨，不仅搞乱了史实，混淆了视听，而且给严肃的史学研究带来了不必要的麻烦。怎样去伪存真、写出信史，对于民国特务史而言更是一个必须直面的问题。另外，由于国民党特务极右的政治属性，和他们在历史上对中国民主进程巨大的破坏与阻碍作用，也曾在相当长的时期内，使人们对其历史活动的客观如实的分析评价产生了困难。

对国民党特务史的研究，除了去伪存真、探究历史真相外，重要的一点，还在于如何看待和评价这些团体和人物在历史上的活动。

国民党中统、军统特务组织的本质，当然是一种维护独裁政权的反民主的国家武装工具，对其历史活动及其作用的界定，总体来看必然是应予否定的。但是，需要指出的是，自1931年后，日本侵华的严峻形势给国民党及其政府造成了巨大的威胁，使他们不得不运用包括特工手段在内的各种方式来迟滞和抵抗日本的侵略。"抗日"与"反共"成为国民党特工的双重任务。"七七"全民族抗战开始后，在举国一致对外的历史大背景下，作为国民党的统治工具，为服务于蒋介石抗战决策，中统与军统组织在坚持反共和镇压民主的同时，也分别直接投入了对日伪的军事、政治与特工作战，并且在上海等地与日伪进行了十分激烈的搏杀。在这些斗争中，许多国民党特务组织人员被日伪捕杀残害，其中有很多还是满怀抗日救国愿望参加抗战训练而误入特务组织的青年学生。他们毕业后直接投入抗日战场，并为民族利益而献身。这些人与那些反共反人民的特务是有根本区别的，他们是抗日的烈士。当然，历史人物与历史现象是十分复杂的，需要进行有针对性的具体细致的分析研究。

与中统、军统有密切关联而又有根本区别的，还有另外一个也打着国民党旗号的汪精卫伪政权的76号特务组织。这是一个脱胎于中统、军统，由其叛徒及落水汉奸们组织的，为日本侵略者与其所扶植的汪精卫伪政权效力的特务机构，他们是由国民党与其中统、军统的背叛者们组成的变异体。这一汉奸特务组织，源于中统与军统，其组成人员与机构、运作方式及其手段乃至打击对象都与中统、军统极其相似。唯一不同的是，76号起先是由日本侵略者扶植中统与军统的叛徒及黑帮组织成立起来的，专门用以镇压抗日力量的特务机构，后来又归并入汪伪政权，成为汪记国民党中央的特务机关。它的打击对象除了中共及其他抗日力量，还包括了重庆国民党及其中统与军统组织。正所谓反噬者，其胃口与凶残度自然超过其母体，来自内部熟人的知根知底的攻击，曾使中统、军统在沦陷区的组织与活动几度濒于崩溃。然"两统"对76号及其日伪也进行了坚决的打击，并熟练地运用特工手段内外夹攻，于是在上海滩上演出了一幕幕腥风血雨、惊心动魄的明斗暗战。最后，随着日本的战败投降，曾经疯狂一时、有着“魔窟”之称的76号汉奸特务组织，终归于灭亡，结束了它为虎作伥的罪恶历史。

鉴于76号的名实表里都与国民党有关，我们将其列入国民党特务组织研究范围也算顺理成章。

为集中探讨不同特务组织的活动史，作者在原著《国民党特务活动史》的基础上，进一步搜集了国内外及两岸相关的档案材料，经分别合作撰述写出了中统、军统、76号三本书稿，此次扩写是继承了前著严谨学术作风的一次再创作。在写作过程中，作者曾两赴台北档案机构查阅运用了新公布的有关档案资料，特别是汲取了读者网友对《国民党特务活动史》的意见，将中统、军统特务组织的历史分别做出比较系统的论述，使之脉络内容更加清晰，并且又增加了对汪伪76号特务组织的专门研究记述，进一步从正反两方面补充完善了国民党特务史的研究。因此，它可以视之为目前有关国民党特务活动史的一套比较全面客观的作品。

当然，碍于主客观的原因，书中一定还存在若干不足和漏误，希望有关中外学者及历史爱好者能够有以指教。

有关国民党特务组织活动的历史研究，尚待学界同仁的共同努力。

马振犊

2015年2月10日

目录

[第一章]

军统的产生背景

第一节　蒋介石运用特务之肇始

刺杀陶成章

1906年，蒋介石在日本东京初次遇见上海青帮头目陈其美。当时孙中山领导的同盟会为了借助帮会的力量推动长江流域的革命，任命陈其美为中部同盟会庶务部长。蒋介石对陈的江湖作风及在帮会中的地位十分折服，两人意气相投，引为知己，后又结为“盟兄弟”。

武昌起义后，蒋介石应陈其美之召，于1911年10月30日从日本回到上海，混迹于上海帮会组织之中。次年1月14日，他奉陈其美之命潜入法租界广慈医院，暗杀了正在那里治病的光复会领袖陶成章。

蒋介石与陶成章在历史上并无恩怨，但上海光复前后，两人为争夺革命领导权产生了矛盾，陶成章还在孙中山面前斥责陈其美嫖赌成性，致使陈在愤恨之余动了杀机。后来，陈其美与陶成章又为抢做浙江都督发生直接争斗，陈便派蒋介石率杀手，深夜潜入病房，枪击陶氏，陶氏在半梦半醒中被击中左脑而亡。

陶成章被杀一案在国内引起轰动，上海举行了有四千多人参加的民众追悼大会，杭州则万人出动迎接陶氏骨灰回杭。孙中山闻讯“不胜骇异”，“非常痛悼”，并立即下令：“严速究缉，务令凶徒就获，明正其罪，以泄天下之愤！”

蒋介石刺陶之后，拿着陈其美给他的丰厚报偿，匆匆逃往日本躲避，直

陶成章

至是年冬，该案风声渐渐平息，这才悄悄返国潜回宁波老家。[1]

蒋介石刺陶"一枪成名"，开始了他正式登上中国政治舞台的活动史，从此现代史书上出现了蒋介石的名字。这样看来，陶成章算是蒋介石的"投名状"。曾有评论说："刺陶事件对蒋氏政治生涯有很大的影响，这是蒋氏登上政治舞台前所从事的第一件反革命的行为。但是由于这行为，更加博得陈其美的青睐与信任。陈是江浙财团的政治代表，透过陈的关系，蒋氏逐步靠向江浙财团。上海帮的财经集团及帮会组织，终成为二七年政变以后蒋的最大支持实力。"[2]

近一个世纪后，蒋介石的日记资料在美国斯坦福大学胡佛研究所档案馆公之于世，"蒋在日记中提到的几件事情显示，蒋早已是孙中山心目中的接班人选。例如 1912 年 1 月 14 日蒋刺杀光复会领袖陶成章，除掉了孙中山最主要的政敌。蒋日后在日记中自白：'余之诛陶，乃出于为革命为本党之大义，由余一人自任其责，毫无求功、求知之意。然而总理最后信我与重我者，亦

[1] 毛思诚：《民国十五年以前之蒋介石先生》（上），二史馆馆藏蒋介石档案，第 97 页。

[2] 陈鼓应：《蒋介石的第一次暗杀事件》，转引自李敖：《蒋介石其人》，人民文学出版社 1994 年版，第 17 页。

未始非由此事而起，但余与总理始终未提及此事也。’刺陶当时没有日记，是多年后蒋在日记中提及的……当时，陶已耳闻有人要对他不利，躲到医院里，想暂避风头。但蒋还是找到了他……过了十多年后，蒋在日记中曾说道，他认为他做了一件总理孙中山想做而不能做的事。他觉得‘总理信任我是有原因的。虽然我从未向总理报告，他也未和我提过，但我相信总理心中是有所感的’。这说明蒋在国民党权力竞逐中胜出是有很多原因的，包括他个人训练、背景、气魄、眼光和政治上的技巧。”[1] 至于他推论孙中山对他刺陶的支持，并无实在的史料证据。

由此可见，蒋介石是从充当刺陶杀手开始逐步登上中国现代政治舞台的。这便注定了他与特工的渊源关系。

有人撰文分析说：“蒋介石当年之所以充当杀手，和他的性格、教育环境及其交游有重大的关系。”关于蒋氏的个人性格，据他自己的描述是：“幼性顽钝，弗受绳尺”，“放嬉跳跃”，常遭“刀棒之伤”。[2] 他的老师毛思诚也记述说，蒋在学堂常“以同学为玩物，狂态不可一世，个性粗鲁，动辄拳打脚踢”，“如果有人反抗他，他是不惜以拳力支持其领导权的”[3]。他的这种暴戾性格，直到成年以后仍无太大变化，正如蒋介石自己在给胡汉民、汪精卫的一封信中所自承的那样：“弟本一贪逸恶劳之人，亦一娇养成性之人……至今不惟皮玩难改，而轻浮暴戾，更甚于昔日。”[4] 蒋介石的这种性格特征，加上后来他所受到的“粗浅的日本军国主义教育”及对德国“铁血主义”的崇拜、混迹上海滩时所受陈其美等人帮会作风之影响，终而形成他“上海滩”帮会流氓的心态倾向，而这种心态中的狂暴、偏狭、蛮干以及严密组织、注重情报搜集、以效忠个人为中心等成分，是他后来组织、使用特工机构的直接思想根源。

[1] 蓝慧：《55 年日记揭开蒋介石内心隐秘》，载《参考消息》2007 年 10 月 2 日第 6 版。

[2] 蒋介石：《先妣王太夫人事略》，二史馆藏书。

[3] 董显光：《蒋“总统”传》，二史馆藏书。

[4] 蒋介石：《与展堂、精卫书》，载《蒋主席名著全集》第四集，(台)复兴出版社 1947 年版，第 1205 页。

苏俄克格勃之启发

1916年5月，陈其美被袁世凯派人刺杀，蒋介石奉命赴山东，出任居正领导的“中华革命军东北军”参谋长，虽工作负责，但仍因“性倔强躁而易怒，偶不惬意，辄暴跳如雷，处事则往往偏执一见，无他人置喙之地，故同僚……常表恶感……众不能忍，群向孙先生告发”[1]。尽管孙中山对蒋介石的暴躁性格有过严厉批评并曾加以规劝：“兄性刚而疾俗过甚，故常龃龉难合，然为党员之重大责任，则勉强牺牲所见，降格以求，所以为党，非为个人也。”[2]但蒋的这种性格是不可能骤然改变的，最后仍是“不得已，乃悄然离去”[3]。

蒋介石这一去便到了上海，在交易所从事股票投机生意，同时参与东南党务与军事工作。

1918年3月12日，蒋介石奉孙中山之召离沪赴粤，正式进入革命大本营。其后他又因时常与孙中山等人的意见相左而闹情绪，往返于沪粤之间。1922年6月“陈炯明叛变”事发之时，他受到孙中山召唤，登上“永丰”舰与孙中山共患难，取得了孙的信任与器重。从此，孙、蒋由普通的上下级关系渐渐发展为亲信关系，蒋介石由此取得了进入国民党最高层的资本。

孙中山与苏俄合作，实行联共政策，于1923年8月派出“孙逸仙博士代表团”赴苏联考察访问，任命蒋介石为代表团团长，对他表示出充分的信任。代表团团员有中共主要干部张太雷以及沈玄庐、王登云等人，他们在苏联访问了两个多月，于11月29日回国。

孙中山派蒋介石访苏的意图，是要他学习苏联治党治国的经验，回国后推进国共合作与北伐大业。然而，蒋介石在苏联经过与俄方领导人的会谈及考察，反而对苏联实行的社会主义制度及其对中国革命的方针意图产生了严重的怀疑与反感情绪。他回国后在致廖仲恺的一封信中写道：“以弟观察，俄党对中国之唯一方针乃在造成中国共产党为其主流，绝不信吾党可与之始终

[1] 秦瘦鸥：《蒋介石先生全集——蒋介石先生传》，二史馆藏书，第34页。

[2] 毛思诚：《民国十五年以前之蒋介石先生》（上），二史馆馆藏蒋介石档案，第97页。

[3] 秦瘦鸥：《蒋介石先生全集——蒋介石先生传》，二史馆藏书，第34页。

合作以望我成功者也……党中特派一人赴俄，费时半年，费金万余，不可不为郑重，而于弟之见闻报告毫无省察之价值，此弟当愧信用全失、人格扫地，亦应引咎自辞也。”[1] 蒋介石的苏俄之行亦有一大收获，他没有说，却有旁证可引，那就是他对苏联“格别乌”（国家政治保卫总局，即克格勃前身）情报特工机构的发达及作用产生了浓厚的兴趣，对其镇压反对派的效能给予了很高的评价，并决意效仿之。

国民党两大特工组织之一——中国国民党中央执行委员会调查统计局（中统）的创始人陈立夫多年后回忆说：“蒋公曾去苏联，知道该国政治之运用甚详，而其调统组织之严密，实为安定内部之主要因素，因此十六年清党之后，蒋公就要我在他所任部长的组织部之下，组织成立调查科。”[2] 这样看来，蒋介石成立特工组织的设想，也是受了苏联经验的启发。

对德意法西斯之效仿

孙中山去世后，经过一番争斗成为国民党领袖的蒋介石，在对外方针上有他自己的一套观点。20 世纪 20 年代末，蒋介石认为，未来中国之外患，一是苏俄，二是日本，两者相比，苏俄的威胁更居首位。因此，孙中山逝世以后，蒋介石在逐步掌握国民党统治权力的同时，便开始有计划地疏远苏联。首先是利用“中山舰事件”，打击中共及苏联军事顾问的力量，而后又公然反对坚持国共合作的武汉国民政府，建都南京，发动“清党”，对俄绝交。1927 年 12 月 14 日，南京国民政府发布对苏联断绝邦交令，中苏关系降到历史最低点。

对苏绝交之后，蒋介石急于寻找新的国际力量来填补苏联顾问撤退后留下的空缺。在英美对华持观望态度的情况下，德国却因在第一次世界大战中战败而失去了强国地位，沦为中国的平等伙伴。蒋介石看中其尚存的国家工业、科技人才实力基础，加上他对德意法西斯强权的崇拜，于是坚定了引进

[1]《蒋介石致廖仲恺函》，载《民国档案》1993 年第 1 期，第 12—13 页。

[2] 王禹廷：《专访陈立夫先生：中国调统机构之创始及其经过》，载徐恩曾等著：《细说中统军统》代序，（台）传记文学社 1992 年版。

德国力量改造中国的决心。同时，日耳曼民族所具有的“认真、勤俭、遵纪、执着”的民族精神，亦正为中国知识界所推崇，被认为是针对旧中国贫穷、散漫、落后的国情，医治社会痼疾的良方。蒋介石还让次子蒋纬国赴德留学，并劝诫之：“中国应该向一个稳健扎实而不是充满幻想的国家学习，我们不能凭幻想办事。从日本人那里，我们没有什么可学的，他们的产品制作太低劣了，美国人太爱幻想，英国人太迟钝，德国是唯一可以从中学到一点东西的国家，他们可以给我们打下底子，从而培养发扬我们自己的稳定坚实的作风。”蒋介石还曾进一步明确提出：“德国民族的伟大精神乃是我们未来的榜样。”[1]

20 世纪 20 年代，出自意大利语的“Fascism”一词传入中国，起初被音译为“泛牺”或意译为“棒喝”，表示“持棒喝打，振顽起愚”之意，成为一种对武力挽救、强力解决问题的团体暴力主义的崇拜。后来演绎为“法西斯蒂”或“法西斯主义”，其意不仅是指意大利，也泛指那些进行严厉的政府控制，国家独揽大权，对民众实行军事化统治与组织训练的国家形式。在中国，人们对希特勒德国国家社会主义工人党的“法西斯主义”统治方式研究颇多，并把它与德国历史上俾斯麦的“铁血主义”相联系，以之为“法西斯主义”正宗；相反，则淡化了意大利墨索里尼才是“法西斯主义”源头的观念，似乎意大利的法西斯从来就是德国法西斯的附庸。

在开始阶段，法西斯主义对外侵略、残暴掠夺奴役的面目尚未暴露，其名声还没腐臭；相反的，它作为有力地增强国家机器统治效能的良方，对于那些具有浓厚封建主义传统、缺少民主习惯的国家具有极大的诱惑力，当时的中国便是如此。在 20 世纪 30 年代的中国，知识界及军政界不少人士普遍对法西斯主义具有兴趣，大量的出版物都在介绍、评论法西斯主义，并具体论述其与中国、与执政的国民党及其三民主义的关系。国民党的军政大员们，如胡汉民、汪精卫、戴季陶、宋子文、孔祥熙等人纷纷出访德意，大批的留学生、军校学员、商界、军界专访团被派往德意，当局曾试图全盘移植法西

[1]《德国驻华顾问团工作纪要》，（台）“国防部”史政局 1969 年编印，第 4 页。

斯主义模式到中国。

在蒋介石的“联德”计划中，他最感兴趣的莫过于纳粹党怎样在党内“维持最严格的纪律，怎样对可能出现的党的敌人或异己派别采用严厉的制裁措施，从而使那些措施获得完全的成功”[1]。

蒋介石对德国法西斯纳粹党式的“西方国家正在向上的政党”的崇拜几乎到了顶点，他认为，以中国传统的封建文化思想加上法西斯的精神就是今日中国由乱变治的法宝。

1931 年 5 月，蒋介石在南京召开的国民会议上说：“综察现在统治世界各国之政府，虽形式互殊，而其理论之立场，大约可概分为三：第一，法西斯蒂之政治理论，本超象主义之精神，依国家机体学说为依据，工团组织为运用，认为国家为至高无上之实体，国家得要求国民任何之牺牲，为民族生命之绵延，非以目前福利为准则，统治权乃与社会并存，而无后先，操之者即系进化阶段中统治最有效能者。第二，共产主义之政治理论……第三，自由民治主义之政治理论……”在比较了三种主义之后，蒋介石得出结论说：“挽救迫不及待之国家危难，领导素无政治经验之民族，是非藉经过有效能的统治权之施行不可。”他把建立这种“有效能的”独裁统治说成是民意，“今日举国所要求者，为有效能的统治权之行施，以达到解除民众痛苦之目的”[2]。

1934 年 9 月 11 日，蒋介石在庐山对军官训练团训话时又说：“无论专制国家、民主国家，乃至于社会主义国家，都必须有一个元首或领袖。在帝制国家里，称为皇帝与天子；民主国家，便称为大总统与主席。名义虽不同，而其为代表国家的元首则一。所以《大学》里的天子，我们可以广义解作国家元首。”[3] 这番“古为今用”“洋为中用”的言辞，暴露了蒋介石的心态。

1935 年，蒋介石在对他的准特务组织“蓝衣社”成员的讲话中更直白地说：“今日中国所需要的不是讨论未来中国将实行何种理想的主义，而是需

[1] 德国联邦档案馆：《鲍尔遗件 NO：62》，第 229—230 页。转引自《蒋介石政府与纳粹德国》，中国青年出版社 1994 年版，第 189 页。

[2] 河阳等著：《蒋介石揭秘》，中共中央党校出版社 1994 年版，第 322 页。

[3] 河阳等著：《蒋介石揭秘》，中共中央党校出版社 1994 年版，第 288 页。

要眼下将能救中国的某种方法……法西斯主义是一种对衰弱社会的刺激。法西斯主义能不能救中国？我们回答：可以。法西斯主义是目前中国所最需要的……在中国现阶段的紧急形势下，法西斯主义是最适合的一种奇妙的药方，而且是能够救中国的唯一思想。”[1]

蒋介石学习法西斯，不但在于言论，而且贯彻于行动。除了实行“权随人移”的独裁统治，他在很早便开始着手组建特务组织的工作，想靠恐怖与暴虐的手段来驾驭部下，并镇压人民的反抗。德意法西斯统治的一大明显特征是对内镇压功能的有效加强，而其中最有力的手段之一便是建立庞大、严密、正规的特务网。不但对外搜集情报，进行破坏与间谍战，而且对内监视民众，镇压反对派，进而用于内部肃清政权组织，控制部属，使特工组织成为一把“多刃剑”。蒋介石受德意法西斯的启发，片面地吸取了苏联政权的统治经验，面对一盘散沙的中国社会政治，决心建立“有效能的统治权”，因此采用特务组织与手段便成为势在必行之举。

蒋介石的特务思想

蒋介石曾于 1935 年 1 月 1 日在杭州对调查统计局特务人员公开发表过一篇训词，题目是《特务人员之基本修养》。在这篇讲话中，他毫不客气地说：“有两点最重要的意思要吩咐你们：第一，必须绝对服从命令。特务工作人员，就是领袖的耳目，你们所到的地方，就是领袖耳目所及的地方。你们如果不实实在在尽心尽力去工作，领袖的耳目，就失去了聪明，革命事业的进行，便会发生障碍。所以你们做耳目的人，务必要遵照首脑的意旨，慎重周密地去进行一切。因此你们工作上最要紧的条件，就是绝对地服从主管的命令，除服从命令之外，没有你们个人意志的自由……你们特务工作人员就是领袖的耳目，换句话讲，就是领袖所用的革命工具。做工具的人，只有死心塌地地绝对服从主管的命令，随时准备为领袖牺牲自己的一切，主管要你们死就死，要你们活就活，丝毫没有你们抉择的余地。第二，不许自作主张。

[1] 转引自〔美〕易劳逸：《1927—1937 年国民党统治下的中国：流产的革命》，中国青年出版社 1992 年版，第 54 页。

你们特务工作人员既然是领袖的耳目与工具，只以绝对服从为天职，自己的生命身体，都已经完全贡献于领袖；那么，个人的意志，当然更不待说是没有丝毫的自由了。尤其是对于政治方面，不能在领袖主张之外，自己做一点主张……你们务必要以领袖或团体的主张为主张，以领袖或团体的意志为意志，才是忠实的革命者。唯能如此，才能推动革命事业以底于成功。”[1]

蒋介石的这番讲话充分体现了他对特务组织的定性与认识，即特务组织是其“耳目与工具”，并且是要完全俯首听命的“御用奴才”，其地位是可想而知的。由此看来，蒋介石对特务的评价也不高，慑于内外压力，蒋对特务是既要用之又要限制，把他们培养成百分之百唯命是从的打手与奴才，这一点是无疑的。

第二节 “特工之王”崭露头角

1926 年 9 月，在黄埔军校第六期招生应试者中，出现了一位蒋介石在上海交易所时结识的青年，他中等身材，浓眉大眼，脸庞轮廓分明，在一众参加考试的黄埔学生中并没有什么特别之处。为了勉励自己，他刚刚把自己的名字改成了戴笠，这个时候，谁也不会想到他就是后来的国民党“特工之王”。

关于戴笠其人，一些国民党的官书将他描绘成天生的谍报专家、特工天才，而对立者则斥之为魔鬼与毫无人性的刽子手。客观地说，他思维活络、嗅觉敏锐，能善变求新，加上一些与生俱来的乡村无赖性格与对上死心塌地效忠的封建思想，使他在情报搜集与分析方面的“天资”得到充分的发挥。在当时风起云涌的历史环境下，他迅速脱颖而出并受到了蒋介石的重用。

[1]《蒋“总统”全集》第十二卷，第 6—7 页。转引自汪荣祖、李敖 :《蒋介石评传》（上），青海人民出版社 1999 年版，第 228 页。

黄埔纷争

戴笠，字雨农，原名戴春风，1897年5月28日出生于浙江省江山县硖口镇。1910年春，考入江山县文溪小学，三年后进入杭州浙江省立一中。后因违反校纪被开除，投入浙军第一师潘国纲部学兵营当兵，战败后逃回家。他不甘吃苦，急于四处寻找成名出路。1915年，他与毛秀丛结婚。1922年冬，他到了上海，经大同乡戴季陶介绍，结识了蒋介石，并一度为他们在交易所做股票投机生意当跑腿伙计，因头脑灵活，办事尽心，给蒋介石留下了印象。蒋介石的股票生意失败后，戴笠在沪失去生活来源，于1924年回乡办自卫团，自任团长。两年后，自卫团又被解散。正当他走投无路之时，在街头巧遇其幼时同学毛人凤，毛人凤当时正在广州黄埔军校当学员，他向戴笠描述了自己在黄埔军校读书的革命生活，说“革命朝气在黄埔”，引起了生性好动的戴笠的极大兴趣。

黄埔军校，全名中国国民党陆军军官学校，由孙中山先生在中国共产党和苏联的积极支持和帮助下创办，是第一次国共合作的产物。军校秉持军事与政治并重、理论与实践结合的教学方针，为中国革命培养了大批军事政治人才。戴笠认准这是一条出人头地的捷径，立即决定赴粤，并由戴春风改名“戴笠”以示弃旧图新的决心。经过两次考试，他考上黄埔六期，编入入伍生团第17连，由此开始了他追随蒋介石的政治生涯。

戴笠在黄埔埋头学习，平时言行谨慎，课余时间，留心观察周围师生的举动，记载各种有用的资讯，尤其是同学中中共党员的活动，他相信这些东西总有一天会发挥作用。

1927年4月，蒋介石依仗军权另组中央，建立了南京国民政府并开始反共“清党”。戴笠在黄埔军校受蒋介石政治集团反共立场及理论的影响，对“清党”反共持赞同态度。他一反常态，在同学中发表反共演讲，大谈国共两党必然分裂的原因与“清党”的必要，表现十分积极。不久，蒋介石派他的侍从副官、黄埔二期生胡靖安到黄埔军校开展“清党”工作，戴笠向他提供了有关校内师生的许多情报，使校方轻而易举地逮捕了二十多名共产党员，由此，戴笠受到胡靖安的赏识。胡出任军校入伍生部政治部主任后，开始有意识地笼络和栽培戴笠，将他委为骑兵营党部执行委员。

南京国民政府成立后，黄埔军校骑兵营调往苏州驻防。在党内反对派的强大压力下，蒋介石一度准备下野，黄埔学生中掀起挽留之风，戴笠等三人前往蒋的老家浙江奉化，代表骑兵营面见蒋介石请求他复出。这次见面，使蒋对戴笠加深了印象。

戴笠回到苏州后，因蒋已下野，骑兵营经费困难，学员渐渐散去，他便到了上海，失去踪迹。据他后来自称是“被派到北伐军司令部服务”，其实他是正式投靠了胡靖安，开始以情报工作为业。他利用在上海的旧关系搜集各种情报，渐渐学会了分析研究情报的价值，成为胡靖安的重要助手。

从入学到离开苏州骑兵营，戴笠在黄埔就读的时间共计不过一年，实际为黄埔军校肄业，但后来军校保留了他的学籍，承认他是黄埔六期毕业生。

效忠于蒋

1927 年 8 月，蒋介石因在国民党内部受到汪派及桂系等的共同攻击，四面楚歌，急于用非常手段来对付政敌。他授意胡靖安离开黄埔，在上海专事联络黄埔同学搜集各方情报之事，成立了黄埔同学联络小组，负责搜集各方情报、监视部队。戴笠与他的同学东方白、刘艺舟、蔡劲军等在胡靖安的联络小组里干了一段时间，由于胡靖安的不得力，戴笠等虽然卖力工作，但并没受到相应的重视。这一时期是戴笠从蒋介石处领取经费从事专业特务工作的开始。9 月，蒋介石被迫东渡日本，下野之前为避免授人口实，他令联络小组停止活动。 胡靖安在上海把蒋介石给的遣散费独吞后逃走，戴笠在无奈之中靠拜把兄弟杜月笙的救济才渡过了难关。

1928 年 1 月，蒋介石复任国民革命军总司令，指派胡靖安赴德国留学。临别前，蒋接受了胡的推荐，任命戴笠为总司令部上尉参谋，接替胡主持在上海的联络小组的工作，戴笠由此正式开始了他为蒋介石出掌情报特工工作的生涯。

戴笠出掌蒋介石私人系统特务工作后，工作积极性大大提高，他认准跟蒋有前途，拼命卖力，但在开始阶段，他的工作是比较艰难的。一方面，由于联络组是一个非正式组织，没有什么正当的经费来源，其成员的生活也没有保障，仅靠他们对蒋介石的忠心是不能长久的；另一方面，他的工作既无长久计划又无协助力量，工作不公开，当然不受人重视。在这种逆境中，戴笠培养了注意揣摩蒋介石心理的习惯，他注意分析政治军事形势和蒋的情报需求，不辞劳苦地搜集各种他认为有价值的情报，并不厌其烦地一次次地去蒋介石的住地，不理会蒋的卫士的呵斥与刁难，苦苦守候蒋的到来，送上他的工作成果。有时蒋介石在不经意中丢掉了他的情报，他便再次呈上。这样时间长了，戴笠逐步为蒋所重视，觉得他是一个很细心的人，有搜集情报工作的天资，可堪一用，于是下令准其“随时来见”。

这一年的 7 月，蒋介石派戴笠随东路北伐军从广东出发，在军前进行情报搜集分析与综合研究工作。出发前，蒋介石手书“坚苦卓绝”条幅一纸，赠与戴笠，使他兴奋异常，更加努力工作。不论是在沪宁前线还是在华北五省，戴笠冒着生命危险深入北洋军队后方刺探军情，利用“北洋军阀老粗多……无常识，轻信谣言，贪图小便宜，情报容易做”的特点，运用拉关系和金钱收买等多种方法，成功搞到了许多军事情报。在徐州前线，他因长期骑马磨破了腿裆流血不止，还照常四处活动。戴笠的工作成绩使蒋介石逐步相信了他的情报专长与能力，更感到作战离不开这个人物。

1929 年年中，二次“北伐”完成后，国民党内“新军阀”争夺权力的新争斗又开始了。阎锡山、唐生智等国民党地方实力派人物，依仗着在北伐中所占据的地盘与膨胀的军力，坚决反对蒋介石以“编遣裁兵”为名行削除异己之实，最终举兵反蒋。在对付党内反叛者的作战中，蒋介石派出了他的秘密干将戴笠，进行军事情报与策反工作。但是阎部人员防范甚密，戴笠钻研多时，竟无功而返。于是戴笠又深入唐部活动。

12 月，戴笠到达开封、郑州活动，被唐生智发觉，悬赏 10 万银元在河南全境搜捕他，唐军宪兵营到处持着戴笠的相片设卡抓人，形势十分危急。戴笠在走投无路之际，铤而走险，化装成记者，从陕西潼关赶赴河南信阳唐部指挥中心，潜入城内。他探知掌管信阳城防的是唐部宪兵营长、黄埔四期毕业生周伟龙，这人是戴笠同学东方白的好友。戴笠便以东方白之名独闯宪兵营拜见，鼓动口舌，以同学之情煽动起周伟龙对蒋介石的师生之谊，要周向蒋效忠，劝其投蒋共打天下，竟大获全胜。周伟龙不但当即与戴笠结为拜把兄弟，还提供了唐生智的军事部署重要情报，最后甚至亲自护送戴笠出城，使戴脱离险境。一个月后，蒋军获胜，唐生智战败下野，周伟龙如约弃官投蒋，由戴笠引见给蒋介石。此后，周伟龙便在戴笠手下做了一名军统大特务，成为戴的得力助手之一。此事后来被戴笠引以为荣，频频告人。戴笠的这次出色表现，使蒋的军事行动顺利成功。不久，戴笠便因功升为中校联络参谋。[1]

1930 年 4 月，国民党内最大的一次反蒋势力大联合又一次发动了倒蒋战争。阎锡山、冯玉祥联合桂系军阀及国民党内改组派、西山会议派等，推出汪精卫为政治领袖，在北平召集国民党中央扩大会议，公开与蒋作对。为了应付挑战，蒋介石命令戴笠派出得力助手王孔安，混入北平“扩大会议”刺探情报，帮助蒋介石制定了拉拢东北军张学良入关相助的正确战略，并成功地在各地瓦解，收买了阎、冯军的许多杂牌部队，最终使反蒋阵线腹背受敌陷于内乱。7 个月后，中原大战最终又以蒋介石的全胜而告结束。随后，戴笠受命前往北平，代表蒋介石与其新盟友张学良联络，他通过张的警卫旅的一名团长，与张有两辈交情的拜把兄弟吴泰勋与张学良攀上交情，最后竟然又做了张、吴的结拜大哥，成功地控制了东北军。吴泰勋还向戴推荐了多名手下充当特工，并随时向戴报告张学良与东北军的有关情报。戴笠的出色表现，使蒋介石对之更为倚重。

“十人团”发迹

1931 年年底，蒋介石为进一步加强军事情报工作，又在国民革命军总司令部里任命了多名侍副官与联络参谋，专司军事情报搜集，其中有戴笠、郑介民等人。这便是后来国民党军统组织的前身。由于戴笠的功劳，蒋介石同意他成立一个“密查组”，作为为他搜集情报的正式组织，隶属于总司令部。

[1] 沈美娟：《孽海枭雄：戴笠新传》，北京十月文艺出版社 1992 年版，第 139—144 页。

这一小组成立后，戴笠的工作与以前相比，有了固定的经费拨付、人员配额与工作场所，成为蒋政权内戴系情报工作由零散、非正式发展为集中、正规化的一个短期过渡。

戴笠成为这一“密查组”的负责人后，他的好友、陆军第一师师长胡宗南将其在南京城内鸡鹅巷 53 号的一处住宅赠予戴笠作为工作场所。这所房子位于巷子内，从外观来看，与普通住宅没有什么不同。后来戴笠将他的母亲、妻子与儿子接到南京，一起住在后院。这个地方有老人、有小孩，与一般住家可以说别无两样。唯一不同的，就是出入这个处所的人员稍多一些。周伟龙、王天木、唐纵、张炎元、徐亮、胡天秋、马策、郑锡麟等人成为戴的第一批骨干力量，这些人后来都被称为戴笠最早的发家班底“十人团”成员[1]。这是戴笠领导下的国民党第一个正式特务组织。

[1]《戴雨农先生全集》(上)，(台)“国防部”情报局 1979 年编印，第 15—20 页。

[第二章]

初露峥嵘

——军统前身特务处时期

第一节　蓄　势

特务处的成立与扩充

1932 年 3 月初，中国的法西斯组织——复兴社在蒋介石的授意下正式成立，刚刚经过下野又复职的蒋介石主持了成立大会。复兴社内设组织处、训练处、宣传处、特务处[1]、总务处和检查委员会。蒋介石自兼社长，并指定康泽等 9 人为复兴社中央干事会干事，以滕杰为书记。当时戴笠任特务处处长助理，一周后正式转任处长。

特务处成立时设有一室二科，以唐纵任书记室书记，郑介民为侦察科科长，邱开基为执行科科长；其后增加了交通科，由黄埔一期的梁干乔任科长。这时的特务处尚处在比较简单的创业阶段，共有 145 人，其中骨干力量都是戴笠“密查组”的人员，后来又吸收了王孔安、乔家才、简朴等黄埔出身的干员，办公处就设在鸡鹅巷 53 号，处理机要指挥行动。特务处的工作重点比密查组更为全面，已经不限于做侦察工作，而发展到了涉及广泛的政治斗争任务。因为其编制一直没有得到落实，特务处一开始仍不免捉襟见肘。后来特务处人员不断增加，又于 12 月在许府巷成立了处本部，同时在

[1] 也有说法认为特务处刚成立时暂隶于力行社，至 1932 年 9 月改隶于军事委员会调查统计局第二处。

戴笠题“浙江警官学校”

各省地区及大城市成立了区、站、组三级组织网，初步形成特务网络。以后又慢慢发展，1933 年 7 月成立了保护蒋介石安全的“随节警卫组”。1935 年，为适应特工通讯的需要，特务处成立了第四科，魏大铭为科长，专负电台联络与培养通讯人才之责[1]。

戴笠起家的又一个据点，是浙江杭州西湖边上的浙江警官学校。浙江警官学校特训班为军统局培训了相当多的骨干，一些高级特务如毛森、萧勃、阮清源、杨超群、章微寒、叶霞娣都是从这里结业出去的。它不属于特务处的外勤组织，却是戴笠进入警界的开始，是他掌握的又一公开机关。

浙江警官学校是 1928 年朱家骅任浙江省政府民政厅厅长时所创办的。特务处成立以后，戴笠奉派为杭州浙江警官学校政治特派员，趁势对办公室加以控制管理，任命王孔安为该校书记长，以加强学校的情报工作与政治训练。该特训班主任由戴笠兼任，副主任为余乐醒，谢力公、柯建安、毛家亮分任校务、训育和事务课课长，汪德龙为学员队长，将入校生分为甲、乙、丙三种性质班施行培训。1934 年，戴笠推荐浙江警官学校的教育主任赵龙文为杭州省会警察局局长兼浙江警官学校的校长，实际上成为该校的“太上皇”。

浙江警官学校创办人朱家骅

浙江警官学校甲训班设在雄镇楼，和警校完全隔开，按照南京训练班的规模与标准，选派警校优秀学生及各地特务骨干分子受训，6 个月一期，每期三四十人，专门培训高级特务人才。培训 6 期，毕业学员共 180 人。

乙训班设在警校内，其学员为戴笠派刘

[1]《戴雨农先生全集》(上)，(台)“国防部”情报局 1979 年编印，第 26 页。

乙光等往江山、嵊县两地招收的初中毕业生。江山为戴笠的故乡，而嵊县则以出强悍的土匪著称，因此戴笠指定“只要这两个县份的人”。这个班培训充当打手和警卫的专门技能，如骑马、射击、驾驶、武术（拳击、摔跤、擒拿等），最后一共毕业 270 人。

丙训班也设在警校内，招收十五六岁的女青年，训练课目除武术外，还授以女佣方面的技能，如缝纫、烹调、洗涤等，以为今后工作掩护。毕业 16 人。

浙江警官学校在无线电的研发和人员的培训方面也具有重要的作用。无线电通讯是从事特务活动的重要工具和手段。戴笠建立特务处时，没有无线电通讯设备，各地的重要情报，均由国民党中央党部调查科和军政部门的电台代发，往往因不够及时而失去价值。戴笠为建立自己独立的通讯网络，商请胡宗南从第 1 师调派无线电专家魏大铭到特务处工作，还在警校内增开了电讯班，第一期学员 12 人，其中 10 人为杭州警官学校第二期毕业生。后因警校毕业生专业不同，学生们缺乏从事无线电通讯工作的兴趣，便又在上海设立了“三极无线电传习所”，招收有志于无线电专业的青年学生受训，从中挑选优秀分子进入杭州浙江警官学校电讯班。这个班从 1933 年 3 月 18 日开办起，至抗战前止，共办了 11 期，为戴笠的特务处培养了 334 名从事无线电通讯的特工人员。

电训班开办初期，教官康宝煜觉得当时使用的 5 瓦特手摇发电机和 15 瓦特充电发电机均携带不方便，不适宜秘密工作使用，便采取将收发报机真空管的电压提高一倍的办法，研制出一种小型收发报机。这种收发报机除去电池、听筒、电键外，只有两只饼干桶那么大，携带十分方便。这一革新，使戴笠大喜过望。他让魏大铭携带这种袖珍特工收发报机与他一道上庐山，向蒋介石报功请赏。其时，蒋介石正在庐山开办军官训练团，庐山与南京的通讯，虽用 15 瓦特电机，但因庐山云雾影响，电力损耗太大，发射困难。戴笠让魏大铭使用袖珍特工机，使通讯畅通。过不几天，戴笠和魏大铭在芦林 34 号官邸受到蒋介石的召见，戴指着袖珍特工机向蒋报告说：“现在牯岭通报的电台，就是这个电机。”蒋连连点头称好。戴笠受到蒋的赞许后，让魏大铭编造预算，呈请开办无线电制造所，很快得到蒋介石的批准，便在雄镇楼开始生产两瓦特半的特工机；同时大量收购收音机，改装为发报机。1933 年冬，特务处电讯总台在南京城南白鹭洲西石坝街29号建成，拥有收发报机3台。

对无线电通讯的掌握，使戴笠多了一项能够先发制人的利器。这项利器也被戴笠使用于国民党军的“剿共”战争中。随着破译中共红军的密码电讯工作的开展，特务处又与南昌行营合作，设立侦信总台于南京，由谢松元负责；并在北平、广州、宜昌等地设立了分台，截获中共红军福建根据地等处拍发的电报情报，年抄报各类情报达2.5万—3万份、密电译件2700余件。[1]

吞并南昌行营调查课

戴笠的特务处与南昌行营调查课、徐恩曾掌握的特工总部（中统前身）都是蒋介石的特务组织，三者鼎足而立，各自为蒋效命。1935年年初，戴笠兼并了南昌行营调查课，使特务处在规模上有了大幅度的提高。

南昌行营调查课原是蒋介石为了配合“围剿”苏区红军的需要，于1933年在南昌行营秘书处设立的，专司情报工作，由蒋的侍从秘书、力行社干事邓文仪兼任课长。该课设有一室三组及两个侦察队，在华中及东南各省还设有特别区站和普通站组，行动人员及特派员分布各地。邓文仪接手调查课后，将1932年设在武汉的豫鄂皖三省“剿匪”总司令部秘书处第三科及禁烟密查组收入麾下，在各军事机关和部队驻地搜捕共产党，镇压进步分子，同时还替蒋介石监视和侦察各级部队长的活动。其势力发展之迅速，超过了当时戴笠领导的特务处。

1934年夏，邓文仪因在调查航空署一架飞机失火案中涉嫌受贿而被迫辞职，其课长职务交由戴笠接替兼任，戴笠顺理成章地将权力伸展到了江西反共前线。

1935年2月，蒋介石正式将行营调查课归并于军事委员会调查统计局第二处，成为特务处的组成部分，使特务处的规模空前壮大，总人数由670余人增加到1700余人；不仅数量上有所增加，其构成亦有很大变化，原南昌行营调查课的特务骨干分子，如李果谌、王新衡、张严佛、谢力公、钱新民、

---

[1]《戴雨农先生全集》（上），（台）“国防部”情报局1979年编印。

朱若愚、王平一等，都受到了戴笠的重用。他们中许多出身于留苏学生，有的是中共脱党分子，“平均水准，比戴先生以军校同学为骨干的老班底为优秀……所以多获戴先生之重寄[1]”。戴笠对他们一视同仁，这些人后来成为戴笠组织的中坚力量。

在吞并南昌行营调查课之前，戴笠已在华东、华中、华北、华南地区的26个城市及京沪、津浦、胶济三条铁路沿线区域布置特务七十余人，初步形成了由点到线的网络。调查课归并后，经费随之增加，戴笠便对全国各地特务组织做了系统的布置与加强：划分各大区域，设立区级单位，在各省设省级站，以次设直属组，其体系是区辖站，站辖组。此外，还建立了南京国际组、铁道通讯组、财政密查组及原来的三省“剿匪”总部禁烟密查组，这些特别单位，都由特务处直接领导。

除了加紧下属各特务组织布网建设，戴笠还在军、警、宪各部门建立了特务机构。如在宪兵司令部设立政训处，先后派梁干乔、张炎元担任处长。在宪兵团、营设立政治训练员，其成员均由特务处推荐，经政训处考试后任用。各省保安处设立谍报股，股长由该地特务站（组）长兼任。初期兼任谍报股长的特务站（组）长有安徽蔡慎初、江西谢厥成、浙江翁光辉、河南刘艺舟、福建张超、贵州桂运昌、湖北廖树东等。此外，武汉行营第三科的简朴、四川行营第三科的王孔安、西安行营第四科的张严佛等特务头目，也都在各地谍报机构兼任了职务。在警察系统则是由戴笠派特务人员渗入其中，掌握领导权。他先后派遣马志超、史铭、赵龙文、王固磐、杨蔚等人担任了西安、兰州、杭州、厦门、南京、郑州、福州等十多个省辖市警察局（厅）局（厅）长以及京沪、粤汉、平汉、津浦等主要铁路部门的警察署署长，还派员担任了许多军警机构中的特务队长、侦缉队长，诸如上海警备司令部侦查大队长、后勤总部警务队长即由戴笠派王兆槐、喻耀离充任。

在各地军警系统设置的特务机构和派遣的人员，其编制和经费支付属于所在的部门，但其人员配备与活动则由戴笠安排指挥。他说：“我们之所以要

[1] 陈恭澍：《英雄无名》第一部《北国锄奸》，（台）传记文学出版社1981年版，第219页。

掌握许多公开机关，就是要以公开机关来掩护秘密工作的前进……我们的工作由于任务的特殊，必须采取秘密的方式，以严密的组织，在公开工作掩护之下进行。因为在公开工作掩护之下而从事特殊的任务，才不致引起别人的注意与防范，甚至于加以危害，才可以达到我们的目的。”

特务处兼并南昌行营调查课之后，戴笠的组织迅速健全起来。蒋介石有一段时间称呼戴为“戴课长”，这着实让戴笠沾沾自喜了好一阵。后来他以此自诩：“我当时跟在委员长身边，别人只知道有课长，而不知道我的行踪。”[1]戴笠一时被传成“魔鬼式的影子”。

第二节 暗 杀

厉行反共 迫害民主人士

在“先安内”的战略目标下，南京政府除了平息国民党内的反蒋武力抗争，还要对他们最大的政治对手中共及其武装实行“围剿”，同时镇压国内、党内民主力量对蒋介石独裁统治的不满与反抗。在蒋介石的授意下，戴笠运用所有的人力及物力资源在上海等大中城市制造一系列暗杀与袭击事件，对共产主义和民主运动进行镇压。

戴笠的特务处在内部作业方面，一般遵照以下的程序来办：外勤各处送来的情报，送交第一科，按地区分发各股处理。承办人根据其内容拟出初步意见交科长阅签后，送交戴笠批准，按“制裁”（暗杀）、“密捕”（绑架）、“监视”等分别布置行动人员执行。重要的则由统计股缮写，由交通科转送或由戴笠面呈蒋介石阅示。批准后戴要签字，并制订出具体的行动计划，由情报科把案卷送行动股执行。习惯的办法是行动人员分为一、二、三线，分负打先锋、监视和策应及幕后指挥之责。一旦得手，人员分别撤退，出现意外则互相接应。当时比较引人瞩目的杨杏佛、史量才被刺等大

[1] 黄康永口述，朱文楚整理：《我所知道的军统兴衰——原国民党军统少将的回忆》，中国文史出版社 2005 年版，第 17 页。

案都是这样做的。[1]

杨杏佛，名铨，早年加入过中国同盟会，是一位老资格的国民党人。他深受西方民主思想影响，对蒋介石政府的独裁暴行极其厌恶。1932 年年底，他与宋庆龄、鲁迅等一起组织了“中国民权保障同盟”，自己出任执行委员兼总干事，致力于反对蒋政府独裁内战的活动，积极争取言论、出版、结社自由，要求停止内战团结抗日，并营救因抗日救国而入狱的中共与民主人士，走在了当时中国民主运动的前列。因是之故，杨杏佛遭到了蒋介石的仇视。戴笠领命后，开始筹划暗杀杨杏佛的阴谋。

杨杏佛

杨杏佛与鲁迅

1933 年 6 月 18 日，华东区行动组组长赵理君亲自出马，带领李阿大、过得诚、施芸之等人前往杨的住宅附近。赵坐在车内指挥，行动员四散在周边，待杨杏佛与其子出门上车后，四名特务立马上前，将杨和司机乱枪打死，其子杨小佛因其父以身掩护而幸免于难，仅右腿受了一点轻伤。

枪响后，附近警笛大作，赵理君立即发动车子，特务们狂奔上车，其中过得诚因紧张过度跑错了方向，再回头已来不及。赵理君为防他被捕后泄密，

[1] 邓葆光：《军统领导中心局本部各时期的组织及活动情况》，载全国政协《文史资料选辑》第 86 辑，第 178 页。

连续开枪欲毙之，但只是将他击伤。过得诚被随即赶来的巡捕包围后企图自杀未遂，与杨杏佛等一同被送往金神父路文慈医院急救。杨杏佛因伤重不治而亡，过得诚则在供出他在组织内的化名高德臣后，被戴笠派出在巡捕房工作的特务范文珍毒死，对外则宣称“不治而亡”。后来军统局成立后，将过得诚树为“完成任务后不及逃走杀身成仁”的典型范例大肆宣扬，还在重庆“中美合作所”内命名了一条“过得诚路”。

刺杀杨杏佛是戴笠手下的特务在上海租界内干的第一件案子，轰动一时，后来军统局还以此为“光荣历史”，拿到训练班上当作“行动术”的讲解范例。[1]

杨杏佛死后，戴笠的特务组织还进一步监视了他在万国殡仪馆的葬礼活动，他们把宋庆龄、鲁迅、何香凝、沈钧儒、李四光等著名人士前来悼念时的谈话致辞和表现统统汇报给了蒋介石。

继杨杏佛之后，戴笠的特务组织又刺杀了《申报》负责人史量才，这是戴笠在蒋介石授意之下以暴力对付民主的又一典型例证。

史量才所主持的《申报》经常发表反蒋自由言论，而史本人又被称与中共地下党组织有所联系，于是，史量才便上了特务的黑名单。1934 年夏秋之间，戴笠奉蒋介石之命要对付他，于是亲率人员前往上海布置暗杀任务。他们在报馆及其住宅附近的租界内寻找可以监视史量才的住所，又怕在租界动手会像暗杀杨杏佛一样留下后遗症，所以迟迟没有动手。后来，特务们通过帮会关系打听到他经常外出，于是决定在史量才外出时行动。

史量才

10 月间，史量才准备去杭州调养胃病。戴笠一得到消息，便带上行动组组长赵理君赶到杭州布置，为避开各方关

[1] 陈少校：《黑网录》，群众出版社 1979 年版（内部发行），第 59 页。

系，他们最终选择在市区外无人的环境进行行刺。

11 月 14 日，史量才、史泳赓父子起程由杭返沪，同车的还有史泳赓的同学邓祖询，连同司机一共四人。他们丝毫不知道特务们在他们的归途中设下了一个惊天的阴谋。

原来特务们早就提前知道了史量才的行程，只要史量才准备返沪，他们便出动两辆汽车配合，使一辆汽车在途中伪装抛锚，堵住道路，迫使史量才停车，然后用穿透力很强的驳壳枪及强力式手枪集中射击，以达到刺杀目的。

这天，他们就在史量才返沪途中静静地埋伏，等待着他的到来。在史量才的座车被迫停下后，两名特务径直上前，第一时间将司机和邓祖询射杀。

史量才父子见有人开枪，急忙跳车而逃，特务们分别追杀。史泳赓幸而躲过了三名特务的连续射击，从田野逃逸；而史量才则在慌乱中躲进了附近的一所茅屋，两个特务追来，他又从后门再逃，跳进了房后干枯的一个小水塘中，被站在路上指挥的赵理君发现。赵一面大喊“在这里”，一面开枪射击，直接打中了史量才的头部，史量才当即倒下，另一个特务又追上来补了一枪，打死了史量才。凶手们见目的已达，呼啸着飞车而去。

这悲惨的一幕过去了半个多小时，史泳赓才战战兢兢地叫上附近的人返回出事地点，向航空学校借了一辆卡车，把三具尸体运回了杭州。

血案发生后，举国震惊，责难纷起。蒋介石被迫装模作样地命令沪杭两市悬赏万元破案，结果自然是不了了之。

杀害反蒋抗日人士

戴笠特务组织的性质，决定了他们完全是为蒋介石的政治利益服务的，杀害抗日英雄吉鸿昌便是一典型例证。

吉鸿昌，河南扶沟人，1895 年生。18 岁时投入冯玉祥部当兵。1926 年升任国民军第十九师师长，1927 年跟随冯参加北伐，后又参加过中原大战，1930 年 10 月出任第二十二路军总指挥，1931 年因拒绝执行赴皖“剿共”作战令而被迫流亡国外。1932 年“一·二八事变”爆发后，他秘密回国，加入了中国共产党。1933 年 5 月，他与冯玉祥、方振武等在察哈尔建立了民众抗

吉鸿昌

日同盟军，任前敌总指挥；7月打败日伪军率部收复多伦，名扬全国，同时引起南京政府的嫉恨；8月，冯玉祥被迫离开后，由他继任同盟军总司令职务。在日蒋的联合夹击下，抗日同盟军失败，吉鸿昌遭到蒋介石的通缉，潜往平津一带，欲联络任应岐部等地方军队与民间武装东山再起。1934年，他参加组织中国人民反法西斯大同盟，任中央委员会主任委员，出版《民族战旗》报，继续宣传抗日，因此被蒋介石视为眼中钉，必欲除之而后快。

1934年，蒋介石一方面责成国民政府发出通缉吉鸿昌的紧急命令；一方面通过戴笠，指派北平站长陈恭澍负责杀害吉鸿昌。

陈恭澍为完成任务，与情报组组长吕一民磋商，找到其侄子吕问友与行动员王文作为助手，以英租界马克斯道（保定道松寿里）一所楼房为据点开展行动；陈恭澍负责指挥，由吕一民、王文、吕问友、杨华庭执行侦察和刺杀。经过侦探，他们发现吉鸿昌在天津的落脚点位于法租界中心花园侧面的国民饭店红楼45号房间（和平区花园路4号）。

11月9日，吉鸿昌正在住处与任应岐、刘少南及李干三一边打牌一边谈工作。陈恭澍获悉后，亲自出马来到国民饭店后门，躲在汽车里指挥。首先由王文、二吕及杨华庭在45号对面开了一个房间。为弄清第一射击目标吉鸿昌的位置，由杨弄来一个小皮球，在二楼楼道里佯做拍球游戏，当饭店茶役走进45号房送水时，她见缝插针，将球扔了进去；然后借找球为名，闯进室内，看见吉的座位靠近暖气，因屋内较热，他脱去外衣，只穿了一件白褂。

侦察了吉鸿昌等人的位置后，陈恭澍命二吕执行刺杀任务，王、杨把门接应，并下令："只许成功，不许失败，绝不能让吉鸿昌跑了！"

不一会儿，屋里的牌正好打满四圈，搬庄换门。刘少南换到了吉鸿昌的位置，他也脱掉了棉衣，只穿一件小白褂。突然，房门大开，二吕冲进屋内，对准杨华庭报告的位置开枪便射，刘少南中弹当即死亡。跳弹伤及吉鸿昌的右肩，特务正欲再次开枪，吉急扑上去踢掉其手枪，二吕见势不妙，冲出门外，与李、杨一起通过西餐部大门仓皇逃走。

法租界工部局的巡捕因得到特务的事先联络，早在楼下等候，闻听枪声，冲上楼去抓人，他们将吉鸿昌送进医院稍加治疗，后连同任应岐、李干三一同拘押。

11 月 13 日，南京政府大员孔祥熙、宋美龄由绥远经北平至津，就引渡吉鸿昌一事与法租界当局交涉，除施加压力外，还以行贿手段买通了法工部局。14 日，吉、任一行被引渡至天津公安局，后又被押往国民党第 51 军军法处受审，并关押于曹家花园陆军监狱。后李干三被释放。

此后，国民党军委会北平分会主任何应钦奉蒋介石之命，于 22 日将吉鸿昌、任应岐及吉的连襟林少文等三人押往北平。在北平，何应钦主持了军法会审，企图从吉鸿昌口中获得中共北方党在地下活动的情报。他对吉鸿昌酷刑拷问，但吉鸿昌毫不屈服。

1934 年 12 月 24 日，何应钦接到了蒋介石“就地枪决”的加急密电，何立即在吉、任卷宗上用朱笔批了“立枪决”三字，又批“由林少文陪绑”，交部下执行。

当日，吉鸿昌神情镇定地听完军法官的宣判，他从容写罢给中共党组织和家属亲友的遗书，披上斗篷，昂首步入刑场。他从地下拾起一根木棍，在刑场地上慨然写下了“恨不抗日死，留作今日羞，国破尚如此，我何惜此头”的不朽诗句。在刽子手枪杀了任应岐后，吉鸿昌熟视良久，然后对监刑者说：“给我搬把椅子来，我为抗日而死，我死得光明正大，不能倒在地上。”监刑者搬来椅子，吉鸿昌又说“要在我前面开枪，我要亲眼看着你们的子弹打在我的身上”，而后高呼“打倒日本帝国主义，打倒卖国贼蒋介石、何应钦”光荣就义，时年 39 岁。[1]

---

[1] 周利成：《吉鸿昌被刺真相》，载《档案大观》2003 年 1 月 10 日。

刺杀汉奸

南京政府对日本的野心与阴谋一直深怀戒心并竭力抵制，蒋介石要戴笠对附日的汉奸杀一儆百，于是戴笠决定先对张敬尧下手。

张敬尧

张敬尧是中国现代历史上知名的北洋军阀将领。1931 年“九一八事变”发生后，日本帝国主义占领我东北三省，成立伪满洲国。张敬尧于 1932 年 2 月投靠伪满，积极配合日本关东军参谋长板垣征四郎在华北地区招募汉奸组织伪政权的活动。

日本占领东北后又觊觎华北，于 1933 年年初分兵三路进攻热河，占领承德。日军参谋长板垣征四郎坐镇天津，在华北寻找汉奸头目组织伪政府。张敬尧为一己之私不惜丧失国格，出卖民族以求荣，答应为日方效力。于是，日本关东军司令部任命他为“平津第二集团军总司令”，并给予经费 30 万银元，要他趁日军进攻长城一线之机，潜入北平拉组织做策应。4 月底，张敬尧在日本人的保护下秘密进城开始活动。据说他的目的是拉拢与他“有深厚关系”的冀察政务委员会委员长宋哲元，于 4 月 21 日发动政变，宣布华北独立，投靠日本。[1] 与此同时，日本还出资 1000 万银元刺杀南京军事委员会北平分会主任何应钦。

5 月 2 日，军委会“调查统计局”驻华北地区特派员郑介民奉命来到北平，执行刺张任务。他找来天津站站长王天木和北平站站长陈恭澍，要他们在一周内完成任务。由于陈恭澍与组员白世维刚刚建站才三个月，人手经验皆有不足，于是郑介民要老牌特务王天木出马刺张。根据情报，张敬尧隐藏

[1]〔日〕古屋奎二：《蒋“总统”秘录》，(台)“中央日报”译印全译本，第九册，第 94 页。

六国饭店

在旧使馆区东交民巷的六国饭店。由于历史原因，这里是中国政府难以管理的地区，外国人多，环境复杂。王天木带人进住饭店，经过一番侦察，根据一个熟悉的裁缝提供的线索，摸清了张敬尧居住的房间，他们遂决定从天津增调行动人员来动手。到了7号这一天，王天木、白世维二人在饭店巡视时突然意外地发现张敬尧就在一间房门大开的房间中，他们认准目标后决定立即行动，白世维当即拔出手枪向张连开三枪，随后逃逸。张敬尧胸部中了两弹，在被送往德国医院后死去。与张同谋的北洋军阀孙传芳，听说张死了就吓得逃去了天津。日本失去“内应”，阴谋受挫，于5月31日被迫暂时与中方停火，签订了《塘沽停战协定》。[1]

陈恭澍

刺张行动的成功，虽然不能彻底破

[1]《戴雨农先生全集》（上），（台）“国防部”情报局1979年编印，第30页。

坏日本在华北扶植伪政权的计划，但在当时也轰动一时，震慑了一帮准备投日的民族败类。1934 年 12 月，军统北平站的特务又对匿居天津租界的西北军另一将领石友三实施了暗杀，但这次暗杀没有成功。

石友三（1891—1940 年 12 月 1 日），字汉章，吉林长春农安人。他善于投机钻营，一生反复无常，曾经投靠过冯玉祥、阎锡山、蒋介石、汪精卫、张学良，乃至日本人等，被人讥称为“倒戈将军”。张敬尧被刺后，石友三就接替了他的位置。

“九一八事变”后，石友三又与日本方面搭上了关系。1932 年秋，他在日本特务凑开一的策划与保护下，秘密离开济南，潜赴烟台，乘船到达天津。到天津后不久，石即与土肥原紧密勾结。根据土肥原的指示，石友三把家安在日租界里，招集旧部，联络各方失意政客，其中有曾任吴佩孚秘书长的白坚武、失意军人任应岐、山东巨匪刘桂堂以及刘锟等人。1932 年后，石友三开始组织私人的小股武装，配合日军骚扰地方。1933 年年底，石更派遣旧部团长罗自臣、张国乾，与日本特务凑开一勾结土匪冯寿彭等，在冀东玉田一带组织起“河北战区保安队”，进行叛乱性的军事骚扰活动，支援日军，给华北当局带来很大的威胁。1934 年，石友三等又参加了土肥原组织“新华北政权”的计划，并拟定这个伪政权的军队名为“定武军”。石友三投靠日本危害国家，已成为一大祸害。

石友三

石友三的叛国活动及其在华北军政界的活动引起了蒋介石的不安与忧虑，但他匿居日租界，不便公开捕捉，蒋于是下令戴笠对石进行制裁。

暗杀石友三的任务被交给了特务处北平站站长陈恭澍。陈恭澍先派人对石友三在天津日租界的生活起居进行了侦察，发现石友三在天津设置了几处住所，平时很少外出，也不让一般来访的客人到住宅里来。每次出门，他不预先告诉随从们到什么地方去，待汽车发动后，才指明目的地，因此连开车的司机事先也不知道他的行车路线，而且他的活动一般不出租界，极少到中国政府管辖的地界活动。这些给暗杀他的行动增加了难度。

陈恭澍等人了解到这些情况后，觉得要暗杀石友三，必须在石友三公馆内设法找到内线，内外呼应，伺机下手，才能获得成功。

不久，他们结识了石友三的一名亲信侍从副官先鸿霞，并将此人争取过来参加了特务组织。先鸿霞早就对石友三的投日叛国活动不满，他答应协助完成暗杀石友三的工作，但他希望在暗杀的具体做法上，由他自己斟酌情况，便宜行事；同时，还提出准备在同事中物色一个能配合他行动的搭档。这些，陈恭澍都批准了。

之后，先鸿霞争取到了石友三副官史大川的合作，并积极等待时机。为了留下一手备用，他又在石公馆里争取到了厨师老褚，准备在不得已时给石下毒。陈恭澍向他提供了一瓶能在 30 秒内毒死人的毒药。

戴笠连连来电催促他们动手，情急之下，陈恭澍决定使用老褚，冒险让他下毒，他们答应事成之后给老褚一笔开饭馆的钱作为酬谢。在实施过程中，老褚把毒药下在火锅里端上桌来，因心中不安，上菜时竟然双手颤抖不已，把菜汤都洒了出来。警惕的石友三见老褚神态反常，一下便识破了玄机。他制服了老褚，命令家中所有部下集中到堂前，厉声迫使老褚指认同谋。先鸿霞看到时已迫切，不得不做最后一搏，他拔枪欲刺，但是被石友三手下制止，两人当即被捕，行刺行动彻底失败。史大川侥幸逃出报信，而后独自逃亡。陈恭澍及其手下迁怒于居中联系人杂粮店的刘兆南，把他绑架到北平，结果被人以非法绑架罪告到南京，陈恭澍亦畏罪离职逃跑，后到南京坐了近半年的牢。这件事给特务处北平站以重创，戴笠不得不改组北平站，半年后他又把陈恭澍放出来委任为天津站站长。[1]

至于石友三，直到抗战开始后的 1940 年 12 月，在他准备公开降日之前，蒋介石才派手下将他诱捕活埋。[2]

---

[1] 此节参考陈恭澍：《英雄无名》第一部《北国锄奸》，（台）传记文学出版社 1981 年版，第 210—292 页。

[2] 此处参考经盛鸿：《民国暗杀要案》，江苏古籍出版社 1989 年版，第 242—253 页。

第三节　情报与策反活动

平“闽变”为蒋立功

上海《淞沪停战协定》签订后，蒋介石以为外患稍平可以继续“安内”了，于是在1932年3月调在上海抗战的十九路军入闽，由总指挥蒋光鼐任福建省主席，准备投入“剿共”作战。然而，十九路军官兵经过抗战的洗礼，决计不再枪口对内。他们在老长官参谋总长李济深以及广东省主席陈铭枢的共谋策划下，于次年11月间联闽发动了反蒋战争，组织“生产人民党”，召开了“中国人民临时代表大会”，成立了“中华共和国人民革命政府”，公开与蒋分庭抗礼，并派人与中共方面联络和吁请苏俄支援。是为“福建事变”。

早在这年10月间，戴笠安排在福建的组织及上海电台就已侦察到李济深等人的动向，李济深的代表携李济深本人及陈铭枢、蒋光鼐、蔡廷锴四人的签名函抵达中共苏区，与中共方面订立了抗日作战协定，并急电苏俄运输

李济深

陈铭枢

大批枪弹到厦门以补充红军，这些戴笠都有所知悉。11 月，福建方面通电与红军“联合抗日”成立新政府。戴笠得知后首先向蒋介石做了报告，并派闽籍特务张超、何震等人潜回原籍工作；随后又增派军统女干将姜毅英潜入厦门鼓浪屿建立电台，自己则赴厦门转漳州，策动闽方 61 师师长毛维寿和 60 师师长沈光汉暗中投蒋。戴笠的特务周昭琼则奉命做其父、粤军宿将周南煌的工作，进行分化瓦解。

南京政府面对闽变，一方面警告十九路军于一周内解散“政府”“归队”，另一方面派出三路大军入闽，隔断其与红军的联络。1934 年 1 月，蒋介石亲飞福建延平指挥作战，从海上进攻厦门、福州，沈、毛两部起兵接应。由于当时中共红军在“左”倾路线控制下排斥了毛泽东的领导，认为闽方“中间路线”比蒋介石还要危险，对福建的支援不力，李济深孤军作战。1 月 15 日，蒋介石军队攻陷福州。人民革命政府和十九路军总部分别迁往漳州和泉州。21 日，漳泉失守，陈铭枢等人逃往香港，事变平息。其后，沈、毛及后来投蒋的谭启秀等部被改编为第七路军，投入了“剿共”战场。

戴笠的特务组织为蒋介石立下了新功，戴笠也因此增加了吹嘘的资本。

运用特务手段应付日本挑衅

1934 年 6 月 9 日早晨，国民政府方面接到了日本驻南京领事馆总领事弥吉郎打来的电话，要求国民政府帮助寻找失踪的副领事藏本英明。

当天下午，事件升级。日本领事馆正式向中方提出交涉，污说藏本失踪是中方所为，要求中方在两天内交人，否则动用武力。第二天，日本国内舆论如大阪《每日新闻》等报刊也开始连篇累牍地发表文章，说中国宪兵警察如何对日本人不友好，暗示藏本失踪与中国军方有关，明确要求日本政府对中方的“太无诚意”兴师问罪。随后两天，日本海军“苇”号及“对马”号军舰开抵南京江面，进行恐吓压迫，局势十分紧张。

当时，南京守军仅三四千人，根本无法应付日本的挑衅。行政院院长兼外交部部长汪精卫失魂落魄，下令动用一切力量，在南京全城进行了大规模的“拉网”式搜查。

日本经常利用所谓的人员失踪案件来讹诈当局，正在南昌指挥剿共战争的蒋介石闻讯当然明白这不过又是一起相似的案件，但他深知小事如果闹大仍将不可收拾，于是不得不急召戴笠，要他迅速查清藏本下落，活要见人，死要见尸，再者搞清日本人究竟想干什么。

戴笠连忙派出特务处会同军警查寻，自南京直查到苏州、芜湖，并公开悬赏 1 万元找人，5000 元找情报。他们分析 6 月 8—9 日间，藏本不会走太远，于是派首都警察厅侦缉队队长方超在紫金山一带重点搜查，结果在 13 日将下山寻食的藏本找到。询问之下，他原系仕途失意而想自杀，又缺乏勇气，因不堪饥饿跑到紫金山脚下向一对中国老夫妻购买了食品，这才被人发现。[1] 藏本事件真相大白，日本企图以此挑起新事端的阴谋再次破产。

后来戴笠的特务了解到："藏本失踪" 事件是日本特务机关的一次阴谋，目的是通过制造外交纠纷，派海军陆战队闯入国民政府交通部，抢走当年沙俄与清政府签订的有关中东铁路的合同书档案，以便日本甩开中国与苏联单独交涉中东路权问题，为其霸占中东铁路创造有利条件。藏本后来被寻获，日特的计划没有得逞，但 8 个月后，日本还是以武力控制了中东铁路。[2]

藏本（中）被寻获后，由日本外交部召回国，图为日本外交人员监护藏本在上海上船。

[1] 黄美真等：《中华民国史事件人物录》，上海人民出版社 1987 年版，第 241 页。

[2] 章鲁生：《日本曾费尽心机抢中东铁路》，转引自南京《晨报》2007 年 11 月 14 日第 9C 版。

经济方面，日本以大连、北戴河为基点，大肆策动浪人对华走私，阻碍我关税人员工作。1935 年 9 月又对南京政府提出“华北经济提携”方案，使蒋介石拒迎两难。戴笠下令潜伏在日使馆的特务搜集有关的材料，得到了驻北平日海军武官桑原少佐 9 月 14 及 19 日报告“华北经济提携的要旨”及“华北经济提携实情”两份密件全文，使中方充分了解其所谓的经济提携，最终目标是通过控制经济以达到控制政治的目的。南京政府对日提议冷淡拖延，最终不了了之。

除了不断挑起事端，日本还对华采取了大规模的特务活动。1933 年 5 月《塘沽协定》签订后，日本关东军成立了以号称“中国通”的土肥原贤二为机关长的特务机关，在冀东非军事区及通州、唐山等地部署了大批特工。他们在各省市大肆刺探中国情报，以当地的租界为掩护，进行分化策反工作。最初他们诱使汉奸殷汝耕出面组织“冀东防共自治政府”，又威逼华北“冀察政务委员会委员长”宋哲元与日本合作。戴笠刺探到这些情报后，南京中央及时采取控制预防措施，使日本的“华北自治”计划最终未能得逞。

戴笠奉命“以特制特”，以弥补当局不能公开缉捕之不足，先后上报破获所谓“先锋队”“自治会华北分会”“护清铲民会”“中华民主同盟河南支部”“华南国”“暴力团”等组织多起，但其实际内幕及效果无法一一验证。其中可以查明的有，这年底发现郑州通商东巷 9 号“文化研究社”一案，三名日本人志贺秀二、山口勇男和田中敏夫买通汉奸谋划破坏机关，被特务处郑州站发现，戴笠亲往布置行动，于次年 1 月 4 日晨将山口勇男逮捕，接着由郑州专员公署出面，搜查了“文化研究社”，将所获汉奸名单上的汉奸一一缉拿归案。

土肥原贤二

粉碎日本“分离内蒙”阴谋

1933 年 7 月，在日本阴谋煽动下，蒙古各王公在百灵庙集会，向南京中央政府要求“自治”。南京政府于 1934 年 1 月 17 日颁布《蒙古自治办法》，决定成立蒙古地方自治政务委员会，任命云王为委员长，沙王、蒙王为副委员长。同时，设立蒙古地方自治指导长官公署，派何应钦为指导长官，赵戴文为副长官，试图以中央政府控制下的地方自治来化解日方制造的危机。

日方见难以达成目的，便于 1936 年 5 月 12 日，扶植德穆楚克栋普鲁（德王）组织伪蒙古自治军政府，由德王任总裁兼第二军军长，李守信为第一军军长。该政府内设有日本顾问部，严格控制其政治军事，关东军则给予其全力的军事“保障”。在政治上，当时德王除紧密投靠日本与联系伪满外，对南京政府则含糊其辞，为彻底独立做准备。

面对蒙古严峻的形势，戴笠奉命开展工作。他通过郑介民、江雄风、高荣等的关系，找到与德、李二人左右多有交往的张季春，策动他辨清是非，为中央服务。张季春原为张北世家子弟，1928 年后担任察省最高学府张家口第一师范校长，与郑介民、江雄风等比较熟悉，曾掩护张家口站的工作。是年底，张季春应召到南京与戴笠见面，他答应利用其“蒙旗师范班”毕业的学生分布蒙古各处，且有人在地方做官的有利条件，多方为戴搜集情报，并对李伪军开展策反活动。

1936 年春夏，日关东军参谋长东条英机派参谋田中隆吉指挥李伪军公开叛乱，蒋介石根据戴笠的情报调汤恩伯的第 13 军北上，加以遏制。这年 11 月 4 日—11 日，中日两军又在北平分别举行大演习，互相对峙，17 日蒋介石赴太原指挥。为配合军事斗争，戴笠派北平王植甫潜入伪“大汉义军”王英部任参谋主任，陕西站的特务苗秀圃、李贺民也进入王部张万庆师一旅任营长及旅副官，他们对伪旅长安华庭、团长王子修进行了策反工作。11 月 19 日，在伪蒙军发动叛乱向绥远进攻后，王英部旅长石玉山及苗、李等所联系的安华庭旅长、王子修团长率部反正，配合了绥远驻军傅作义部对伪蒙军的有力反击。24 日，我军攻克百灵庙，歼灭敌军两千余人，彻底粉碎了日本策划的内蒙分离阴谋。

“七七事变”爆发后，全面抗战开始。德王又在日本的扶植下成立伪“蒙疆联合自治政府”，张季春仍在其内部活动，后被汉奸向日方告密。于是张化名李化民，躲入北平中央医院，出院后由北平区长调为绥远站长，去归绥工作。归绥方面，原由绥远站长陈绎如在伪警察局局长刘建华掩护下开展工作，但日方久而生疑，令刘限期捉拿陈绎如，“特务处”令刘、陈撤退，而以张代继续从事联络德王与李守信的工作。后因察哈尔站站长杨金声被捕杀，牵连到绥远站，张季春被捕，直至抗战胜利后才恢复自由。抗战结束后，在刘建华联络之下，伪蒙势力被国民党收编，德王被任命为蒙旗先遣军总司令，李守信则担任了反共的“东北民众自卫军”总司令职务，参加了反共内战。

平定“两广事变”

1932 年以后，两广实力派军阀依仗胡汉民的声望与南京政府抗衡，一直处于独立、半独立的状态。蒋介石对此处心积虑，想加强对两广的控制。1936 年 5 月，胡汉民病逝，蒋介石趁机取消西南政务委员会，引起激烈反抗。6 月 1 日，广东陈济棠与广西李宗仁以“抗日救国”为旗号，起兵反蒋，成立军事委员会和“抗日救国联军”，向湖南进兵，发动“两广事变”，又称“六一事变”。戴笠的特务处再次投入了对两广的作战。

两广方面的所谓“异动”，戴笠其实早闻密报。1936 年 6 月，他的部下侦知陈济棠将由青岛调防南海之海军海琛、海圻、肇和三艘军舰扣留，编入广东海军司令部，并更换舰长，减发薪饷，引起士兵愤怒。当时戴笠曾令所属原海军军官的陈涤利用与海琛副舰长陈彩文及海圻舰长唐静海之旧谊，策动三舰返归中央。10 月 15 日，他们行动时被陈济棠部下发现，随即陈济棠派出军队以海空两面包围黄埔江面，准备解决之。幸而当时风雨大作，飞机停飞，海琛、海圻两舰冲出包围，肇和舰则因故障未驶出。戴笠向蒋报功，蒋介石派海军司令陈策带 5 万元赴香港慰问。7 月 9 日，两舰北上归入南京海军。

“两广事变”发生后，山东军阀韩复榘联合河北宋哲元于 6 月 21 日通电和平，反对中央用兵；云南龙云下令封存在昆明的中行钞票，从经济上支持两广，四川省主席刘湘亦起而响应，形势对蒋不利。当时两广共有 40 万兵力，海陆空三军兵种齐全，特别是陈济棠为谋反蒋，多年来集中财力向国外购机百架，组成庞大的广东空军，加上广西空军，可以与南京一决雌雄，蒋介石为此日夜不安。

戴笠对蒋提出自己的分析意见，主张仍然使用惯用伎俩，以暗中策动两广军队反正来化解危机，以收兵不血刃之效。蒋即命戴笠率同郑介民、邢森洲等赴港执行此项使命。

为重点对付广东空军，戴笠先后派吴乃宪、梁干乔、邢森洲、龚少侠等干员在香港、广东侦察并策反，实行分化收买瓦解，先以 12 万港币买通广东空军飞行员黄志刚，以每架 2 万元买出 7 架哥的士霍德驱逐机及 3 架轰炸机并 27 名飞行员叛逃南京。后来，戴笠更化装亲自往访抗日救国军空军司令黄光锐，密谈数个小时，达成了空军北飞的密约。[1] 在陈济棠就任抗日救国联军总司令的第 3 天，7 月 4 日，黄光锐率 70 余架飞机叛陈投蒋，广西空军也同时叛逃。接着粤军第一军军长余汉谋通电拥护南京政府。

空军北飞以后，在戴笠等的策反之下，陈济棠又丧失了新购的鱼雷舰两艘，广东陆军有 40 余名将校军官率部离陈投蒋，陈济棠最终众叛亲离，不得不自认失败，在 7 月 18 日黯然出走香港。

陈济棠

陈济棠迷信风水，曾就自己命运前途占卜问卦，得一“机不可失”之言，他以为自己“称王称霸”的时机已到，因此不惜展开内战，却不想，这一“机”应在了他所掌握的空军身上。戴笠为收买两广空军所花的钱，超过了所得全部飞机的价值，同时许诺给队长以上的来降军官配发洋房汽车。此举彻底打垮了陈济棠，蒋介石不惜血本的“银弹战术”取得了政治上

[1] 司马良：《戴笠策动广东空军北飞记秘》，载（台）《艺文志》第 34 期，第 28—29 页。

的超值实效。

7 月 19 日，李宗仁在南宁召开团长以上军官会，决心抵抗到底，以桂柳为死守区。戴笠侦知此事，密报蒋介石。但蒋不主张对桂用兵，反而亲往广州，派要员赴广西请李宗仁来广，蒋介石主动去拜见，并公布二人合影，营造修好气氛。在软攻之下，李宗仁只能顺坡下驴，和南京言归于好了。[1]

除了策反两广军队，戴笠还跟踪在事变期间的其他线索，确保行动万无一失。广西当局曾派南宁军校上校教官段方溪往湖南，找湘省参议员黄任平、熊国璋，绥靖公署参议何柱帆、李君尧、蔡支华等，组织"湖南民众抗日救国会"，企图动员军队响应两广反蒋。戴笠派陈祖康深入调查，破获之。另外，他们还抓获了据称是两广方面派赴宁波鼓动其防守司令起事的陈六安、去上海等地策划学潮的李血泪、哈瓦斯通讯社为两广做宣传的李巧妹等人。[2]

"两广事变"和平解决，戴笠的特务又为蒋立下汗马功劳。8 月间，蒋介石在广州接见郑介民等，大加勉励。回宁之后，戴笠举行了大型庆功宴会，并向郑介民等颁发了蒋介石下发的巨额奖金。[3] 据称，从此以后，戴笠的特务处获得了从中央银行无限制支领行动经费的特权，蒋介石对其的宠信由此可见。

策反冀东保安队

在"七七事变"前，戴笠的特务处除了集中力量"安内"，还曾多次应对日本的挑衅，并开展铲锄汉奸的活动；其目的是贯彻蒋介石的防日方针，把日伪的渗透与破坏限制在一定的范围内，从而避免影响到反共大局。当然，单纯地看待他们的这些"攘外"之举，就其性质来说是符合民族利益的；只不过在其实施过程中，抗日锄奸中又往往夹杂着他们镇压政敌的不光彩之举。总之，他们是蒋介石统治的忠实维护者，一切的行动都是为了维护蒋介石集团的利益。

---

[1]《戴雨农先生全集》(上)，(台)"国防部"情报局 1979 年编印，第 40 页。

[2] 同上书，第 41 页。

[3] 同上书，第 42 页。

1935年前后，日本在华北地区策动“自治独立”。11月24日，河北省蓟密区行政督察专员殷汝耕在日本的唆使下，在通县宣布“独立”，成立了“冀东防共自治政府”。南京政府以他公开投日自立政府，急欲惩办之。戴笠奉命几次派人前往刺杀殷汝耕，因其防范甚严而不能得手，于是便开始从其所属的“冀东保安总队”下手策反。当时“保安总队”第一、二两个纵队计有兵力1.5万人，第一纵队队长为张庆余，力量较强，第二纵队为张砚田部。

1936年9月，特务处河南站副站长尚振声通过“冀东保安总队”督察方诚泽与二张取得联络，得到了他们的反正许诺，戴笠即呈准军委会给予其第31军番号，以张庆余为军长兼第一师长，张砚田为第二师长，方诚泽为军参谋长，准备逮捕殷汝耕献给南京政府，但此事因西安事变发生而中止。不久后，因方诚泽被日方怀疑撤职，此计划归于失败。

接着，戴笠又派王抚洲与二张的前长官陈贯群、吴安之同赴天津与张庆余商谈，二张在吴保证下亲由通州到北平，与北平区区长李果谌见面，派其一纵队副总队长沈恩波去南京见戴，表示愿听命发动起义。

戴笠为执行蒋介石的“应战而不求战”的方针，以为捉殷过早会被日本人得到造乱的借口，便一直拖延下去。直到“七七事变”爆发后才下令派人携电台行动，但因交通阻塞已失去联络。7月29日凌晨，二张发动了“通州起义”，逮捕了殷汝耕，并向日本顾问及宪兵队发起了猛烈的攻击，打死两百余名日本人，烧毁了日军兵营，使日本人“鬼哭啾啾，留有余恨”[1]。次日，日本援军到达，对通州展开反攻，保安队撤出城外，与第29军会合，余部由万福麟部收编。后南京任命张庆余为新兵督练处处长，张砚田为新编第二师师长，二人曾赴沪与戴笠见面。

协助建立空防情报网

随着日本侵华步伐的日益加快，1935年9月，中央航空学校与戴笠特务处商谈合作事宜，准备利用其所掌握的无线电技术，合作规划建立防空情报

[1]〔日〕今井武夫：《今井武夫回忆录》，中国文史出版社1981年版，第52页。

电台网，以协助保卫首都、杭州基地。戴笠派王允吉、王惠民等帮办，在杭州梅东高桥成立防空情报训练班，抽调戴部 30 人接受航空、气象、防空情报、监视等知识培训，以适应工作需要。11 月，中央航校防空总台建立，王允吉任总台长，在杭州湾外花鸟山等地建立了防空监视分台。1936 年改组为航空委员会防空总台，设于南京小营，戴笠派陈一白为总台长，杭州改为支台，增设东南沿海及滁、徐、海、温各州分台。

“八一三”淞沪抗日战役开始后，日本空军狂妄蔑视中国，于 8 月 14 日派出 18 架轰炸机无掩护来袭，殊不知我方已建有防空情报网。在温州及花鸟山分台发现敌机后，急电杭州报告，我空军升空迎击，结果以 0∶3 获胜，是为“八一四大捷”。15 日，日机 16 架飞南京轰炸，又被我击落 6 架，伤 1 架。其中我方防空网的警报发挥了重要作用。

武汉战役后，我空军已无实力与敌对抗。日机集中轰炸重庆，而我方只能依靠空防预报来挽此劣势，以期减少损失。戴笠派人携带电台潜伏在汉口敌机场附近侦报敌机起飞情况，又派冉一鹤、钟逢甲破译敌机无线电密码，了解敌机动向，提供预报。后来还应英方的请求，派陈一白以军令部第四处工作人员身份赴港，建立第八工作队，专任香港附近地区空防体系建设工作，重点监视广州、三灶岛及海南岛的日军飞机动态。1941 年 12 月 8 日，日军进攻香港，第八队发现广州敌机来袭，通知港府发出警报，英机升空拦击。其后港空警报均归该队负责。香港总督为此曾电蒋介石致谢。[1]

1942 年 5 月，航空委员会防空总台合并戴笠的空测人员改编为空军监察总队，以陈一白为总队长，下设 7 队，分布于重庆、成都、洛阳、西安、昆明、桂林及柳州，分别由沈燕生、邱沈钧、王惠民、刘宝岩、冉一鹤、倪耐冰、梁伯仑主持其事。各地空防人员的薪水由空军支出，其余器材训练等开支则由军统负责。

上述种种，是戴笠的特务处在抗战前对付日本侵略的一些例子，但只是其活动的内容之一方面，并不是其主要的工作方向。

---

[1]《戴雨农先生全集》（上），（台）“国防部”情报局 1979 年编印，第 67 页。

第四节　戴笠西安"救蒋"

1936年12月12日，当时任职西北"剿匪"副总司令、东北军领袖的张学良和当时任职国民革命军第十七路总指挥、西北军领袖的杨虎城在西安发动兵变，扣留了当时任职国民政府军事委员会委员长和西北剿匪总司令的蒋介石。

事变爆发之前，张学良曾多次劝诫蒋介石停止内战、一致抗日，遭到蒋的拒绝。当日凌晨5时，张学良、杨虎城派东北军到临潼的华清池捉蒋，蒋从卧室窗户跳出，摔伤后背，躲在一块大石头后面，被发现活捉。十七路军还扣留了在西安的陈诚、邵力子、蒋鼎文、陈调元、卫立煌、朱绍良等国民党军政要员，邵元冲等人遇难。

当天，张学良、杨虎城向全国发出了关于救国八项主张的通电，提出：改组南京政府，容纳各党各派，共同负责救国；停止一切内战；立即释放上海被捕的爱国领袖；释放全国一切政治犯；开放民众爱国运动；保障人民集会结社一切政治自由；确实遵行孙总理遗嘱；立即召开救国会议。

消息一出，全国哗然。

其实，西安事变刚发生，报纸上还没有刊登出相关消息的时候，戴笠就已经收到了西安站站长江雄风报告事变的来电。戴笠第一时间去见了何应钦和复兴社的头头们，又与宋子文和宋美龄等人联系，过后赶到慧园里参谋业务训练班找余乐醒。当时郑介民、梁干乔也闻讯相继赶来。戴笠哭丧着脸说："如何是好？领袖在西安被张学良、杨虎城劫持了，生死难卜。我见了何部长，他主张立即对西安方面进行讨伐。见了夫人和宋院长，则认为要用政治解决，打不得。贺衷寒、桂永清等人也是主张兴师问罪。如此情况，领袖又能如何得救呢？我想亲自到西安去，最好能找到飞檐走壁的人同去，混入西安去救领袖，请乐醒兄想出办法来。"

戴笠说完便大哭起来。大家面面相觑，无以为对。

余乐醒流着泪，说："救是要救，越快越好。可是，飞檐走壁的人，一时又到何处去寻找呢？如今我愿随戴先生化装混入西安，再想办法。”

郑介民、梁干乔则认为政治解决是空想，都主张要打。

看着手下莫衷一是，戴笠倒是冷静下来了，他说：“打吗？不打都难得救活命出来，打不是催命符吗？夫人顾虑重重，认为主张打是别有文章。自古以来，政治如果没有武力做后盾，谁又会与你谈，没有武力便是空谈。”

他接着说：“我看，两手都要。不过，打不能真打，只能作为手段，谈是目的。只有兵临城下，张、杨才能有所顾忌。如果说共产党从中挑拨，我看他们目前穷途末路，作用不大。”众人听罢默然。

12 月 21 日，宋美龄在宋子文劝说下，偕戴笠飞抵西安。不料，一下飞机，戴笠便被张学良扣押，并加以“保护”，关到了张寓的地下室内。

戴笠被扣在地下室内两日，他认为自己此番必死无疑，于是写下遗言：

自昨日下午到此即被监视，默察情形离死不远，来此殉难，固志所愿也，惟未见领袖，死不甘心。

领袖蒙难后十二日，戴笠于西安张寓地下室

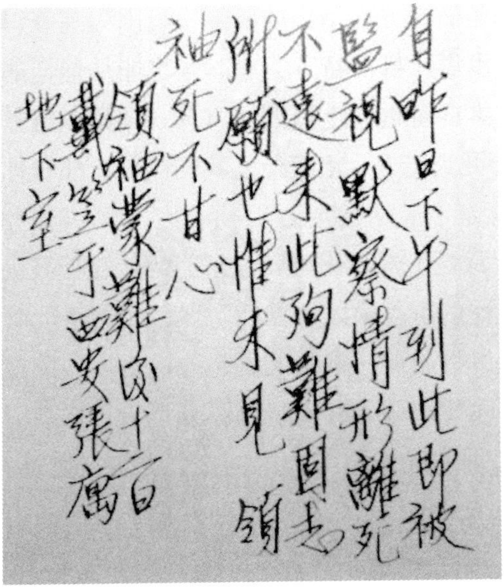
自昨日下午到此即被
監視默察情形離死
不遠來此殉難固志
所願也惟未見領
袖死不甘心
領袖蒙難後十二日
戴笠于西安張寓
地下室

戴笠手书遗嘱

经过中国共产党的多方斡旋，蒋介石接受了张、杨提出的停止内战、一致抗日等八项主张，西安事变最终和平解决，戴笠也被放回南京。蒋介石于 25 日在张学良亲自陪同下离开西安，当日抵达洛阳。一到洛阳，蒋介石便要求张学良致电杨虎城，释放陈诚、卫立煌、蒋鼎文、陈调元等大员。同时，命洛阳军分校主任祝绍周致电南京，命已于前一天回京的戴笠封锁蒋介石和张学良到达洛阳的消息，并嘱咐戴笠：次日，蒋、张分乘两架飞机先后到达，命其安排警戒。

26日上午9时45分，蒋介石、宋美龄的专机在四架战斗机的护航下，从洛阳起飞，中午12时降落在南京明故宫机场。随后，载有张学良、宋子文等人的飞机也抵达南京。张学良一下飞机，便被蒋介石下令扣押，交由戴笠看管起来，后来被判处10年有期徒刑，囚禁于奉化雪窦寺，以后又辗转于安徽黄山、湖南萍乡、贵州息烽等地，1947年被掠去台湾。

戴笠及其特务处经过西安事变“救蒋”的努力，进一步得到了蒋介石的宠信。

第五节　特务处在抗战初期的活动

“八一三”前后的情报特务工作

“七七事变”后不久，戴笠开始在上海加强对日情报，增加了虹口、闸北、吴淞口等几个潜伏组。因为准备时间晚，消息来源很少。比如，虹口方面只有一个开过小当铺的老板朱松舟是做这方面情报的。朱松舟因为在虹口多年，认识不少日本浪人和一些替日本做汉奸的特务，有时候也能从他们的对话中得到一些消息。有一次，在日本准备进攻上海之前，有一个日本特务在喝醉酒之后向一个汉奸说道：“只要几天工夫，上海便是我们的了，那时你们的工作可要大大地忙起来！”这就算是很重要的情报了。

“八一三”淞沪抗日战役打响后，战场上经常出现日本豢养的汉奸暴露我炮兵阵地及高级司令部地址供敌机轰炸的事件；因此如何防谍，在当时上海战场混乱状况下已成问题。戴笠奉命以特制谍，多调人员赴沪担任临时情报及防谍工作员。由招商局护航总队长喻耀离领400人组成巡查大队，在京沪警备司令部指挥下专门侦捕汉奸，保护通讯线路与桥梁，并负责防空监视、引导部队、救护伤兵与疏散民众等工作。宪兵司令部政训处处长张炎元亦由宁至沪，任京沪警备司令部联络参谋，负责战地之联络沟通。

在战备物资运输方面，除抢运护送我方军备外，还要破坏敌方的军运。

戴笠下令喻耀离、王兆槐和许建业等，将存在浦东仓库内的我方物资及油料尽可能地抢运到沪西。当晚，敌舰便封锁了江道，抢运形势十分严峻危险。8月16日，喻、王、许连同沈醉、陈步云等十余人，带领士兵数十人、码头工人500人，向招商局借船三艘开始了行动，并向我浦东炮兵团争取到掩护。经过努力，抢运物资成功，烧毁了来不及运走的汽油，同时还破坏了日本在沪的三井、三菱、太古等公司的仓库。待敌方发现派机追击，他们已经成功逃离，仅伤四人。

在“八一三”淞沪战役期间，为了配合日军刺探中国战略情报与军事部署，日本华北特务机关长松室孝良派其助手南本实隆少将来到上海，刺探我方情报。戴笠奉蒋介石令来上海密谋对付之策。他召来特务处上海办事处处长文强，交给其手枪及爆炸力很强的达姆子弹，准备干掉南本。

南本来沪后，找到其日本士官学校的同学、戴笠手下的苏浙行动委员会别动队参谋长杨振华进行策反。杨出于爱国心，向戴笠做了报告。戴笠决定将计就计，他要杨振华向南本推荐文强，将他伪装成军事委员会高级参谋李文范少将，冒充辛亥元老李烈钧之侄，约在静安寺路100弄10号见面。临见面之前，戴笠嘱咐文强：“你要深思初次见面的对话，使之百分之百地相信你。”文强沉着应对，通过了南本的考察，并带回了日本人所给的“见面礼”。戴笠焦急地等到文强交涉回来，看到他手里拿了一包东西，大为惊诧，生怕其中裹藏了炸弹，他责怪文强不警惕。仔细检验后，他们才发现是虚惊一场，原来这份“见面礼”竟然是一大捆盖有中央银行戳记的钞票。戴笠见南本一伙儿办事舍得花钱，因此萌发了诈取日本人的钱财来补充特务活动经费的想法，他要文强多向南本要钱：“这份见面礼够大方的，这反映了他们正在饥不择食，我们机不可失。”

文强

在以后的见面中，南本向文强提出了四

个问题，要他提供情报：中国统帅部对抗战的决心如何？对日作战的动员与兵力配备情况怎样？依靠九国公约制裁日本是否宋子文的提议？中方对德国大使调停中日战争的态度是什么？日方还增加了宪兵大佐森正一、日军报道部长大川野博等人参加会见。他们又对宋子文的行踪感兴趣，想找机会干掉这个亲英美的抗战派，提出让文强雇人刺宋，日方派人协助。

文强在奉命拟好情报答案后，经戴笠修改呈蒋介石批准，在南本面前假戏真做，得到了日本人的信任，陆续又骗得了大笔资金。关于刺宋，文强建议再演假戏，但戴笠怕日本人另有更大的阴谋，影响蒋宋安全，因次未予批准。戴笠打算多多益善，继续向南本骗钱，补充他的“淞沪行动总队”的军费，未能及时对南本下手。文强先后 7 次与南本会见，共计骗取了 46 万元现款以及 300 多万元日本正金银行的支票，但无法全部提取。最后，戴笠决定让文强以宴请名义将日特集中，准备在第 8 次见面商量刺宋计划时干掉南本一伙，并布置了特务处上海行动组的赵理君、王兆槐等行动员准备。但当天他们从上午等到下午，日本人一个也没来。后来戴笠得知此时日军已在杭州湾登陆，上海战场局势已明朗，日本间谍已不再需要刺宋和这条情报线了。[1] 不得不说，这场间谍战确实精彩生动。

破获黄浚间谍案

继“七七事变”后，1937 年 8 月 9 日，日本驻上海海军陆战队中尉大山勇夫和斋藤要藏二人驾车冲击我虹桥机场，再次挑起冲突。8 月 13 日，中国军队向驻上海日军海军陆战队发起攻击，战火由此燃及淞沪地区。

战争逼近国民党的统治中心，戴笠的特务处组织也及时投入了淞沪对日作战。

“八一三”淞沪战役打响后，英国驻华大使寇尔乘坐专车，从南京开往上海。当他在宁沪公路上行驶时，空中突然传来“嗡嗡”的飞机声，紧接着，两架日机毫不理睬汽车上的英国国旗标志，径直向下俯冲射击。寇尔吃惊之余，连忙命车加速，想找个地方隐蔽起来。谁知那两架日机依旧紧追不舍，

[1] 文强：《中日高级特工八一三大较量》，载《日本特务在中国》，团结出版社 1995 年版，第 264—284 页。

斋藤要藏

大山勇夫

连续投弹，最终将这辆专车炸翻，寇尔身负重伤，被送进了医院。

中立国大使遭袭，顿时震惊了中外。英国政府向日本提出外交抗议，日本方面却称寇尔汽车上的英国国旗太小，飞行员无法辨认以致误伤云云。不过，最感震惊的是蒋介石。

原来他因上海战事吃紧，准备亲赴沪上视察，为沿途安全起见，副总参谋长白崇禧建议他搭乘英国驻华大使的专车去上海，蒋当场表示首肯。这一机密决定，只有在场的高级将领与机要人员数人知晓。第二天，蒋介石因故改变了计划，不料竟侥幸逃脱此劫。

蒋介石一想起汽车被飞机追逐投弹的场景，就不免后怕，这分明是日军预先探得情报，专为行刺他而来。蒋介石对此大为震怒，严令警特机关在一月之内侦破此案。

当时，首都警备司令部内有一外事组，专门从事对日的反间谍工作。在逐一分析了知情的少数几个人后，外事组不由联想到不久前发生的江阴要塞泄密案以及内线从日本大使馆获得的蛛丝马迹，渐渐将疑点集中到了行政院机要秘书黄浚身上。

1937 年 8 月 5 日，蒋介石在军委会召开了一次最高军事会议，决定为打破我方在中日战争中的被动局面，调集部队在上海开战，首先就要歼灭日军部署在上海的陆战队，以保护首都的安全。为歼灭日本在华军舰，必须立即封锁长江下游江阴要塞的江面，以便截获当时在长江上游南京、九江、武汉、宜昌直至重庆各港口的日方军舰与商船。这一重大的国防机密，除与会的蒋介石、汪精卫等军委会最高军事长官及担任记录的机要秘书黄浚外，无人知道。然而，就在这一命令刚刚下达到各部队，在封锁江阴要塞的军事行动即将实施之前，长江中、上游的日本军舰、商船共二十多艘，忽然在 8 月 6—7 日极短时间内全部加速下驶，奋力冲过江阴江面；重庆、武汉、南京一带的日本侨民也都中止了一切活动，即时疏散。待中国海军舰艇奉命到江阴江面拦截时，仅阻截了两艘日本商船，中方封锁江阴要塞江面的军事计划就这样失败了。很明显，日方已事先得到了警报。

8 月底的一天，蒋介石正在中央军校举行的“总理纪念周”上对师生进行精神训话。突然，总值日官向大会宣布：发现两名嫌疑人员混入军校，军警正在搜查，望大家提高警惕。经过一番搜查，两名嫌疑人员被发现，但他们慌忙中已乘行政院的一辆专车逃走了。经清查校门口的登记车辆表，发现那辆专车的主人竟是黄浚。事后方知，原来那两个嫌疑人是日本特工，他们混进军校的目的是伺机刺杀蒋介石。

透过这两件大案，外事组认定黄浚有重大嫌疑。负责人丁某立即布置人员对黄浚进行严密的跟踪侦察。黄浚早年留学日本，以其文才受到行政院院长汪精卫的赏识，被任命为行政院机要秘书。其子黄晟，刚从日本留学回国，也在外交部任职。由于父子二人生活奢侈，工薪入不敷出，于是在金钱和美女的攻势下投向了日本特务机关。

外事组在监视黄浚公馆时，又做通了黄府丫头莲花的工作，她为外事组提供了许多有价值的消息。原来，黄浚司机王某每次都是在新街口“国际咖啡馆”内与日本使馆的管理员小河接头，双方用交换同样礼帽的方法来交接情报。

了解情况后，外事组决定立即对这个间谍组采取行动。

某天下午，日本人小河又骑着自行车去新街口，突然被一骑快车的人重重刮倒在地，那顶灰色礼帽被甩落十多米远。两人争吵之间，交警走上前来将“肇事者”连人带车押往警察局，几个看热闹的“市民”则扶起小河，不由分说将他送往医院。与此同时，一位侦查员拾起那顶礼帽，在帽子夹层中搜出了日方给黄浚的指示信，将信收好，再将早已准备好的一张假信换进去，然后戴上小河这顶礼帽，骑上自行车往国际咖啡馆飞驰。

这位侦查员来到国际咖啡馆，将礼帽挂在衣帽架上，坐下来喝咖啡。不久，果然见一人戴着一顶同样的礼帽神色匆匆进到咖啡馆，将他那顶礼帽挂在小河礼帽旁边。侦查员喝完咖啡，戴上那人的礼帽扬长而去。回去之后，外事组果然在礼帽夹层中发现了黄浚提供给日方的新情报。

次日下午，外事组接到莲花报告：黄浚昨晚接到司机王某带回的礼帽后，精神特别兴奋。原来，当日换进礼帽的假信内容是指示黄浚于次日夜晚 11 点后约齐所有的有功人员在黄家聚会，届时日使馆将前往颁发巨奖，并做重要指示云云。黄浚自以为又立新功，不想事情已经败露。

当晚 11 点多，黄公馆已被侦查人员严密包围。监视人员发现，莲花所提供的汉奸嫌疑人都已陆续进入黄府，又见莲花在黄公馆楼上卧室中发出灯光信号。这时，他们先由化装成邮差的侦查员以送电报为由骗开大门，随后蜂拥而入，将汉奸悉数逮捕。但莲花却暴露了行迹，被黄浚发现并当场枪杀。

在南京沦陷前夕，黄浚父子由蒋介石下令处以死刑，其他汉奸也被惩办。[1]

诱捕韩复榘

韩复榘，字向方，辛亥革命后投入冯玉祥麾下，在 20 世纪 20—30 年代声震西北、华北、中原各地，曾经叱咤风云一时，后投靠蒋介石，官至国民党陆军上将。

抗日战争爆发后，韩复榘任第五战区副司令长官兼第三集团军总司令，负责指挥山东军事，承担黄河防务。9 月下旬，津浦前线敌我双方隔砖河相

[1] 转引自赵子云：《南京日谍案》，载《文史月刊》2003 年第 10 期。

韩复榘

持，战况沉寂。冯玉祥决定奇兵制敌，但韩复榘未积极响应，致砖河防线很快被突破。10月初，冯玉祥长官部人员依照蒋介石的命令向平汉线转移。

11月初，冯玉祥派人携亲笔函去济南见韩复榘，信中勉励韩复榘要做民族英雄岳飞。冯还在其日记中写道："复榘，复榘，你是好孩子，要做民族英雄，要为抗日而死！"同月，日军香月清司部准备向山东大举进攻，韩复榘知道不打是不行了。于是他下令把省府迁往宁阳，以免遭日机轰炸。他的妻子高艺珍及次妾都不愿远去，只好暂送曹县，而其妾纪甘青被送到银川。

11月中旬，韩复榘反攻德州。兵到济阳即与敌遭遇，韩部仓促应战，抵挡不住退了下来。韩复榘率贾本甲团不过百人，在一个村庄里被敌包围，几乎被俘。贾团长腿断致残，卫队长牛耕林当场阵亡，其他卫士伤亡殆尽，韩复榘奋力突围才穿越济阳县城甩脱敌人，逃回济南。日军随即追至黄河北岸，占据鹊山，并不时炮轰济南。韩复榘为防日军过河，将黄河大铁桥炸毁。

日军打到黄河北岸后，韩复榘修书给妻子高艺珍，此信为毛笔书写，后被其家人作为遗书保留下来，存高艺珍处，1956年高去世后由其女保存。"文化大革命"时期此信遗失，但其子曾录了一份副本留念，使信的原文内容保存下来。

这封信的内容如下：

大姐（据韩复榘次子韩子华说，其母高艺珍比韩复榘年长两岁，所以韩称其为大姐）：

我部这次与日寇浴血奋战，伤亡惨重，为我从军以来历次战斗所未有。眼见官兵如此伤亡，我心中十分沉重。今后战斗必更加严重，生死存亡，难以预卜。请大姐再勿为我操心，只要把孩子们照顾好，教育好，我即感激之至。现派人送去五千元作为今后之家用，望查收。

致安好！

向方

不久，日军运来远程大炮威胁济南，千佛山也成了日军炮击的目标。蒋介石曾允诺增调大炮支援黄河南岸守军，非但没实行，反将已在黄河南岸的大炮调走，这使韩复榘甚为恼火。

1937 年年底，日军占领南京后，分兵三路与北方南下的日军夹击山东，准备打通津浦线。韩复榘为保自己的实力不战而放弃济南，济南、泰安、潍县等重镇相继陷落敌手，北方日军长驱直入，引发了台儿庄战役前的危局。除此而外，韩复榘还与刘湘等密谋倒蒋，触犯了蒋的大忌。

蒋介石为整肃军纪，决定对韩实行制裁。韩复榘平时警戒甚严，仅个人卫队就达一旅之多，因此，想要名正言顺逮捕韩复榘，不是那么容易。这项颇为棘手的任务，最后落到了戴笠头上。

戴笠经过研究，精心设计了一个活捉韩复榘的计划，准备在 1938 年 1 月召韩到郑州开会时逮捕他。他先派杨蔚为郑州警察局局长，布置会议防务，重点保护蒋的安全；又派梁干乔、毛人凤、王兆槐到陇海线做好准备工作，控制火车行动。他本人又在一次与杨蔚的谈话中为韩辩护，说："韩主席国之干城，蒋委员长倚畀正殷，岂可任意批评！"戴笠有意让这小道消息传到韩复榘的耳中，韩复榘闻后不仅不疑有他，对蒋介石的疑虑也消失大半。

蒋介石三邀四请召韩复榘去开封参加北方将领军事会议，一开始韩复榘因济南失陷一事感到有些心虚，不敢前往。同时刘湘也致电关照韩复榘，说开封会议于他不利，最好借故不去参加。韩复榘遂推说军事吃紧脱不开身，蒋介石就让蒋伯诚去找韩复榘驻开封的代表靳文溪，对他说："蒋、韩过去有些误会，一见面自然就解释清楚了。要是不来，意见越深，闹下去，我看对他不利。我也和向方共事多年，彼此肝胆相照，故此说这些话。只要他肯来，我保他没事。"

韩复榘听到了靳文溪转达的蒋介石的话语，心里放松了警惕，认为就算没听命令，济南没守，但南京也没守啊，失守的多了，那这责任怎么说呢？不听命令，最多也就撤职吧，当下决定去参加开封会议。

1 月 10 日，韩复榘带大量卫队乘专列到达开封。此时，戴笠已经布下天罗地网，首先以住所正在清扫为由，将韩的手枪旅及卫队大部留在他的专车上，随后驶入汤恩伯部队的包围圈内。韩复榘只带了数十人前往会场。在戴笠安排下，王兆槐负责指挥施放假的空袭警报，借此解除了韩随身卫士的武器。警报解除后，韩复榘就被扣押，并立即解赴汉口，禁闭在一处秘密地方。

至此，戴笠圆满完成了蒋介石交代的任务。当月 19 日，何应钦、徐源泉、秦德纯等组成军事法庭对韩复榘进行审判。

1 月 24 日，戴笠奉命派两名特工上楼对韩复榘说："何部长请你去谈话，请跟我们走，你看家里还有没有事。"韩复榘听完很泄气地说："我没有家。"起身下楼，看到院子里全是荷枪实弹的军警，心感不妙，连忙转身对那两名特工说："我脚上的鞋小，有些挤脚，我回去换双鞋子再说。"话音刚落，便听到"砰、砰"两声枪响，韩复榘应声而倒，当场毙命，时年 48 岁。

韩复榘是中日开战以来第一个被蒋惩办的国民党高级将领。

[第三章]

自立门户

——抗战时期的军统局

第一节 军统的成立和发展

抗日战争开始后，为了适应战争的需要，必须对政府内部的组织与机构实行改革。蒋介石在内外压力之下，为团结国内的一切抗日力量，出于笼络人心的考虑，采取了有限地开放民主的政策，成立了“国民参政会”，吸纳中共与其他民主党派和社会力量参加政权。与此同时，他也因战争和政治的因素，大力强化了他的统治机器以增强其统治机能。情报特务机构，就是其重点发展扩充的势力之一。

成立和发展

1938年3月29日—4月6日，国民党五届四中全会在武汉召开。这次会议除议决有关抗战的政治军事大计，通过《抗战建国纲领》外，还做出了大力扩充特务组织的决定。大会决定将原挂在陈立夫名下的军事委员会调查统计局第一处扩编为国民党中央调查统计局，仍以徐恩曾为首；将原军统局第二处独立出来，升格为军事委员会调查统计局，该局完全以戴笠系统的人马为基础，使其完全公开化、正规化，并将其职能侧重于对外抗战。国民党的两大特务组织“中统”与“军统”由此组建完毕。戴笠的特务组织从力行社特务处扩充为军统局，是他特务事业上的一个重大的转折。由此不仅完成了组织的公开化、合法化，势力大为膨胀，而且它们的活动对中国政治与社会造成的影响也更加重要和显著。

当蒋介石组建“军统”之时，深知蒋介石秉性的戴笠，采取了以退为进的手段，主动表示自己不当“军统”的一把手。他在蒋的军统局扩充方案上写道：“雨农不才，学识、资历、名望、功勋均不够局长之资格，望校长另委局长一任，雨农愿竭力辅之。”这一招，使之深得蒋介石的赏识，相较于竭力争夺“中统”局长的徐恩曾，蒋介石更加器重戴笠，这也为“军统”以后的发展和戴笠在组织内部不计其名而谋其实的地位奠定了牢不可破的基础。

军统局刚成立时，下设处（室）、科、组三级，共有四室四处一委员会，即：

秘书室：主任秘书张严佛，下设文书科、译电科、编制科、总务科；

督察室：主任傅胜兰；

会计室：主任徐人骥；

技术室：主任余乐醒；

第一处：处长杨继荣，下设人事科、交通科、训练科、警务科；

第二处：处长何芝园，下设军事科、政治科、国际科；

第三处：处长刘培初，下设行动反间科、司法科、特务队；

第四处：处长魏大铭，下设业务科、工务科、侦收科；

设计委员会：主任委员先后由刘启瑞、余乐醒、谢力公担任。

担任过各处处长的还有赵世瑞、徐业道、王新衡、阮清源、郑修元、郭斌等人，主任有郭寿华、乔家才等。戴笠为新组织规定当前的主要任务是：搜集敌军情报，坚持敌后游击，揭露汉奸及“分歧分子”，检举奸商与走私，监督战时交通运输。

武汉失守后，军统局由长沙迁往重庆，随即军统局组织进一步扩大为八个处，分工如下：

第一处：军事情报处，下设军事情报科、军运科、策反科、国际科、训练科、谍参科（专管各部队谍报参谋工作）；

第二处：党政情报处，下设党政科、侦防科、航检科、中共科；

第三处：行动处，下设行动科、警稽科等；

第四处：电讯处，下设通讯科、机务科、工务科、考核科；

第五处：司法处，下设审讯科、狱管科；

第六处：人事处，下设人事行政科、考铨科、福利科、卡片室；

第七处：经理处，下设综计科、审计科、预算科、财务科；

第八处：总务处，下设庶务科、管理科、交通科、汽车大队、电话队、农场、消费合作社。

局本部先后设在中二路罗家湾原重庆市警察局警士教练所及枣子岚垭、漱庐等地，形成了一个庞大的办公住宿区，并把歌乐山原四川军阀白驹的公馆“香山别墅”改建为军统局第一看守所。1940年又在磁器口缫丝场增建了军统局乡下办事处和一处集中营，戴笠还在附近修建了他的别墅。

为适应工作需要，1942年，戴笠将第一处训练科改扩为训练处，第三处警稽科改扩为警务处。其内部的处级机构先后还曾设有特种技术研究室（研究军事行动及毒药制造等）、经济研究室、惩戒委员会、考核委员会、汪伪军策反委员会、军事委员会国际问题研究所等组织。

军统局除在沪、平、津三地设区站外，其余各地组织均改为组。每组3—5人，配给电台，设有爆炸队及游击小组或铁道破坏队。以小组为单位刺探军情，并与各战区当地军事长官密切联络，做好电台掩护工作，以保证电讯畅通。到1943年，军统局共发展了709家单位，共有569座电台。

军统局外勤单位发展为三十多个区站，三百多个工作组（队）及多个直属工作组，所辖在编人员从抗战前的三四千人急速扩增为七千余人。1939年后，军统局的势力伸向国外东南亚地区，在越南、缅甸、菲律宾、印度、马来亚等国建立了组织。1942年后到抗战胜利前，军统局人员发展到5万余人，另有特务武装部队近20万人，戴笠的特务势力一时发展到了顶峰。

戴笠的军统局成立后，其系统内颇具特色的五大组织应运而生，形成了军统局对外业务的主体。

第一个机构是特务总队。

军统局特务总队是由局成立前的特务队扩充改组而来的，经历了由便衣到着装、由秘密到公开的过程，其后又使用过“军委会水陆交通统一检查处”及“第二巡查总队”“军委会特务第五团”等名称，先后曾由张业、王兆槐、杨清植、张辅邦、王春辉、周伟龙等任总队长与团长。这一组织，下辖三个武装大队和一个便衣中队，其中除一部分担任军统局机关和戴笠、宋子文公馆的警卫外，大部分担任军统监狱看守所的警戒工作，并充当审讯用刑及处决犯人的刽子手角色；专设有行动组，组长程永铭，负责逮捕关押与刑讯人犯的工作，他们对肉刑工作进行了专门的研究，并配备了各式的刑具。由于其残暴性，其迁渝后的所在地林森路望龙门成了人们谈之色变的地方。即使在军统局内部，特务们也因其具有处理违纪人员的权力而对之避让三分，称之为“锦衣卫”。

第二个机构是军委会办公厅特检处。

这一组织设于重庆夫子池来龙巷庆德里，从 1941 年到抗战胜利一直由戴笠的亲信、军统人事室主任李肖白担任处长，主要任务是负责海陆空交通邮电的检查工作，为军统侦探情报搜集材料，扣留对当局不利的通讯宣传品。他们虽不参与特工行动，却是军统组织的耳目与情报来源，地位重要；又因为战时交通运输紧张，而该处人员平时接触的都是各要害部门与达官富商，其权限与油水之大可想而知。处内设有邮电检查、总务、防谍等科，不仅钟贡勋、周景敦等几个科长，就连一般的检察员也可掌控最紧俏的票证、商品甚至物资，因此对于当时最时髦的上等手表、金笔、西装，他们也是唾手可得的。许多高官也向该处“推荐”亲友，以求发财的捷径。其下属的最大的单位，是重庆邮检所，有二百余人，其侦察的重点是在渝的中共机关人员往来信件、《新华日报》等。重庆邮检所大量扣压、分析、破获及销毁涉共信件，并根据信件来源逮捕了许多靠近中共的人士。特检处的另一项重要工作是“防谍”。所谓“防谍”，是指在国民党政府各机关中防止中共或日伪势力的潜入与发展。做法是在各机构中挑选一批信得过的人，由特检处进行培训，授予监视、跟踪、秘密联络等特务技能，以便在各处布控；同时也为军统在各处遍布了耳目，进一步发展了组织。训练班的名称为“秘密监察人员训练班”，地址设在赣江街 82 号江西会馆万寿宫内，共办了两期，每期二三百人。

各部门或迫于压力，或鉴于自派人员总比军统来人强，都送员参加了训练。这项工作主要是为了对付共产党，故得到了蒋介石的赞赏。

第三个机构是水陆交通统一检查处。

这个处的前身是军委会运输统制局监察处，运输统制局撤销时蒋介石认为应保留该处，便以军委会水陆交通统一检查处的名义留存下来。他指定戴笠为处长，于是该处也加入了军统局的势力范围。

戴笠接管后，委任“十人团”成员之一、西南运输处警卫稽查组组长张炎元为副处长，代他主持工作；业务组长则由“十人团”成员胡天秋担任。其主要工作，便是在水陆交通要道上设卡检查来往车辆船只，兼顾反共、防敌、缉私等工作，也是大权在握的岗位。如在重庆城南一品场的检查所，就是把守从东南、华中、云贵等省来渝陆路交通的枢纽，所长韦贤，因得戴笠的信任，长期在此任职，自定路规，却无人敢管；而在通向西北公路上的青木关检察所，是从渝到中共边区的第一道关卡，军统特务在此严查向西北去的青年及一切行人，只要证件稍不过硬，便加留难，甚至扣压，即使对路过的第十八集团军将领也横竖刁难，如强令他们下车在雨中等候检查等，这些举动博得了戴笠等人的欢心。然而，他们对自己内部的违纪犯规现象，却是采取包庇与纵容的态度。无论查出了什么私货违禁品，只要能找到戴笠的关系，如杜月笙、孔祥熙，或有宋美龄等人出面，皆可退货放行。抗战期间轰动一时的所谓中央信托局运输处处长林世良走私案，之所以被军统抓住不放，也是林自恃有孔祥熙做靠山，根本不把军统放在眼里而造成的，这件事也说明了戴笠与军统势力的膨胀。

第四个机构是兵工署警卫稽查处。

在抗战前，兵工署所辖各兵工厂都有自己的警卫队组织。战争开始后，军统借机插手这一领域，特别是厂矿内迁后，从各地迁往重庆的兵工企业特别多，数以万计的工人集中到此，引起了蒋介石的不安。如何管理与维护治安，事关重大。为防止共产党渗入重点产业，蒋要把戴笠的力量运用其中方可放心。他令以俞大维为首的兵工署只管生产与技术，把安全与防共交给戴笠的警卫稽查处。戴笠领命后也不敢怠慢，特地选择留学苏联对共产党有所了解的特务处书记长张师担任处长，并与他和俞大维共同起草该处章程。

警卫稽查处下设总务、稽查、安全、司法四科，为统一领导各兵工厂的警卫队组织，又成立了以副处长杨蔚为部队长的警卫总队部，统一行动指挥权。在具体工作方式上，他们采纳了张师的意见，决定在各厂设立的警卫稽查组成员，以安全检查的名义深入车间，一方面执行任务，一方面接近工人笼络关系，比单纯的监督较为有效。另外还坚持将兵工厂工人列入军事编制，按现役军人管理，更不许成立工会，这样便可以以军法来严厉处置罢工及其他反对者的活动。

在处理与兵工署的关系问题上，戴笠知道俞大维与蒋介石的密切关系，因此采取退让合作的方针，命令警卫稽查处不得干涉业务与财务事宜，就连各厂原有的警卫队负责人，大都不予更换；而要杨蔚采取拉拢他们加入军统的方法蚕食之，以保持与俞大维的良好关系，甚至发生过处死误报俞大维亲信通共的稽查员陈昌熙的事件。

第五个机构是交通警察总队。

交通警察总队是抗战中后期戴笠在与美国海军合作成立中美合作所后，准备包办重建警察系统的产物，由戴笠用美援装备与美式训练一手造成。它的基础是抗战初期戴笠在上海收编的帮会组织力量，以戴笠的“十人团”成员周伟龙兼任司令，中层军官都是军统特务；前后总计武装训练了 4 万余人，配备了当时最好的武器装备，作战机动性强，火力猛，被蒋介石视为“王牌军”。抗战胜利后，改组成二十多个交警支队，担负起了守卫重要铁路、公路交通线的工作，后来还直接参加了反共内战。这支部队是军统组织势力发展到顶峰阶段的产物。

以上五个方面的组织是戴笠的军统局掌握的主要力量，它们的活动范围即是军统特务的势力所在，在为蒋介石政权“保天下”方面起到了特殊的作用。

戴笠的特务观

戴笠是一个行动型的人物，他并不擅长理论的研述；但在几十年的特务生涯中，由于掌管军统组织的需要，他发表过许多谈话或文章，其中涉及

戴笠

特务组织的源起、性质、行动理论，也表达了他对当时局势与各方面关系的看法。这些文章和谈话，无论其原稿是否出自他本人之手，都可反映出他的特务观。

对于为何要搞特务组织，戴笠认为：

“世界各国的特务工作，归纳起来，大概不外有两种意义和目的：一种是为着要巩固自己的国防，一种是要巩固本身的政权。前者对外，后者对内。中国亦不例外。我们要拿这个工作来整顿我们这个破败的国家，跟侵略我们的帝国主义者赌输赢。中国的特种工作，就是在这个时代使命任务之下产生的。也可以说是根据领袖‘安内攘外’的政策要求来做的。要攘外尤其要先安内……一般反对党不满意我们，说中国要走向特务政治，走向独裁的道路。但我们看看，英国并不是独裁国家，有没有特务？美国是民主先进国家，有没有特务？他们的海军、陆军、空军，各有各的特务，总统有总统的特务，这都是战时的必然现象。”[1]

对于国民党特务组织的性质，戴笠定性说：

“什么叫做特种工作？特种工作就是人之所不能为者我能为，人之所不屑为者我屑为，人之所不愿为者我愿为，人之所不敢为者我敢为。我们要以特殊的工作成绩来表现，这个叫作特种工作。”[2]

“革命团体中的特种工作人员在政治上是没有自己的主张的，一切听命于革命领袖，为了贯彻领袖的政治主张，牺牲一切，不达目的，决不休止。”[3]

“我们所负的特种任务要忍人之所不能忍，为人之所不能为、不屑为。所

[1]《戴笠自述》，载申元：《戴笠轶事》，香港天马图书有限公司 2003 年版，第 155—156 页。

[2] 戴笠：《改进工作，适应大时代》（民国三十年十二月十日出席总理纪念周的演讲），转引自《戴雨农先生全集》（下），（台）“国防部”情报局 1979 年编印，第 472 页。

[3]《戴雨农先生全集》（上），（台）“国防部”情报局 1979 年编印，第 263 页。

谓‘我不入地狱谁入地狱？’这就是我多年来所尝的味道。”[1]

“我们在领袖的直接领导下，从事革命救国的工作，我们有神圣的职责，从事中国革命的特种工作，怕的什么？我们上无愧于天，下无愧于地。”[2]

“有人说‘你在中国就等于希特勒之下的希姆莱’，我说：‘你这是什么话？我为什么要做希姆莱，我是中国人，中国的特种工作自有中国特种工作的精神，为什么要模仿德国？’”[3]

关于对国民党特务组织的要求和标准，戴笠认为：

“我们这个团体绝不是采取俄国‘格伯乌’、德国‘吉士塔坡’的特工方式来统制的，因为中国有中国的历史文化，中国人有中国的传统精神。中国人的传统精神是什么？总理讲‘忠孝仁爱，信义和平’，领袖讲‘礼义廉耻’。我们掌握团体，运用组织，就是本着这种精神作出发点，以主义领导，以理智运用，以情感结纳，以纪律维系。唯有如此，所以能使主义与道义的结合凝为一体，愈久愈坚。”[4]

“中国特种工作人员，要以恢复忠孝仁爱信义和平的固有道德，复兴中华民族、建设三民主义的新中国为职志。我们不仅是革命的技术人员，而且在精神上要做到是建设三民主义新中国的生力军。”[5]

戴笠还说：“我们的工作看起来好像包罗万象，五花八门，但归纳起来，我们可以用两句话来说明，这就是‘秉承领袖意旨，体念领袖苦心’。我们的一切的一切都以这两句话为出发点，前者是革命的精神，后者是革命的技术。所谓秉承领袖意旨，就是说：我们贯彻领袖主张、达成领袖意图，始终如一，至死不变；所谓‘体念领袖苦心’，就是说：我们秉承领袖意旨，不是横冲直撞，一味走直线，我们的宗旨不变、办法可以变，目的不变、手段可以变。委

[1]《戴雨农先生全集》（上），（台）“国防部”情报局1979年编印，第276页。

[2]《戴笠自述》，参见《我们的态度与决心》（民国三十二年八月三十日在孙总理纪念周上的训词），载申元：《戴笠轶事》，香港天马图书有限公司2003年版，第153、155页。

[3]《戴雨农先生全集》（下），（台）“国防部”情报局1979年编印，第364页。

[4] 同上书，第264页。

[5] 同上书，第263页。

屈所以求全，最后还是要达成不变的目的。我们整个调查统计局的同志一定要能做到这两句话……如果我们稍不留心，就要增加领袖的麻烦与忧虑。”[1]

“有人以为，‘特务工作是不择手段的，阴谋越多越好。’不！我们始终把握两句话：‘多行不义必自毙’，‘天下之大有德者居之’。因此，我们立身行事，一定要‘明礼义，知廉耻，负责任，守纪律’。”[2]

“我提出以‘宁静、忍耐、伟大、坚强’八个字，作为我们特工人员修养信条……至于忍耐，更是重要。忍字象征一把刀插在心上，小不忍则乱大谋……我们做人做事，智深沉勇，外圆内方，但却不是泄泄沓沓，随欲浮沉，更不是同流合污，日趋下流。”

“领袖对我们工作训示的要点：一、特种工作人员是革命的灵魂；二、特种工作人员本身在政治上没有主张。”戴笠又加上一点：“三、特种工作人员是领袖的耳目。我们身为‘领袖耳目、革命灵魂’……一切的一切，只有绝对听命于领袖，秉承领袖意志，而本身不能提出任何政治主张。××同志在江西干部会议中与人家竞选，违背团体纪律，所以我这次到东南，把他开除了。”[3]

对于国民党内特工组织互相争斗的状况，戴笠也有他的看法。他说：“中国特工真的需要统一，现在系统乱得很，份子非常复杂，因此招致社会上许多不好的批评。”[4] 但他的所谓统一，根本上一定是要统一在他的手下的。事实上，他在与中统等组织的斗争中，从来没有手软过。

从这些片断的话语中，我们可以看出，戴笠及其特务组织是以完全为蒋介石独裁政权服务为最高宗旨的本质。因此，这一组织的政治与阶级的属性，还有它们的历史地位与评价就完全与蒋政权相同了。确切地说，它们表现了蒋政权最反动、最阴暗和最残忍的一面。至于戴笠所说的那些冠冕堂皇的话，事实证明，有许多是连包括他自己在内的特务们都做不到的。但戴笠有一个

---

[1]《戴雨农先生全集》（上），（台）“国防部”情报局 1979 年编印，第 262 页。

[2]《中国特种工作的特质及其任务意图与作风》，1942 年 4 月 19 日戴笠训词。

[3]《革命精神与革命技术》（1944 年 8 月 14 日训示），见《戴雨农先生全集》（下），（台）“国防部”情报局编印。

[4]《戴雨农先生全集》（上），（台）“国防部”情报局 1979 年编印，第 270 页。

特点，就是要求别人比较严厉，对部下恩威并施，虚实莫测，在团体中一切以他为中心和根本，这一套，是他跟蒋介石学来的。

开办训练班

戴笠为把特务活动渗透到各地区、各部门，就需要大量训练有素的人员。由于工作的需要，他从一开始就十分注重培养特务人才，开办了各式各样的训练班。

通过各种渠道充实起来的特务训练班，几年之间在杭州、上海、南京、重庆等地，举办了一百多个，培训军统骨干达到了两万多人[1]。这些训练班无论以什么名义举办，戴笠都担任班主任，另外由军统局人事处派一名副主任负训练班实际责任。1943 年以后，戴笠喜欢别人叫他“戴主任”，以显示他在军统局的无限权威。

戴笠最早开办的训练班洪公祠训练班，是于 1932 年 6 月呈准设立的参谋本部特务警员训练班，隶属于参谋总长。训练班主任是王固磐，戴笠当时兼总务科长，负实际责任；因为地址在南京洪公祠，又称为洪公祠训练班。受训学员大部为黄埔军校毕业生，事前都经过戴笠的严格审查，并吸收为革命军人同志会会员。特务警员训练班共开两期，每期半年，共训练了学员 360 人。训练内容着重精神和技术，既灌输忠于蒋介石专制独裁统治的思想，又训练一套从事特务工作的技能。[2] 毕业学员中有黄埔四期的廖宗泽、刘乙光，五期的陈恭澍、喻耀离，六期的唐光辉、杨英等，这些人后来都成为军统组织的高级干部。

“七七事变”后，戴笠又开设湖南临澧“军委会特训班”。本来，戴笠是想在上海或南京开设训练班的，因战争开始并扩大，上海和南京很快沦入敌手，故未能实现。1937 年秋，他到达武汉之后，便指派原在上海附近松江、

---

[1] 黄康永口述，朱文楚整理：《我所知道的军统兴衰：原国民党军统少将的回忆》，中国文史出版社 2005 年版，第 157 页。

[2] 该培训班的详细情况可参见陈恭澍：《英雄无名》第一部《北国锄奸》，（台）传记文学出版社 1981 年版。

青浦两县主持“苏浙行动委员会武装特务干部训练班”的副主任余乐醒和谢力公两人，到湖南去着手筹备，并命令军统湖南省站站长李人士尽力协助。1938年1月间，余乐醒回到长沙，马上把他在长沙南门外天鹅塘旭鸣里四号融园的一座大洋楼全部腾出做筹备处，开展工作。戴笠选派到这个班去工作的大特务有谢力公、王崇五、陆遂初、王班联、贺元、徐永年、吴景中等。这些重要负责人，都是曾经留学苏联的共产党叛徒，其中有人有在苏联学习克格勃特务工作的经验。

这个班的地点最初打算设在长沙附近，鉴于日机空袭不安全，由湖南站站长李人士选定了常德北面临澧县县立中学为班址。戴笠派了军统第一处处长杨继荣和余乐醒等前往视察，认为那里交通便利又隐蔽，加上房屋宽大等有利条件，便决定把这个班设在那里。筹备处成立后，军统人事科通令所有外勤各省省站组，让所有特务介绍可靠亲友前往受训。条件是“思想可靠、身家清白”，并规定当时已参加军统工作的内外勤工作人员愿意者亦可调训，以便让这些人在学生中担任考核监督。通令中还规定各地选送的学生，应由各省站组负责人先行考核，以防“异党分子”混入。如果学生将来出了问题，原选送或保送单位要负责任。

实际上，这个班的学生来源，大部分是军统郑州办事处主任梁干乔在山东、江苏、河南等地招收的流亡失学失业青年。梁干乔是托派出身，当时个人野心很大，想趁机抓点实力。戴笠洞察其意，便要他把生源全部送到湖南去受训，不准他自己搞训练班。这批学生于1938年2月前后由郑州赴湖南时，不少河南籍学生都悄悄溜走了，上车时只剩下八百多人，经武汉到长沙，沿途又跑了不少。

戴笠当时认为军统局现在最缺少的是干部，因为工作量要比以往增加许多倍，所以要大力招收人员扩充组织。他指示负责训练工作的沈醉，只要思想无问题，文化程度差点的也可留下来，将来训练出来可以干行动工作。

这一特训班，对外用“中央警校特种警察训练班”名义公开招生，因为戴笠当时兼任中央警官学校校务委员会主任委员，为了争夺国家警察领导权，他于此为今后埋下伏笔。1938年3月，特训班正式更名为军统局“临澧特别训练班”，简称“临训班”，后来扩至黔阳、喜峰、兰州、建瓯、重庆、北平举办，到抗战胜利共办了 7 期。班内以戴笠为主任，余乐醒、乔家才等为副主任，由军事专家吴玉良负责军训，后增设无线电培训。戴笠规定班内“不许派外部人做内部事”，以严格管理。

临澧特训班开学时，学员总数虽有一千一百多人，戴笠尚嫌不够。当他得知还有学生不愿意参加特务组织的情况后，马上指示研究具体对付办法，最后决定采用填表、写自传等方式集体宣誓参加军统组织的办法来套住所有的学生。戴笠规定在其后各届训练班开学时，先得让学生履行这一套手续，以圈住人心。因为不少学生是被骗或被迫去到这种训练班的，当他们听说将来要去干那些杀人放火和逮捕绑票的勾当时，既害怕又悔恨，纷纷要求退学，先在他们脖子上套上锁链，就可予以制裁了。

临训班在入伍训练开始时，着重进行了反共思想教育。副主任和政训处处长、总教官等，每天早上都要集合所有学生举行“朝会”。他们不断对共产党进行老一套的谩骂和污蔑。汪祖华为了让师生们相信中共领导的军队没有真正抗日，竟歪曲事实对平型关大捷做了一次污蔑宣传，结果适得其反，学生中有人质问说：“怎么连共产党的军队打了胜仗都是假的？”大队和中队的政治指导员更是向学生灌输，要其相信共产党不是在抗日而是在和国民党争权夺利。他们向学生宣传，只有国民党是在真正抗日，而军统是最革命的集团。他们还经常找学生个别谈话，灌输反共思想，并对学生思想进行考察。特别是在发现学生传阅《新华日报》后，特务们马上重视起来，除了找看报的学生进行个别谈话，各队指导员还把这些学生的名字汇集起来，暗中考察他们的言行。之后，班里还对学生往来信件进行检查，把所有寄给学生的进步书报一律扣留下来。寄到班里的信都得经过大队、中队指导员拆开看过才交给学生。不少女生因为男朋友写给她们的情书被拆开看过了，常常气得大哭。有些学生便在街上找商店给他们转信，不久也被发觉，除明令禁止外，还通知所有商店和居民不得代学生转信。

临训班虽然用了多种方法来防止学生在对外通讯时泄露训练班的秘密，可是不久后，很多人还是都知道在临澧县办了一个这样大规模的特务训练班，甚至连在陕北延安鲁迅艺术学院读书的同学和亲友都来信劝学生们设法摆脱这个班。这些信查出后，当然不会再落到学生们手中。

特务们为了威吓学生，又在班本部修了一个禁闭室，将不遵守规章制度的学生，随时送到这个禁闭室关起来。

军统特务按工作分为两大部门：一是搞情报，二是搞行动。行动工作的范围非常广泛，它是军统一切罪恶活动的总称，举凡逮捕、绑票、刑讯、解送、看守、暗杀、纵火、偷盗以及各种各样的破坏等都属于行动工作的范围。本来爆破也属于行动工作范围，但由于这项工作在行动中不但占重要地位，而且技术性较强，所以在军统的各类训练班中将其单独列为一项专业课程，而不包括在行动术课程中。因为学习爆破，不但学生常会因粗心大意造成伤亡事故，甚至教官本身都有被炸死的。有一次，军统局派到第三战区编练处（当时在江西上饶四十八都）的爆破教官蔡某，便是在教课时当场被炸死的。军统在训练特务时总是感到学生不够用而急求速成，所以经常发生事故。临训班第三中队是以训练行动与爆破为主的。这个班的行动技术训练，是以拘捕、暗杀为主，也讲一些跟踪方法和手枪、短刀（匕首）、毒刀、利斧等的使用以及如何追捕与脱逃。在讲暗杀工作时，所举的例子就是军统一向夸耀的暗杀民主和进步人士杨杏佛与史量才等案子，另外再举出一些秘密惨杀共产党员的情况作为实例。军统所办的特训班中，在讲授特工技术时，要求学生做到“运用之妙，存乎一心”。那就是要不惜选择一切手段，不管什么法律，只求能达到目的。这便是每个特务在工作时要奉行的一项工作标准。

临训班第五、六两队学习的是游击战术。当时中共将领叶剑英在湖南南岳游击干部班开设了这门课，戴笠很想把中共打游击的一套办法学过来，将来好去对付中共，便设法把临训班两个副大队长陈震东和王百刚介绍到南岳去学习，以熟悉内容。王百刚不争气，他用特务的“偷盗技术”在南岳偷了游击干部班一笔不小的现款，被人检举，人赃俱获，使戴笠很丢脸。本来偷窃罪不至死，可戴笠一气之下，便把他要回来枪决了。

戴笠在临训班时，几乎每天都要对学生讲一次话。他除了向学生吹嘘军统这个组织是如何革命如何有前途，每次总要对中国共产党进行一番污蔑，叫学生认清今后的最大敌人就是共产党。对班里的一切重要人事和课程他都要亲自决定。除了派出专任与兼任的一批教官，戴笠还经常把军统一些大特务临时派到这个班去开讲座，如湖南站站长李人士、军统第一处处长杨继荣、曾经代理过军统书记长的傅胜兰和李果湛等人，几乎涵盖了当时军统局的所有“人才”。而在临训班中工作过的教员，以后不少都成为了军统其他训练班的骨干。为了显示他对训练班的重视，他还亲手书写标语多条，张贴在他指定的地方，重要的有：

天下无名英雄，为我特警班同学所独占；
领袖腹心，同志肱股；
要做大事，不要做大官；
宁静忍耐，伟大坚强；
苦干苦守，任劳任怨；
坚苦卓绝，牺牲奋斗；
坚定意志，站稳脚跟，不怕劳苦，认真工作；
秉承领袖意旨，体念领袖苦心；
一个担当大责任者，思想要坚定，肩膀要坚硬。[1]

1938年冬，在临训班第一期学生毕业之时，戴笠还请蒋介石发来了训词，内容为：“临澧特种警察训练班戴主任笠：O密。本班第一期学生毕业，特电颁训词如下：特警工作为神圣革命事业之一，尤其现当抗战最严重期中，责任更为繁重。第一应有极高尚之道德，革命革心必须先从本身做起，养成纯洁人格，乃足以执行其任务，而为社会所敬服；第二应有极勇敢之精神，明死生履艰险，命令所在虽赴汤蹈火皆锐利而前，毫无犹豫，以得牺牲报国为光荣，乃足以达成其任务而立伟大之事功。总之，心地必极光明，行动必极秘密，智仁勇三者具备，由此简练揣摩则成己成物济世报国必可操胜券也已。

[1] 刘本钦：《忆军委会特训班》（下），载（台）《中外》杂志第32卷第6期。

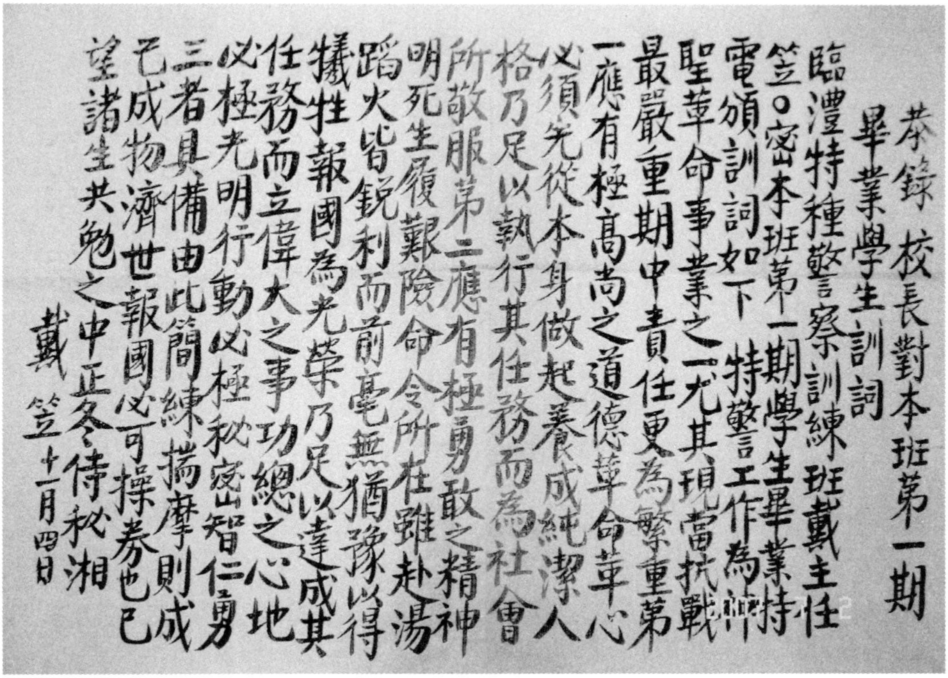
恭錄 校長對本班第一期
畢業學生訓詞
臨澧特種警察訓練班戴主任
笠○密本班第一期學生畢業特
電頒訓詞如下 特警工作為神
聖革命事業之一尤其現當抗戰
最嚴重期中責任更為繁重第
一應有極高尚之道德革命革心
必須先從本身做起養成純潔人
格乃足以執行其任務而為社會
所敬服第二應有極勇敢之精神
明死生履艱險命令所在雖赴湯
蹈火皆銳利而前毫無猶豫以得
犧牲報國為光榮乃足以達成其
任務而立偉大之事功總之心地
必極光明行動必極秘密智仁勇
三者具備由此簡練揣摩則成
已成物濟世報國必可操券也已
望諸生共勉之中正冬侍秘湘
戴 笠 十一月四日

戴笠抄录蒋介石训词

望诸生共勉之。中正。冬。侍秘。湘。”[1] 戴笠当时第二次来到临澧视察，他恭恭敬敬地把老蒋的训词抄录一遍，悬挂起来，认为这是蒋介石对他及军统局特务们工作的最大鼓励。

除了主持临训班的毕业典礼，戴笠此来还是因战事逼近，湘西已非安全之所，所以决定把这个班迁往贵州黔阳县继续办学，戴笠又将班副主任余乐醒撤换。当时第一期学生的训练还没有一年，而第二期的招生已经开始。军统虽把他们列为第二期黔训毕业生，可是他们总喜欢说自己是临训班毕业的，说明该班在军统内有地位。戴笠觉得为期一年的训练时间太长，曾一再指示希望将时间缩短一些，而且经常迫不及待地亲自电令挑选成绩较好的学生提

[1] 戴笠：《恭录校长对本班第一期毕业学生训词》，中国第二历史档案馆馆藏档案七六五—14。

前分派工作，不等到毕业便先行使用。1938年夏天，除把原来是军统特务的学员先调出不少外，还一次提前选派女生徐寄鸿等30人，去江西胡某所主持的“战地服务团”工作；是年秋，临训班又先后在第五、第六两队中挑选了一百多名没毕业的学生送去东南，到军统“忠义救国军”工作，着重加强对中共新四军的防范与摩擦；军统也派出学生潜入日占区，如在沪待过的学员对上海情况熟悉，便派去上海工作；在山东沦陷区有关系的几个人也在秋天派回当地工作。所以临训班的学生等到冬天毕业时，实际上只有七百多人了。这些没有提前派工作的学生，总共也不过受了十个月左右的训练，他们大部被派到西南后方工作，其中以军统局和四川省最多。

临澧训练班毕业的特务学生，虽只有一千左右，但形成了军统局的基层干部班底。到1942年后，这批临训生都成了军统局的核心骨干，为戴笠、毛人凤特别重视，有“非礼（澧）勿视，非礼（澧）勿用”之说。[1] 连临训班的班歌，后来也成为了军统局的“局歌”，可见临训班在军统局的历史上具有重要的意义和作用。其中许多人死心塌地为蒋介石卖命，在1949年逃往台湾的军统特务中，有不少就是其中的重要骨干分子。[2] 全国解放前夕，军统临训班的许多学生都参与了保密局在西南的大破坏、大屠杀行动以及在解放地区布置潜伏人员的工作。

除了临训班，军统还办有会计人员训练班、译电人员训练班及政工人员训练班，共培训了4799人；在四川巴县等地开办了特别训练班，在重庆开办了空军总部技术人员训练班、气象人员训练班和“技击”（行动）人员训练班，共毕业858人；在仰光开设海外人员“特别训练班”，在柳州开设越南抗日运动干训班，在重庆开设南洋工作人员训练班，共计毕业530人。

1939年，军委会鉴于军中谍报工作不灵，责成军统开设“谍报人员训练班（参训班）”，由军令部第二厅督导。第一期由黔阳特警班参谋组改编，第

[1] 黄康永口述，朱文楚整理：《我所知道的军统兴衰：原国民党军统少将的回忆》，中国文史出版社2005年版，第103页。

[2] 此节参考资料和引文来自沈醉所著《军统临澧特训班》，见中国黄埔军校网/民国军校文史馆/军统临澧特训班，www.hoplite.cn。

二期则迁渝举办，从中央军校学生中选优参加，先后共办 10 期，培训了 1499 人，毕业生都由军统局秘书主任兼第二厅（军令部）副厅长郑介民主持分配。

到 1943 年，军统集各训练班于重庆磁器口，统一为“重庆特训班”，增设经济、特技、特警、管训、特情、外警与泰国人员训练班，计 22 个班次，培训了 1310 人。

军统人事制度很严格，各单位主管官均不能随便调用亲友到自己的单位工作。戴笠对这一点控制很严，为的是防止手下中上层特务擅用私人，上下一气来欺骗他。他在每个单位都安置学生暗中监视这些单位的主管特务。这些年轻特务的小报告经常成为戴笠在每次纪念周上骂人的材料，受骂的人不免因此而不舒服。

重庆军统局本部需要的干部，除原来临澧、黔阳两班的学生已有不少外，重庆也有各种各样的十来个特务班，根本不需要再外调学生入局；但是一些大特务，连毛人凤在内，都有点讨厌临训班学生给戴笠当耳目，所以他们喜欢不惜远道把兰州等地训练班的学生调局工作。戴笠设立兰州特训班，本是为了西北地区使用干部方便，免得调来调去多花旅费和时间，但事实上大特务们却不买账。果然，兰训班学生掺入军统各部门后，也相互勾结，慢慢地形成了一股和临训班学生相对抗的力量。以后黔阳班又转往息烽，一连办了三期，毕业的学生也插进来和临、兰两班学生争宠，在军统内部无形中形成了三个班毕业学生的势力圈子。当他们彼此暗中钩心斗角时，对一些大特务的注意也就越来越放松了。

在三个特训班形成的势力圈子中，由于临训班（包括一大部分黔阳班）学生资格比较老，先毕业一两年，基础已经打定，所以在各方面始终占有优势。原临训班副主任余乐醒每次到重庆，总有上百名学生为他举行公宴，并且照例请他讲一次话。尽管余乐醒每次总是勉励学生们好好工作，尽忠于军统和戴笠，但戴笠还是非常讨厌他，甚至借故将他扣押起来，不审不问关了一年多。不过余乐醒总算因了这些学生，最后没有成为军统刀下之鬼。上海解放前，毛人凤得到密报：余已投靠了共产党，于是几次催促余乐醒去台湾，余迟迟不肯走，毛便命令上海稽查处的特务逮捕他。结果命令刚到，稽查处的学生知道了这一消息，马上打电话通知余乐醒，因而他得以从容逃走了。

1946 年戴笠摔死后，临训班出身的特务们顿感前途茫茫。一些大特务更趁机大用私人，处处对这批军统中的“骄子”进行打击。在军统缩编中，不少人被排除在外，很久不派工作。为了争出路，留在重庆的二十多人发起成立了一个“滨湖同学会”，并一下子扩充到三百余人，1946 年秋天，他们在重庆成立了临训班同学会。在主管局后勤的老教官沈醉的帮助下，同学会在经费上得到了资助，使一些没有分配工作的人在生活上能够维持下去。沈醉因此便当上了会长，他还运用分配局内物资的权力，推荐了不少会员到各处去工作。不久，临训班学生势力有所恢复。

1947 年，其他几个特训班的学生也仿照临训班学生的办法，纷纷组成了同学会。主管军统工作的毛人凤为避免内部分裂，命令所有特训班同学会一律取消，不准再有所活动，另成立了一个军统各特训班的“统一同学会”，以期统一。他对临训班学生也给予重用，破格提升多个临训班学生担任各省站站长，如以钱雾林任贵州站站长，吕世琨任重庆站站长，董士立任西康站站长，张明选任重庆警察局刑警处处长。这样一来，学生们把毛人凤当成了靠山。

工作检讨与部署

1939—1940 年间，戴笠曾对军统局各方面的工作陆续做过一些指示，这在军统局的工作指导上具有一定意义，并含有总结检讨的性质。有关这些指示的情况，因台湾保藏档案的封闭，我们不得其详；但军统干员陈恭澍所著的回忆录，记载了其中部分文件和有关工作落实的情况，兹特转录如下，供留记载。

特务工作不适举行“工作检讨会”，也不能聚集一堂，大家发言做公开的讨论，有关工作上的检讨，完全是由上级对下级的指示中反映出来。二十八、二十九年，戴先生曾有过多项工作指示，兹分为情报、破坏，行动等数项，不失原意地摘录其要点如次，俾可对抗战期间我方工作有更多的了解。

情报部分：

“本局情报之最重要者，在于各沦陷地区对敌军行动之查报，我第二处应随时检讨，多方策进，以期对敌之军事情报数量与质量，均有所改进也。查我对敌军事情报之低落，影响本局工作之进展甚大，吾人应设法改进，故对沦陷地区各‘区、站、组’，应嘱其多指派担任敌军行动专事调查之人员。自X月份起，对敌军行动报告有成绩者，无论单位或个人，均将分别予以奖赏，等于行动案件成功之给奖也。我第二处之考核部分，务须加强工作，并立即通令各‘区、站、组’一律知照。”

以上这一则工作指导，是戴先生手命主管情报业务第二处的原文，其主旨在于加强沦陷地区军事情报的搜集。从内容着眼，此项军事情报，属于战术性的一般军事活动，唯在传递上则颇多困难，很不容易保持时效，一旦失去时效，则运用价值亦将随之降低。这也就是不能做到好处的基本原因……

另有一则工作指导，其文如下：

本局当前情报工作之重心，对沦陷地区：

1. 应确实侦查敌军之行动与其军实之存储；

2. 应详查敌方对政治经济之设施与伪组织及伪军之情形。

对战区：

1. 应调查我正规军在战地之纪律与官兵之生活并作战之情形；

2. 各游击队之活动及其实力与其饷糈并其主管之思想与生活之调查；

3. 共党之活动与其武器之来源，并共党对敌伪对友军情况之侦查；

4. 应注意军队走私之情形。

对后方：

1. 应注意兵役办理之侦查；

2. 军粮与民食之分配状况及各种运输之调查；

3. 共党之组织与活动，尤其须注意居该党领导地位者之言行；

4. 公务人员贪污检举，尤其须注意与本局有关工作人员之生活情形；

5. 各补充兵训练处官兵之生活及其训练新兵之情形；

6. 各级机关对领袖命令之实施，须密切注意其奉行之程度。

以上所举，系为本局工作必须策进与做到之事项，希我第二处各科，各就其主管之范围加紧考核，加强指导，而对现有情报人员之性能，与其工作之路线，并其生活之情形等，应实行考查与登记，以便调整，以期将来各情报员之工作日趋专门化也。此伟大而有意义之事业，望我第二处各科同志安心工作，力求进步，则吾人不朽矣。

以上一则，也是戴先生手谕局本部第二处的原文，其主旨在于提出工作需求，兼有检讨改进之含意。手谕中，依当时情况，将全国分为三种不同的地区，因而在情报需求上，亦各有差别……

在上项情报需求中，不难发现有三大特点：其一，对战区的正规军，不论是官兵纪律，乃至作战情形，均纳入调查范围；这么一来，固然树立了“军统局”的作业权威，同时也招来了责难与怨怼。其二，不管共产党采取什么姿态，“军统局”始终是把它列为工作主要对象的，并不是标榜我们有什么卓识灼见，但在和共产党的斗争过程中，我们的确对它具有较深的了解。其三，不能等闲视之的检举贪污、走私，这表示“军统局”已获得高度的信任，而且一直继续到抗战结束。

破坏部分：

“时际今日，对敌后之破坏工作，甚关重要，本局负有此种责任，不容放弃，且本局奉总长之命，办理爆破人员训练班，即系肩负是项任务之指示也。故应根据已成之事实与当前之需要，及本局过去对铁道与公路破坏之成绩，再呈何（应钦）总长请求照发经费，准予继续行动，并函请贺（耀组）主任向总长说明委座前批之旨趣。”

照上项原文语气判断，该件像是戴先生对主管单位的一个“批示”或“指示”。按“破坏工作”，行之于敌后，也就是沦陷地区，其主要目的，则在于切断敌人运输路线，并予以重创，而降低其攻击能力。

有关“破坏工作”的编组与执行……原件详细内容如下：

1. 先成立津浦中段破坏大队，担任徐州、济南间铁路破坏工作，以秦启荣同志（山东人，黄埔六期）兼任大队长，并由秦同志保举一有能力有经验之同学（笔者注：指的是黄埔军校同学）为大队副。大队下分三中队，一直属特务区队，全大队官兵夫约五百人。

2. 该大队经费每月暂定两万元，如有成绩表现，当酌量发给奖金。

3. 该大队应设政训指导员一人，助理一人，每中队应设一政训指导员，负指导与考核官兵生活之责。

4. 该大队各级干部均须以曾受军事训练者任之。

5. 准派电台两部，报务员至少二人，前往工作。

6. 准发驳壳枪二十支，子弹一万发，左轮二十支，子弹四千发，交该队使用，并发爆破器材一部分。

7. 发该大队临时费两万元作为开办费等，并发经费两个月，呈报成立日起饷。

8. 准派爆破训练班学生四人，前往加入工作。

9. 由本局选派一懂军事有政治头脑之人员，随秦启荣同志赴鲁，商助其工作。

10. 青岛行动组之组织，由秦启荣同志与贺元同志协商办理，准成立三个小组，每小组设组长一人，行动员五人至六人，每月经费暂定两千四百元，并发开办费三十元。是项行动布置，小组间不准发生横的联系；各行动员均须有职业之掩护，以便活动。该行动组之工作对象，以制裁重要汉奸与破坏敌营工厂与烧毁敌军仓库及胶济铁路修理厂为主。

准发驳壳枪十二支，左轮十支，每枪附弹两百发，并预发经费两个月，交秦同志带往。

11. 密本照发。

笔者谨就个人所了解者，再加以说明如次：

上文，可能是戴先生颁给秦启荣同志的手令，因为那个时代还不考究用“副本”，而秦同志就得凭这份手令的“正本”，向各主管单位洽领经费、枪弹、电台、密本、爆破器材等，并和主管人事的部门洽商人事问题。

就生活待遇言，该即将成立之“津浦中段破坏大队”，全体官兵照规定有五百余人，而每月经费只有法币两万元，除去公杂费用及必要之活动，平均每人每月不到四十元，甚至可少到三十元以下。此外，并无其他补给，也就是需要自备伙食。说起来虽然比一般士兵优厚，若按工作性质之难，实在相当艰苦。

……

第9点中“选派一懂军事有政治头脑之人员，随秦启荣同志赴鲁，商助其工作”，我看此人一定兼负“秘密督察”的任务。

在一般情况下，“破坏工作”只是“行动工作”的一部分，也就是说，无论“行动组”或“行动队”，除执行制裁汉奸外，也进行对敌军的破坏，我们“上海区”便一向如此。“破坏大队”之建立，主要的还是为了配合及支援我正规军对日军作战，其目标，侧重于交通路线之切断与乎运输工具之摧毁。至于“青岛行动组”之任务，则以敌军之军需物资及生产设备为主要目标。

下面一则重要指示，内容更为具体，有明确的自我检讨，其原文如下：

“查各沦陷地区破坏工作，去年即奉何总长命，交由本局办理，并由兵工署供给吾人以破坏之器材，而训练亦由吾人负责。兹因训练之迟缓，与各铁道各公路线破坏力量之薄弱，破坏材料之不易运入沦陷地区，及本局设计、指导、督察之不周，致毫无成绩表现，本人受良心与责任之督责，惶愧万分！现除饬忠义救国军加强京沪、沪杭、苏嘉各铁路，与京沪、京杭、沪杭各公路破坏外，对湘鄂线应运用方步舟、津浦路应运用谢冰、平汉南段应电岳烛远，速选派豫南籍之人员，于信阳以南、广水以北地区，收编一部分（约一营）武力，专负铁路破坏之责；至广九路则电谢镇南与邹适相商，于石龙附近组织一铁道破坏队（官兵约一连），积极动作，其经费可在何总长前发策动东北工作十五万经费中移用；至其他各铁路各公路沿线有破坏队或行动组之组织者，亦应即作有计划之策动为要。至爆破训练班之人事，应即予加强，刘总教官个人无法推动也。”

上项指示中，明白指出，没有成绩表现的原因：人为方面，在于设计、指导、督察之不周；实际方面，是器材运输困难和组织力量薄弱。所以才决定加强部署，其范围，包括了许多条铁路线及公路线，遍及8个省份之广。

关于破坏工作，戴先生对遥远的平绥铁路，亦有部署，其指示“绥远站”站长高荣兄者，如下：

“平绥路破坏队工作，应电高荣，速于第八战区‘便衣混成队’中，挑选精干官兵一百二十人，在张家口、归绥之间，实施破坏，如枪支不敷，由本局酌量供给，其经费亦由本局发给。至平绥路破坏队原有人员，一并归入高荣编组指挥。”

高荣兄和笔者两度同窗，在《北国锄奸》第四节中，曾提到过，那是二十四年的事。至二十九年，他仍任“绥远站”站长，在第八战区另有兼职……

“军统局”在抗战初期的对敌破坏工作，戴先生虽然说是“毫无成绩表现”，那只是指部分地区而言，同时也是激励部属的一种设词。事实上，光是“上海区”一个单位，已经大大小小做过几十件次了，给予敌军的损害，不谓不大。据笔者所知，“苏州站”、“杭州站”也都有很好的成绩表现，同时也有很多同志为此而牺牲。

检讨破坏工作之余，有一事，必须附此一提，那就是：在沦陷区，每逢一次破坏工作执行后，紧接着，总有或多或少的中国老百姓遭殃，不是被敌人严刑逼供受到伤害，就是被敌人焚烧报复弄得家破人亡，像这种情形，在得失之间，殊难加以衡量。

行动部分：

“各地行动工作干部缺乏组织亦未普遍；对重要汉奸之制裁，内线缺乏，亦无充分之标准也。”

这是戴先生对行动工作的一个扼要的检讨。当二十八年—二十九年间，“军统局”在沦陷区所布置的外勤单位，不下百余个，其中设有“行动组”或“行动队”的，不到1/3，主要的是受环境限制，其次是基本干部难求。因为敌后活动，毕竟与正规部队的冲锋陷阵有所不同也。

“汪逆登台，吾人于京沪两地及京沪线上，必须扩大行动，以发扬吾人之权威；请即电知恭澍、新民、公劭，道三诸同志，策动所属，积极行动，藉以寒奸贼之胆，作釜底抽薪之计也。”

这一则电文是戴先生下的手令，由局本部毛人凤先生（代理书记长）分致“上海区”笔者本人，“南京区”区长钱新民，“杭州站”站长廖公劭，“忠义救国军”总司令周道三（伟龙）四人……

“兄处所拟扩展沪行动组织之计划，弟已批准，请兄物色忠勇人员，迅行成立，所需武器，请兄设法就地收买。”

这是戴先生打给“上海区”的电报中之一小段，“扩展沪行动组织”，就是充实“上海区”原有的七个行动大队，并另行扩编更多的行动大队，所以才有“第八行动大队”的成立。唯以受到人员之不易罗致、枪械弹药之难求，虽在编组上不受数量之限制，其后始终没有扩充下去。

以上是“军统局”在抗战初期检讨沦陷地区关于情报、破坏、行动三项工作概略，而“军统局”所肩负的任务，项目繁多，此处不及备述，其大要可参阅以下的“检讨总结”。

检讨总结：

本局工作当前之缺点：

1. 虽有全盘之计划，但不能按步实施。

2. 工作虽能把握中心，但不能有计划之推进。

3. 人事虽有注记，但不能明鉴个别分子之性能，与其过去之历史，当前之实际生活情形，因之处置失当。

4. 训练人才缺乏，材料平凡，尤其是各班之副主任与政训组长人选不当，且训练与工作不能合一。

5. 督察人数既少，且负责督察者缺乏锐利眼光，精细之头脑，热烈之情绪，严正之态度，而又不明当前之情势，当地之情形，与乎工作人员之性能生活等，因之督饬不严，视察不周，致各地工作形成今日散漫迟滞之现象。

6. 秘书室秘书人数既少，不敷分配，而人选又不健强，致对工作之检讨与指导及策划等均差。

7. 各单位中下级工作人员，政治水准低，能力差，致各单位负责人忙于日常工作，无暇检讨与设计及指导。

8. 全体工作人员待遇过薄，生活困难，影响工作情绪。

9. 电务人员技术生疏，且人数不敷分配，加以总台力量，尚属薄弱，致呼应不灵，迟误殊多，而电讯人员缺乏政治训练，亦为原因之一。

10. 第二处对情报之指导与考核及编审统计等工作，不能做经常普遍切实精细之实施，致对某一问题，无具体正确之认识，对领袖无良好之贡献，而本身训练之材料，亦无可采取。

11. 各地行动工作，干部缺乏，组织亦未普遍；对重要汉奸之制裁，缺乏深入之内线；对各地交通之破坏，实力未备，致全般行动，多有未能配合军事行动之需要；而予敌方经济资源与敌军飞机仓库之破坏，亦无显著成绩之表现，因缺乏健全之组织与充分之准备也。

12. 伪军反正运动，缺乏良好之媒介，而中央对反正之伪军，亦乏较优之待遇，且我各地工作人员，未能混入伪军，做有力之策动，此皆对伪军反正运动工作无显著成绩表现之重大原因也。

13. 以现有一万一千人之工作，每月仅有经临费五十一万余圆，致每月经费相差甚巨，东借西移，常在困难拮据之中，加以沦陷地区汇兑之困难，各地工作亦难免受其影响。

14. 所有握掌之公开机关，各主官对本局多抱疑忌之心理，故对本局所派遣之人员，一面尽量拉拢敷衍，一面则竭力防止进展，致本局所派遣之人员，忘记本身之使命，离开本局之立场，即形成隔阂，发生矛盾现象。

15. 属于本人（戴雨农先生自称）者，因助理乏人，无论处理文件，接见宾客，与应付日常事务，均须躬亲，致时间不足，许多迟误；对日常工作之实施，时间支配不得当；对干部之运用与组织之掌握，未能尽善；与各方接触太少，联系不够；对中下级工作人员个别接见之机会太少，致情感不能密切沟通；个性强，主观重，因以同志间对整个工作之意见建议甚少；日常穷于应付，致检讨策划督导，未能尽善。”

在全部工作检讨中，强调了以下各点：那就是“待遇微薄”、“政治水准低”、“缺乏师资”、“经费困难”、“科技程度不高”、“器材教材两缺”、“处境受排斥”、“各项工作不如理想”以及戴先生本人的“个性强、主观重、上下意见不能完全沟通，策划督导未能尽善”。

以上各节，是“军统局”在民国二十九年时的内部总检讨，完全是实情，并不浮夸。不过因每个同志工作地位之不同，在观点上容许略有不尽一致之处。

此后，“军统局”组织日益扩张，工作项目越来越多，戴先生真是日理万机而穷于应付，像这类工作检讨的资料，就见不到了。[1]

上述有关说明资料，内容比较深入，引用了一些未刊的军统局工作文件，在原档封存不能查阅的情况下，其史料价值是明显的。但因无从核对以确认其真实性，故只能聊以充数，作为一方面的旁证，供研究工作之参考。

从这些资料来看，此时军统局的工作正处在全面发展的上升阶段，其工作范围和触角已经伸向国民党内部、国民政府各机关、国民党军队、中共以及敌伪等多面，并得到了蒋介石的高度信任。随之而来的，军统局自身也意识到将会有新的麻烦出现，如与党政部门的结怨和受到排斥等，在内部组织指导上也存在许多未能克服的毛病，另加经费、人才两缺，器材不足，其在沦陷区的行动也会给民众带来祸害等。当然这类检讨中所述的问题在以后的军统局文件中还有出现，逐渐沦为官样套话，但某些方面的问题也得到了解决。戴笠以他个人的地位与关系，在给军统局“捞钱”方面取得了不少实效，特别是在掌握交通、缉私等肥缺后，通过独占与沦陷区的明暗贸易，军统快速致富，经费也就不成问题了。而所谓因结怨而受“排斥”一说，后来的事实证明，在国民党内是没有多少人敢与横行的军统“叫板”的，戴笠几次吃亏，都是因为与“四大家族”中蒋介石的裙带人物的摩擦，这也证明了蒋介石对戴笠是非常重视的，只要不触犯蒋宋家族的核心利益，戴笠军统总是能得到蒋介石的庇护。

第二节　“戴老板”的手腕

与蒋介石及其家人亲戚的合作

蒋介石一生善于权谋，他控制手下特工的手段也很多，其中最主要的办法就是对特工授予大权，但不给高位，防止他们在政治上坐大。戴笠是最典型的

[1] 陈恭澍：《英雄无名》第三部《上海抗日敌后行动》，（台）传记文学出版社 1984 年版，第 192—204 页。

一例：戴笠任军统头目十多年，掌握军统实权，在整个抗战期间为蒋鞍前马后操劳，但始终只是副局长，直到 1945 年 3 月，蒋才给了他一个少将军衔。

尽管如此，戴笠与蒋介石的合作还是相当默契的。可以说，这种默契绝大部分来自于戴笠的自知，他深知比自己资历深、能力强、水平高的大有人在，只要自己办事有一点松懈，给别人一点点机会，自己便要走下坡路。唯有取得蒋介石的绝对信任，才能飞黄腾达。

因此，戴笠所做的一切，都是以蒋介石的好恶为标准。蒋要反共，戴便不惜一切奔波于反共前沿，为蒋获取各方面情报资料；蒋要抗日，他又冒着枪林弹雨，来往于抗日前线，与日本情报机构虚与委蛇，为蒋争取准备时间和抗日资本。

蒋介石对部下有两点最忌讳：一是结党营私，自成体系；二是贪污。这两方面，戴笠都能把握到位，在表面上从不参加任何派别的活动，以保持自己超然的身份。他还经常整肃军统小特务的贪污受贿行为，为自己塑造清明廉洁的形象。

在用人方面，戴笠也是紧跟蒋介石的脚步。蒋介石用人有两条最重要的原则：一是看是不是浙江人或黄埔出身；二是看是由什么人保荐。为了适应蒋介石的用人原则，戴笠在军统内部用人就谨遵着这两条原则，重要职位大都由浙江人或黄埔生把持。凡向蒋介石推荐的人员，也都是非浙江人或黄埔生不荐。另外，他将军统中没有黄埔学历的特务送入成都中央军校高教班受训，以此来获得“蒋介石门生”的资格，如和其浙江籍相应，也使蒋介石欢悦。[1]

戴笠为了取宠于蒋介石，还施展了各种手腕。

首先，为了保障蒋的安全，便于与蒋接近，特务处成立不久，戴笠就成立了一个警卫组派在蒋介石官邸，由黎铁汉任组长，罗义为副组长，负责派便衣跟随蒋的汽车担任警卫。1935 年以后，又成立一个组，叫作特别警卫组，由朱金华、梁绍洲前后任组长，组员将近百人，派在南京、重庆各交通要道，只要是蒋介石每天经过的地方，就有便衣特务联系宪兵和警察，担负警戒任

[1] 黄康永口述，朱文楚整理：《我所知道的军统兴衰：原国民党军统少将的回忆》，中国文史出版社 2005 年版，第 51 页。

务。如蒋介石要到外地视察，黎铁汉便于事前派人跟侍从室人员到达该地布置警卫，并与当地特务联系。

戴笠对蒋介石的警卫工作是尽了最大努力的。这批警卫人员初期曾受到侍从室人员的歧视，为蒋介石侍卫长排斥，但由于戴笠派在蒋介石身边当警卫的特务都是军校和警校毕业后又受过特务训练的，这些人相当狡诈和机警，对蒋又相当忠实，所以自1936年后，这批人逐渐变为蒋的内层警卫人员。这部分人身在侍从室工作，仍受戴笠的指挥、考核，同时，他们也经常将侍从室的情况报告给戴笠。

其次，戴笠对蒋介石的心理和性格的研究，可谓精细入微。

蒋介石发号施令，一般都使用“手令”，内容从军事、政治到党务、经济，无所不包。一年下来，这些“手令”能装满10只公文箱。数量如此巨大的“手令”之中，却绝难找到有对特务工作的“手令”，尤其涉及暗杀、离间这些事情，蒋更是小心谨慎，绝不留半点蛛丝马迹，以免授人以柄。就是他在自己的日记中，也对这些内容讳莫如深。戴笠深谙此中利害，在与蒋的会谈之中，只要涉及政治上的敏感话题，戴笠就只用脑记，从不笔录，也不形成文稿，并坚持向蒋介石做口头汇报。回到军统局本部传达命令时，他只讲“奉谕”，然而究竟奉谁之“谕”，却从不做任何解释。对于戴笠的这一套办法，蒋介石在深感省心的同时，不禁暗暗赞赏。

有一次，戴笠在好友唐生明家请宋子文吃饭，他特别吩咐厨师“顶好的菜，不要一次都拿出来”。当唐生明问他为何这样做时，戴笠说：“你这个人太老实了，我对校长一直就是这样，任何事情没有准备好第二套办法，第一套绝对不先拿出来……否则你什么都拿了出来，他便不会再用你了。”[1]这便是戴笠对蒋介石的办事原则，心中计划好备案，以应不时之需。在蒋介石看来，戴笠在处理问题方面头脑灵活，心思缜密，殊不知，戴笠在背后是花了不少工夫的。

再次，戴笠办事有他自己的一套准则。即如不把事情办好，从不向蒋介石要钱，他总是先向各方面活动，运用各种方式敲诈得来一笔钱款来垫支各

---

[1] 李炎：《民国官场笑林》，江苏古籍出版社1997年版，第185—186页。

类花费。待事情做好，达到目的后，他才向蒋介石报销。比如，1936 年他派当时军统香港站站长邢森洲去香港策动陈济棠空军叛变时，一切费用都是他事前从各方借来的。待陈家兴率领陈济棠空军一队从广东起飞到江西引起震动，陈内部分裂，余汉谋、李汉魂相继反陈拥蒋，迫使陈济棠垮台，戴笠才向蒋介石报账，领得将近十万元。这样在蒋的心目中留下了戴笠“少花钱多办事”的印象，似乎“戴笠没有做过失败的事，或者是很少失败”[1]。

最后，戴笠将蒋介石的喜怒情况掌握得清清楚楚，并且根据蒋的颜色行事。当戴笠要见蒋介石时，首先到侍从室找黎铁汉了解蒋介石当天的心情，根据蒋介石的情绪以做不同汇报。由于蒋介石眼睛已经老花，戴笠还专门指定当时的军统局文书科股长胡香谷负责缮写呈送蒋介石的文件[2]，据说胡的字迹粗壮有力，看起来一目了然。因为与侍从室的关系密切，他对蒋介石在某个时期喜欢谁、不喜欢谁都了解得十分清楚。蒋喜欢的人，他就设法拉拢讨好；蒋不喜欢的人，他就设法找材料打击，或者根据情况提出威胁，使其受他利用。[3] 例如，当傅作义正得蒋介石赏识时，傅在重庆，他就经常到傅的住所看望傅，大谈合作事宜。他接受了傅作义亲信秦丰川当军统经济研究室主任，又介绍高荣、史泓等给傅使用，表示彼此合作。又如，1943 年蒋介石对孔祥熙有所不满，他就搜集孔祥熙亲信、专代孔夫人宋霭龄搞生意的林世良的贪污罪证，报请蒋枪毙。

戴笠对蒋介石本人的喜怒哀乐十分关心，连对蒋介石身边可资利用的小人物也花了不少心思。每到年节的头一两天，他总会吩咐沈醉秘密地去做一件事。他让沈醉独自开一部汽车，事先将车牌号、汽车颜色记下，等他打过几个电话后，就给沈醉十几个信封，叫沈醉在晚间把汽车开到蒋介石住处附近偏僻

---

[1]《王业鸿剖析：戴笠的起家》，载潘佳钊等编：《蒋介石特工密档及其他》，群众出版社 1993 年版，第 167—168 页。

[2] 黄康永口述，朱文楚整理：《我所知道的军统兴衰：原国民党军统少将的回忆》，中国文史出版社 2005 年版，第 33 页。

[3]《王业鸿剖析：戴笠的起家》，载潘佳钊等编：《蒋介石特工密档及其他》，群众出版社 1993 年版，第 169—170 页。

处等人来取信。信件取完，便向戴笠复命。沈醉一开始不知道这是怎么回事，做得多了，慢慢就了解了。原来这些信封中装的都是钱，而来拿信封的人都是蒋介石身边的人，从蒋介石的秘书到宋美龄的女佣都有。平时戴笠将蒋介石身边的人都买通了，一旦遇有紧急事件，他又不方便当面递交文件的时候，他就派沈醉去找这些人。这些人只要一有机会，便把戴笠的公文摆在蒋介石办公桌上文件的最上面一层，蒋介石只要一提起笔，便能首先批阅。

这类例子不胜枚举，让我们看到了戴笠为讨好他的上司蒋介石是如何花费心思而无所不用其极。蒋介石对此则十分受用，觉得戴笠贴心，对他也就更加信任了。

除了蒋介石本人，戴笠要搞好关系的对象就是蒋介石的家人与亲戚。其中对蒋的夫人宋美龄，戴笠便投入了大量的精力与财力大加笼络，以便获得蒋的“枕边风”的支持，求得她多方面的庇护。1928 年 6 月，第十二军军长、军阀孙殿英盗掘清东陵，获得了大量的珍宝。在国内舆论大哗的强烈压力下，南京政府下令调查捕捉罪犯。据说孙殿英为了逃脱法办，把盗来珍宝中的最好的部分，通过戴笠送给国民党高层。[1] 在他与中统徐恩曾的争斗中，有若干告徐的密报，就是通过宋美龄的渠道送给蒋介石的。因蒋宋的关系，戴笠对宋庆龄也是不敢多加冒犯的。20 世纪 30 年代初，宋庆龄在上海公开坚持孙中山的路线，反对蒋介石的政策，同情中国共产党。蒋介石对这位“国母”大姨子仇恨至极而又不敢公然加害。戴笠奉命对宋庆龄严加监视，并邮寄子弹等加以恐吓。但戴笠对宋庆龄的企图引起了宋美龄的警惕，她严厉警告戴笠不许对其姐下手，否则唯他是问，戴笠这才不敢造次。这件事说明了戴笠对宋美龄的敬畏，在这个问题上，即使是符合蒋介石的意图，他也不敢去做了。[2]

在与蒋介石的亲戚拉关系方面，戴笠与孔祥熙、宋子文的关系有所不同。孔宋二人，身为蒋的连襟与妻舅，又前后执掌国民政府的财政大权，涉足外交，是各方都欲巴结的对象，戴笠与军统自然不能免俗。宋子文早年为蒋介石理财，本来对戴笠并无好感，但 1931 年 7 月他到上海时，在车站遭反蒋的

[1] 李继星主编：《戴笠传》，敦煌文艺出版社 1993 年版，第 266 页。

[2] 同上书，第 127 页。

宋美龄

蒋介石和宋美龄

王亚樵刺杀，秘书因此身亡。戴笠及时为他提供了保护，从此改善了两人的关系。宋对军统比较友善，曾给予财政上的支持。[1] 后来宋子文因内战经费事与蒋产生了冲突，被免职远走海外。在宋子文居美期间，戴笠与其保持了比较频繁的通讯联络，戴笠向宋提供他所关心的各种情报，同时托宋运用其关系为军统局在美国军政界运作办事。

在这些来往电文中，戴笠为宋子文回国出掌外交或财政大权出谋献策。如，在 1942 年元旦的去电中，戴笠向宋报告了蒋介石视察外交部和人事变动的情况，并提议军统与外交部合办训练班，广招大学生，以培养外交人才，暴露出军统插手外交的野心。[2] 在这个月的戴宋通电中，戴笠还向宋报告了张学良做盲肠手术的情况、后方各大学"倒孔运动"的发展等宋子文关心事宜。[3]8 月间的来电中，戴笠又报告了新疆军阀盛世才反共投蒋情况、蒋介石视察西北、外交部所办训练班进展等，并托宋在美为军统代购无线电台、手

[1] 参见吴景平、林孝庭主编：《宋子文与外国人士往来函电稿（1940—1942）》，复旦大学出版社 2009 年版，第 46 页。

[2]《戴笠致萧勃电》,《重庆来电》（1942 年 1 月 14 日）华盛顿中国大使馆，现藏于斯坦福大学胡佛研究所档案馆，Box No：43，Folder ID：2 。

[3] 同上。

宋子文

宋霭龄夫妇

枪及别克车；9月电文中，戴又谈到军统对美合作的“顺利进行”，以及他对美方海军代表梅乐斯中校“其人颇热诚”的良好印象，他还讲了梅乐斯在印度遇刺受伤情形；请求宋子文对美交涉，将对华情报工作统交由梅乐斯“统一指挥”，与他合作进行，要求美方充分供给他无线电器材、手枪、轻机关枪、特种手榴弹等并派爆破、技术人员运华支援军统工作；戴笠还报告说他的对英情报合作已停止，“英方无诚意合作，器材既不能作相当之供给，特务又不能公开教授，且在我国内各战区籍合作名义自由活动，搜集情报，实违反合作协定，故奉委座命令中止进行”[1]。戴笠提醒宋子文说，英国特工负责人约瑟克“现在华府有所活动，此人鄙视我国与我绝无好感，乞公注意”[2]。

戴笠还指示军统人员、驻美大使馆武官萧勃对中美情报合作等事宜“应时时请示宋部长多予指示”[3]。最后连戴笠与美方签订的合作协议都是由宋子文代为签字的。[4] 这些事实都说明当时戴宋关系之密切。

[1]《戴笠致宋子文电》，《重庆来电》（1942年1月14日），华盛顿中国大使馆，现藏于斯坦福大学胡佛研究所档案馆，Box No：43，Folder ID：4。

[2] 同上，Box No：43，Folder ID：4。

[3] 同上，Box No：43，Folder ID：2。

[4] 同上，Box No：44，Folder ID：2。

然而，戴笠与孔祥熙的关系则没有这么顺当。孔祥熙接任南京政府财政部部长后，对戴笠及其军统采取比较疏远和抑制的方针。特别是抗战时期的1942 年 3 月，军统局曾在侦破孔祥熙宠信的“爱将”、中信局运输处经理林世良受贿案中，大大地得罪了“孔财神”，被孔走了亲戚后门，告到宋美龄处，于是蒋介石对戴笠先挺后贬，使他吃了大亏。因此，戴笠与孔结下了怨恨，但他拿这位“皇亲”也无可奈何。后来，孔祥熙在与法国维希傀儡政府的商人奥迪南（Audient）共做一笔经云南运河内的烟土生意时，为防止云南王龙云截获，找军统帮忙，戴笠为他负责了运输和交货，双方关系始有所改善。[1]

1942 年，宋子文自美归国，“戴氏时正为某权要（指孔）所扼”[2]，因过去受过戴笠的“破案”之恩，宋子文对戴与军统自然不同。后来，宋子文在香港私产广东银行的经理邓惟仁，于香港沦陷后被日本人捉去，迫使他回重庆充当“和平使者”，军统人员知晓后，于宋的公馆内将邓逮捕。戴笠想卖人情给宋，极力化大事为小，而孔祥熙插手，将邓移交军法部门处死。宋子文一开始对此极为不满，后来搞清楚原来是广东银行内部人员向孔告的密，这才与戴笠释嫌。[3]

戴笠对于蒋介石左右的亲信，一贯持拉拢态度，竭力巴结以求左右逢源，但也有“走眼”和被“忽悠”的时候。如抗战时期，蒋介石的“文胆”、考试院院长戴季陶的副官，一次手持戴的名片找到兼任重庆卫戍司令部稽查处副处长的沈醉，说戴的客厅中的一个古玩瓷瓶被人偷去了，要沈快速破案。沈醉唯恐得罪戴季陶，立即派了干员去调查，结论是内部作案或副官自己捣鬼。这种案子是说不清的，沈醉与手下商量后给了副官一笔钱，不了了之。后来，沈醉奉戴笠之命去戴季陶府上请他题字，为套近乎，他在戴面前提起古瓷瓶案，想讨好一下，但戴季陶指着桌上说：“这个瓶子一直放在这里，从来没有丢过呀。”即找副官来问，副官支吾其词说早上不见过，中午又有了。这下，

[1] 夏晋熊：《在孔祥熙官邸的见闻》，载《孔祥熙其人其事》，中国文史出版社 1987 年版。

[2] 良雄：《戴笠传》（下），（台）传记文学出版社 1985 年版，第 512 页。

[3] 同上。

沈醉才知道可能被人“忽悠”了。但无论如何，戴笠及其军统局对蒋介石身边的人是不敢轻易得罪的。[1]

广交好友

戴笠能够主掌军统，并在蒋介石身边飞黄腾达，除了他自身能力过人，与他广交好友也是分不开的。这些好友与他站在同一立场，在政治、军事、经济各方面传递信息、互通有无……

戴笠与胡宗南的关系非同一般，他们保持了几十年的友谊和合作历史，两人在工作上、私生活上都能打成一片。他们见面，有说不完的话。有时两人在一起像发神经病一样，谈到三更半夜了，戴送胡宗南回去，两人又谈一阵，胡又送戴回来，这样一来，两人往往通宵不眠。

早在戴笠还在杭州打流的时候起，他就结识了胡宗南；后来在黄埔军校，他们又在“孙文主义学会”共事。胡宗南不仅为戴笠搜集情报提供帮助，还向蒋介石推荐由戴笠主持特务处工作，为戴提供过许多的物质资助，戴笠对他十分感激，曾经说过“琴斋是有恩于我的”[2]。后来，他们在抗日与反共作战中也曾有许许多多的合作经历，互相帮助。戴笠对有关胡的情报一概亲自过问，隐恶扬善，并在蒋介石面前为其捧场。

1936 年 12 月，西安事变发生，胡宗南力促戴笠前往西安“保驾”，让戴笠立下功劳。戴笠说：“双十二事变，我敢于飞入虎穴，下定决心，关键在于宗南的来电。”胡宗南也说：“如果没有我那通坚决主张的电报去，雨农是顾虑重重，押不中这一宝的。”[3]1943 年，戴笠与胡宗南、汤恩伯在洛阳有过一次秘密的会见，三人结下了政治联盟，胡宗南为此写过一首《盟誓诗》，发誓要“危舟此时共扶持”[4]。

胡宗南与家乡的结发妻子分手后长期独居，直到 1937 年戴笠把军统女

---

[1] 李炎：《民国官场笑林》，江苏古籍出版社 1997 年版，第 184—185 页。

[2] 胡必林：《民国高级将领列传》，解放军出版社 1988 年版，第 389 页。

[3] 沈醉、文强：《戴笠其人》，中国文史出版社 2001 年版，第 175 页。

[4] 沈醉、文强：《戴笠其人》，中国文史出版社 2001 年版，第 177 页。

胡宗南

叶霞娣

将叶霞娣介绍给他，胡很是满意。戴笠死后，胡宗南深感悲痛，送的挽联写道："安乐与共，患难与共。"后来，他决定与叶正式结婚，作为对戴的纪念。据说，1962 年胡宗南在台湾下葬时还穿着戴笠送给他的已经千疮百孔的毛衣。

至于蒋介石的另一位宠将汤恩伯，戴笠则是在共同的反共行动中与之建立了密切的关系。抗战时期，汤恩伯盘踞中原，控制后方与沦陷区的交通要道，并直接担负对付中共的任务。戴笠与他合作，对延安进行特务活动，企图通过派进去与拉出来的手法对中共进行分化瓦解。另外，戴笠主管缉私与战时货运，他与日伪间的货物来往运输车队也得到了汤的武装保护。1942 年，汤恩伯策反了八路军驻洛阳的办事处处长，抓捕了八十多名中共与民主人士，并移交给军统，戴笠据此扩大对中共地下组织的破坏，受到蒋介石的嘉奖。在策反汪伪军将领方面，他二人也有合作，如先后收买过汪伪军政部长鲍文樾、绥靖公署主任庞炳勋、伪新五军长孙殿英等。戴笠曾说："汤长官与我配合得很妙。"[1] 戴笠死后，汤恩伯还为其主持过追悼会。

[1] 沈醉、文强：《戴笠其人》，中国文史出版社 2001 年版，第 180 页。

对于陈诚与戴笠的关系，在国民党内素有“两雄不并立”之说。陈诚得宠于蒋介石，拥兵自重，傲藐于世；而戴笠亦恃蒋之威，以气自豪。两人难免发生争斗。特别是抗战以后，戴笠大力发展军统武装，在敌后拥有数万忠义救国军，包揽战地情报工作，陈诚对此极为不满：“军政部将取消若干游杂部队，如忠义军之类，某战区情报单位，将取代军统局。”[1]

陈诚

戴笠听后极为不满，但他仔细分析了二人形势，认为他二人都得到蒋介石的宠信，如果发生火并，必将两败俱伤，对“蒋委员长”也不好交代，还不如放低些自己的姿态，主动向陈诚示好。1943 年底，他致电驻美武官萧勃说：“辞修（陈诚）先生为现任高级将领中不要钱肯苦干者，吾人自应多多接近，余对辞修先生素甚钦仰，弟可与伯羽先生言也。”[2] 这个戴笠口中的“伯羽先生”是陈诚亲戚谭伯羽，他正是想借其之口与陈诚化解矛盾。这种“曲线拍马”的确收到了一定的效果，陈戴二人得以维持了和平相处的关系。戴笠死后，陈诚不无叹息地说：“到现在，我才知道戴雨农，确有笼罩全局的本领。”

杜月笙

戴笠的另一个好友也颇具传奇色彩，他就是著名的海上闻人、青帮大佬杜月笙。

戴笠虚岁 25 的时候，仍未展所长。一个偶然的机会，他在上海结识了杜月笙。其时，杜月笙已经摆脱了“水果阿笙”的混名，拜入沪上大亨黄金荣的门下，以十六铺为领地。1923

[1] 良雄：《戴笠传》（下），（台）传记文学出版社 1985 年版，第 511 页。

[2]《戴雨农先生全集》（下），（台）“国防部”情报局 1979 年编印，第 855 页。

年左右，戴笠借居在小北门的亲戚家中，白天也去小东门十六铺一带，做些不要本钱的“生意”，时间长了，也小有一点名气。大概就是在这时，戴、杜两人开始有所接触。

后来，戴笠离开上海，北下广州考入了黄埔军校。北伐时，他参加了胡靖安组织的密查组，又回到上海活动。1927 年，蒋介石第一次下野，密查组被迫撤销，发的遣散费大部分被胡靖安吞没。戴笠在上海的生活失去着落，而昔日的“三哥”已是著名的“海上闻人”了。戴笠在落魄中向杜请求帮助，杜顾念旧情，一次给了他 50 元钱。50 元用完，戴笠又上门借，杜又给了他 50 元。对于早年杜的“慧眼识英雄”和两次“雪中送炭”，戴笠一直念念不忘；即使后来发达了，也时常向部下提起这些旧事，称杜月笙“古道热肠”，是他的生平知己！

1928 年 4 月左右，已经是蒋介石联络参谋的戴笠只身一人来到苏浙一带为蒋介石搜集情报，正值杜月笙随淞沪警备司令杨虎在宁波、杭州等地“清党”，也许是惺惺惜惺惺，三人不久结拜，戴笠比杜、杨小 9 岁，以弟相称。

戴、杜真正特别的深交是在 1934 年之后。当时，戴笠荐周伟龙任国民政府禁烟密查组组长，在上海南市破获一起贩运毒品的大案，此案涉及杜月笙。如果上报，杜月笙将赔本百万，而且杜此时刚刚被全国禁烟委员会敦请为禁烟委员，难免会因为这件大案名声扫地。杜月笙托杨虎说情，开了 30 万元的支票相赠。戴笠不但将赃物发还，而且将这张巨额支票一并退回。杜月笙摸不透戴笠的心思，于是又转请他的法律顾问章士钊代邀戴笠赴宴，准备在酒桌上探戴笠的底，可是戴笠又拒不应约。杜月笙也是在场面上混的人物，戴笠的态度使他感到十分难堪，正想有所动作，戴笠却突然只身访章，声明不收赠款，不应约赴宴，是为了与杜交知心朋友，是真心实意想为杜解决问题。如受款赴宴，则人言可畏，大家都说不清楚。从此以后，戴、杜二人始成为知交，连戴、章也成为莫逆。

二人的友谊从此直线升温，“八一三”淞沪会战开始后，戴笠为组建武装部队，首先就想到了杜月笙。两人随即合作，组织了“苏浙行动委员会”，下设一支别动队。这支苏浙行动委员会别动队就是后来有颇多争议的忠义救国军的前身，其中的骨干分子，不是戴笠手下的军统人员，就是杜月笙恒社内的骨干，两人合作似水乳交融，并从此开始了全面合作的阶段。

由于上海的战况日益险恶，蒋介石对杜月笙等在沪人员很不放心，着令戴笠密切关注。戴笠一再保证杜月笙不会落水做汉奸，因为杜对戴笠起过誓，倘若真有落水不清的嫌疑，人人都可以杀之。上海沦陷，杜月笙随即避战去了香港，香港危急时他又逃往重庆，被蒋介石任命为行政院参议和军事委员会少将参议，直到抗战胜利才和戴笠回到上海。

1940 年时，戴笠为了把全国的青帮、洪帮、袍哥等“三山五岳”的人物熔冶一炉，发起组织中国人民抗日动员委员会（简称人动会），推杜月笙出面，戴笠在幕后导演，由杜的一个徒弟金玉波代表驻会工作。抗战刚告胜利，戴笠随即又将人动会改换门庭，与徐亮、曾大成搞出一个“中国新社会事业建设协会”（简称新建会），将会址由渝迁沪，为打内战与帮会组织拉拢汉奸武装。按戴笠的话来说，就叫作“到哪处山上唱哪处的歌”。

1942 年 3 月，杜月笙在重庆成立中华实业信托公司，由戴笠运用职权在华中各地抢购物资内运销售，大发其财。他甚至帮杜月笙贩运走私毒品，对杜在港渝分别成立的专事毒品生意的“港济公司”通力支持，动辄数千万元地进出货。为了贩毒运货，戴杜甚至向主管财政部的孔祥熙行贿 500 万元来买一张烟土护照，派兵押运几十卡车的烟土到广西镇南关出手，大发不义之财。[1]

戴笠死后，杜月笙为戴笠在浦东召开了有八千多人参加的追悼会，凡参加者均由杜月笙赠送纪念册和纪念章，纪念册内刊有戴笠事略、遗墨、遗像等，供人凭吊。从这些事例中可以看出，戴、杜两人的关系是极其密切的。

戴笠还因某一时的特殊需要，与孙殿英、周佛海等不同类型的军政实力人物结拜过盟兄弟关系。实际上，戴笠并不会器重他的这些“兄弟”，不过是一时利用而已，但他的手段足以使这些人对他感激涕零。1937 年“七七事变”后，为了与华北宋哲元争夺地方军将领，戴笠在武汉密见“冀北民军司令”

[1] 范绍增口述，沈醉整理：《关于杜月笙》，载全国政协文史资料研究委员会：《文史资料选辑》第 84 辑，中国文史出版社 1983 年版。

孙殿英，两人结拜。戴笠向孙夸下海口，从此蒋介石可做他的靠山，孙殿英感激得倒地而拜，口称 :“这回雨农兄引我见到了新爹娘，走上了正道，从此忠心不二，要我生就生，要我死就死。”戴笠却对他派去孙部做监视工作的文强说 :“孙殿英善变多诈……派你去担任这项艰巨的任务，我才放心。”[1]

与中统恶斗

俗语云，同行是冤家。共同的工作性质决定了戴笠与陈立夫之间不可能走向友好。

陈立夫是“CC 派”首领，同时是中统特务机构的创立者。当戴笠以向蒋介石告发黄埔同学中的共产党员而起家时，陈立夫已是蒋介石集团中的干将，以后又控制了国民党的党务系统，在党内形成了“CC 派”政治派系。戴笠的“密查组”“特务处”成立后，因未正名，只能纳入陈立夫主管的国民党系统特务组织之下，但他一直在蒋介石的庇护下独立工作，并不听从陈立夫的指挥。1938 年秋，在陈立夫等的建议下，蒋介石借抗战之机，大力扩充他的特务组织，形成了国民党特工组织中统局与军统局“双雄并立”的格局。中统与军统两个特务组织，从其雏形时代开始就互相争斗，戴陈关系也相应紧张。

陈立夫

戴笠的组织越来越大，手下干将也越来越多，但因特务工作的特性，这些军统骨干，很少具有相应学历与资历，依法而论，他们都无法获得将官军衔。陈立夫为组织系统的主管，对戴笠尚且长期贬压其为一少将，其手下想通过铨叙审核而得少将以上军衔，简直难上加难。但戴笠却有办法另辟途经，他每每亲自给蒋介石写报告，得蒋的特

[1] 文强 :《孙殿英投敌经过》，载全国政协文史资料研究委员会 :《文史资料选辑》第 64 辑，中国文史 1983 年版出版社，第 120 页。

批而任命了许多中将级特务。1941 年，少将戴笠手下就有 15 位中将级特务在为他效力，少将更多，只是戴笠同乡江山籍的军统少将，就有 14 位。其中除周伟龙、王蒲臣、连谋三人外，都没得到陈立夫的认可。于是，军统局就自制纯金梅花的将军服，自封自佩，陈立夫也拿他无可奈何。

随着戴笠军统势力的恶性膨胀，渗透到军事、交通、物资、缉私等各方面，权力之大，今非昔比。陈立夫为自己利益计，也想与他缓和关系，为此做了一些努力。抗战中，陈立夫曾有一次派手下左曙天到军统局重庆枣子岚垭的“漱庐”机关，找到与他交好的军统大将王蒲臣，要一份军统局科长以上官员名单，说陈立夫代表中统，要大请客，搞一次中统与军统的联欢会。王蒲臣赶紧报告给戴笠，但几次催问都无结果。最后，戴笠找来为王蒲臣送报告的王绍谦秘书，大骂一顿，说：“他陈立夫要请客，跟我姓戴的有什么相干？我没有批就是不同意嘛！他陈立夫企图掌握我们高中级人员名单，竟然要了这样的花招，我们是不会上当的。你告诉王蒲臣，让他转告左曙天：在抗战期间，我们双方的人员，要尽量避免接触。”

陈立夫的一番热心，就这样被满怀防备敌意的戴笠拒绝了。由是观之，戴笠对陈立夫的成见和防范是多么深。但陈立夫还算不记前怨，戴笠死后他送了挽联，两年后，他还为戴母送了贺寿礼。[1]

戴笠对陈立夫尚且不给任何面子，一直唱对台戏，就更不把陈立夫手下徐恩曾放在眼里了。到抗战后期，双方斗争越来越激烈，最后戴笠运用手段直接推动了徐恩曾的下台。

戴笠与徐恩曾之间并非一贯交恶，他们也曾经有过合作。在戴笠的特务组织初创阶段，徐恩曾的“特工总部”曾给予其技术上的支援；1935 年，他们在陈立夫任局长的包括徐恩曾“特工总部”和戴笠“特务处”在内的第一个“军统局”内合作过；即使在“两统”分立后的 1940 年，双方还曾合组过“国家总动员会议经济检察大队”；1942 年，在重庆望龙门成立过“两统”情报交换处；1946 年联合组成各省市党政军联席会议。但这些合作更多是在

[1] 申元：《戴笠轶事》，香港天马图书有限公司 2003 年版，第 77—80 页。

徐恩曾

形式上的，并不能掩盖徐对戴这个“后起之秀”的不服、嫉妒和戴对徐的蔑视、敌对的真相。

徐恩曾与戴笠的矛盾是随着他们的合作而逐步产生的。

1932年4月1日，戴笠的复兴社特务处在南京鸡鹅巷53号成立。初创时期缺少电讯系统可用，戴就找徐恩曾帮忙，计划在各地建立电台网。徐答应本系统的各地电台可以为他所用，达成了协议。中统用香港、北平、天津、杭州、济南、南昌、汉口等地的分台，为特务处收发电报。这本来是一件合作的事，只因一点矛盾，竟演化成为两大组织交恶的开端。

徐恩曾将部属香港分台台长项濂，调回南京香铺营中统特务总台任报务员。项濂与戴笠是浙江大同乡（项是温州人，戴是江山人），又是黄埔六期的同学，因为香铺营离鸡鹅巷很近，项就常至戴处叙旧。那时项濂每月的薪金仅三四十元，戴笠许诺每月给他七十元，拉他为特务处工作。比较之下，这是很高的报酬，因为当时戴笠的薪金也不高，每月不足一百元，项濂当然为之心动。项濂开始偷取中统特务总台的来往电报给戴笠，继而又拉拢中统的电讯特务到军统工作。这些事很快就为中统特务总台的人员发觉，向徐恩曾密报，徐恩曾非常气愤，下决心要制裁项濂。他派行动员行刺项濂，但没有成功。之后项濂就公开投奔了军统，这便是徐、戴二人矛盾之始。

第二件使戴笠与徐恩曾翻脸的事是争夺中共叛徒顾顺章。1931年春，中组部调查科驻汉特派员蔡孟坚，在汉口逮捕了中共中央特科负责人之一顾顺章。当顾顺章被解到南京时，陈立夫和徐恩曾亲自驾艇从轮船上把顾顺章接下来，经过他们的威胁利诱，顾顺章叛变中共。当时徐恩曾私人秘书钱壮飞紧急向中共中央报警，使顾顺章供出的上海中央和江苏省委机关大部分领导都安全转移；但中统也捕到了不少人，如中共中央宣传部部长罗绮园、江苏省委书记王云程等。顾顺章在上海为中统“立功”后，又到各地监狱和反省院搜查囚犯，结果使中共领袖之一恽代英的身份暴露，被国民党杀害。顾顺章还奉命举办了特工人员训练班，训练了各地中统特务骨干数百人，他写了《特务工作之理论与实际》等书，为国民党的特务工作献计献策，深得陈立夫和徐恩曾的宠信。顾因此成为特工总部手上破坏革命组织的一张“王牌”。

戴笠的特务处也很垂涎顾顺章，邀他前去讲授对付中共的办法，并加以拉拢。1934 年，陈立夫派顾顺章到日本去考察特工，但顾返国后就被戴笠收买，答应跳槽到特务处工作。这便引起了陈立夫和徐恩曾的震怒，决心要除掉顾顺章。次年 4 月，徐恩曾派干将顾建中将顾顺章暗杀于南京。杀顾后，徐恩曾为了掩人耳目，故意散布消息，说顾是因为组织新共产党而被纪律制裁的。

经过这两件事，双方关系进入了互相斗争的阶段。

使“两统”矛盾白热化的事，发生在 1939 年。中统局第三组组长庐斌，在山东活动期间，与军统局驻鲁专员厉文礼发生矛盾，竟被厉枪杀。这场风波虽被平息，但由于牵涉人命，双方矛盾更加不可调和。

1941 年 2 月间，戴笠最喜爱的军统行动和暗杀专家赵理君在河南任军委会华北战地督导团专员时，又与中统河南省调查室主任韦孝儒因抢夺地方缉私权发生矛盾。赵倚仗他在军统的势力，一怒之下竟派人将韦孝儒绑架，把韦孝儒及随行 8 人一起活埋在一口枯井下面。徐恩曾闻讯大怒，命令中统搜集事证，向蒋介石报告。蒋介石看无法收场，就转令戴笠调查处理。军统方面无可抵赖，戴笠只好忍痛把赵理君逮捕枪毙于西安。此事使戴笠与徐的关系到了势不两立的地步。[1]

最让戴笠不可忍受的，是徐恩曾一直想渗透进戴笠欲染指的宪兵和海军部门。20 世纪 30 年代中，徐借兼任宪兵司令部政治督察之机，掌握了司令部的警务处和军法处、看守所，并把这两个处的主要干部都吸收进中统组织，

[1] 月西：《蒋介石和他的特务机构》，海天出版社 1996 年版，第 390 页。

专门操办政治案件，以获取情报。戴笠的军统掌管军事领域后，中统本应把宪兵部门让于军统，但徐恩曾却抓住不放，一直到1949年退台前夕，中统系统都还在与宪兵部门合作。对于海军方面，虽然在抗战后期已被戴笠视为掌中之物，但徐恩曾却利用海军司令桂永清与戴笠的矛盾，成功地在海军司令部成立了中统调查室，掌握了海军情报系统，使戴无法插手现有的海军，不得不寄希望于美国人来重建新的海军。

戴笠与徐恩曾的矛盾还表现在对警察系统的争夺上。警察系统素来是戴笠与中央警官学校教育长李士珍争夺最激烈的部门，徐恩曾虽无法在警察系统有所作为，但他却暗中支持李士珍。在1943—1944年间，戴笠草拟了一个建警计划，欲在行政院下设一个警察总监部，把全国警察统一在国民党的中央指挥之下，由他来掌握。徐恩曾知道后，一面支持李士珍另搞一个十年建警计划，一面向陈果夫、陈立夫汇报，让二陈从中作梗。蒋介石本来已准备批准戴笠的建警计划，有意让戴当全国警察总监。当他交方案给侍从室第二处主任陈布雷、第三处主任陈果夫研究时，他们却认为警察的指挥权一直在省市县地方政府，一旦划归中央，则地方维持治安可虞。同时以军统的人任警察总监，多有不宜，不但将在国内招致议论，且英美盟邦亦可能产生非议，贻人口实。蒋介石闻此思想动摇，再加上此时他对戴笠扩充势力已有担心，于是戴笠的计划便未能实现。

中统与军统基本工作内容的相同与工作范围的重合，在客观上成为了他们产生矛盾和争斗的根源；而两大组织负责人徐恩曾与戴笠在脾气极不相同，是他们矛盾发展的另一缘由。徐表面儒雅内敛，戴笠则为人霸道，趾高气扬，但两人又都有绝不相让的习惯和压倒对方的共性。中统和军统在他们两人领导下，钩心斗角、明争暗斗的事层出不穷，最后徐恩曾没有占到上风。原来徐恩曾一贯好色贪财，他在吴兴老家本来有一个老婆，20世纪30年代在南京又霸占了一个东北籍女学生；1931年，他又迷上了一个向中统自首的中共女叛徒费侠，把她安置在国民党中央党部民训委员会任干事，并与之姘居。抗战后国民政府从南京撤退到武汉，两人的关系公开化，这引起了国民党内许多人士的指责。陈立夫也指责他不该贪恋女色，但徐恩曾并未理会。到重庆后，徐恩曾把东北籍老婆安置在铜梁县西温泉汤山，费侠则安置在国府路。费侠利用徐的权力从事投机倒把敛财，给他带来了很坏的影响。

1943年间，财政部有一大卡车中国银行刚刚印好的新钞票，从湖北运到重庆，途经沙市的乡间，突遇空袭警报，又闻谣传日军顷刻即至，押车人员和司机便弃车而逃。财政部闻报后，饬知中国银行将钞票号码注销。殊不知这车钞票落在湖北中统调统室手里，因为数量庞大，当地特务不敢独吞，乃报告中统局，希望能得一笔奖金。徐恩曾接报后，想吞食这笔巨额横财，便派了一名中统特务，持中统局书面证明前往押返重庆。当押运至川鄂交界的封锁线三斗坪时，被军统交通检查所查获。戴笠当即向蒋介石告发。正处于财政窘境的蒋介石，起初认为是徐恩曾私印伪钞，一怒之下曾准备把徐枪决。后来经中国银行验证，不是伪造而是注销报废的钞票，徐恩曾又推说事前不知道，暗中令押运的小特务招认是贪财起意，途中拾得。结果是军法总监部把那个押车小特务，以捣乱战时金融的罪名判处死刑了事。此事使蒋介石对徐留下了极坏的印象。

一波未平，一波又起。1944年，徐恩曾用国民党中央党部的几部大卡车做走私生意，经中印公路运回一批走私西药，当运至四川广元时，又被军统查获。由于用的是中央党部的大卡车，戴笠明知是徐恩曾所为，但怕蒋介石认为他有陷害之嫌，就去找与徐恩曾水火不容的朱家骅向蒋介石密告，前后两事联在一起，蒋"龙颜大怒"，于是在第二年春，蒋介石亲自下令撤去徐恩曾的本兼各职，永不叙用。就这样，1945年1月，徐恩曾结束了主持中统的生涯，最后只剩下一个工程师学会总干事的职务。[1]

与徐恩曾的斗法至此以徐的下台而结束，军统与中统的矛盾斗争也成为了一段历史。1947年，徐被中国工程师学会选为"国大代表"，上海解放时逃到香港。

---

[1] 李英：《徐恩曾与戴笠的"合作"与矛盾》，载文闻编：《我所知道的中统》，中国文史出版社2004年版，第184—188页。

冷面对“敌”

戴笠深知广交好友的好处，但因其主掌军统特务系统，从事一些不能见光的活动，仍不免招致各方面的嫌恶。对与他在政治上持不同意见的“敌人”，戴笠从来都是绝不留情。其中最典型的一例，即是传说戴笠曾与结拜的王亚樵二人因政见不同，竟发展至你死我活的境地。

王亚樵，民国历史上的江湖大侠、“暗杀大王”；早年参加辛亥革命，当过同盟会会员，具有爱国心，讲江湖义气，相传他曾与戴笠结拜，算是戴笠的“启蒙老师”，最后却被戴笠派出的杀手杀死。

1921 年，王亚樵在上海组织安徽同乡会，因此结识戴笠。1924 年，军阀卢永祥任浙江都督，拥兵 10 万，以王亚樵为司令，王召戴笠为别动军纵队队长。卢永祥战败后，两人各分东西。王亚樵十几年来主要活动于安徽、上海一带，自成一派地组织了一支腰间别着厉斧的安徽劳工敢死队，专门对付其他帮会和欺压工人的富商。原国民党军统骨干沈醉曾风趣地说，世人都怕魔鬼，可魔鬼却怕王亚樵。蒋介石一提这个人，假牙就发酸；戴笠若是听说这个人又露面了，第一个反应就是检查门窗是否关好。连上海滩超级恶霸黄金荣、杜月笙一类流氓泰斗遇上王亚樵，也得赶紧绕道。

蒋介石和戴笠起初几次想与王亚樵修好，但王亚樵目睹 1927 年“四一二”政变之中蒋介石对中国共产党人和上海工人进行大屠杀，深感厌恶，对蒋既不怕恐吓又不吃收买。4 月 18 日，王亚樵在南京政府的“奠都典礼”大会上，不顾朋友劝告，大胆发表了反对蒋介石背叛革命的演说，冒死直谏南京政府要以国家民族利益为重，不忘总理遗愿，停止屠杀中共，而将北伐进行到底。蒋介石得知这一消息，异常生气，密令南京警察厅厅长温剑刚逮捕王亚樵。因王十分机警而且有所准备，温剑刚的侦缉队反被王亚樵手下的人缴械，王从容而去。从此，王亚樵与蒋介石决裂，势不两立。

王亚樵回到上海，积极活动，结交各反蒋势力，不论何派何系，只要反蒋就与之合作。1929 年，方振武、石友三等三路军准备讨蒋，事情败露，方振武在南京被蒋介石扣押。王亚樵即从上海赴皖，联络方振武旧部鲍刚、余亚农等发动兵变；又与常恒芳等在上海密谋，决定到南京解救方振武，刺杀蒋介石。这次密会是在王乐平家开的，赵铁桥是老同盟会会员，经常恒芳介绍参加了会议。但不久，安徽兵变失败，营救方振武也未成功。赵铁桥本来是因不被重用、官场失意而加入反蒋行列的，此时见大势已去，便向蒋介石告密，并自告奋勇充当内线在上海寻捕王亚樵等。王亚樵、常恒芳隐蔽及时，安然无恙，王乐平却被蒋特于1930年2月杀害在家中。

王亚樵

1930年前后，蒋介石为集中兵力“剿共”和对付西南反蒋派，需大量军费，因此，欲在全国试行“米照捐”。王亚樵令其弟王述樵联络部分上海大学生，组织“安徽旅游学会”，出面召开反“米照捐”大会，并邀请杨烈武、许世英等参加，推五路代表，分赴南京、庐山、安庆等地请愿。此外，组织米商罢市，米船停运，一时粮价高涨，民怨沸腾。蒋介石无奈，被迫撤销“米照捐”。蒋介石后来获悉这是王亚樵一手策动的，遂命令查封“安徽旅沪学会”，密令戴笠监视王亚樵。王对此也有所察觉，去函戴笠说：“我对你没有话讲，委员长礼贤下士，你就和颜悦色，委员长疾言厉色，你就疾恶如仇……”两人从此断绝兄弟情谊，成为死对头。

1930年年底，中原大战结束后，蒋介石战胜各派新军阀，正踌躇满志，却又遇到了国民党元老胡汉民的挑战。胡公开斥责蒋的专制独裁，犯了蒋的大忌。为应对胡，他先让吴稚晖出面，劝其“休养”，遭到痛斥，吴惶惶而归。戴季陶又献上一计。于是，1931年2月28日夜，蒋以宴请议事为名，将胡汉民骗到国民党总部，递给胡一封控告他的信，欲要挟之。胡当面驳斥了蒋的无端指责，蒋无言以对，拂袖而去。随后，胡汉民被押送到汤山俱乐部监禁起来。蒋对付“党国元老”的卑鄙行径，引起舆论界的公愤，胡的亲信们以广州为大本营，掀起了又一次反蒋浪潮。蒋介石无法摆平，只好将其释放。胡汉民抵达广州后，复仇之心甚切。胡汉民和王亚樵曾在孙中山手下共事，胡听说王在上海有一股势力，便亲去见王，誉王为“江淮大侠”，王亦感恩知己，愿为效力，设法谋刺蒋介石。

王亚樵承诺胡汉民之后，先后在南京、庐山、上海等地设暗杀小组，寻机行动。1931 年 6 月，南京天气炎热，为指挥“剿共”内战，蒋介石去庐山办公。王亚樵得到消息，即通知龚春蒲、肖佩伟、陈成等化装成游客尾随上山，住在庐山新旅行社内，监视蒋的行动，伺机下手。一天，陈成独自上山观赏风景，顺便摸摸情况，突然看到蒋介石的车急驰下山，陈来不及联络，急忙从怀中掏出炸弹想扔进车中，正举手之际，从车中射出一弹，正中陈成头部，陈当场身亡。原来，蒋的卫士已发现陈成的异常举动，于是抢先开枪，蒋有惊无险，坐车飞奔下山。

龚春蒲、肖佩伟二人赶到，见陈成已死，知事已败露，不敢迟疑，立即驾车逃走，回沪报告。蒋在庐山遇刺，惊恐万状，即令戴笠从速破案。戴笠怀疑此案为王亚樵所为，但没有证据，只好警告王亚樵：“你如有谋害我领袖意，我必杀你。”同时命令在上海的特务注意王亚樵的行动，伺机动手。

王亚樵刺蒋未成，深感对不起广东方面，他令南京小组积极活动，准备刺杀宋子文。1931 年 7 月 23 日，小组侦悉宋子文当晚赴沪与财团商洽借款事宜，即电告王亚樵。王亚樵接电后连夜部署，却在上海火车站误杀与宋穿戴相同的宋氏秘书，功亏一篑。刺宋案发生后，蒋介石大为震怒，令戴笠不惜一切代价侦破。戴笠虽对王亚樵尤加注意，却未获得实据，也就不了了之。

日本侵占东北，又在上海挑起事端，国民党政府不想抵抗，却一味依赖列强。国际联盟派英国人李顿率国际调查团来中国调查。李顿到中国后，发表谈话，偏袒日本，引起国内各阶层的强烈不满，王亚樵力主“世界上有强权无公理，只有诉诸武力，锄杀李顿”。他积极部署暗杀事宜，命令龚春蒲主持，1932 年 11 月 10 日，龚等人在上海华懋饭店准备暗杀李顿，被巡捕抓获。在狱中，他们经不住酷刑，将庐山刺蒋、上海刺宋的情况全部招供。

蒋介石和戴笠闻讯后，悬赏重金缉拿王亚樵，但蒋特几次行动均扑空。戴笠抓不到王亚樵，就逮捕了他的弟弟王述樵。当时任全国律师公会会长的沈钧儒先生是王述樵的老师。沈先生在报上发表声明，抗议逮捕王述樵，指出：“兄有罪不应罪及其弟。”戴笠在全国舆论面前，自觉理亏，不好收场，又企图通过王述樵收买王亚樵，但遭到王述樵拒绝。王亚樵闻讯，反蒋意志更为坚定。

1933 年秋，国内局势紧张，王亚樵再次离沪去香港。临行前，他致书戴笠，指出 :“亚樵当无归顺与否之存在，愿诸君代达，如执政当局能改变国策，从而停内战，释私怨，精诚团结，共赴国难，亚樵当只身抵阙，负荆谢罪。亚樵何去何从在于当局，否则誓与周旋到底。”

王亚樵抵香港后，与李济深、陈铭枢等各方反蒋人士合作，继续从事反蒋活动。

1935 年 11 月 1 日，轰动全国的刺杀汪精卫案就是王亚樵主持的。

为了策划在国民党中央四届六中全会上刺杀蒋介石，王亚樵等人先在南京组织了一所“晨光通讯社”，趁国民党召开全国代表大会时，派孙凤鸣以记者身份混入会场，把手枪放在照相机内混过了检查。但照相时蒋介石恰巧没有参加，孙凤鸣当即决定刺杀仅次于蒋介石的汪精卫。因为孙放在照相机内的是一支三号小左轮枪，洞穿力不大，所以只把汪精卫击伤而未毙命。刺客当场被张学良、张继等抱住摔倒在地，并被汪精卫和蒋介石的卫士开枪重伤。汪精卫的妻子陈璧君抓住蒋介石吵闹，她认为一定是蒋介石派人刺汪，所以自己不出来照相。蒋介石蒙受冤枉之后，对戴笠大加训斥，限期要他破案以洗清自己的嫌疑。

戴连夜进行排查，他给垂死的孙凤鸣连续注射强心剂亲自审问，孙拒绝至死不招。戴又通过孙凤鸣领取大会记者入场证的线索，将当时在中央军校工作的一个司书逮捕。戴亲自刑讯后，又在上海四川路新亚酒店将孙凤鸣的妻子崔正瑶捕获。崔正瑶受刑后招供与否，说法不一，但特务们随即又在香港将有关人员余立奎、胡大海等捕获，引渡到南京归案。因这个案子内有一个是改组派的人，陈璧君和汪精卫这才相信不是蒋介石派人干的。

戴笠深知王亚樵是蒋介石的大敌，不杀了王，蒋介石不会饶他，他自己也不会安心。于是他在全国各地撒下网络，捕捉王亚樵。戴笠亲赴香港，并和英警联系，派大批特务渗透到香港各个角落。这时，军统里有个叫陈质平的特务向戴笠毛遂自荐，表示愿意打入王的帮会组织。陈加入王的帮会后费尽心机投其所好，后来王亚樵对陈质平的过分表演产生了怀疑，察知香港不可久留。1936 年 2 月，王即偕眷属及郑抑真等秘密潜离香港，来到广西梧州，改名匡云书，在西江岸李圩子的一幢房子居住，其他人也分住梧州市。梧州是李济深的祖籍，他也闲居在此。李济深同主政广西的李宗仁、白崇禧打了招呼，要他们对王亚樵加以保护，并由广西省府每月拨款 500 元生活费资助王。王亚樵怎肯悠闲度日，他曾三次赴南宁，面见李、白二人，建议兴兵讨蒋，但遭拒绝。

在戴笠得到王亚樵已离开香港的消息后，气得痛骂陈质平。陈质平不甘心，继续潜伏寻找线索，终于发现王亚樵的门徒余立奎的小老婆余婉君也住在香港，她经常由香港到梧州去看王亚樵，并给他带些物品，王给她生活费。陈质平探知后，花言巧语将她拉拢过去，追踪到了王亚樵的踪迹。陈诱说如捉到王，可得一大笔钱，使余答应为其内线。陈质平即刻回到南京，给正在两广前线平息叛乱的戴笠发报，报告这一消息。戴笠马不停蹄赶回南京，亲自指挥这场蓄谋已久的暗杀，当晚便派出了暗杀高手王鲁翘偕同助手和陈质平一起乘专机飞梧州。根据戴笠制定的方案，他们白天潜入余婉君的住宅，由余邀王亚樵前来。因为余婉君平日与王亚樵有私密的关系，余约王，王必来。次日晚，余婉君电话邀王到自己的住处说有要事相告。王亚樵毫无防备，但他刚一踏进房门，便本能感觉出危险，瞬间跳起撞入屋内，在空中连续开枪，子弹打完人便卧倒在地，顺势拔出匕首与埋伏在里面的几个特务缠成一团。由于王亚樵反应迅速，埋伏在屋内外的特务都没来得及开枪射击，但是王亚樵毕竟只有一个人，在搏斗中他的双眼被特务洒出的石灰迷瞎，随即目不能视，被乱枪和乱刀击中毙命。

事隔多年后，王鲁翘依然带着欣赏的眼光评价王亚樵，称王当时的应变是正确的。他的凶猛反击在瞬间压制住了在数量上占优势的军统特务，用匕首近身格斗使特务们怕误伤自己人而投鼠忌器，如果他留在后面接应的保镖能及时赶来，还大有翻本的可能。[1] 遗憾的是，王亚樵的保镖们还未来得及接应他们的老大，已经被军统埋伏的杀手乱枪击毙。王亚樵一代反蒋英雄，也

[1] 萨苏：《军统骨干沈之岳成功打入延安之谜》。http：//news.ifeng.com/history/special/zhonggongqingbaogongzuo2/detail_2010_07/19/1796438_0.shtml。

因此命丧黄泉。

陈质平因此立功，得到戴笠的赏识，抗战后被派往军统插足的“西南运输公司”给总经理宋子良当警卫处处长；因替上司“摆平”桃色纠纷有功，胜利后宋子文任行政院长时，派他为中国驻菲律宾首任特命全权大使，开创了特务转任驻外大使的外交纪录。[1]

驭下有术

随着特务机构的不断扩大和人员的日益增多，1935年春，戴笠亲自在杭州主持召开督察会议，在特务处增设督察室，建立了督察制度，以柯建安任主任，在下属单位按区或省设置督察。这种督察制度的建立，从一开始就遭到各地特务头目的不满。当时的特务处北平站站长陈恭澍就说：“我个人基本上就反对这种制度……我反对的理由很简单，我认为这种督察制度徒增内部困扰，与事并无补益，因为既鞭策勇者奋进，又自设绳索加以羁绊，是相当矛盾的一种措施。当然，支持这种制度的人，自有一套美丽动听的说辞。不过，我仍然固执地反对了几十年。”“所以在心理上也连带地不大重视驻在北平的督察，虽不致被认为傲慢无礼，但总会予人以冷漠之感。”[2] 戴笠通过这种制度来造就一批“特务中的特务”，刺探情况和每个人的动向，不定期地在内部发动总检举，严厉惩办违纪者，以维护其在内部的有效统治。

除建立督察制度设置督察外，戴笠还设立了一套用以处置违纪特务的秘密监狱，他对特务中发生的各种案件，是从来不经过司法程序交由法院或政府监察部门处理的。当时在南京就按不同级别和待遇设立了监禁特务分子的秘密监狱三处，称之为“甲地”“乙地”“丙地”。“甲地”设在江东门陆军监狱内，自建院落与陆军监狱隔开，是个比较优待的地方，采用家庭式，禁闭在这里的人，除了没有外出自由，其他禁制比较少。“乙地”设在羊皮巷一所旧式平房里，关押在这里的人限制较多，彼此不得互通姓名，都以代号相称，警卫管理

---

[1] 徐家涵：《孔祥熙家族与中央信托局》，载寿充一：《孔祥熙其人其事》，中国文史出版社1987年版。

[2] 陈恭澍：《英雄无名》第一部《北国锄奸》，（台）传记文学出版社1981年版，第157—158页、218页。

相当严格。“丙地”设在老虎桥模范监狱内，专门羁押重刑犯。1934年春，戴笠的把兄弟、后来的军统大员王天木因在天津被牵连进了一桩敲诈勒索杀人的“箱尸案”，由蒋介石批捕后，判了无期徒刑，就关在“丙地”。[1]

戴笠的“建特”思想，贯彻在他的工作实际中。他对属下的组织和人员，采取了比较严格的要求，辅之以恩威并施的手段，想要建成一支理想化的“三民主义生力军”。但是，他的这些要求与规定在实际上是不可能真正贯彻执行的，因为从戴笠自己和他的左右人物开始，就没有执行好这些纪律。戴笠霸道的工作作风、糜烂的生活以及为人处世的准则，都与那些冠冕堂皇的条文背道而驰。在这种情形下，他怎么能带出一支“革命的生力军”？

为加强内部管理，1940年11月12日戴笠曾下达手令：“生活要有纪律，工作务求切实。”军统局在戴笠的独裁统治下，先后制定了许多禁令。这些禁令并不是组织讨论后制定的规章制度，而是戴笠口头随意宣布或以手令下达后形成的规定，军统组织内任何人都不能变动这些规定。其中最主要的有“六不准”：

不准擅自脱离组织；
不准在抗战时期结婚；
不准自由向外活动；
不准经营生意；
不准贪污贿赂；
不准随意回家住宿。

这“六不准”规定的实际执行情况并不理想。曾在军统局本部人事处任职的黄康永[2]揭露了下列情况。

第一，不准擅自脱离组织。军统局的每一个特务，按规定都不能擅自脱

[1] 陈恭澍：《英雄无名》第一部《北国锄奸》，（台）传记文学出版社1981年版，第127页。

[2] 黄康永曾任军统局人事处行政科科长、军统局湖南站少将站长。1949年随程潜长沙起义后去了香港，回内地后于1951年被关押，定为战犯。1975年被特赦，后恢复了起义人员名誉，任浙江省政协委员。

离军统的组织，连请长假也不可。蒋介石把特务规定为终身职业，戴笠就把此当成了限制下属特务的铁规。他曾说：“如果有哪个人要离开我们组织的话，我就请他活的进来死的出去。”当然如果是戴笠要开除的人，则不在此范围之内。偶尔也有例外，如军统子弟学校立人小学教导主任熊家璞，毕业于军统黔阳特训班，她是军统特检处处长李肖白的情人。熊因惧怕军统的恐怖与严厉，想尽早脱离军统组织。她利用李肖白与军统局人事处处长龚仙舫和行政科科长黄康永的私交，共谋以长期病假的形式申请离开。他们找了一个有肺病的妇女在重庆宽仁医院照了一张 X 光胸片，熊家璞利用这张 X 光胸片冒充肺病病人向军统局人事处请求长期病假休养。军统医务所根据 X 光照片，同意她长期休养。这样，熊家璞在获得军统发给她的一年的生活费和医药补助费后，便离开了军统特务组织。当然如果没有这种私人关系的话，要离开军统组织，就不容易了。

第二，不准在抗战时期结婚。自戴笠的妻子毛氏于 1939 年在重庆因患子宫癌去世后，戴笠出于一种病态的心理，不愿意看见他的部下与妻儿团聚；于是在 1940 年下了一道手令，规定：抗战时期所有局内同志家属，一律迁回原籍，以免妨害抗战大业。如果在三个月内还没有迁动的，就停发眷粮。这一条手令经军统局人事科下达后，许多中下级特务不得不把家属送走，闹得怨气冲天。有一些特务设法让家属暂时先离开重庆，想等风声过后，再慢慢地搬回来。戴笠了解到这种情况，感到这条命令不能过于勉强执行，于是就想了一个“治本”的办法，他又下了一道手令，规定：军统全体同志在抗战时期内一律不准结婚；如有擅自结婚的，一律禁闭四年，不能特赦；若双方都是军统人员，男女同时禁闭。他说：“我断弦后，即决定不再嫁娶……同志们如有家累、经济负担外，有感情负担，要他们去出生入死，义无反顾，难上加难。”这一道禁令下达之后，在 1945 年以前，有两百余对男女军统特务，因违犯禁婚令而被禁闭，直到抗战结束之后才陆续释放。

然而，这道禁婚令的效力是有限的，军统内的大特务或者戴笠同乡江山帮的一些特务，都成了例外。1940 年在戴笠下了手令后，局主任秘书毛人凤就率先与向影心结婚，接着还有军统兰州特训班教官兼兰州市警察局分局长陈宜生与当地军政长官朱绍良的女儿结婚，军统兰州站站长、运输统制局监察处副组长霍立人与徐应年结婚，军统西北区区长文强与葛世明结婚，军统局电讯处处长魏大铭与赵霭兰结婚……除了局内主要干部敢于不遵此令，一些有关系的基层特务也可以有恃无恐地结婚。出身江山的军统局情报处处长何芝园的堂弟、时在军统息烽训练班任职的何丹山，就于 1941 年与息烽曾姓大地主的女儿结婚。戴笠虽接到了息烽秘密督察的小报告，但碍于种种关系，这个小报告就搁在他皮包里没有处理，也就是默许了这桩婚姻。戴笠在表面上不同意他的大将亲信们这样做，但又不阻止，且往往亲自出面向他们贺喜，实际上造成执行纪律因人而异的情况。

第三，不准自由向外活动。按照纪律规定，军统的每一个工作人员，在没有得到命令或批准时，都不许擅自在任何方面开展活动。1937 年上半年，蒋介石为了调和戴笠的复兴社特务处和国民党中组部调查处两大特务组织的内在矛盾，成立了军事委员会调查统计局，要陈立夫当局长，把原调查处编为第一处，徐恩曾为处长，原特务处编为第二处，戴笠为处长。这两个特务机关，虽然在组织形式上统一了，但戴笠在私下则秘密禁止第二处的人员与第一处的人员擅自交往。他指示参加局务会议的人员说：“我们参加他们的局务会议，只是采取听听的态度就可以了，少说话。”他还在内部定了一条禁令，如果私自同中统人员往来，则以擅自活动惩处，轻则禁闭，重则以泄露秘密论罪。所以军统人员见了中统人员都是尽量回避的，很怕触犯戴笠的禁令遭受惩处。

另外，戴笠要求军统人员全身心地投入工作，特务们每天工作 10 小时左右，每周仅有半天休息。戴笠不许他们打麻将，以免“浪费时间、金钱和精力”。他请准蒋介石，规定对违反者以枪毙论处。这下真吓住了一般人员，但也有局内要人如主任秘书毛人凤“暗中还摸上八圈”，对此戴笠也只能睁只眼闭只眼了。

第四，不准经营生意。在抗战时期，军统局内部有一条禁令，不准任何人经营生意，宣称与商人争利是不得人心的，要维护老百姓的利益，做一个特种工作人员就得安分守己。

在这条禁令下，军统组织里也有过一般的下层违令者被关禁闭或丢了性命的；而那些大特务则依然是例外，他们半公开地走私贸易，囤积居奇。戴笠自己就带头利用他掌握的财政部缉私署和战时货运管理局的权力，勾结海上闻人杜月笙，在后方与沦陷区之间进行各项非法的生意买卖。他们把后方的金属矿产原料等偷偷运进沦陷区供应日伪，把沦陷区的日用必需品抢运回来，从中牟利。为此，军统曾大量印制汪伪政府的储备券到沦陷区抢购物资，称之为对敌“货币金融战”，在扰乱日伪财政的同时，客观上使沦陷区的人民生活又遭受了额外通货膨胀之苦，而军统局的腰包由此膨胀起来，成为戴笠“事业发达”的经济基础。

军统局副座郑介民，表面上斯文尔雅，不屑于做生意，但他的妻子柯淑芳却是一个做生意的老行家。柯在重庆利用四川商人为她囤积居奇，做收进抛出的买卖。因而，她对这些商人保护有加。1943 年间，有几名关系户因赌博被重庆稽查处抓去，柯得知此事，马上要郑介民打电话令稽查处放人。稽查处处长何龙庆当时不在处里，柯淑芳就要郑亲自去稽查处面处。郑想第二天再去办理，柯坚决不同意。郑介民一贯惧内，只得冒雨前去，把关押的商人释放了。柯淑芳大小生意都做，她利用与“中苏情报所”总务科科长吴景中的湖北同乡关系，要他套买大量日用品，每月都要进出货一两次，这些买卖的收入，也就成了柯淑芳的私房钱。

局主任秘书毛人凤，表面圆滑内心叵测，平时言谈也很清高，似乎不懂得做买卖，但背地里也由他的妻子向影心出面大肆经营生意，不仅大搞囤积居奇，而且利用毛人凤的关系从国外购买洋货进行套卖。她还借军统局局本部总务处粮秣股股长吴茂先领取军统局军粮的职权，要吴为她囤积粮食，秘密地做粮食生意。吴茂先得到毛人凤的信任，就是由于他与向影心的这一秘密关系。1945 年日本投降之后，毛人凤力保吴茂先为重庆航空检查所所长，以便于向影心经营重庆至上海间的各种投机倒把生意。1946 年戴笠死后，毛人凤当了军统局副局长，向影心还介绍她的姘头邹伟成当四川谦泰豫银行上海分行的副经理，与四川商人合伙扩大经营生意，攫取巨额利润。

第五，不准贪污贿赂。贪污在军统内是明令禁止的，如果有人被打了贪污的小报告，就会送掉性命，所以许多特务都不敢以身试法。1940 年间，贵阳邮电检查所有一个女邮检员杨月亭，因为怀孕即将生产，一下子筹备不到这一笔生育费用，就利用邮检工作的机会，偷窃了 50 元汇票。她的偷窃行为，被邮政局人员揭发，经军统秘密督察向戴笠打了小报告，戴笠就命令贵阳站把她关押起来，并执行制裁。由于杨月亭怀有身孕，有人要求戴笠等她生产之后再执行枪决，戴笠即电贵阳站马上执行，并且说：“杨月亭就是为了这个小孩犯了纪律，要留这个小鬼干什么？”戴笠这种杀鸡吓猴的手段，在一般的小特务里面可能是有些作用。但是，从特务组织里来看，采用送礼的方法变相贿赂和贪污，则是普遍的现象。黄康永曾在军统局本部人事处工作，熟知人事处的处长、科长、股长以及一部分科员，都是每一个想调迁工作的特务逢迎送礼的对象，平时人事处各人办公桌抽屉里，都有不少特务们暗送的礼物，从香烟、布料、钢笔、手表到糖果、罐头等应有尽有。这在军统局里是司空见惯的，戴笠自己更不例外。1942 年，黄康永同戴笠从重庆去东南视察，在福建南平，戴看到一种海味蛏干很肥大，认为是一种滋阴补肾的食品，他马上向福建水上警察局局长余钟民表示，要办 1000 斤蛏干带回重庆。于是，福建的各个站点合伙，采购到 1000 斤蛏干，由福建站副站长陈达元献给了戴笠。不久后，戴笠亲自决定调升陈达元为军统局闽南站站长，后来陈还爬到了国民党政府监察委员的高位。

虽然戴笠在局内也惩办过大贪污犯陕西缉私署处长金闽生和缉私署骑兵团筹备主任欧阳斌，毛人凤也枪毙过大贪污犯北平站站长马汉三，但都不单是因为贪污，实际上另有原因，或分赃不匀，或借机杀人而已。

军统局的所谓不贪污不贿赂，只不过是一纸空文，上下级都有贪污贿赂现象，基层特务更是无污不贪、无物不要，送礼贿赂已经成了军统局的风气。

第六，不准随意回家住宿。军统有一个严格的规定，就是每人除在一个星期里指定一天可回家住宿之外，其他的时间都不许离开机关回家或外宿，星期天也不例外。这一制度，从 1932 年特务处成立后就开始执行，在重庆的八年抗战期间，都是严格执行的。私自外宿的人，如果被秘密督察打了小报告，就会受到惩办。1943 年后，由于军统局局本部组织庞大，也由于军统里的宗派关系活动加剧，相互包庇隐瞒成为惯例，对于这一纪律，执行得稍为放松。当时军统局总务处处长沈醉为了迎合科级以上人员的需要，制作了一种供科级以上人员出入军统局门岗的珐琅铜牌，可以自由出入门岗而不需任何登记。这就为军统局的高级人员夜不归宿开了方便之门。但是，一般小特务还是要受到这个不准随意外宿的纪律约束。对这个制度，许多特务及其家属都怨恨不已。[1]

戴笠在其军统组织内部，上下实行着严密的控制。在他的周围和内部机要的岗位上，他都用自己的浙江江山同乡和他看中的新录用的人员。1938 年，他曾让毛万里在浙江金华主持开办译电人员训练班，召训了江山籍的高中毕业生 200 人，毕业后分派在下属各单位担任译电工作并负监视之责。在他有意经营下，军统局内的江山籍人员比较多，虽然普遍文化水平较低，却大都占据重要岗位，他们与戴笠间经常用江山土话交流谈工作，别人听不懂，但大家普遍都知道这些人兼有监视同事并向戴笠汇报的职责。

1939 年夏，戴笠曾呈准蒋介石，以外交部“外事人员训练班”的名义招录了一批大学生，训练结束后由他面试，留用在局本部机要室他的身边工作，其中就有毕业考第一名、出身重庆大学英语系的美女余淑恒，后来余做了戴的情人。这些学有专长的青年因具有在各种报告上首签意见的权力，被军统局人员不无嫉妒地戏称为“宝贝”。[2]

戴笠宣称“同志如手足，团体如家庭”，他一方面要求部属绝对服从，努力工作，另一方面还用优遇和严惩来双管齐下，以收掌控之效。当时军统在蒋介石心目中的地位很重要，拨给的经费充足，军统局普通工作人员的薪金是足以养家糊口的，而且戴笠在局内部还搞了多方面的生活福利，每日供应免费六菜一汤，优待部下。[3] 戴笠曾对手下赵茂高说：“我对于同志，不使其有余，也不使其不足，假如同志经费过多，容易使其堕落腐化，如果不足，

[1] 潘家钊等编：《蒋介石特工密档及其他》，群众出版社 1993 年版，第 213—219 页。

[2] 邓葆光：《军统领导中心局本部各时期的组织及活动情况》，载全国政协文史资料研究委员会：《文史资料选辑》第 86 辑，中国文史出版社 1983 年版，第 183 页。

[3] 同上书，第 175 页。

1942 年，戴笠（背向者）随同蒋介石向特务家属训话

顾虑他贪污不法。”[1]

平时戴笠对手下特务的经费用度适度控制，但在关键时刻对所需者则出手大方毫不吝啬，如部下邱开基母丧，因工作不能回家，戴笠特批增发其一年薪水 2000 银元，以示慰问抚恤。在一些重大行动中，还发给特务们较多的奖金，当作驾驭笼络部下的手段之一。如在每年军统局的“四一”大会上，上午要进行局内“烈士”的“公祭”，中午则大摆宴席两百余桌，连军统“阵亡”者家属也请来吃饭，下午开展庆祝活动，并宣布开释一批上年犯错误被囚的特务。在有一定地位和影响的人“脱险回局”后，戴笠还为他们开“欢迎忠勇同志归来大会”，加以表彰，如北平站站长刘艺舟、上海的刘戈青、孙若愚等逃回重庆后，都享受过这种待遇。[2]

享受这一切待遇的前提是特务们必须为其卖命工作，如有违抗，则惩处也是严厉的，且这种惩处受到戴笠的好恶及情绪影响，使人生死莫测，令人恐惧。下面一例就说明了这一事实。

1942 年春，军统江西赣南站所属景德镇情报组组长丁学伦和副组长于安

[1]《戴雨农先生全集》（上），（台）“国防部”情报局 1979 年编印，第 25 页。

[2] 同上书，第 265 页。

民两人，相互矛盾非常激烈。于安民为了和丁学伦为难，一时头脑发热，在该组电台报务员王宏德面前挑唆说："上面的经费到了，丁学伦压着不发，真岂有此理。他不发你的薪水，你就停止工作好了。"王宏德是位刚从高中毕业的学生，被骗入军统电讯训练班受特务训练后派到景德镇任职，头脑比较简单，他相信了于安民的话，竟停止工作两天。

丁学伦发现问题后，便向军统局控告，说于安民唆使王宏德停发电报，影响工作，请求严惩。军统局当即指派江西特务督察陈庆尚进行调查。结果，将确有其事的情况上报了。戴笠本来就不满江西特务常闹人事纠纷，而事态发展到罢工的地步，戴就更加恼火，为了杀一儆百，严肃纪律，便决定签报蒋介石，将于安民、王宏德二人处死。

时值军统江西赣南站站长王立生赴金华开会，由副站长陈达代理站长职务。他接到戴笠给赣南站的电令，电文如下：

查景德镇组副组长于安民与组长丁学伦意见不合，于安民唆使报务员王宏德停发电报，影响工作，业经签奉委座批准，将于安民、王宏德两人处以死刑，希即秘密执行枪决，拍具生前死后照片，各发埋葬费五百元，家属维持费二千元，并将执行时间、地点具报。

这份电报是用戴笠的真名发的，不同于平时一般的化名电报，以示特别重要的意思。

陈达接到这个电报后，和站本部的特务商量，认为这二人已经"委座"批准处死，且后事都作了安排，于、王之死不可能再改变。

陈达即写了一个手令交扣押二人的军统泰和赣南站特务队队长喻杰执行。执行前，喻杰对于、王二人宣读了戴笠的电报原文。当时思想已受法西斯毒化了的特务分子，对戴笠的盲目服从在组织内部已达到了绝对化的程度。于、王两特务听完戴笠的电报后表示："按我们的罪，本不犯死刑，虽然和丁学伦捣蛋，曾停了两天电报，但对工作并无多大影响，至多将我们禁闭三两年也就行了。不过，既是戴先生的命令处死，我们只有绝对接受，并谢谢戴先生给我们家里的照顾。”当天下午，这两个特务被枪毙在赣南站站本部的后山上，并拍了生前、死后照片，准备报军统局。就在于、王二人被枪毙的第二天早上，戴笠忽又用化名给军统赣南站发来了新电报：×× 电计达，于安民、王宏德一案，又发现新事实，如未执行处死，希免执行可也。但事情已无可挽回。

戴笠出尔反尔，拿人命当儿戏，其中可能别有原因，但这件事说明了军统内部当时控制得很严密，戴笠对部下是操有生杀大权的。[1]

对于军统局的纪律，陈恭澍在他的回忆录《英雄无名》中写道：“据我所知，执行纪律所引用的法规，除刑法、海陆空军刑法外，还有一套‘家法’，也就是军统局的内部单行法，是经由上峰批准施行的……它比陆海空军刑法中的量刑还要重得多……严虽严，但也有比较‘开放’的一面，一是在工作上有需要，无论判刑有多重，都可以一笔勾销，去戴罪图功。其手续大概是经军法判决的，要经过一番呈请‘调服 × 役’的程序，若是由‘家法’判决的，一张条子就可以恢复自由了。笔者于民国二十五年在南京羊皮巷‘乙地’（关人的场所）守法时，就是这样放出来的。”[2]

事情是这样的。1934 年冬，陈恭澍任北平站站长，在率部往天津刺杀勾结日本的旧军阀石友三时，因行动不顺，一气之下将相关的一个杂粮店老板刘兆南绑架到了北平关押起来，于是被告到南京。陈恭澍于慌乱之中畏罪弃职逃走，数月后到南京见戴笠自首，被关到了特务处的“乙地”羊皮巷“工作同志”囚禁所，在度过了 5 个月零 7 天的囚徒生活后，又被戴笠放出担任天津站站长。“事先一点征兆都没有。”在坐牢期间“没有人召我谈话，也没有人开庭审讯，更没有人叫我写自白书之类，这是此番坐牢的一大特点”。在押的人“刑期都不重，可是谁也不知道哪一个人会在什么时候释放出去”，“一切由戴先生决定”。[3] 戴笠把这一手作为驭下的工具，让手下的特务们深感

[1] 本文根据军统江西赣南站副站长、国民党第九编练司令部二处上校科长陈达 1962 年所写材料整理。此节载于潘家钊等编撰：《蒋介石特工密档及其他》，群众出版社 1993 年版，第 210—212 页。

[2] 陈恭澍：《英雄无名》第三部《上海抗日敌后行动》，（台）传记文学出版社 1984 年版，第 116—117 页。

[3] 陈恭澍：《英雄无名》第一部《北国锄奸》，（台）传记文学出版社 1981 年版，第 287 页。

“天威难测”，又“感恩戴德”。而实际上这也是一种庇护部下的手段，并非出自法律与正义。如犯了人命案的王天木，后来又被戴笠重用，而那个无辜的老板刘兆南，却不仅未被平反释放，还被关进了专押重刑犯的“丙地”老虎桥模范监狱。

这一切都说明，军统的纪律，就是戴笠的纪律，处罚的标准和尺度，是戴笠的好恶和他根据各种需要权衡的结果。惩治违反内部法纪的特务分子也全由他一人说了算。凡投入秘密监狱的人，既不经过正式审判，也不明确宣布刑期，监禁时间的长短，全由戴笠一人视情况而定，并不依情节轻重和在押期间的表现。如戴笠需要，情节重的可随时启用；反之，即使无足轻重，也可能无限期关押下去。他通过这种不透明而充满神秘莫测的甚至是涉及性命的处理方式，使部下充分感到自己的前途命运都掌握在戴笠一人手中，只有为他卖命，才能在有过时逢凶化吉，才有前途。

如果说用“家法”处置还是“有法可依”的话，那么，在特殊情况下因犯了戴笠的忌讳而被他暗地“制裁”的，则更是有苦难言了。如军统局贵州息烽训练班副主任徐亮，是戴笠黄埔六期的同学，又当过他的秘书，本来关系很好，所以被外派重用。但徐亮较会笼络学员，以致一些学生亲切地叫他为“妈妈”。这本来是个含有玩笑意义的昵称，被人打小报告到戴笠的耳中，却引起了他的强烈反应。戴笠与蒋介石一样，对属下“自立山头”的行为一惯保持高度警惕，绝不容忍。他下令停办了第五期的息烽训练班，又指使医务所所长给徐亮开刀医痔疮时注射变质的麻药，结果造成徐亮下半身瘫痪，并被戴笠“安排”到四川长寿去“养病”，从此不再使用。徐亮吃了大亏还不敢有半点怨言，因为他知道只要有一点不满传到戴笠耳中，他便会有性命之虞。这就是戴笠心狠手辣的一面。[1]

1944年中，军统局昆明站有两个特务开罪了上司，需送往贵州息烽集中营看押，昆明站方面巧使连环计，分别给两人下达了暗地里押送对方去息烽的任务。两人互不通气，结果到了息烽集中营，就一起被扣压关入一间牢房，

[1] 李炎：《民国官场笑林》，江苏古籍出版社1997年版，第186—187页。

互相交谈后，大呼上当不已，后悔早知如此不如路上一起跑掉。[1] 军统宣扬的“同志如手足，团体如家庭”，实际不过如此。

第三节 扩张、控制和渗透

随着军统组织的不断扩张，戴笠的权欲也不断扩大，军统局再也不满足和局限于特务情报工作，而是要实现对外权力扩张。戴笠已把军统作为他起家的政治资本，想由此而登堂入室，进入政治领域角逐。他首先关注的便是能够给他提供资金和扩充武装力量的行业部门。

掌握交通检查权

1939 年冬，日军进犯广西，西南抗战运输陷入混乱状态，在军事政治诸方面造成了不良的影响。戴笠将各处搜集的有关情报汇总呈给蒋介石，引起了蒋的重视。

翌年春，蒋介石召见戴笠，在谈及交通阻隔与经济危机对抗战的影响时，因戴笠早有意图把势力渗入利益肥硕的交通运输系统，于是他便以加强反贪污机构为由，建议军统介入其中。蒋介石同意他在军委会下设立一个“西南进出口物资运输总经理处”（简称西南运输处），对外则称中国西南运输公司（后改中缅运输总局）。总处设广州，主任先后由宋子文系的曾养甫、宋子良来担任。戴笠应宋子良之“约请”，派军统局张炎元担任该处警卫稽查组组长、汪祖华任特别党部书记长兼政训处处长，陈质平任仰光分处处长、潘其武任腊戍支处副处长，使该处关键岗位尽入戴笠掌握之中。

广州沦陷后，西南运输总处迁往昆明，以经营滇缅、滇越公路交通为主业，开办卡车司机训练所，由宋子良兼所长，张炎元为教育长，先后培训司机 3000 人，用海外军援汽车组成了庞大的运输队。从此，抗战后方唯一的陆

[1] 李炎：《民国官场笑林》，江苏古籍出版社 1997 年版，第 188—189 页。

路海外通道被军统组织所把持，军队必需的军火装备以及后方一切的舶来品都成了戴笠雁过拔毛的对象。一段时间内，军统局的财源滚滚而来。

1940 年 5 月，西南运输处改为“运输统制局”，统一运输管制与运输检查工作，以参谋总长何应钦兼主任，以曾养甫为监察处处长，1941 年 7 月后由戴笠直接兼任监察处处长。戴笠保举张炎元为副处长主持其事，拨交警 5 个中队 11 个团归其指挥；司令为军统派遣的陈绍平，任务是保护公路运输及机场安全并担负“剿匪”工作。为扩充队伍，戴笠还收罗了各地的路警，经半年培训后，编成 9 个团的武装交警；奏准何应钦成立了交通警备司令部，向各地重要城市派驻检查站和检查所共 60 余处，全由军统人员掌握。

为保护唯一的进出口通道缅滇路，1940 年春，戴笠带毛宗亮、娄剑如等人前往缅甸，建设全缅情报网，准备长期工作。他们通过腊戍孔雀公司经理张嘉顺向缅甸海关路局申领到大卡车牌照 1000 张，由军统支付了一大笔费用，此后，缅甸境内的运输又成了军统赚钱的机器。戴笠派娄剑如侦探在缅的日谍活动，娄派两人渗入佛教界，打听到两名日籍和尚行动诡秘，并查出他们的情报照片，报告寺庙长老，开除后送缅警局处理，并驱逐出境。

7 月 16 日，日英订立封锁滇缅公路协定，英方在腊戍海关用一营兵力设卡，于 18 日正式封锁之，战争物资一概不许运华。15 日，戴笠令潘其武去找张嘉顺，取回保存 3 个月的 1000 张牌照，交给卡车队，以孔雀公司行商车的名义，顺利过关，进入云南再换国内车牌，送回缅甸牌照，利用外人不明内情之便，循环往复，保证了抗战军运。

戴笠掌握交通大权，并不影响达官权贵们攫取财富，反而可提供许多的

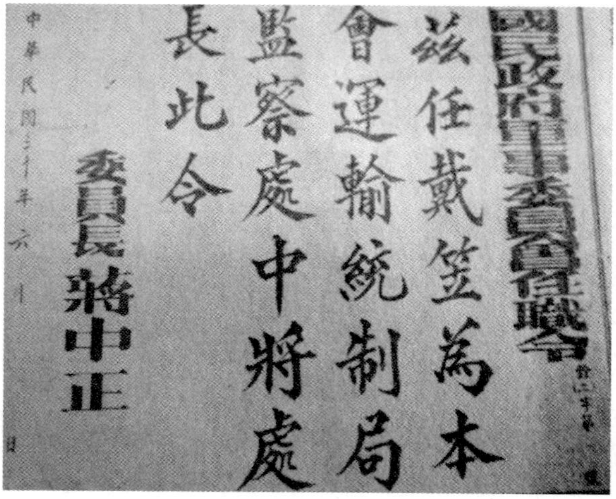
國民政府軍事委員會任職令

茲任戴笠為本會運輸統制局監察處中將處長此令

委員長蔣中正

国民政府军事委员会任职令

便利，促成关系方面的货物流通与贸易发展。此外，戴笠对于非蒋嫡系的云南地方实力派龙云之子贩运鸦片却多方监视，加以扣押。他的种种做法与军统特务的滥用检查职权到处作恶，必然要引起相关方面的反感。戴笠自己都说："自己有不好的地方，引起人家反感。"

1943 年初，国民政府监察院院长于右任以"运输统制局监察处"的名称与监察院相似，易被人误解，要求改名或裁撤。这实际上是对戴笠的发难。2 月 18 日，蒋介石下令将"运输统制局监察处"改名为"水陆交通统一检查处"，任命戴笠为中将处长，张炎元为副处长，直属军事委员会。这样一来，包括过去地方机关和宪兵都归戴笠管辖了，他反而扩大了权力。

1945 年 4 月，检查处与交通警备司令部与部分缉私税警合并而成为"交通巡察处"，戴笠保举吉章简为处长，仍对之加以控制。

开展对沦陷区贸易

进入 1941 年后，沿海发达地区沦陷，内地运输中断，抗战后方物资日渐紧张。戴笠又借机向蒋介石提出设立专门机构从沦陷区抢购物资的计划。

5 月间，蒋介石指令戴笠与财政部部长孔祥熙合作进行。孔祥熙原认为已有中央信托局、贸易委员会、工矿调整处等机构与沦陷区做生意，不必另设机构，但他抵挡不住戴笠的攻势，勉强接受由戴笠协助办理。戴笠却不满足于协助的地位，他对杜月笙说："如何抢购物资事，弟受责任心与良心之驱使，非尽各种可能去推动不可。"[1] 表现出强硬的态度。

1942 年 4 月，戴笠提出对沦陷区贸易的"进出连锁"原则，在价值相等的原则下，限出奖入。10 月，蒋介石批准设专局办理此事，由孔定名为"财政部战时货运管理局"，直属财政部。实际上则是由军统派出的王抚洲负责。

1943 年 4 月 5 日，货运管理局成立，戴笠任局长，王抚洲为专任副局长。在粤、闽、赣、浙、皖设立分支机关，其任务为：

1. 管制对沦陷区的物资贸易，增加后方必需；

[1] 良雄：《戴笠传》（下册），（台）传记文学出版社 1985 年版，第 309 页。

2. 发动和奖励商民抢购运输物资，配合推行政府的决策；

3. 自设业务及运输机构，办理商民无力办理之事；

4. 破坏敌人的金融与经济。

货运管理局下设5处3室，外勤分管制机构（××货运管理处）及自行经营机构（××庄号）。其中，管理处有：

1. 豫皖区管理处，处长王兆槐，设于界首；

2. 苏浙皖边区管理处，处长张性白，设于淳安；

3. 湘鄂管理处，处长朱若愚，设于三斗坪；

4. 浙东管理处，处长赵世端，设于龙泉；

5. 福建管理处，处长江秀清，设于南平；

6. 广东管理处，处长李崇诗，设于韶关；

7. 广西管理处，处长杨继荣，设于柳州。

各管理处均由军统人员掌握，并代行海关进出口检查权，而其自行经营的机构则有较大的活动自由，如豫皖交界处的庄号便称为“兴豫庄”，柳州则称“桂泰庄”等。单从名称来看，就知其性质所在了。戴笠通过这种方式，依靠他所掌握的忠义救国军、别动军等武装在苏浙皖豫边区的地域优势，完全垄断了与沦陷区的贸易，不仅又多了一条发财的渠道，与汪伪大员的暗中联络与交易也更加方便。

孔祥熙辖下的财政部各专业管理机构却对戴笠的人加以抵制，如在经费拨款方面，额定年经费3.5亿元，实际上只拨发了1000万元，使其工作无法进一步开展。6月底，戴笠向蒋提出辞呈，称“在其位而不能谋其政”，蒋介石批交孔祥熙解决，不许戴辞职。戴笠又采取“以退为进”手段，决定向孔让利，又令王抚洲提出一份《各物资机关权责配合调整改进办法》，对双方矛盾进行调解：

1. 加强各有关部门的配合，货运管理局只管查验登记，通知主管部门后，对输入物资加以管制收购；

2. 直接抢购抢运物资一律交各该主管机构洽购，而不自行处理；

3. 货运管理局对所办物资“不加利润”。

此后，财政部方面因有利可图，态度开始好转，拨款 8000 万元，并允许其借款用于周转，戴笠得到了孔祥熙的配合。

各货运管理站成立后，统一事权，有了“一纸通行”之便，军统便开始在商业领域大展拳脚，财政部更拨出黄金向沦陷区抛售，以加强对其物资的吸收力。戴更对孔网开一面，允许他在上海设立秘密专用电台，与重庆保持生意和情报上的密切沟通。

当时在后方，最紧缺的便是燃料，有“一滴汽油一滴血”之说，其次为五金、西药；后因玉门油田出油，加上美国加强空运，油料危机才得稍缓。纱布衣装等因 1942 年后方棉花歉收，供应逐渐吃紧，以致 1942 年后阴丹士林布成为囤积敛财的对象，甚至于布匹有了货币的功能。1943 年 1 月，重庆实行“限价”政策后，纱布价格大幅度地上涨，戴笠向杜月笙提出合作，以私人资本名义出面，官方提供资金、运输保障，收购沦陷区棉纱原料到后方，既赢得支援抗战美名，又有实利可图。杜月笙即派其留沪代表、国民党地下的“党政统一委员会”总干事徐采丞与驻沪日军“登部队”及日特“松”机关达成协议，以 800 万美金自上海购运纱布 6000 件，每件 200 公斤，计 1200 吨。为此还在重庆设立了一家“通济公司”，由杜月笙自任公司董事长，杨管北任总经理，徐采丞之子为副总经理，专门经营此事。徐采丞则在上海成立“民华公司”相对应。因战时交通困难，每次货物贸易仅押运费就达总成本的 30%，后直升为 50%。其中，有一批棉纱 3000 件是由上海海运到浙江淳安，直接交三战区接收的；后来，戴笠又通过徐采丞之手，向日方购得 800 万美元的棉

阴丹士林布广告图

纱，用火车运至陇海线十字河小站交货，历途 77.5 公里，在杜月笙直接安排下，通过当地洪门派出保镖，雇人以架子车运至界首，每辆架子车只能运一件。1944 年正月半，戴笠亲往界首布置，凭据已策反的十字河伪驻军郝鹏举部的保护，一路无事。这笔大生意，直到 1945 年 3 月才交运完毕，戴、杜等人从中获利无算。

除此之外，戴笠手下的各地区的货物管理处则更是如此经营着沦陷区与后方的物资贸易。如苏浙管理处的“兴隆庄”垄断了浙南地区的木材、大米、大豆、猪鬃、桐油生意；上海和浙东的忠救军则行武装走私，做卷烟、五金、轮胎、棉纺品、西药、百货生意；重庆的“进出口商联合会”则与日特机关合组“杏记庄”“岭南公司”等交换物资。这些贸易使日蒋之间有了经济上的合作关系。

1944 年豫湘桂战役后，国民党重组河南省政府，以刘茂恩为主席，调军统王抚洲为财政厅厅长，戴笠以物资局副局长张果为接任王职，军统势力在取得财源之后又向政界步步渗透。

争得航邮检查权

邮电检查是国民党特务获取情报的重要手段。在陈立夫一统的“军事委员会调查统计局”时期，除了徐恩曾与戴笠的第一、二处，还设有以丁默邨为首的第三处，专事邮电检查与通讯。可见国民党特务对此的重视程度。戴笠因在南昌“剿共”中发现通讯业务在特务工作中的重要性，对此事也十分重视。1935 年，第三处开设通讯人员训练班时，戴笠手下人员在报考 80 人中占 56 人，说明他急于掌握此技术。

1938 年，中统、军统分家，第三处改为军委会特检处，仍司邮电检查之职。由两统派人共同办理。戴笠为抢邮电检查权，不惜与陈立夫妥协，将图书与新闻检查让给中统，自己独占了邮检，先后派军统刘璠、李肖白出任特检处处长。

因航空检查所掌握机票的黑市油水多，1942 年又将航空检查所并入，改名为军事委员会办公厅邮航检查处，内设邮检、化学检验、总务三科，统由军统局掌握。当时仅重庆邮检所就有两百余人的庞大队伍，他们对日以万计的邮件、电报进行检查，按收信对象的不同加以处理：对给中共代表团领袖的多数扣留；对知名民主人士和蒋介石政敌的邮件电报详细检查，搜集情报上报，从中得出特务单位的工作对象。对寄给蒋介石、宋美龄及国民党要人的邮件，他们也要检查，如是攻击和指责的匿名信，就扣压并从中发现不满者加以追查。如，1941 年 7 月有人匿名寄信宋美龄，指责她贪污“航空救国”捐款，宋美龄大怒，限期找到寄信人，结果为一封信抓了 4 人并判刑。蒋介石命令这些信以后不许送达收信人。邮检所也有麻烦，有时拆了权贵的正常信件也会被骂，如陈立夫一次发现信有被拆复封的痕迹就大发雷霆，戴笠只好亲自去赔罪并把检察员关了禁闭。

军统特务一面侦探别人的秘密，一面却严防被人窃密。1940 年后，戴笠为防止中共派人打入政府机关，请蒋介石命令各部门派人参加防谍训练，由军统局在重庆赣江街江西会馆举办了秘密监察人员训练班，在加强防共的同时，为军统培养安插了一批在国民政府各部门的耳目。

插手缉私

抗战期间，走私猖獗，缉私成为肥缺。戴笠早在战前就插手缉私，成立了禁烟缉私组织，分布于两广与长江流域各地。1939 年 3 月，军统在各重要地区卫戍司令部之下普设稽查处，归戴笠指挥，负责搜集情报与检查工作。到 1940 年年底，军统在重庆卫戍司令赵世瑞、川康绥署何龙庆、常德警备司令部唐伯岳、万梁警备司令部内都设立了机构；1941 年后，在军政部兵工署所辖各厂内设立稽查处共 25 个，均由戴笠派人执掌，共组建了 22 个大队 9 个直属中队的警卫部队。

抗战进入相持阶段后，由于进出口贸易的日渐困难，走私活动愈发猖獗，严重影响了大后方的经济。1940 年 6 月 20 日，蒋介石根据军统局的走私情况报告，召见戴笠谈论加强缉私和税收改革计划，意在通过军统的强力监控，阻止走私活动的上升势头，并针对日伪利用走私破坏后方经济的手段进行还击。戴笠对此肥缺极感兴趣，急于在此行业扩大势力。他提出在军委会之下成立统一的缉私组织，将中央与地方的缉私武装统一指挥，借机再收权归己。

11月间，蒋介石批准在财政部下设立缉私署，他否决了孔祥熙提出的处长人选，决定由戴笠兼任署长，以忠救军副总指挥杨蔚为副署长，在重庆海关巷觅址开张。在成立前，因杨蔚对报界发表谈话时“违背了军统（只干不讲，工作成果也不讲）的作风”，被戴笠训斥，后调往兵工署任警卫总队长。戴笠亲自拟定了各省区缉私处设立方案及主管名单，各省区缉私处处长均由军统人员出任，又将缉私部队整顿扩充，成立4个总团20个分团和几个补充团，计有一支庞大的缉私武装六万余人。1941年，军统还在重庆、西安和湖南衡山分别开设了多期查缉人员训练班，共毕业三千余人分派各地工作。总计在17个省成立了129个查缉所，449个查缉分所。从此，各地缉私财源皆入军统之手。

以广东为例，戴笠派广州站站长谢镇南任粤省缉私处处长后，查缉点增至76个，扩充缉私部队2个总队4000人，缉私收入倍增；山西省由乔家才兼任缉私处处长后，税收增加了9倍，其中还不包括有相当数量的被军统中饱其组织及个人私囊的部分。这一方面虽说明了过去漏卮之重，另一方面却也证明了军统超常的搜刮能力。在生产并未有效增加的情况下，税收的大增，对国民党政府固然有利，但对工商业者及民众的负担也可以想见。

对于蒋介石派他兼任缉私处处长一事，戴笠曾说：“美国罗斯福总统的代表居里，这次来华考察，说中国战时经济走私是一个严重问题，如果这个问题能够得到解决，中国在经济方面并不需要外国的多少帮助。领袖预见这个问题关系抗战财政的重要，下手令说：‘缉私署长一职，决派戴笠兼任可也。’这‘决派’二字，不是随便加的。讲到这里，我附带报告最近与缉私有关的一件事。就是我身边的一个警卫和一个司机，前者假借名义，骗取金钱，后者擅带私货，违抗检查，二位同志都是因走私罪于民国三十年三月和十一月，分别被判处枪决。这并不是我把同志的生命当儿戏，而是因为我们要正人，非先正己不可。我们知道，今天全国总预算支出是70万万元，事实上国民政府只有10万万元税收，其余的数目，发钞票吗？借外债吗？都不是办法。如果缉私工作做得好，便可以增加几倍税收，关于抗战建国前途重大。我这个人，随便骂人或许有之，至于随便杀人，简直没有这回事。”[1]在这里，戴笠除了炫耀自己被蒋介石器重，还忘不了为自己的所谓“正直”自我吹嘘一番。

戴笠的“财政部缉私处”，当然查获了不少走私案件，但更多的是与此同时，获得了无数的利益。军统人员从中敲诈勒索捞取不义之财已成为司空见惯的事情。福建缉私处处长江秀清，军统局闽北站两任站长严灵峰、张子白，军统西北区区长程一鸣等许多“缉私官员”，都有包办走私、敲诈商人等劣行。甚至在军统与中统的斗争中，也凭借机会攻击对手。1943 年 5 月，浙江缉私处查获一起中统人员参加的走私案件，在私货中还夹带了 193 万元伪钞。戴笠立即抓住机会，用专机把案犯押到重庆，审出中统上海地下组织与日方的勾结内幕，在蒋介石面前狠狠告了中统一状。当主犯高子文被判死刑时，中统徐恩曾出面保护，说是为了解决“上海兑汇困难，不得不由高子文办理易货，以图接济上海工作人员”等。结果高仍被判处 8 年徒刑，坐牢 3 年才被放出。[2]对于非蒋的地方派系走私活动，戴笠也毫不留情，甚至“黑吃黑”。他的手下曾在处理青海“河西王”马步青私运烟土案件中，将案犯杀掉投尸黄河，然后吞掉私货发财。

另如军统局派往财政部战时货运管理局浙东管理处的处长赵世端，利用他的职权，勾结浦东忠救军武装走私，并在与沦陷区的贸易中大肆贪污中饱私囊，被人称为“赵万万”；连他同行的侄子赵子清，也有“赵千万”之称。他在龙泉等地的仓库中，囤积了大量紧俏物资，后来因与手下寿廷分赃不均，被告到戴笠处。1945 年 8 月，戴笠将赵世端扣押，关在福建建阳回龙寺美军招待所。戴笠派连谋到南田岛、龙泉等处仓库中，查获赵世端私货达 14 卡车之多，价值达 4000 万元。经特别军事法庭审判，处以有期徒刑 5 年。戴笠死后，赵世端被毛人凤批准释放，进入陆军大学将官班学习。[3]

---

[1]《戴笠自述》，载申元：《江山戴笠》，中国文史出版社 1991 年版，第 98—99 页。

[2] 唐纵：《在蒋介石身边八年：侍从室高级幕僚唐纵日记》，群众出版社 1991 年版，第 421 页。

[3] 章微寒：《戴笠与庞大的军统局组织》，载徐恩曾等：《细说中统与军统》，（台）传记文学出版社 1992 年版，第 329 页。

在军统“缉私”过程中，有一件轰动一时的“林世良包庇走私贪污案”，军统对其处理不当，直接导致了戴笠在蒋介石处吃瘪并退出缉私界。

1942 年 3 月，运输统制局监察处查明昆明大成企业公司经理章德成，在仰光私自购入价值 3000 万元的货物，以 150 万元贿赂了时任中信局运输处经理、孔祥熙宠信的“爱将”林世良，用公车公货名义内运，军统局人员于 3 月 4 日扣押了货车 35 辆。林世良倚仗孔的后台，为其出证明以放行，又去渝谋取购料处经理许性初的配合，补办押汇手续，称货虽是大成的，但因其无力运回，已向中信局押汇 1000 万元。3 月 12 日，许向监察处说明，但他却无法解释 100 万元以上的押汇须经孔祥熙批准的规定为何未执行。军统经多方调查，向蒋介石报告此案内幕，蒋介石一怒之下于 12 月 29 日判处林世良死刑、许性初徒刑 5 年。孔祥熙对戴笠这一手十分恼火，让其女孔令俊在宋美龄面前告状，蒋介石闻讯又责备戴笠“擅权嗜杀，隐报情由”，撤销了他的财政部缉私署长职务，由宣铁吾接任。戴笠吃了大亏，只能保住他掌握的“税警总团”不被接管，改为了“别动军总队”。为保面子，他对外宣称“实因兼职太多，不得不缩短战线”。这件事，使戴笠深感宋氏家族是开罪不起的。[1]

渗入军队及军运系统

1942 年后，军统加强了对各部队的“防谍”调查，在各路军司令长官部、集团军总司令部、省政府机关都成立了调查室。军统之手由此伸向各军队、兵工厂。“军统局”还掌握各战区长官部及各方面军司令部的外事处，监控各方武夫的内外交往。另外，还派出干员掌握着各省市警察局。

军统在军队与警察中势力膨胀，成为蒋介石的耳目与控制器，这不仅在于上层领导，还通过通讯联络单位深入了基层单位。

有一个事例可从侧面说明军统在军队中的渗透程度。

中印缅战区成立后，中国远征军入缅作战，军统随即派出人员随同远征军出发，其中就有一批毕业于星子训练班的女学员，到远征军中担任译电员。因

[1] 章微寒：《戴笠与庞大的军统局组织》，载徐恩曾等：《细说中统与军统》，（台）传记文学出版社 1992 年版，第 326—327 页。

为英军配合不力，远征军苦战后最终失利。孙立人部新 38 师退往印度，在孙部的 7 名军统女译电员随同撤退。远征军撤退中不断遭到日军的袭击，伤亡惨重。当他们退到印缅边境的当坡时，电台突遭日军的伏击。当时中国士兵已经弹尽力竭。转眼，周围的掩护人员全部牺牲，剩下这 7 名军统女译电员被敌人追到一个山坡上。看到突围无望，她们砸毁电台，高呼“中华民国万岁！”即拉响手雷，跳下山崖，没有一个被日军俘虏。7 人中只有一个最年轻的姚某因手雷没有爆炸而未死，但坠崖后四肢骨折，无力移动。坚持四天后被亲中国的克钦族游击队发现，但终因伤势过重，留下最后的叙述后牺牲。军统在当年的“四一节”上，对殉国的 7 名女译电员进行了隆重的追悼，军统女少将姜毅英致祭词，并种下了 7 枝连根的美人蕉作为纪念，称之为“七姐妹花”。[1]

像这样牺牲在抗日战场上的青年，她们虽然有军统的身份，但主要是抗日战士，她们没有参加反共内战，她们是为国家民族而献身的。这也说明当时中央军系统被军统派入译电员渗入是司空见惯的事情。

对于军统局“利用抗战坐大”，戴笠自己也有明白的认可，他曾说：“当然，就我们的政治环境来讲，有的人是很讨厌我们的。但抗战好几年过去了，人家都不能排斥我们，并且不能离开我们，为什么？这就是今天的基础和力量。这就是今天时代的需要，所以今天我们的问题，不在于我们的工作是否重要，而在于我们的房子很大，柱头很小。我们本身的声望超过了我们的力量，我们怕的是自己实不足以副名。就我们现在所掌握的公开机关的业务性质来说，在交通方面有运输监察；在经济方面有缉私；在治安方面有警卫、稽查和特检；在内政方面有全国警政；在军事方面，各位知道，我们简直关系更大。总之，财政、经济、治安、交通、内政、军事，今天都已掌握在我们的手里。”[2]

实际上，蒋介石使用军统特工的力量来加强其在各方面的统治，虽然有

---

[1]《抗日战争中宁死不降的七名远征军女将士》。（资料来源：http：//news.ifeng.com/history/1/200701/0121_335_66125.shtml）

[2]《戴笠自述》，参见《发扬正气：民国二十九年 12 月 30 日在孙总理纪念周上的讲话》，载申元：《戴笠轶事》，香港天马图书有限公司 2003 年版，第 154 页。

效，但这无异于饮鸩止渴。军统在缉私、运输等所获厚利的滋润下，野心随口袋一齐膨胀起来，戴笠开始向警察、海军等实力部门伸手。不久后，蒋介石就感到了来自他这位“忠实学生”的势力与野心的威胁。

第四节　组建境外特务网

抗战八年间，国民党军统局得到了急剧的扩张与发展，戴笠的眼光不再局限在国内各地，而是远达海外。这时期，军统在境外活动的重点首先是与中国相邻近的东南亚地区，特别是在太平洋战争爆发后英国人已不能立足的缅甸、泰国、马来亚、新加坡和尚在法国控制下的越南等地。随着战事的扩大，这一地区的战略地位和价值逐渐凸显，加上其物产丰富，成为日本所觊觎的重要目标。

1939 年初，根据戴笠的指示，军统局于第二处内增设国际科，以谢贻征、汪暄、岑士麟先后为科长，专门负责海外组织与人事及处理军统局国际合作事宜，并在各地华侨与第三国人士中发展组织。当时军统在东南亚国家设立站点的地方有：印度的新德里，缅甸的仰光、腊戍，泰国的曼谷，越南的海防、西贡，马来亚的吉隆坡、槟榔屿等，此外，还有新加坡的星洲特别组、菲律宾与荷印等小组。

日军侵占南洋各岛屿后，各地华侨青年纷纷回国参加抗日。军统局为了开展对南洋的工作，有意拉拢这些青年，于 1942 年在重庆建立了南洋工作人员训练班，通知各地军统组织收罗培训对象，送来培训。训练班由军统海外区与人事处合办，罗杰为主任。这个训练班只办了一期，学员毕业后，分往新、马、缅、菲和印尼等地工作，在各地建立特工情报机构，开展工作。1943 年中美合作所成立后，改归该所管理。[1]

以下分别叙述军统在南洋各地的基本组织与活动情况。

[1] 黄康永口述，匡垣整理：《国民党军统组织消长始末》（七），载上海《档案与史学》2002 年第 2 期，第 63 页。

一、越南

1939 年 1 月，军统派方炳西赴河内组建情报站，在海防、西贡、谅山、芒街、东兴、顺化分别建立了情报组和电台。他们以“国民党中央机关驻越工作团”的名义组建了工作队，由军统的邢森洲、王业鸿先后为团长，调军统别动队一、二两大队进驻桂越边境的龙州，以为保障。

1941 年，日军侵入越南后，大批越南民族革命人士退入中国，其中有“越南革命同盟会”的阮海运和“越南民主同盟”的胡志明等各派力量以及许多华侨青年，军统越南办事处也在邢森洲的率领下撤回，在广西龙州、田东集聚了五百余人，越方要求军统收留。军统局与第四战区共同在田东开设了“越南战地工作干部训练班”，吸收越方人员及华侨青年培训，后迁往柳州。该班由第四战区司令长官张发奎兼任班主任，军统派出桂林办事处处长杨继荣为副班主任，主持工作，另委任邓匡元为政训组组长。一年后的 1942 年 3 月，戴笠抵达柳州，主持了该班的毕业典礼。按照开办宗旨，大部分的学员都被派回越南各组织从事抗日情报工作，并与军统保持联系。华侨青年则分归邢森洲与四战区政工队和别动军分配工作。这一训练班为军统赴越工作培养了一批干部。[1]

当时的越南尚在法国总督府统治下，而总督府名义上归降德的法国“维希”政权领导。为与法方加强联系，军统局还通过外交关系，与“自由法国”戴高乐将军的政府取得了联系，由戴高乐派代表祁业鸿来到重庆与戴笠会见。经过会谈，“自由法国”的代表答应说服法越总督府掩护军统在越南的抗日工作。

“中美合作所”成立后，在美方的协助下，军统对越工作有了进一步的发展。“自由法国”在北非的军事领袖吉罗德将军，派海军军官劳勃 · 梅利亚中校（Roberl Meymier）带领二十余人于 1943 年 8 月来华，与中美合作所合作，准备在越开展抗日活动，对日禁运橡胶，破坏码头等，响应盟军的反攻。

9 月 6 日，中美所会议决定：在南宁设立情报总站，下辖中越边境的 7 个

[1] 黄康永口述，匡垣整理：《国民党军统组织消长始末》（七），上海《档案与史学》2002 年第 2 期，第 63 页。

分站，与法方联系共同抗日；同时派人随梅利亚中校10日内重返越南，组成“法越工作小组”。次月，梅利亚中校与中美所“法越工作小组”人员回越，他们的工作取得了不小的收获，得到了许多有关日军动态的情报，及时报告给了重庆并转告给美方，对美军在太平洋的作战发挥了重要的参考作用。直到1944年5月，梅利亚调往北非工作为止，其后小组改归法方指挥。[1]

二、缅甸

1939年1月，军统成立缅甸组，以郭寿华为组长。戴笠亲率张我佛等人赴仰光建站，同时设立电台4座，以曾图南为站长；下设腊戍组，由潘其武负责。缅甸陷敌后，军统又在缅境内的卑缪、东吁、曼德里、八莫、拜子、眉曲、班弄、干崖、密支腊、畹町等地建立了电台组织，以干崖为前方联络站据点，班弄为下游基地，建立缅北游动组，设联络机关于芒街，进一步完善了地下情报网。[2]1941年年底，军统局又派出陈式锐出任缅甸站站长，领导军统组织在缅的工作。仰光组组长则由柯鸿图接任。[3]

柯鸿图是福建安溪人，其父亲原在仰光开商号，在当地有些社会基础。柯鸿图在安溪县，经林泗水介绍参加了国民党复兴社秘密组织，并曾给当地复兴社负责人、安溪国民兵团团长陈宗棠义务做情报工作。后来陈宗棠介绍他参加军统局息峰训练班第三期受训，编入华侨区队。这个华侨区队的学员均由来自缅甸、越南、泰国、马来西亚的华侨子弟所组成，其目的就是训练派遣回去工作的特务人员。

1941年11月，柯鸿图从息峰训练班毕业，与同学王汉英、苏国宝一起被派往仰光工作。他们经贵阳、昆明，沿滇缅公路抵达缅北的腊戍，12月底到达仰光。柯鸿图奉命担任仰光组组长。面对日军逼近，他们赶紧着手布置沦陷后的工作。

缅甸站站长陈式锐接管在仰光的4座秘密电台，柯鸿图负责其中第一台

[1]《戴雨农先生全集》(下)，(台)“国防部”情报局1979年编印，第260页。

[2]同上。

[3]乔家才：《中外文库之四十七：为历史作证》，(台)中外文库出版社1985年版，第103—104页。

和第三台的工作。

第一台潜伏在仰光北郊 6 英里的甘马育镇，台长程济，以制造肥皂为掩护。

第三台潜伏在仰光东郊淡汶区，台长姚遴秀，由组员曹清泉和他的家庭来掩护，平时种菜养鸡养鸭，完全是农家式的布置，隐蔽性强。

仰光沦陷后，在缅的军统各工作站点如何获得经费接济，是最重要而又很困难的问题，必须有妥善的安排。柯鸿图想方设法在侨胞刘金梓处争取到负责补给的承诺。当时刘金梓的哥哥刘梧桐在重庆做生意，缅甸所需要的经费，由军统局按月付给他哥哥，再由他支付。这样一来，沦陷后缅甸站的财政问题便得以解决了。

为了交通联系便利，柯鸿图在日军入城 48 小时内疏散令下达后，偕柯伏算和刘庆云到距离仰光 30 英里的毛备建立前哨站，再赴距仰光 70 里的奥隆坡及 120 里的敏蚋镇，建立了一所交通站。

柯鸿图和刘庆云的家在毛备西南的瑞丽支，位于仰光河东岸。华侨富商陈天星也住在这里，他是当地经营客货运输业务的大商人，有客货车二十多辆，车队经常往来毛备、仰光之间。柯鸿图利用这一有利条件传递消息，为抗日情报工作提供了极大的方便。当时从仰光和毛备来瑞丽支躲避战乱的华侨有一百多人，这个地方一下子热闹了起来。

日本人占据缅甸后，利用缅甸人多年受英国人压榨所产生的仇恨心理，以帮助缅甸独立为号召，进行欺骗宣传。缅甸人信以为真，因此一开始很欢迎日军，气氛相当狂热。部分当地人也想趁乱抢掠瑞丽支华侨，发一笔横财。形势非常严峻。柯鸿图面对如此复杂的情况，组织当地华侨自卫，以武力阻止当地人抢劫。

为了搞到情报，他还设法和日本人接近，以便达到目的。

3 月 7 日，日军攻占仰光，指挥缅甸军的日本军官帽颇椒到达瑞丽支，他立即征用了陈天星的小轿车和几辆客货车。柯鸿图借机和帽颇椒笔谈，发现尚能彼此沟通。帽颇椒要请他担任翻译，同往仰光。柯鸿图由此想到，如果借帽颇椒的关系，弄到一张通行证，以后往来仰光会有很大的便利。于是他便向帽颇椒试探。没有想到，这个日军官毫不迟疑，立刻用一条白布，写上“使用人”三字，盖上图章，给柯鸿图作通行臂章。这个意外的收获，使柯鸿图通行无阻，活动方便。

仰光沦陷不到一个月后的4月1日清晨，日军截断仰光所有的交通，大举逮捕华侨，一共抓捕了四百多人。经过讯问后，拘留了七八十人，囚禁四十多天，最后五人被惨杀，二十多人被逐放。日军随后又强令他们组织“华侨联合会”，借以控制华侨。大家推举白拆章为会长，谭锦裳为副会长，李云川为秘书。白拆章等三人都是地下组织人员，为日军成立华侨联合会，可借之掩护并推展工作，所以他们决定顺水推舟。这对仰光组来说，也提供了活动的便利。柯鸿图要他们三个人成立一个反间小组，和担任日军翻译的台湾人周旋，既可以保护华侨，又可以获得不少重要情报。

日本人开列出多项任务，要他们赶快去办。其中包括：(1) 组织警卫队，负责维持仰光的治安。(2) 设立医务所，负责医疗市民的疾病。(3) 组织清道夫，清理仰光市的垃圾。(4) 组织调解会，调解市民间的纠纷。(5) 设立学校，收容儿童和少年。(6) 成立报社，为日军宣传，后来成立了“正谊报社”。(7) 组织各属支会、分会，先后组织了四十多处。

此时，英国人预先布置的秘密机构，因缅甸人告密，早被日本宪兵破坏，无一幸存。英国人需要情报，也得仰仗军统了。

日本侵占仰光半年以后，发觉仰光附近有秘密电台在活动，便派出测探车辆，到处侦察，对甘马育镇尤其注意。军统站第一台受到威胁不敢大意，立刻停止通报，将电台迁往他处，暂避风头。

第三台也在附近发现日军有侦察活动，迫不得已也停止通报，将电台迁往距仰光70英里的奥降镇。台长姚遴秀为失去对国内的联络，非常着急，时常设法呼叫。在失去联络四个月后的一天晚上，他忽然听到重庆总台的呼号，赶紧依照规定呼叫，使仰光第三台恢复了与总台的通报联系。后来在侨胞刘金梓的帮助下，该台撤回仰光另觅地址恢复了工作，直到抗战胜利。军统总部对此曾颁令嘉奖。

军统仰光组的工作人员，除组长柯鸿图外，尚有林永和、程济、姚遴秀、白拆章、谭锦裳、李云川、陈中才、林笔峰、钟祺镇、谢桂芳、王汉英、柯伏算、刘庆云、顾明申、吴南嵩、谢维明、郑丕远、曹清泉等二十多人，而当地华侨中协助工作出力较多的，有刘金梓、林春科、陈天星等。

仰光组的组员陈中才出生于当地，并未回过国，但就学于当地华侨中学，对祖国仍充满热爱，参加地下工作后每天都与柯鸿图联络，只是其时间和地点时常变动，并不固定。不久，陈中才被日本宪兵队逮捕，连续三天每隔三四小时受刑一次，被折磨得死去活来，但他咬紧牙关，没有招供其他人员。受刑三天，已经是奄奄一息，日本宪兵队见毫无所获，将他送往永盛监牢，关了一个多月，直到病危才准华侨联合会保外就医。因受刑过重、伤及内脏，经过手术和几个月的治疗修养，才算痊愈。像这样的华侨子弟，并不了解军统组织的性质和其在国内的行径，单凭抗日救国的一腔热诚，投入地下情报工作，甚至将生死置之度外，其精神可嘉。

1943 年雨季结束后，日军在东南亚战场上败象已露，缅甸战场的制空权已经移转到盟军手中。为躲避盟军的轰炸，日军将仰光市内的军用物资仓库移到郊区树林内，借以隐蔽。日军在潞加水池北面树林内，建筑了几十座仓库，每座 50 英尺宽，100 英尺长，用以储藏机炮、弹药、汽油、军用品及粮食等军用物资。1944 年雨季开始后，当地华侨界照例向潞加水池投标捉鱼，柯鸿图以 11000 盾得标。当 7、8 两月雨水最多的时候，他住在水池旁边，监督捉鱼，便借机和驻守仓库的日军大尉结交成为朋友。柯鸿图经常送鱼给大尉，请他保护捉鱼。军用仓库就在水池的东岸，柯鸿图观望得非常清楚，摸清了情况。他画出详图，报告给了重庆。11 月冬季开始，盟军派出百余架 B29 轰炸机，飞临仰光市郊仓库上空作地毯式轰炸，把所有仓库全部炸毁。这是一次很成功的轰炸，给予了敌人沉重的打击。

1943 年 10 月，中国赴缅远征军一师自印度攻入缅北，被日军围困于胡康河谷，供给线断绝，只能依赖美军空投生存。军统属下的缅北游击队，报告联络，积极扰敌，为我军反击解围立下了汗马功劳。

1943 年 12 月初，缅北流动组电台台长王辉武、组员陈漳明，化装成当地人去敌营侦察，他们发现日军在野人山狭河地带布兵，并在丛林中发现有日军新式坦克营，即密报戴笠转告给盟军。当月15日，美军出动轰炸机36架空袭，王辉武及其岳丈苏互迪头人，在日坦克营附近施放烟火，指示轰炸目标，结果日军坦克及火药库连同敌军八百余人皆被炸毁，损失惨重，苏互迪则不幸被日军捕杀。

1944年3月，盟军反攻缅甸，我远征军36师在八莫伊洛瓦底江受阻，军统情报组得知江底有暗道，可供潜行过江，于是联络步兵一团长林冠雄，挑士兵100人，经10天准备训练，于5月22日半夜，在上游我军炮击和美空军轰炸掩护下，自下游夜渡过江。拂晓袭敌，终使38师全部顺利渡河，保证了反攻战役的进行。

1944年，日本征用大批广东台山籍木工去泰缅边界的幕尔鸣深山服劳役，工人们均一去不回。军统小组发现这种异常后，派组员曹某伪装汉奸前往调查，不幸患上疟疾，回仰光后病死。小组再派木工10人混入民工队伍，指示他们事成后向泰境逃，到曼谷找周秀兰情报站联络；又派张我佛会同开药铺的侨民蓝就西购买了大批奎宁，溶药粉于裤带上，前往山中探险。结果10人去仅两人得归，终于探得消息，得悉日军利用英俘、中缅泰工人建设铁路及桂河大桥，企图打通泰缅陆上交通，营救在南洋被困的日军。情报员将桂河大桥附近的有关地形情况画出图纸转呈重庆报给了美军，对此地进行了成功轰炸，彻底摧毁了日军的战略企图。[1]

1944年4月间，日海军五千吨以上运输舰5艘，满载弹药和军用品，停在仰光通往端低运河口的亚弄水面。仰光组布置在猢狲角卖香烟的人员看到后，立刻报告上级。次日中午，盟军30架B29轰炸机飞来轰炸，炸沉2艘，重伤1艘。在这次攻击中，盟机被击落一架，机上8人，3人死亡，5人跳伞后被俘。因为敌运输舰大放烟幕，混乱了轰炸目标，致使投弹偏差，不仅未将敌舰全部炸沉，反使仰光被炸，死伤平民40多人。

1945年元月间，根据仰光组的报告，盟军又派出B29轰炸机200多架，分成8队，轰炸以实验中学为目标，长1英里、宽半英里的日军驻仰光司令

[1]《戴雨农先生全集》(下)，(台)"国防部"情报局1979年编印，第264页。

部，连续轰炸 3 小时，日军死伤 500 多人，其中有中将级军官被炸死。4 月 30 日，日军自动撤离仰光；5 月 2 日，美军空降部队降于民加拉洞飞机场。英国舰队也于 5 月 4 日驶入仰光港，正式宣布仰光光复。[1]

仰光沦陷 3 年 1 个月又 26 天，其间军统仰光组一直坚持工作，这主要是得益于当地的华侨与人民的参与和大力支持。他们的活动，代表了祖国反抗日本侵略的正义力量。

三、泰国

1939 年 5 月，军统局便在曼谷建立了情报网，派卓献书为驻泰国军事专员，组织“泰国挺进队”，并在缅泰交界处发展抗日游击队。卓献书抵达曼谷后，还与泰皇族拉上了关系，对他们鼓动的含有排华性质的“大泰运动”实行劝阻，以保护在泰华侨的正常生活。

太平洋战争爆发后，日本武力占领泰国，控制其政权。此时泰国内部产生了抗日的“自由泰国运动”，其副领袖塞古安一行来华，与军统协商合作，达成了协议，军统答应为其下属 5 个单位配备电台等设备，回国进行情报工作。

当时泰国驻美武官卡宫春中校亦建立了一个抗日小组织。戴笠按盟方的要求，命令萧勃在美与卡宫春接洽，洽谈在泰国组织反日暴动以牵制日军事宜。最后决定以卡宫春为负责人，挑选泰国留美学生 30 人来华接受特训，随后进入泰国活动。这一计划得到了中方军事领导人及美军驻华指挥官史迪威的批准。

1943 年 9 月 6 日，戴笠、郑介民、潘其武与中美所美方代表梅乐斯等人会商，决定：

1. 同时支持塞古安与卡宫春两组织抗日，以卡宫春为主，分头进行，相互呼应。

2. 卡宫春一派以回国建立组织、制造暴乱为目的，中方派卓献书帮助，卡

[1] 乔家才：《中外文库之四十七：为历史作证》，（台）中外文库出版社 1985 年版，第 103—113 页。

派人员分为5组，每组有华侨2—3人参加，负责引导组员进入泰境；另在普洱开设训练班，强化训练“泰国挺进队”，每期200至500人，培训两个月，一年内共计划完成4—6个突击营的训建工作，而后加入卡宫春的抗日组织。

3. 塞古安一派以柬埔寨为基地，进行对日军策反及协助盟军登陆工作，派邢森洲辅助其指挥，逐步扩充加强其原5个小组的力量。

4. 由卓献书、邢森洲二人负责塞、卡两派间的联络工作。

5. 通知在渝的泰国代表阿伦亲王，说明中美已声明尊重泰国自主权，并请其转告泰政府，以打消泰方的疑虑。

12月后，卡宫春一派改由美战略局驻华代表卡福林接手指挥。卡福林下令其人数限额不许超过30人，工作内容亦仅限于情报搜集，不能训练部队，于是所谓的“普洱进军”军事行动计划只能宣告停止。

12月26日，中美双方再度与卡宫春一派就合作问题进行了协商，决定组成“泰国工作组”，派卓献书等即日起行，前往普洱建立电台站。后卡宫春赴美，该计划亦告停止。与此同时，塞古安之弟开辛则率下属各抗日小组，进入泰柬境内活动，以策应盟军反攻，而军统局所属的游击队也开至缅北山区，策应我远征军反攻缅甸。

四、菲律宾、新加坡、马来亚

1940年，军统局组建菲律宾情报组，鉴于此地情况复杂，军统局做了复式布置，征召菲律宾华侨回国进行特种训练，返菲后组成游击队。

日军攻占菲律宾后，游击队成为菲律宾抗日义勇军的领导力量，协助美军抵抗日本。军统在菲地下组织则组成“血干团”，从事破坏交通、刺杀日本人与菲奸的工作。日军占领马尼拉后，美军守将麦克阿瑟率部撤离巴丹半岛，马市仍留有军统王之和及张某两个行动组，保持与美军的秘密通讯，提供情报，准备配合美军的反攻作战。

在新加坡与马来亚方面，军统在准备渗入之前，侦知苏俄情报组织已在马来亚渗透有年，戴笠为了保持其组织的纯粹性，拒绝了岑士麟利用当地华侨领袖陈嘉庚势力的建议，决定另起炉灶，自设组织系统。

1939 年 11 月，军统建立星洲组，由曾广勋负责；后改设为站，由岑家焯负责。不久后又设立槟榔屿组，以刘戈青为组长，开展全面的情报搜集活动。此外，军统另设有星洲特别组、荷印组与吉隆坡组，其势力由此深入新、马、菲地区。

五、印度

抗战开始后，位于中国西部的印度次大陆的战略地位与价值逐渐显现。军统局为配合战时军事与外交的需要，开始重视印度工作。当时印度仍在英国控制之下，对印情报工作还涉及中英关系，内容复杂而敏感。

1941 年 4 月《苏日中立条约》达成后，戴笠担心邻近苏联的印度西北方向巴基斯坦形势不稳，特别向外交部推荐陈质平为驻加尔各答总领事，并介绍在局内国际科工作的董宗山任使馆秘书，联络印北各土著，做好争取工作；同时准备在加尔各答组训一批海员，以备中印交通被切断后从海路继续对华补给。军统还训练了一批通印缅文的伞兵，计划必要时空降到敌后开展工作。[1]

1942 年 12 月，在修建抗战时期著名的“中印公路”时，军统局趁机向印度渗入，戴笠亲自前往印度布置情报网络，并指示：“本局在印度之工作，东起孟加拉湾，西迄阿拉伯海，都应当密派人员建立组织，对整个局势发生瞰制作用，期能对欧亚两大轴心国在中东之会师，预为防制。”因此，特派军统要员陈质平赴印度加尔各答建立了工作站，并在全印境内广设据点，派员“协助”外交部印度专员公署工作。一时间，军统地下情报网遍及阿萨姆小村与新旧德里大市，远及锡兰及马达加斯加。

六、香港

这一时期，戴笠的军统组织也尝试过在东南亚地区与英国的特工组织开展情报合作。1941 年，军统局奉命与英情报合作，在香港成立了中英交换情报组，在海南、虎门等处设立电台，担任情报交换工作。次年，军统局还派

[1]《戴雨农先生全集》（下），（台）“国防部”情报局 1979 年编印，第 266 页。

遣人员赴英接受训练，毕业后派赴马来亚及泰国、越南等地工作；另又在昆明、贵阳、衡阳、淳安等地设立运输机构，从事物资器材等物之输送。后因此项合作成绩欠佳，军统方面指责“英人缺乏热诚”，加上中美情报合作的开展，中英合作遂告停止。[1]

抗战时期是国民党特务组织活动最盛的时期，此期又以军统组织的发展与活动范围的扩大为标志。在国内，它们将势力伸展到警察、交通、缉私、走私贸易各领域；在全球，它们把触角和网络伸向欧美和东南亚地区。客观地说，军统组织在抗战时期犯下过许多反共反人民和镇压民主的暴行，但也进行过抗日和打击日伪的行动。它们在东南亚各地的势力扩张，在特定的历史条件和环境下，其主要任务是抗击日本在南洋地区的侵略，为盟国的对日军事斗争服务，同时也将国民党的影响扩张到东南亚各地。在全民族抗日救国的神圣战争中，军事斗争的需要使特务情报工作有了冠冕堂皇的理由。当时东南亚各地的抗日党派、华侨青年和各界人士纷纷投入抗日游击与情报工作，他们毁家纾难，不怕坐牢、酷刑折磨，甚至不惜冒生命危险，参加地下斗争，所表现出的勇气与民族气节令人感动。他们的基本动机都是抗日救国，并不是为了反共，如胡志明领导的越共组织中，也有人受过军统的培训。[2] 况且他们对军统在国内的种种劣迹并不十分了解，虽然他们名义上是由军统组织，但这些抗日志士、爱国华侨的工作表现与行为与国民党特务组织的本质是有根本区别的。他们所做的完全是抗日的工作，在中国抗战的历史上应当写上他们的事迹。

除了主要在东南亚各国建立特务网，戴笠还注重与欧美国家结盟。特别是在与美国海军特务机构合作后，军统局大力加强了在国外的工作。除派出军统大将萧勃以中国驻美大使馆武官身份在美组建情报站，担任对美联络与搜集情报工作，影响美国对华政策外，还出于同样的目的在巴黎与伦敦设立了情报站。军统的活动达到了一个新的高峰。

---

[1]《国防部情报局史要汇编》第一辑（上），（台）“国防部”情报局 1962 年编印，第 46 页。

[2] 黄康永口述，匡垣整理：《国民党军统组织消长始末》（七），载上海《档案与史学》2002 年第 2 期，第 63 页。

[第四章]

隐蔽战线

——抗日秘密战

第一节　对日情报、破坏和防谍战

日本领事馆投毒案

1939年6月10日晚5时，南京的日本领事馆内灯火通明，总领事堀公一在此举行一场大型酒会，欢迎日本外务省次长清水到南京领事馆视察。到会的还有不少日伪政权要人，他们是：

日本华中派遣军司令官山田乙三中将、参谋长吉本少将、副参谋长铃木宗外少将、军报道部部长谷获那华雄大佐、伪维新政府顾问原田吉雄少将、谷田大佐、高桥大佐、公平中佐、岩松中将、三国大佐、岛本少将、三浦大佐、海军大佐泽田、中佐田中、大佐秋山、总领事堀公一、领事内田、副领事有久乾以及日本在南京扶植的伪维新政府行政院院长梁鸿志、立法院院长温宗尧、绥靖部部长任援道、内政部部长陈群、交通部部长江洪杰、司法部部长胡礽泰、教育部部长顾澄、外交部部长廉隅、财政部次长严家炽、实业部部长王子惠、南京市市长高冠吾等。

酒会准时举行，总领事堀公一首先致辞，欢迎清水的到来，然后高呼："天皇万岁！干杯！"顿时宴席上群魔乱舞，人人都站起身，拿起酒杯，高呼："干杯！干杯！"举杯一饮而尽。

过了没多久，突然酒宴上有人高喊："不好！酒里有毒！"众人还没反应

年轻时的詹长麟

过来，领事馆书记官宫下一头栽倒在地上，不省人事；另一名官员船山也口吐白沫从椅子上跌下来。人人都舌头麻木，表情痴呆，不同程度地中了毒。

领事馆内顿时大乱，日伪军警伴随着警笛声迅速到场，救护车辆呼啸而至，对中毒人员全力施救。当夜，宫下和船山不治身亡，部分汉奸首脑直到次日仍昏迷不醒。南京日伪当局惊慌失措，日本朝野也为之震惊，至11日晚日方才于南京和东京分别公布消息，并称逮捕一人。消息传出，南京民众暗自拍手称快。

随后，日寇丧心病狂，疯狂报复，前后抓了近千名中国人，严刑拷打，连老万全酒家的掌柜都遭逼供，结果他们发现领事馆跑了两个中国仆从。日军急忙张贴布告，四下捉拿。

这就是当年赫赫有名的日本领事馆毒酒案。从领事馆内跑掉的两个中国仆从詹长麟、詹长炳，正是这次毒酒案的主要实施者。

詹长麟祖籍安徽徽州，1913年出生于南京，当过兵，参加过“一·二八”淞沪抗战。1934年詹长麟21岁，退伍后在家靠织绸缎谋生，后经其父亲詹士良之友介绍，到日本领事馆当仆役。当时日本领事馆招用中国人有四个条件：（1）不会日语；（2）要有家人在南京做人质；（3）外貌要俊秀；（4）做事要勤快，手脚要麻利。詹长麟经过日本总领事亲自面试，成为日本领事馆勤杂工，每天为日本领事打扫房间。他在日本领事馆工作勤快，能吃苦，得到了日本人的信任。此时，国民党特工也看中了他，想利用其工作之便搞日本的情报。

詹长麟

某晚，詹长麟被秘密叫到鼓楼旅社 4 号房间，军统特务赵世瑞出面与他谈话。赵世瑞说："我是首都警察厅外事组组长。你知道为什么要介绍你去日本领事馆工作吗？"詹长麟说："不知道。"赵世瑞说："目的就是要你刺探日本人的情报。"詹长麟吓了一跳。赵世瑞说着拔出一支手枪放在桌上，声色俱厉地对他说："现在有两条道路由你选：一条是继续在日本领事馆工作，当一名卧底，每月可得 10 块钱工资；另一条道路是，你既不肯当一名抗日的中国人，就马上用这把手枪在我面前自杀。"詹长麟这才知道真相，当即回答："我愿意留在日本领事馆。"

从此，詹长麟成了一个国民党特工人员，当时代号 65，化名袁露，受戴笠的特务处领导，属南京特别区管辖。他从特务机关和日本领事馆两方拿工资，每月共得 18 元。当时 100 斤一袋的洋面粉价格只有 3 元钱，所以他家里的生活很宽裕，但工作却十分危险，时时刻刻都提心吊胆，绷紧神经。

他是日本总领事的仆从，每天可以在总领事的办公室内偷偷查看来往的信件文件，甚至可以监视总领事的一举一动，侦察领事馆里的各种动向。每天回到家后，他就用明矾水在白纸上写情报，待水干后字迹就隐去了。他家的大门旁有尊关公像，詹长麟的母亲每天把情报插在关公像后面，等人来取走。她也常常在关公像后面拿到特务组织的指示交给儿子。后来，詹长麟的哥哥詹长炳也进了日本领事馆当仆役，成了特务人员。

有时，詹长麟窃到从日本寄来的重要信件，就带回家中。在密室里把信件拆开，抄录信的内容，再把信重新封好，第二天放回日本总领事的桌上。信封上当日的邮戳则是詹长麟用牙骨做的假戳现盖上去的，足可乱真，从来没有露出过破绽。有一次，领事馆里的日本人都在屋外工间休息，房间里无人。詹长麟见机悄悄地走进总领事的房间，先是在废纸篓里翻了一下，见没有什么有价值的东西，接着又拉开办公桌的抽屉，看看有没有新的文件。这时，楼梯上有脚步声传来，詹长麟一惊，急忙把抽屉关好，然后手拿抹布在办公桌上擦起来。走进门来的是领事馆的副领事，他见只有詹长麟一人在房里，顿时眼露凶光，"咚咚咚"走到詹长麟而前。詹长麟急忙停下手上的活计，直挺站立着。那个副领事满脸怒容，挥手"啪"的一声，在詹长麟的脸上重重地抽了一个耳光。詹长麟动都没动，心中十分紧张。那副领事虽有怀疑，但没有抓到詹长麟什么把柄，转身从墙上取下羽毛球拍走了。詹长麟为此却一连多天心中都不安宁。

全面抗战爆发后，1937 年 12 月，日军占领了南京。事前，詹长麟就接到了要他继续潜伏在日本领事馆的命令。他亲眼看到了日寇在南京的大屠杀暴行，怒火中烧，但又不得不忍辱负重，继续工作。日本人给他一辆自行车，又发给他一个“日本领事馆使用人”的袖标，他戴着袖标可以出入城内任何地方。

1938 年军统局成立后，詹长麟成为军统人员。

1939 年 6 月初，詹长麟从日本外务省的一封来信中获悉，日本外务省次长清水要在 6 月 9 日到南京领事馆视察，他当晚将这一情报传送出去，立即得到了军统局的高度关注。军统局南京区区长钱新民，立即主持召开骨干会议研究对策，他要詹长麟密切注意事态的发展。

日本领事馆发出了不少请柬，詹长麟看到这些请柬后，得知 6 月 10 日晚，总领事堀公一要在领事馆举行一场大型酒会，并取得了参加酒会的人员名单。这份名单囊括了当时驻南京的日本华中派遣军的首脑以及伪维新政府的骨干分子。军统局在得到这一重要消息后，决定实施一次投毒行动，出其不意地在日伪心脏上插进一刀，欲将日伪核心分子一举暗杀。此次行动若能获得成功，对正在抗战中的中国人民将是一个极大的鼓舞，同时也是给日本侵略者及其汉奸走狗一个沉重的打击。投毒行动小组由军统局南京区副区长尚振武领导，政治助理书记卜玉林负责联系，情报助理书记李再生、刘玉卿负责撤退事宜，交通组组长赵希贤负责撤退工具，会计主任安少如负责挑选毒药。为了保证行动成功，军统局下令由詹长麟为任务执行人，并准备与日伪同归于尽。

詹长麟接受了任务，但他又提出了自己的想法。他说：“把毒药投入酒杯，是整个行动最重要的一步，决定成败，我完全能做到。但问题的关键在于：这毒药有没有效果？能不能毒死人？如果毒药根本毒不死人，就是把我赔进去也无用。”行动小组派詹长炳送来一只毒药，玻璃外壳外面有英文标志，里面是白色粉末，他交给詹长麟时说：“这是美国货，剧毒，沾到就死。”詹长麟说：“我有个心愿，就是在完成任务后能够安全地撤离。我还年轻，还要继续杀敌。这不会影响我完成任务。”詹长麟的要求得到了批准。

在开宴的前一天，领事馆在三山街的老万全酒家，买了一批绍兴黄酒，由詹长麟负责把黄酒从酒坛分灌进酒瓶中。

詹长麟为了能脱险，事先就对人表示：“我肚子疼，等宴会开了后，要去一下医院。”为了投毒万无一失，在开宴前詹长麟才把毒粉倒入酒瓶，并使劲摇动，让毒粉均匀地溶解在酒里。开宴时，他见酒席桌上的酒杯都已经摆好，便沉着镇定地捧着毒酒瓶，走到桌边，按顺序把毒酒倒入酒杯。然后退到一边观察着事态的发展。

詹长麟躲在暗处，见毒酒已被敌人喝下去，知道任务已经完成，便急忙脱掉领事馆的工作服，跳上自行车，驶出领事馆，向长江边飞奔而去。他在傅厚岗与哥哥会合后，赶到了长江边上的燕子矶。军统局特工刘玉卿、王高科早在江边等候，马上把詹氏兄弟送到江北，脱离了险境。

为了不牵连无辜.也为了保护军统在南京的地下组织和詹氏一家，军统局特工以詹氏兄弟的名义从上海给南京日本领事馆发了一封信，内容如下：

总领事先生：

我们兄弟两人在日本领事馆几年的服务期间，非常忠于职守，没有一次做过违背你们的事。这你们也是相信的吧。说实话，不幸的是，发生了中日战争，我们目睹了日本对中国的无理侵略。对日本人确实感到失望。然而我们只是从新闻报道中看到你们日本人的凶残。但还不是亲眼看到，因此还没有改变我们在领事馆内服务的忠心。后来南京被你们日本兵占领，我们亲眼看见日本兵在南京的烧杀奸淫的一切兽行，甚至连我们的家也被你们烧了，我们的妻子也被日本兵强奸了，家里的东西也被日本兵抢劫一空。我们兄弟虽如此忠实地在领事馆内服务，而我们的家被烧，妻子被奸污，财产被掠夺。可怜劳苦半生的血汗，全被你们破坏尽净。既然如此，我们还有什么希望！我们决心为国报仇，为家雪耻，我们已经和日本人势不两立。只是我们既无兵，又无力量，加之总领事对我们很好，因此至今我们都下不了手。十日总领事招待客人，我们知道总领事不能出席，才决定下手，谁死难料定，这就要看你们的运气了。

我们不管成功的可能性大小，只是为了满足报仇雪恨的心愿。我们事先对谁也没有讲，事后更不愿意给别人添麻烦，好汉做事好汉当，我们不想再说假话。我们已经来到上海，明天就要去香港，你们有本事就请来捉我们吧！但不要怀疑其他的人。我们既然做了此事，就不怕死，如果被你们捉住，愿为多数被你们蹂躏的人报仇雪耻，死而无憾。像我们这样的劳动者，除以这样的死作为代价外，没有比这更光荣的。我们在领事馆进行这次行动，唯恐牵连总领事，但想不出其他报仇雪耻的方法。所以就在公馆宴会的时间下手了，这样做对不起总领事，感到遗憾。[1]

堀公一看了信暴跳如雷，日本在上海和香港布下暗哨，制定了抓捕詹氏兄弟行动方案，但一无所获，连詹氏兄弟的影子也没看见。这烟幕弹果然起了作用，詹氏兄弟躲在江北的农村，十分安全。当时重庆《中央日报》曾对毒酒案做了连续五次报道，但都没有说出真相，对日军起到了有效的迷惑作用。

两年后，军统在南京的组织被日军破坏，绝大部分成员都遭日军杀害。卜玉林在南京被日军逮捕。日军对他说："只要你说出毒酒案中投毒人的姓名，就可以放了你。"但是他宁死也不肯供出投毒人，最后被日军杀害。詹长麟后来过着流亡的生活，最后到达浙江农村，定居在那里，一直到日本投降。

抗战胜利后，詹长麟回到南京。国民政府奖励詹长麟 5 万元，颁给他一只"忠勇杀敌"银盾。詹长麟用这笔钱在中央门外开了一家旅馆。新中国成立前夕，已任国防部保密局外事组少将组长的赵世瑞来到旅社，劝詹长麟一同去台湾，被詹长麟拒绝了。[2]

2009 年 9 月，"平民特工"詹长麟、詹长炳兄弟俩与邓中夏、史量才等人

---

[1] 中国第二历史档案馆馆藏伪维新政府档案二〇〇一。

[2] 王永泉：《当事人首披"日本领事馆毒酒案"真相》，载南京《晨报》2005 年 5 月 12 日 D12 版。

一同入列“30 位为新中国成立做出突出贡献的南京英雄模范人物名单”，他们的功绩也得到了人们的充分肯定。

各地的破坏活动

1938 年 3 月 3 日，为配合即将展开的武汉会战，蒋介石手令戴笠速在浦口—信阳、郑州—信阳、南阳—许昌等地的沿铁路重点市乡及机场附近，建设情报网与电台。戴笠随即在武汉成立了“随节办事处”，由唐纵主持，迅速办理各项情报工作；又派李叶到豫，接替梁干乔任华北办事处主任；戴笠则自掌芜湖以上长江两岸的特工网，进行军事情报工作。

李叶与电讯督察张我佛，在河南站配合下，两个月内在豫建立了 16 个情报组与秘密电台，组长分别由原“蓝衣社”成员魏毅生、于荣岑、秦午基、阎俊士、金少吾等担任。

戴笠以安庆、屯溪为中心布置了江防情报网。在 1938 年 6 月 12 日安庆沦陷前，戴笠曾伪装成小贩与安徽站站长蔡慎初见面布置安徽站的工作，并根据各方情况，判断敌攻武汉之态势，依情况调整情报网，以九江、信阳、岳阳、沙市为中心，武汉为核心，搜集报告敌方死伤、补给等各种情报。

在上海，戴笠特务处的 5 个潜沪行动组及“忠义救国军”1 个大队于 1938 年“七七”“八一三”两次在沪进行暴动，分 5 路袭扰了敌军需仓储及虹口军用机场，并散发抗日宣传单。

在南京，7 月 25 日，特务处瓜埠组派出 8 个行动小队同时袭击伪“维新政府”机关，向伪“立法院”“教育部”“内政部”等处投掷手榴弹，并与敌伪警开展巷战，一度冲入伪市政督办公署，击毙伪职员 7 人，炸毁其“秘书处”“工务科”“卫生科”，伪绥靖部部长任援道负伤逃往苏州。

在北平，为严惩伪临时政府头目王克敏，北平区与天津站商量，调王文行动组去北平实施刺杀行动。1938 年 3 月 28 日下午，他们在煤渣胡同内设伏袭击王克敏，但王因其日本顾问山本荣治掩护而免一死，此事当时在北平引起了轰动。1939 年 9 月，王文再赴北平工作时被捕，几个月后被敌伪处死，年仅 30 岁。1940 年 1 月，北平区行动员刺杀了伪建设总署局长俞大纯；11

月 29 日，行动组组长麻克敌击毙了日本“兴亚院”派来的特使高月保和乘兼悦郎中佐二人，不久后麻克敌因被其房东出卖而遭日本宪兵队捕杀。

在天津，1939 年 2 月间，军统局天津站将伪天津商会会长王竹林在法租界北丰花园杀死；4 月，又将伪准备银行总经理兼伪天津海关监督程锡庚刺伤。

在广州，军统广州站于 1939 年 8 月 11 日在白云山日海军陆战队第 115 联队近田部队驻地，动员厨师李昌德在饭菜中下毒，毒死了 19 名日军。在“九一八事变”十周年之际的 1941 年 9 月 17 日，广州站又策划了在广州城内普炸日伪组织的行动，一时全城内爆炸声此起彼伏。当时广州站第三行动组组长江志强最后撤离现场时，在海珠中路与日本宪兵队遭遇，他引爆了身上的炸弹，与 5 名日军同归于尽，显示了中国人不屈的抗战精神。

在河南，军统局在郑州设立了华北办事处与河南站，统一指挥省内安阳、新乡等 21 个工作组。1938 年初，由日本女间谍中岛成子策划，汉奸李福和被送往日本接受训练，回国后任河南伪“皇协军”第一军军长，于 4 月 15 日开赴彰德驻扎。戴笠下令军统局安阳组组长谢梅村与新五军高参严家诰密切合作，派师振东利用与“皇协军”副军长徐靖远的关系渗入其部，由伪第一师参议李本中介绍，担任秘书；后师振东又由伪一师师长黄宇宙介绍，与二师师长吴朝翰取得联络，又介绍 7 人潜入伪军。当时李福和向日军要求增加重装备，并加任彰德一带防务，因此日华北派遣军决定于 8 月对该部举行“校阅点检”。潜伏人员决定届时起事。8 月 7 日，伪“皇协军”在彰德西曲沟村进行校阅点验，副军长徐靖远一声令下，反正官兵立即击毙李福和及日军官十多人，同时宣布起义，将队伍开进了太行山。此役沉重打击了日本扩充“皇协军”的计划。后经戴笠呈准，国民政府任命吴朝翰为河北游击司令，徐靖远、黄宇宙为副司令，下辖第一、二支队，拨归一战区鹿钟麟指挥。这是军统局策反伪军比较成功的一例。

在河南对付日伪的特工战中，还有一国共人员合作刺杀日本“华北五省特务机关长”吉川贞佐的成功范例。开封失陷后，日本在城内山货店街成立了以“华北五省特务机关长”吉川贞佐为首的间谍机关，名为“西山公馆”。

1940 年 2 月间，军统局河南站行动队组长、中共地下党员牛子龙，在开封刺死了伪开封警备司令刘兴周。日军欲对此报复，计划派人打入军统河南站捣乱。牛子龙闻讯后，决定再次出击，打击“西山公馆”。他找来了抗战前被国民党捕入监狱、后逃脱出去的中共党员吴凤翔，要他利用自己的经历，前往日伪诈降。吴凤翔托关系找到吉川贞佐的亲信汉奸特务组长权沈斋，说明自己被国民党迫害，无法生活，愿投靠之意。几经来回，骗取了吉川和权沈斋的信任。5 月 17 日晚，吴凤翔带人手持通行证直闯吉川贞佐的住所，将他和在场的多田部队司令部参谋长山本大佐、视察团团长瑞田中佐等 5 名日本军官击毙。开封城一时为之轰动。[1] 其后，日本人又在开封复设“仁义社”特务机构，由多田部队参谋长兼开封伪河南绥署总顾问皆川雅雄大佐主持，河南站经过侦察，于 12 月 19 日派行动组冲入其社下基 79 号住所，将皆川雅雄击毙。

在华中，为配合武汉会战，戴笠指导军统局成立了武汉站，以唐新为站长；未几即扩为武汉区，以李果谌为区长，唐新为副区长兼书记。下辖特一、特二、汉一、汉二、汉预、武一、武预、汉阳、反间等 9 个组，汉口、武昌两个行动大队、电台等组织，总人员数达两百余；外加区直属工作员 41 人，待命人员 43 人，开设各掩护机关、商店 34 处。区本部设于法租界首善里 4 号，后迁往立兴大楼 4 楼。

李果谌早年也曾加入中共，还在莫斯科中山大学学习过，后又去日本就读士官学校，毕业后回国。他曾参加过中共组织的广州起义，失败后叛党，被留苏同学邓文仪召去参加了国民党南昌行营调查科，当了国民党特务。其后加入戴笠的特务处，先后出任书记长、北平区区长及晋绥察区区长，也是军统骨干人员之一。

1938 年年底，武汉会战在达成了迟滞敌军前进战略任务后结束。10 月下旬撤守时，戴笠的军统局依照当局“焦土抗战”方针，配合武汉警备司令郭忏对武汉市区进行了“反资敌大破坏”。戴笠率王鲁翘、郭斌赴汉，派军统湖北站站长朱若愚联合武汉警备司令部缉查处处长赵世瑞（军统人员），欲将武汉

[1] 刘英照等：《日军华北五省特务机关长被刺记》，载萧宇：《日本特务在中国》，团结出版社 1995 年版，第 285—288 页。

三镇军事、矿厂、物资炸毁。由朱若愚、陆钟俊为正副行动大队长，从“临澧训练班”抽调学生60人及工兵三连，计划炸毁各类目标38处，纵火67处，共105处。但武汉卫戍总司令部对大破坏之事表示冷淡，不予配合，朱若愚向戴笠表明难以完成任务。戴笠气愤之下决定自任行动指挥，他召来李果谌、赵世瑞等开会，派出行动小组，限22日前完成任务。

10月25日，时敌军距市区已不足30里，戴笠被迫取消了对第二、三区部分目标的破坏以及在城内部分纵火点的行动。到当晚7时，他们共破坏了汉阳兵工厂、汉口码头等69处目标。26日晨，行动人员撤往宜昌。戴笠被困在法租界，在敌军已进市区时才被救出。[1]

日军占领武汉后，军统武汉区人员转入地下活动，但到12月17日，发生了事端。区长李果谌因平时为人不善，被他的司机和勤务兵向日本人出卖而被捕，接着行动大队队长杜砜及一批重要成员也被捕，区内存储的大量军火物资、电台均被抄。

日本驻汉宪兵队长五岛茂是李果谌的留日同学，他利用这层关系劝诱李果谌投降，据说李是虚意答应出任伪军司令官，并在伪政权内部进行了分化瓦解工作。戴笠后来却根据唐新、朱若愚怀有私心的片面报告，“不详细调查，依据个别人别有用心的陷害，认定李果谌为叛徒”，于1941年7月派第九战区混成队将他刺杀。[2]

李果谌出事后，唐新继任武汉区区长，他对人员进行了整编，吸收学生加以训练扩充队伍，将区本部活动地迁往了市郊。其后，武汉区策划了一个“锄奸计划”，派人打入伪湖北省政府警卫部队，准备在汉奸头目开会时将其一网打尽。后来因在1940年5月3日刺杀伪财政厅厅长张若柏和16日刺死伪高等法院院长唐炳炎时，行动员被捕，可能牵连到潜伏人员的安全，遂撤退出来。但此期武汉区还是继续采取行动，杀掉了伪中国银行总裁戴秉清、伪汉口市社会局长杨辉庭等汉奸。

---

[1]《戴雨农先生全集》（上），（台）“国防部”情报局1979年编印，第92页。

[2] 邓葆光：《军统领导中心局本部各时期的组织及活动情况》，载全国政协文史资料研究委员会：《文史资料选辑》第86辑，中国文史出版社1983年版，第184页。

1940 年，按照戴笠的指示，武汉区效仿上海区，开展了对日本官兵的刺杀和对敌设施的破坏活动。行动统计如下：

1940 年 12 月 16 日，武汉行动二队袭击了驻蔡甸日军警备队，打死 11 人；

同日晚，行动一队袭击了武昌八铺街日军宪兵队，毙敌 8 人；

1941 年 1 月 21 日，行动二队在汉口花楼街砍死田梅次郎少佐；

2 月 18 日，行动二队在汉口得胜街袭击日军“慰安所”、“鹤鸣庄”，杀死 3 名日军官；

2 月 25 日晚，行动一队突袭汉口三星街日军宪兵队，毙敌 7 人；

3 月 2 日，行动二队在汉口中山路新市场向日军巡逻队投弹，炸死炸伤 17 名日军；

4 月 16 日，行动一队在汉阳显正街杀死日特务主任植树岩藏中佐；

4 月 19 日，行动一队经预先潜伏后行动，烧毁汉口王家墩机场油库，炸毁敌轰炸机两架。

武汉区的这些行动伸张了正义，但也引起了日军的报复。如，日军菜甸警备队被袭后抓去平民四十余人，八铺街日军宪兵队被袭后搜捕去数十名中国人拷问。[1] 军统武汉区人员也付出了重大的损失，到 1942 年 6 月，共有一百七十余人被捕，被杀害的有五十余人之多。自 1941 年 4 月后，他们就没有什么活动了。

在此期间，军统局对日本特务对其的破坏活动也进行了一些反击，如：

1. 汉口日本宪兵队队长美座，专门负责刺探华中军统情报，成为军统的对头。1942 年 7 月 22 日，军统粤北段破坏队在碧铁公路刘石村埋设地雷，炸翻了其乘坐的卡车，美座及木青石松、熊雄二大佐及 24 名日军毙命。

2. 日本女特务小岛喜代治，奉陆军省派为“皇军慰问使”，奉东条首相之命来华进行“和平活动”。1942 年 4 月，她由台湾绕经天津到达上海。7 月会晤了汪伪外交部部长诸民谊，然后到达汉口沙市，准备潜往重庆。消息被军

---

[1] 本节参考江绍贞：《戴笠与军统》，团结出版社 2006 年版，第 159—161 页。

统侦知，令所属江防部队抓捕。

3. 日谍小田正盛，于1939年来华，辗转宁沪汉皖等地，进行特务活动。1944年3月，在武汉当日本宪兵队特工，先后组织破坏军统地下组织十余次，残害300人。戴笠下令将其生擒法办。3月间，经策动伪鄂南保安司令成渠率领7000人反正，逮捕小田，押送重庆判处死刑。[1]

这些行动，是对侵略者应有的惩罚。

“宋子良”和港澳会谈

在中日战争初期，蒋介石集团一方面对日抗战，另一方面也时刻准备与日本商量停战的可能。开始时通过德国驻华大使陶德曼来居中调停斡旋，失败后又派外交部亚洲司司长高宗武在上海、香港与日方保持联系，寻找妥协可能。当时这是蒋介石与汪精卫的共同安排。后来，因日本的强硬态度，熄灭了蒋介石“谋和”的希望，他停止了高宗武对日联系的工作。

汪精卫投敌后，日本方面眼见汪伪政权对瓦解中国抗战阵营的作用不明显，没有达到预期的目的，便又想与重庆蒋介石直接勾通，策划启动了“桐工作”计划。蒋介石出于某些目的，也愿意与日本接洽一下。

军统局作为蒋所信任的秘密机构奉命参加了这次秘密活动。

1939年11月，日本中国派遣军总司令部派出参谋本部铃木卓尔中佐以日本驻香港武官的身份来港“策划建立与重庆政府间的联络路线”。铃木到港后经过仔细分析，盯上了重庆方面驻港的“西南运输公司主任”、宋子文的弟弟宋子良。经托香港大学教授张治平居中介绍，铃木要求与宋子良见面。宋子良是个在野人士，且不谙政治活动，他当即以要请示宋子文同意为由予以拒绝。蒋介石知道后，却对此很感兴趣，他找来戴笠，命令军统局选一长相与宋子良相似的特务冒充他去与日方谈判，据说这位冒牌“宋子良”就是军统局香港站站长王新衡。

12月下旬，经过精心准备，军统局的“宋子良”在张治平牵线下与铃木

[1]《戴雨农先生全集》（下），（台）“国防部”情报局1979年编印，第820、862页。

卓尔见了面。他向铃木表示：日方如能尊重中国的名誉与主权，则可以和谈，希望日本在承认汪伪政权之前，要与重庆政府协商。[1] 几经会商，铃木卓尔提出举行双边正式代表会谈，“宋子良”返渝请示。

1940 年 2 月 9 日，“宋子良”回港答复日方同意正式会谈。3 月 7 至 10 日，蒋、日双方在香港东肥洋行二楼举行预备会议，日方代表为今井武夫、参谋本部臼井茂树大佐和铃木卓尔，他们煞有介事地带来了陆军大臣畑俊六开具的身份证明书，中方代表为重庆行营参谋处副处长陈超霖、最高国防会议秘书主任章友三和“宋子良”，陈和章也带有最高国防会议秘书长张群写的证明书。经过多次谈判，双方在 3 月 9 日达成的《备忘录》中写明：“以善邻友好，共同防共，经济提携，作为缔结和平条约的基础。”《备忘录》的具体条款则包括以下几方面：

中国已承认“满洲国”，立即放弃抗日容共政策，在停战的同时发表此项声明。

中日两国缔结防共协定，日本在一定期间内可在内蒙与华北若干地区驻军；华北重要资源由中日共同开发；中国对日提供便利。

停战协定成立后，重庆国民政府与汪兆铭派进行合作。

日在恢复和平的同时，尽速撤回派遣到中国的兵力，等等。

当时渝方代表对这些条款基本表示同意。蒋介石得到会谈结果的报告后，对“中国放弃抗日容共政策”、“缔结防共协定”、“经济提携”等都表示同意或原则上同意，只是他担心如此露骨地公开承认伪满，对于一直宣称抗战到底的自己来说无疑是自煽一记耳光，势必引起中国共产党及全国人民的强烈反对。于是，他要代表们在此问题的表态上退一步，对承认伪满问题改为“原则上同意考虑”，而与汪合作问题，“在和平恢复后……适当处置，毋庸提为和平条件之一”。同时，他却对于日本在华驻兵问题增加了价码，对日方提出“应于和平妥协时，将在华军队从速全部撤退”。[2]

5 月 17 日，“宋子良”结束在重庆活动再次来港，约铃木卓尔在一艘小

[1]〔日〕今井武夫：《今井武夫回忆录》，中国文史出版社 1987 年版，第 128 页。

[2]〔日〕今井武夫：《今井武夫回忆录》，中国文史出版社 1987 年版，第 137—140 页。

游艇上秘密会晤，洽谈举行第二次秘密预备会议问题。他对铃木透露说：“蒋介石委员长表面如何暂且不谈，他内心希望和平确属事实。”又说：“在重庆政府内部，反对达成和平的是共产党和冯玉祥。对共产党，一旦秘密会谈达成协议，当然要进行讨伐，而且讨共计划业已制订，如可能的话，希望7月以前就实行。胡宗南、蒋鼎文、朱绍良、卫立煌、薛岳等将领已纷集重庆，并已协商完毕。因此恢复和平后，恐怕要向日本请求武器补充等等的援助。”“看来，中国方面在中日停战的同时，就要发表反共宣言，所以在第二次秘密会谈中，涉及时机内容等项问题，希望与日方协商。”[1] 他们就在澳门召开第二次秘密预备会议达成了协议。

6月4日下午，双方代表在澳门开始会谈，场所选定在市郊海岸僻静的一处空房里。这次渝方代表出示的证件上直接盖有军事委员会大印和“蒋中正”的印章，以示货真价实。会谈开始时，陈超霖首先表示，虽然渝方对首次香港会谈中中国承认“满洲国”问题及日军在中国驻兵问题有保留意见，但上次会谈也收到了巨大的成果。他说：香港会谈“使两国的隔阂距离显著缩小，从而中国相信有与日本接近的可能性”；中国的青年将领通过这次会谈，“逐渐得以了解日本的诚意”，“对积极推进日华和平表示赞同”；香港会谈后，双方“恢复了信任”，“现在我们这次的路线是最为确实可靠，堪称捷径”；国民党高层现在“对于进一步加紧防共方针的意见，愈趋一致。蒋委员长也派了有魄力的军政要员数人到西北地区，命其担当防止共产党反抗的任务。中国的防共对策已开始转入逐步实行的阶段”[2]。这番话自然有勾引日方在答应条件的基础上继续会谈的意味。

在当晚及次日的会谈中，双方就承认伪满及日军在华驻兵问题再次进行了商讨。“宋子良”则于6月5日凌晨3时返回香港，“与重庆来的要人会见，接受训令后即行返回”。6日下午，他向今井武夫等人表示，关于承认“满洲国”及日军在华驻兵问题已将日方的意见向重庆汇报请示了，预料双方难求一致，无须等候回示，希望下一步升级进行会谈。他提出先由蒋介石的代表

[1]〔日〕今井武夫：《今井武夫回忆录》，中国文史出版社1987年版，第144页。

[2]〔日〕今井武夫：《今井武夫回忆录》，中国文史出版社1987年版，第150页。

（预定为张群）在上海或其他地方与汪精卫先行会谈，等解决汪的问题后，再由蒋介石与日军参谋总长板垣征四郎在重庆举行会谈。日方提出先由蒋与板垣会谈的提案。最后达成了由蒋介石、板垣、汪精卫三头目进行会谈的协议。6 日晚，双方又就“三人会谈”的地点、时间、方式等问题进行了商讨，澳门会谈便告结束。此后，“宋子良”与铃木还在继续联络中，直到 9 月底止。因日本与德、意缔结三国同盟条约，世界两大阵营的对立分野明确，新任日本陆相的东条英机、参谋总长杉山元等主战派不赞成对蒋谋和，策划中的所谓高级会谈遂告终止，抗战中重庆政府的又一次对日“谋和”至此失败。据充当此次会谈双方联络人的张治平称：“这次会谈是在蒋介石和戴笠直接领导下的极端秘密的工作，重庆政府方面也曾抱很大的期望。”[1]

对这次蒋日秘密会谈事件，过去学界基本的观点一直是持否定态度的，认为“港澳会谈”在政治上来看是蒋介石集团对敌妥协的明证，背叛了民族立场，但也有人认为从当时的国际形势和重庆方面在会谈中对“伪满”“撤军”关键问题的态度来看，不能完全排除这是一次蒋介石通过军统特务向日方作情报“摸底”的可能，也是蒋介石的一种“外交策略手腕”。从蒋为人处事之道的习惯来看，他对这种“不舍本的生意”是乐于去做的，上不了台面的事情反正也没危害，万一暴露就全推到下面去负责，而军统方面也把派人冒充宋子良去和日本人打交道当作摸清对方底牌的一次特务活动。

至于那个“宋子良”，日方在香港会谈开始时，因唯独他没拿出身份证明书，而在会上的地位比较重要，就开始对他进行了多方面的调查，甚至从房门锁洞孔中偷拍了“宋子良”的照片，拿到南京伪府让陈公博、周佛海等认识宋的人辨认，但因照片上人像太小，未能得出一个肯定的结论。但他们从截获的情报中认为，他可能是军统香港区负责人王新衡，因其年龄、身材、容貌比起宋子良来要“更与实际会谈的对手相像”[2]。后据当时在军统局本部第二处国际科任敌伪股股长的邓葆光证实，戴笠“指令香港区区长王新衡，通过日本驻港铃木特务机关成员张治平（留英学生，为香港区的通讯员）关系，

[1]〔日〕今井武夫：《今井武夫回忆录》，中国文史出版社 1987 年版，第 163 页。

[2]〔日〕今井武夫：《今井武夫回忆录》，中国文史出版社 1987 年版，第 146 页。

冒充宋子良，与日方代表谈判……开始布置时，由国际科敌伪股承办。邓葆光是第一手承办人。此事约一个月突然中断。译电科说，这种电报全送曾家岩公馆”[1]。这应该是出自当事人可靠的证据。

第二节　势遏奸逆

行刺王克敏

1938年3月28日，在北平城煤渣胡同20号门前，发生了轰动一时的枪击事件。20号大院战前是著名的平汉铁路俱乐部，北平沦陷后，这里成为日伪高级头目的休闲场所。这一天下午2时，华北伪中华民国临时政府行政委员会的委员长、大汉奸王克敏，乘汽车来此与日本华北派遣军联络部部长喜多诚一举行定期的会议。1时57分，王克敏的坐车及其警卫车前后驶来，正待向胡同里转弯之际，突然枪声大作，四周射来密集的子弹打向王克敏的坐车。顿时，街上秩序大乱，相距不远的日本宪兵队紧急出动，行人四处奔逃……

这是特务处天津站奉令策划的一次华北锄奸大行动，对象是汉奸王克敏。

王克敏，字叔鲁，原籍浙江杭县。1873年出生在广东一个中小官僚家庭。1903年中举，但因家境败落，靠友人帮助才捐了一个候补道，由清政府派到日本任留日学生副监督、驻日公使馆参赞，专司监视中国留学生之责，成为反清的革命党人的死敌。1907年冬，王克敏回国，先后在清廷度支部与外交部任职。辛亥革命后，王克敏远游法国，结识法国金融界人士，回国任中法实业银行中方总经理，从此进入中国银行界。1917年月，王克敏担任了北洋政府最大的中国银行的总裁。1917年11月，王又出任北洋政府的财政总长，兼盐务署督办，成为北洋系的大官僚。在北洋内部的皖、直两系斗争中，王克敏投靠直系首领冯国璋与曹锟，成为直系的心腹干将。1929年直皖战争后，直系掌握北京政权。1923年，曹锟贿选当上总统，王克敏再任财政总长。

[1] 邓葆光：《军统领导中心局本部各时期的组织及活动情况》，载全国政协文史资料研究委员会：《文史资料选辑》第86辑，中国文史出版社1983年版，第185页。

王克敏

1924年10月，冯玉祥发动北京政变后，王克敏被通缉，逃往日本，从此与日本军政要人拉上了关系。北伐胜利后，1928年5月南京国民政府以“把持财政，植党营私，接济逆军，延长祸乱”的罪名，对王克敏通缉。王克敏逃往日本人控制的大连，不久转投东北张学良门下。1931年12月，张学良筹组北平财政整理委员会，张自任委员长，王克敏为副委员长，全权处理该会事务。1933年5月，日军侵犯长城各线，南京国民政府设立行政院驻平政务整理委员会，以黄郛为委员长，王克敏为委员兼财务主任。1935年初，王克敏曾一度代理委员长。1935年12月，冀察政务委员会成立，宋哲元为委员长，王克敏任委员兼经济委员会主席。

1937年卢沟桥事变后，日本侵略军策动成立华北伪政府。日本华北派遣军联络部部长喜多诚一最初相中原北洋政府中在华北军政界势力与影响较大的曹锟、靳云鹏、吴佩孚、曹汝霖，准备从四人中挑一人出来担任汉奸政府首脑，但这四人或以种种理由推托，或明示不愿出山。日本人只得退而求其次，找到了王克敏，要他出来“挂帅”。1937年12月14日，伪中华民国临时政府在北京中南海怀仁堂成立，王克敏出任伪行政委员会委员长兼行政部总长，彻底沦为汉奸。

因王克敏的卖国求荣，1938年2月，戴笠给天津站站长陈恭澍下达了对王克敏及华北“联合准备银行”总裁汪时璟“相机予以制裁”的命令。

当时特务处下属的北平区，管辖多个情报站，在北平市有两个站，在张家口还有一个察绥站，下设许多组与直属员，但在北平市区却无行动单位。因此，制裁王克敏的任务就由天津站行动组来执行。天津站站长陈恭澍接到戴笠的电示后，立即化装成富有的钱庄老板，从天津赶到北平布署行动。

陈恭澍找到军统北平区书记毛万里、复兴社华北分社助理书记齐庆斌，秘密协商暗杀王克敏的计划。齐庆斌告诉陈恭澍，王克敏老奸巨猾，行动诡秘，防范措施极严。要暗杀他，必须选择合适地点，确实掌握王行动的时间与规律，这就非有内线策应不可，否则很难达到目的。

正在他们为难之际，陈恭澍的一个老友、曾任鸡泽县警察局局长的张作兴向他们提供了一条极为重要的线索。张有一个邻居，姓武，五十多岁，是东北军的退职军官，当过旅长，颇有爱国思想，当时闲居北平，家中只有位年轻的太太，没有子女。有时这武姓军官会约张到家中喝两盅，三杯酒下肚，武最爱说的，就是回顾他以前的从军历史，声称这个人跟他当过营长，那个人跟他当过团长。武说到有一个曾在他手下当过连长的人，现在在给王克敏当警卫队队长。

陈恭澍听到这话，十分高兴，觉得这是一条十分重要的线索。陈恭澍要张作兴再做进一步了解，搞清了那个武旅长与王克敏的警卫队队长关系很好。此人虽在王克敏身边任警卫队队长，但却有名无实，手下只有几个人，吃粮当差，为王克敏看家护院而已，并不能常跟随王克敏本人活动。王另有贴身警卫两人，跟进跟出。为此，这位警卫队队长曾对王克敏表示过不满。

陈恭澍决定亲自出马。他来到皇城根武旅长家中拜访。陈单刀直入，说明来意，要武旅长去策动那位警卫队队长刺杀王克敏，武旅长欣然同意。他找到那位警卫队队长谈后，警卫队队长却表示不敢下手，但向他们讲述了王克敏的日常行动规律，特别是透露了每逢星期二下午 2 点钟，王一定会去煤渣胡同 20 号与日军联络部部长喜多诚一会见接谈的机密。这正是陈恭澍所需要的情报。

在戴笠连连来电催促之下，陈恭澍决定冒险尽快暗杀王克敏，他决定派武装特务采取“硬拼”的办法，强行狙击行刺。为此设想了几种方案，都因王处警卫森严而特务们又缺乏快速的交通工具，“迎击”或“追击”都办不到而感行不通。最后，陈恭澍觉得，只有趁星期二下午王克敏去煤渣胡同时，进行狙击较有把握。陈恭澍与部下密商后，制订了行动计划。

陈恭澍详细侦察了解了王克敏汽车开近煤渣胡同时的地形道路等情况。王来时总是两辆汽车，王坐在前车，上面除了司机，另有两名警卫，都带有手枪，王克敏总是坐在后排座位上；还有一部警卫车随后，车上有武装警卫三四人。车进煤渣胡同时，王克敏的坐车就减速慢行，后头那辆警卫车加速超前，警卫们先下来布岗，侍候王克敏下车进门。于是陈恭澍决定，在王克敏的坐车转进煤渣胡同减速慢行时，采取狙击行动。他召来天津站负责暗杀的行动组组长王文，要他挑选 7—10 名年轻力壮的特务，携带枪支，秘密来到北平，成立了暗杀王克敏的行动队，并组织队员按照行动计划进行了几次演习。

3 月 28 日下午 1 时，陈恭澍亲自率领部下出发，于 1 时 40 分到达东四牌楼南大街金鱼胡同东口的光陆电影院门口集合。然后，王文率第一组蓝子春等三人先到煤渣胡同口，准备集中火力射击王克敏坐车，另以王文璧的第二组三人，负责猛烈压制警卫车，阻止对方反击，掩护第一组袭击王的坐车。整个暗杀行动由陈恭澍统一指挥，他在大街对面人行道的一个吃食摊上，纵观全局，以暗号作为指示。王文站在煤渣胡同旁边一家裱糊店门口，在接到陈恭澍指示信号后，开展具体行动。

下午 1 时 57 分，王克敏的汽车从南驶来。发现目标后，陈恭澍“陡然立起”，王文一见这信号立即指挥全部行动人员做好准备。当警卫车转弯加速驶入煤渣胡同东口，王克敏坐车正打转方向盘驶入胡同之际，陈恭澍“戴上帽子”，暗示射击。一时间，特务们同时开火，子弹密集地射向王克敏坐车和警卫车，尤其集中火力射向王车后座。枪击二三十秒后，军统特务们按原计划撤退。

这时街上已因枪声大乱了。

出乎陈恭澍等人意料的是，在枪击中，王克敏仅受了轻伤，在汽车后座上被打死的那个 50 岁上下、留八字胡的人，是与王克敏同车的日本顾问山本荣治。原来，陈恭澍得到的情报是：平时王克敏汽车到煤渣胡同时，总是王一人坐在后排座位上。因此，陈恭澍布置特务们到时一齐向汽车后座射击。但碰巧在这一天，日本浪人出身的山本荣治应邀陪王一起到煤渣胡同去，他也坐在后排位置上，枪声响时，山本首先跃起，中弹倒在王克敏身上，当了他的肉盾。军统特务猛射一气，结果山本荣治当了替死鬼，身中多弹，立时毙命，王克敏却因此逃过一劫。

在乱枪之中，第一组组长蓝子春腿部亦中一弹。后来他在骑自行车逃离现场时，一路上的点滴血迹，留下了线索。当晚，日本宪兵追循血迹，来到蓝子春藏身的山货店，他们逮捕了蓝子春与另一名特务徐自富，后来此二人被日军杀害。

王克敏虽然死里逃生，但也吓得魂不附体。抗战胜利之后，他终究未能逃脱法网。

破坏日本"南唐北吴"计划

1938 年夏，为了摆脱侵华战争所陷入的困境，日本决定进一步推行"以华制华"的方针，"建立一个新的中国中央政府"。1938 年 7 月 12 日，日本内阁五大臣会议议决，立即着手"起用中国第一流人物"，"酝酿建立巩固的新生政权"，并要求"利用、操纵反蒋系统的实力派，在敌人中间建立反蒋、反共、反战的政府"。

为了实现上述战略目标，日本内阁五大臣会议在 1938 年 7 月 26 日决定设立一个"对华特别委员会"，作为"专门负责以有关重大对华谋略及建立中国新中央政府的执行机关"。该委员会主要由陆军部土肥原贤二中将、海军部津田静枝中将和外务省派出的陆军退伍将官坂西利八郎中将组成，以号称"中国通"的土肥原为负责人。外界又称之为"土肥原机关"或者"竹机关"。

土肥原，1891 年 8 月出生于日本冈山县一个陆军少佐家庭。1912 年 11 月陆大毕业后，被参谋本部派驻北京日本驻华公使馆，由此开始了他的特务生涯。在华期间，他曾和中国北洋军阀历届政府官员打过交道，通晓中国南北各方面情况，窃取了大量情报，在日本军政界博得了"中国通"之名。1931 年 8 月，他就任奉天（沈阳）特务机关长，参与策划并制造了震惊中外的"九一八事变"，占领了中国东北。1932 年，他又一手策划诱骗清朝末代皇帝溥仪逃往长春，建立了伪满洲国。此后，土肥原又策划制造了在华北的一系列事变。1937 年"卢沟桥事变"发生后，他出任日军十四师团师团长，亲自指挥日军作战。1938 年 6 月，他被日军大本营调回参谋本部供职，担任了"对华特别委员会"的负责人。

经过一番挑选与研究，土肥原对原北洋直系军阀统帅吴佩孚、在清末民

唐绍仪

初历任要职的政客唐绍仪二人极抱希望，他想在中国建立一个“南唐北吴”的中央政府，以吴佩孚管军，唐绍仪管政。

吴佩孚、唐绍仪对日本的诱骗态度暧昧，甚至叛向明显，“重庆方面以为，上海、北平的唐绍仪、吴佩孚先后答应了，就把唐、吴先后干掉”。[1] 于是便上演了重庆特工刺杀“南唐北吴”的一幕。

唐绍仪，字少川，广东香山县唐家湾人，以善办洋务著称。武昌起义后，他充当袁世凯内阁的全权代表，在上海与起义各省代表谈判。袁世凯就任中华民国临时大总统后，他又出任第一任内阁总理。唐为了标榜政党内阁，加入了中国同盟会。1912 年 6 月，他因不满袁世凯的专横，辞职赴沪从事工商活动。1917 年 9 月，孙中山在广州建立护法军政府，唐绍仪南去，担任军政府财政部部长，后又被推为护法军政府“七总裁”之一。1919 年初，他又任南方的总代表参加了“南北和谈”。1927 年，南京国民政府建立后，蒋介石聘他为高级顾问，他没有就职，反而参加了西南军阀的反蒋活动。“九一八事变”后，宁粤合作，唐挂名历任国民党中央监察委员、国民政府委员以及西南政务委员会委员等职；但他因对蒋介石不满，长期寓居于上海。抗战全面爆发前，蒋介石曾欲任唐为驻美大使，想利用他借美国的力量来调解中日事件；但唐绍仪向蒋介石要求拨数百万美金作为交际费，蒋介石没有同意，转而请他直接与日本人谋和。唐绍仪答应了蒋介石的要求，从事与日本当局有关人士接洽谋和的工作；但因德国驻华大使陶德曼出面调停中日战争而作罢。上海沦陷后，唐绍仪继续留居上海法租界，没有随国民政府西撤，并继续与日本方面秘密联系。

[1] 李直峰：《吴佩孚死因新说》，载《上海文史》1995 年第 2 期。

鉴于唐绍仪在当时中国的政治地位与社会影响，重庆政府密切关注他的动向。1938 年初，蒋介石托人捎带亲笔信给唐，要他赶快离开上海赴武汉，并以国民政府外交委员会主席一职相许，但被唐拒绝。1938 年 3 月中旬，外界盛传唐将落水当汉奸，唐绍仪也不置可否，并拒绝了广州抗日团体要他南返的呼吁和汇去的旅费。

1938 年 7 月，土肥原的“对华特别委员会”在上海虹口东体育场路七号一幢西式洋房内设立了名为“重光堂”的办事处，通过各种途径与唐绍仪联系。1938 年 9 月，土肥原亲自到上海，秘密拜访了唐绍仪，并与之进行了两次会谈。唐则在上海静安寺路（今南京西路）的华安合群保险公司大厦里开了一间办公室，据称是为了草拟关于建立汉奸中央政府的计划草案。

在会谈中，唐绍仪的女婿岑德广与日方具体商讨了“合作”问题。日方提出让唐绍仪“出任新政府首脑”，“由吴佩孚在旁予以协助，成为新中央政府骨干”，并要求“新中央政府于十月底成立”。岑德广在会谈中就唐绍仪出山“收拾局面”、组织汉奸中央政府等问题，向日方提出了方案，包括对日方的种种保证与要求。其中最重要的一点，是在其《解决东亚危机及谋求永久和平之方案》中，岑德广向日方提出，以“唐绍仪为中心”，组织统一的中央政府，还对未来的汉奸中央政府做了如下设想：拟定政府名称为“中华民国国民政府”，首都设于南京，国旗用青天白日旗；“以北京为陪都，由国民政府特派一政务高级大员常驻，以便就近处置一般事务”。关于基本国策，提出“以防共睦邻为保持东亚永久和平，并以民主政体彻底保障主权独立及领土完整，对于友邦之一切条约均继续实行”。关于军事，提出为“维持国内治安及剿灭共产党之必要”，须建立国防常备军 80 万人。除此而外，此次会谈中还对其汉奸政府的组织系统、“干部人才”的网罗、“中心机关”的活动经费、工作事项、反蒋倒蒋计划、对日关系以及正式登台前准备发表的《和平救国宣言》提纲，都做了详细的规划。

岑德广在上海与日方的来往与秘密谈判，不久即被国民党军统上海区人员侦察到了。

军统在国民政府撤退时，布置了大量特务潜伏在上海各地，由军统上海特区管辖。特区区长兼忠义救国军司令周伟龙是军统著名的“四大金刚”之一。副区长兼行动总队长赵理君是在上海滩活动多年的老特务与暗杀能手，曾一手指挥了暗杀杨杏佛与史量才的行动。上海沦陷后，戴笠指示他们严密监视那些留沪的军政名人，严防他们与日本勾结，建立伪政权，唐绍仪自然更是特务们重点监视的对象。军统特务除对唐绍仪在上海法租界福开森路的住宅及其起居活动进行日夜监视外，还派情报员谢志磐到唐宅内进行侦察。

谢志磐在20世纪30年代初曾参加过上海托派的组织，做过陈独秀的秘书。1932年，他出卖了陈独秀后进入军统组织任情报员。谢家与唐家有些亲戚关系，所以谢志磐得以有机会常到唐家走动。1938年初，他从唐家人口中得知日本曾派一个叫拙井的专使拜望过唐绍仪，邀请唐出山维持沦陷区的行政事务，唐虽未立即答应，但此后往来不断。谢就向上海特区做了报告，周伟龙加上他自己的推测，向戴笠反映，引起了军统的高度重视。周伟龙要谢志磐继续经常到唐家搜集情报。谢就不断将唐与日方日益加紧的勾结与秘密会谈的消息向军统报告。

蒋介石对唐绍仪背着自己继续与日方交往十分不满，他担心一旦唐决定下水翻脸揭出内幕会对自己大为不利，命令戴笠转告在香港的杜月笙致函劝唐绍仪离沪；但唐回信说他宁可当亡国奴也绝不会当汉奸，并云不要怀疑他和逼他太甚，以此加以拒绝。杜月笙对他如此“不给面子”也很恼火，转告戴笠说唐决不肯离沪。于是，戴笠向蒋介石汇报要求动手。

1938年七八月间，根据蒋介石的指令，戴笠命令上海特区对唐绍仪实行“制裁”。

1938年8月间，军统开始部署暗杀唐绍仪的行动，但唐的住宅防卫森严，大门常闭，有租界巡捕日夜守卫，盘查来客，还雇有多名白俄保镖，警卫庭园。唐绍仪独居一室，深居简出，不易下手。正在踌躇之时，他们无意中了解到一个情况：唐绍仪酷爱古董，常向上海的一些古董商收购一些精美的古董。军统利用这个情况，定下一计。

不久，谢志磐带着特务王兴国赴唐公馆，假装随口聊天地向唐绍仪透露了有一古董商带有不少名贵古物，愿意廉价出售，正在寻找买家。唐绍仪闻之大喜，双方约好古董商 9 月 30 日将文物送到唐公馆，以便鉴定与收购。赵理君设法搞到一件假宋瓷花瓶，权当古董，并在装瓶的楠木盒的夹层内装了一把利斧作为武器。

1938 年 9 月 30 日上午 9 点钟，赵理君打扮成古董商模样，带着谢志磐与王兴国、李阿大乘坐一辆借来的小汽车前往唐公馆。来到唐公馆，他们在客厅入座。仆人上楼去请唐绍仪，赵理君按预定计划迅速藏起了客厅各处的火柴，李阿大则将利斧从盒中取出藏在身上。

不一会儿，唐绍仪由其仆人搀扶着从楼上走下来，唐先招呼仆人给来客敬烟倒茶，但仆人在客厅里四处都找不到火柴。唐绍仪便命仆人到后面储藏室里去拿。仆人走出客厅后，赵理君便请唐绍仪鉴赏文物。年迈的唐绍仪戴着老花镜，低下头去细看花瓶，而李阿大就转到其身后，举起利斧，对准其脑部用力劈去。唐绍仪一声未吭，便一头栽倒在地。赵理君见刺杀成功，便指挥李阿大等出门上车，他自己走在最后。到客厅门口时，还一面抓着门把手，一而假装与里面打招呼告别，几个保镖门卫一点也没有觉察，反而还与他们招呼告别。赵理君一行上车后，迅速开出铁栅门，向马路上飞驶而去。

待唐府那个仆人回到客厅，见唐绍仪已倒在血泊中，不由得大声呼喊。保镖听到呼喊再拔出手枪到门外去追，已经来不及了。唐绍仪被家人急送附近的广慈医院，但抬上手术台时，人已断气。

法租界巡捕房接到报告后，立即赶到现场查勘。他们根据唐公馆门卫提供的小汽车号码线索，出动几辆装甲汽车去马路上巡查搜捕，结果在一个僻静的路口找到这辆车，但车内已空无一人。他们又去拉都路谢宅抓捕谢志磐，可那里早已是人去楼空。几名行动人员在军统上海区安排下，从容离沪赴渝。

日方对于唐绍仪被刺十分恼怒，却又不敢过分张扬。重庆蒋介石政府为了遮人耳目，也装模作样地颁布了一个《国府委员唐绍仪褒扬令》，并以蒋介石个人的名义，给唐绍仪家属发去一份唁电，国民政府并发给治丧费 5 万元。

渝方还故意散布说：唐绍仪是因不肯出山当汉奸而被日伪特务暗杀的。这样一来，搞得社会上关于唐绍仪死因的传说莫衷一是，真相难辨。[1] 日本方面也是哑巴吃黄连，有苦说不出。

吴佩孚

在“关照”唐绍仪的同时，军统局对日方想拉拢的另一位名人吴佩孚也倍加关注。

在中国现代历史上，吴佩孚也算是一位著名人物，这不仅因为他曾发动军阀内战、镇压“二七工运”以及抵抗广东革命军北伐，还因为他在生命的最后阶段，在沦陷后的北平与日伪头目周旋，最终又忽因区区牙疾竟不治而亡，死得蹊跷。于是乎，人们由吴氏之暴死，联系到他生前在与日伪周旋过程中所表明的种种姿态，得出这样一个结论：日伪逼吴佩孚“出山”充当华北汉奸头目，吴不肯，反向他们提出了不能答应的条件，结果惹恼了日方，惨遭谋杀。如此，吴佩孚便成为一个晚节坚贞的爱国者，同样受到了重庆国民政府的“褒奖”，甚至被称为“民族英雄”。

然而，对于吴佩孚之死，一直又存在着若干种不同的说法。1995 年，在《上海文史》第二期杂志上曾发表过一篇短文，以原国民党军统“国际密电室”主任李直峰的回忆，说明吴之暴死，并非死于日本人，而是因为重庆方面已截获“日吴会谈”文件，确认吴佩孚已答应降日，即将出任伪“华中绥靖委员会”委员长；于是为粉碎敌人阴谋，就像前次刺杀准备降日的唐绍仪一样，按预定计划，让吴的副官、一位军统特工利用吴氏“牙疾”，当机立断地把他“解决”了。这篇短文当然只是一篇回忆资料，并未提供第一手的档案史料作为根据，但它却不能不算是一个新说法，从而引起了史学界的注意。台湾《传记文学》杂志除全文转载外，还连载配发重新公布了一组有关吴日

[1] 此节参考经盛鸿：《民国暗杀要案》，江苏古籍出版社 1989 年版，第 312—325 页。

会谈的档案文件，意在反驳李直峰的观点，为这场关于吴佩孚死因及晚节的争论又增添了新的内容。

李直峰写的这篇短文全部内容如下：

我曾任国民政府军事委员会调查统计局“国际密电室”主任、国民政府军事委员会日帝陆军“密电研究组”副主任等职。1939年国民政府军事委员会日帝陆军“密电研究组”改组为国民政府军事委员会“技术研究室”时，将我调为军令部西安译电人员训练班主任教官和“技术研究室”西安第十工作队队长兼第十支台台长，专门秘密侦译日帝陆军无线日文密码电报。然而却无意中先后侦译出重庆中统北平情报站（设在东交民巷）站长后大椿为吴佩孚在北平出山事，曾多次与重庆中统局本部往返的无线中文一字一代的单重密码电报，主要内容大都是劝阻吴佩孚出任北平伪政府傀儡事；还有重庆中统局本部专员罗浔两次给北平情报站站长后大椿转致吴佩孚的无线中文一字一代的单重密码电报，主要内容也都是婉言劝勉吴佩孚保持晚节。但是，后来有几份却是重庆程功（中统代名）与北平情报站站长后大椿往返的无线中文一字一代的单重密码电报，去电大意是奉命要吴佩孚保持晚节，如吴真要就任华中伪绥靖委员长职时，就秘密处死他。回电大意是：吴佩孚已发出和平救国通电，并就任了华中伪绥靖委员长职，当即遵命使其随从副官趁吴牙病已毒死。事后有一次，我回重庆到川东师范中统局本部机要科闲谈时，他们曾提到过，当蒋介石侦知日帝特务机关长土肥原贤二选中上海的唐绍仪、天津的靳云鹏、北平的吴佩孚三人充当伪中央政府首脑最合适后，则决定谁答应出山，就把谁搞掉。结果，天津靳云鹏不但不答应，反而秘密派人与蒋联系。重庆方面以为，上海、北平的唐绍仪、吴佩孚先后答应了，就把唐、吴先后干掉。蒋介石还故弄玄虚地给吴佩孚在重庆开了一个隆重的追悼会，籍作对人和事的玄虚。[1]

[1] 转引自马芳踪：《吴佩孚死因又一说》，载（台）《传记文学》1995年第11期。

根据研究考证，自 1938 年 8 月“土肥原机关”派出大迫通贞少将来到北平正式对吴开展“劝降”工作起，到 1939 年 12 月 4 日吴佩孚被害而亡的一年多时间里，围绕吴的“落水”问题，蒋、日、汪、吴四方之间开展了多次复杂的往返交道，但其结果不明显。吴佩孚在各方之间大放烟幕：对日汪的诱降并不明确拒绝，反而与日伪谈条件开价码；与汪精卫信函往返，自称两人“敢谓道同”[1]，但最后又因在汉奸政权中的地位权力等问题而闹翻；他对日本人提出了苛刻的要求，使其难以答应；对于重庆蒋政权大员孔祥熙等人的专使来函劝告，他采取虚与委蛇的应付态度；对中共和爱国力量的警告，他不予理睬。最后，在他的条件不能满足时，他对日本人采取了拖时间的战术，而日本特务并无耐心和他玩猫鼠游戏，在限定时间到来后，吴佩孚最终突然死在了日本医生为其治疗牙疾之时，究竟是日本人杀了他，还是蒋氏特工“牵了牛”、日本人来“拔桩”，其中谜底无从可考，但从李直峰提供的上述材料来看，军统奉命杀吴的可能性还是有的。

除上面刺杀“南唐北吴”外，国民党特工为了阻止各地伪政权的成立，还对准备落水和已经投日的汉奸头目进行了一系列的刺杀与狙击活动，这些行动虽只能“治标”而不能“治本”，但在当时客观上却也有震慑汉奸、鼓舞抗战民心士气的作用。

枪杀张啸林

20 世纪 20 年代，张啸林是与黄金荣、杜月笙齐名的上海青帮大亨之一。

在早期，三大亨按照辈分和地位的排列，本是黄、张、杜。南京政府建立后，三大亨投靠国民党政权，同国民党的政客军阀王柏龄、陈希曾、杨虎、陈群等人结为把兄弟，势力进一步膨胀。

比张啸林年轻、资历浅的杜月笙，由于手腕灵活，善于笼络人心，在圈内威望与权势与日俱增，甚至连张啸林的一些门徒也纷纷弃张投杜，这使张啸林十分难堪与恼火。此外，杜月笙还得到了蒋介石更多的重视与支持，势

[1] 有关吴佩孚通敌内幕及其死因考证的具体内容，参见马振犊：《吴佩孚盖棺不能论定》，载《史学月刊》1997 年第 3 期，第 68 页。

力与地位日升，渐渐地超过黄金荣与张啸林，这使资历比杜高一辈的张啸林甚是忌妒。20世纪30年代以后，张与杜月笙及蒋介石政权间的矛盾与嫌隙也日益加深。

上海青帮大佬张啸林

1937年抗战爆发，上海沦陷前，蒋介石曾指示杜月笙邀黄金荣与张啸林一同西撤。黄金荣以年老多病、不问外事为由，决定不走。杜月笙离开上海后，张啸林认为此时是他独霸上海滩的好机会。因此，他拒绝了杜月笙的邀请，仍留在上海，并伺机与日本人联系。

日本特务机关早就看上了张啸林。淞沪会战开始时，张啸林正在浙江莫干山避暑，日本特务机关就派人潜往莫干山与张密谈，邀张出山当汉奸。

上海沦陷后，张即返上海，开始了他的汉奸活动。根据日本特务机关的指示，他率领众徒组织"新亚和平促进会"，让其亲家俞叶封主持，自己做后台老板，分派徒子徒孙到四乡为日军收购与供应急需的大米、棉花与煤炭等军用物资，为日本侵略效劳。在日方的支持下，张啸林的生意越做越大，他大发国难财，给中国的抗日事业带来了巨大的危害。日本人很满意张啸林的效忠行动，1939年年底日伪策划建立伪浙江省政府时，还准备让张啸林出任伪省政府主席。

张啸林的投日引起了重庆国民政府与在香港的杜月笙的极大不安。他的活动与其能量会给重庆在上海英法租界内的最后据点造成致命的打击，因此蒋介石批准戴笠的军统组织尽快设法暗杀张啸林。

杜月笙虽与张啸林是把兄弟，表面上江湖义气，不愿插手杀张之事，但实际上他对张啸林十分忌恨与担忧，害怕张啸林在上海的再起会使他有朝一日重返上海时，无立足之地。于是他顾不得与张啸林的结拜之谊，暗中指使其徒弟与军统合作，潜赴上海伺机刺杀张啸林。

1938年年底，军统布置实施了一次在马路上暗杀张啸林的行动。军统人员侦察到张啸林的活动规律，由军统上海特区行动股股长、杜月笙的徒弟于松乔率领几个行动员，预伏在上海福煦路（今延安路）同孚路口。等到张啸林的私人小汽车开来遭遇红灯时，特务们一拥而上，于松乔举枪向车内射击。张的车辆有保险功能，不但车身护有钢板，而且车窗安的也是防弹玻璃。张啸林的汽车司机十分机警，见有人行刺，立即猛踩油门，闯过红灯，疾驶而去。张啸林在车中已看清刺客乃是杜月笙的徒弟于松乔，认为这次暗杀必为杜月笙所指使，回到家中大骂杜一通，从此视为仇敌。同时张的防范更加严密，增雇保镖多人日夜在屋内外守卫，他本人则不再轻易出门。

1939 年 8 月，戴笠指派军统著名的暗杀行动专家陈恭澍接任上海特区区长，陈恭澍曾参与和主持过暗杀张敬尧、吉鸿昌、石友三、王克敏与河内刺杀汪精卫等重大事件，为军统“四大金刚”之一。戴笠给他布置的任务就是迅速暗杀张啸林。

1940 年 1 月，张啸林的亲家、主持“新亚和平促进会”工作的俞叶封，邀请张啸林到更新舞台楼上包厢，观看京剧名角新艳秋的演出。军统上海特区得此情报，就派人潜入剧场包厢执行暗杀。谁知当日张啸林本允诺去看戏，因临时有事未去，又一次躲过暗杀。俞叶封被特务开枪击中，送医院后不治身亡。这件事使张啸林又恨又怕，整日藏匿家中，并在住宅周围布置了大批武装警卫与保镖，还出高价招聘神枪手作为护卫。

张啸林的严密防范给军统的暗杀行动带来了极大的困难。陈恭澍等人多日苦思也拿不出一个可行的办法来。正当他们一筹莫展之时，突然接到上海特区第二行动大队队长赵圣的报告，说已在张啸林的家里布置了一条内线，准备伺机下手。这内线就是张啸林的保镖林怀部。

林怀部原来也是杜月笙的门徒，后秘密加入军统。抗战初期曾撤退到安徽，后被军统局调到上海从事敌后秘密工作。林武艺高强，枪法极准。当张啸林因屡遭暗杀，设法寻觅神枪手担任自己的保镖时，军统人员见有机可乘，就通过杜月笙留在上海的管家万墨林，说动张啸林的汽车司机，介绍林怀部进入张家当上了保镖。

林怀部到张家后，几次想下手刺杀，都未有机会。到了 1940 年 8 月 13 日夜，张啸林到上海“六三花园”参加日伪的一次重要会议，林怀部很想随张同去，乘机诛杀，但张啸林仅带一二亲信前往，将林怀部留在家中看守。第二天，即 1940 年 8 月 14 日，林怀部托病请假，准备出去与军统人员商议下手之策，但张啸林当时脾气不好，非但不准假，反将林大骂一顿，要收回林的手枪赶他走。正在这时，张啸林的朋友、杭州锡箔局局长吴鸿来访，张就请吴同去三楼议事。林怀部见自己将被赶出张门，今后将难有机会下手，就当机立断，他故意与张啸林的汽车司机大吵大闹，声音传到楼上，张啸林闻之大怒，从楼上把头伸到窗外，厉声责骂林怀部。林怀部早就做好准备，见张啸林探头在窗外，随手挥枪射去两发子弹，均击中张啸林的头部，张立即倒地毙命。林怀部犹恐张未死，又持枪冲上楼，对倒在血泊中的张啸林又补上一枪，还随手一枪打死了在一旁吓得呆若木鸡的吴鸿。

枪声惊动了四周，张家的保镖与赶来的巡捕，将张宅团团包围。林怀部见不能脱身，即用枪对准自己的太阳穴准备自杀，因弹尽未成，遂被捕。后被法租界判刑 15 年，直到抗战胜利后才释放。

重庆军统局本部为表彰上海特区制裁张啸林之功，特发给奖金 1 万元，但林怀部身在狱中，未得分文。

杜月笙在香港听到张啸林被刺死之讯，尽管内心十分高兴，但表面上却说：“张先生要当汉奸，他之死当然是罪有应得的。不过，我心里明白，这一定是军统派林怀部干的。由我的徒弟杀了我老拜兄，论江湖义气，我实在站不住道理。”

自责也罢，开脱也罢，张啸林死了，对重庆和杜月笙都是好消息，在国家大义上来说也是件好事，它又一次震慑了上海滩的投日卖国分子。

刀劈傅筱庵

1940 年 10 月 11 日凌晨 5 时，一阵急促的电话铃声在周佛海宅中响起，周佛海为铃声惊醒，不满地拿起听筒，正想责备，却听到电话那头李士群哭丧的声音。

“傅筱庵死了？”周佛海不敢置信地问道。

“千真万确！动手的是跟了他十多年的老仆，人心叵测哪……”

傅筱庵

周佛海疲惫地挂上电话，已经没有了睡意，他想起傅筱庵生前往事，又联想起自己的尴尬境地，不由得连声叹气。

傅筱庵是浙江镇海人，工头出身，善于经营。早年被盛宣怀夫人收为义子，靠盛发迹于金融、矿业与交通行业，成为大资本家。20 世纪 20 年代他投靠军阀孙传芳，当上了上海总商会会长，曾参与镇压上海工人武装起义，对抗北伐军，先后被武汉和南京国民政府通缉，曾逃避大连。1931 年，他返沪出任中国通商银行总经理、美国钞票公司买办。这时他虽已年过花甲，但精力充沛，政治欲望很强。他对国民党有成见，受气太多，因此急欲登上政坛。

日军占领上海后，为了维持该市的秩序，急于寻找代理人来“以华治华”。日本军部准备在上海物色一名“有名望、有能力、在上海高层人士中有关系与影响”的人物来充当伪市长。汉奸周文瑞通过关系向日本军部推荐了他的密友傅筱庵。

一见日方派人来洽谈，傅筱庵马上就答应落水。1938 年 10 月 16 日，傅筱庵正式就任伪上海市市长，成为叛国投敌的大汉奸。同时他也向日方提出取消伪“大道市”称号仍称为上海市政府，市府要从浦东迁回市中心原市府所在地，市政府各局人事全部由他安排等。日方因大局已操于手，便全部答应。

傅筱庵就任伪上海市市长后，卖力地为日本侵华政策服务。他每日奔忙于上海各地，建立伪政权组织，镇压抗日爱国人士，宣扬汉奸理论。他亲自出马与英法租界当局交涉，并亲访英国大使寇尔、美国大使詹森、法国大使戈斯麦等，要求在上海租界不得悬挂国民政府的青天白日旗，改挂伪维新政府的五色旗。当抗日爱国分子在上海开展除奸活动时，傅筱庵又奉日方指示，向租界当局施加压力，要求严厉取缔“抗日恐怖分子”；他还开出黑名单，要租界工部局照单捕人。

1939年5月，汪精卫一行投日叛逃到上海后，傅筱庵以上海伪市长的身份，忙于迎接招待，并投靠了汪伪政权。

起先，重庆当局对傅筱庵还存有一些幻想，没计划立即制裁他。特别是在汪精卫叛逃上海后，吸引了重庆特务的目光，傅筱庵成为次要角色。1939年8—9月间，戴笠亲自指派两名少将高级特务戴静园与吴赓恕到上海筹划暗杀汪精卫。当时汪精卫住在上海愚园路1136弄，戒备极其森严，戴、吴无法下手，就企图通过开滦煤矿公司驻上海办事处经理许天民，利用他与傅筱庵多年的私人友情，策动傅筱庵参加暗杀汪精卫的工作。戴、吴的计划是，由傅筱庵设宴款待汪精卫，预伏军统人员席间对汪行刺。许天民是个有爱国心的人，接受戴、吴交代的任务后，就伺机对傅筱庵进行说服动员，说之以民族大义，晓之以个人得失，得到傅筱庵的佯允。然而，傅不仅不参与刺汪，反而将军统密谋向汪精卫报告。1940年2—3月间，汪精卫指示李士群的七十六号特工总部，分别将许天民、戴星炳与吴赓恕逮捕，其后，戴、吴被枪杀。

由于傅筱庵的叛卖，刺杀汪精卫的计划遭到惨败，而且军统一下损失了两名少将级的高级特务，戴笠十分恼怒，决定迅速刺杀傅筱庵。重庆军统局本部将暗杀傅筱庵的任务下达给了上海特区。

军统上海特区区长陈恭澍于1939年8月被派来接替周伟龙与赵理君的职务，刚到上海接任不久，就受令暗杀傅筱庵。傅老奸巨猾，防范极严，他自从当上伪市长后，就将府邸从法租界霞飞路搬到虹口日占区的祥德路，层层防卫，外人根本无法接近。傅每天从府邸去市政府大楼时，乘装甲轿车，前后有护卫车4辆；到办公楼后，四周又有大量警卫队保护，刺客难以下手。陈恭澍曾几次派特务对傅筱庵狙击，都未成功。一次，傅筱庵刚走出市政府大楼，忽然有人在暗处向他开了两枪，非但没有打中傅筱庵，刺客却被傅的警卫击中了。这位刺客在临死前高呼："打死傅筱庵！"傅被吓得胆战心惊，从此进出更加小心，军统的暗杀行动困难更大了。

正当陈恭澍苦恼时，忽然接到第二行动大队报告：他们已在傅筱庵的府邸中找到了一条内线。原来傅筱庵家有位老仆人，名叫朱升，原籍安徽，世代务农。10岁时父亲病故，投奔在上海日商纱厂做工的叔父，由叔父介绍到该厂做童工，备受日本厂主与拿摩温的虐待，后因患病被厂方开除。经人介绍，他来到傅家做工。那时傅筱庵刚开始发迹，其父也健在。朱升为人朴实，做事勤快，深得傅父信任。傅父临终时，托朱升日后好好照应傅筱庵的生活，朱升当场发誓不负所托，遂成为傅家两代的“义仆”。二十多年来，他忠心耿耿地执行老主人的嘱托，常年跟随傅筱庵，照应傅的饮食起居。1927年，傅筱庵被南京国民政府通缉时，逃往大连避居，朱升也随往侍候三年，其受信任程度在傅宅中超过任何人。

然而，朱升却是个有民族正义感的人。他多次劝说傅辞去伪市长职务，退而经商，以免遭国人唾骂，但傅总是不听。朱升进退两难，心情郁闷，又性嗜酒，故常到傅家附近的一家酒店饮酒。没想到该酒店乃是军统上海特区的人员为监视傅宅而开设，酒店店主与跑堂的军统人员，每见朱升来店，就分外热情接待，美酒佳肴，天南海北地畅谈。在酒酣耳热中，朱升流露出了对主人投日的愤慨，特务就因势利导，趁机进言，他们叫朱升再次劝傅筱庵迅速改邪归正；若傅仍不听从，则应大义灭亲，伺机杀傅，为中国除一巨奸，做一个民族英雄留名青史，否则同流合污，千夫所指，悔之何及。朱升听了大为触动，答应回去再次劝说傅筱庵速辞伪市长职，傅仍是不听，朱遂起了杀机。他与军统人员密商暗杀傅筱庵的行动计划。因朱升不会使用手枪，且枪声会惊动府内警卫保镖，不能逃脱，遂决定用菜刀趁傅睡熟时将其砍死，届时军统人员将在傅府外接应朱升逃走。朱升向军统提出，事成后给其5万元奖金，让其养老，特务立即答应了。

1940年10月10日深夜，傅筱庵回到府中，朱升特地端了一碗银耳汤给傅，见傅未吃，就侍候傅睡下。等到夜深人静时，朱升携一把锋利菜刀悄悄进入傅筱庵卧室，借着外面透进来的灯光，举起菜刀，对准傅的喉管、脑壳、面部连砍数刀。傅筱庵被砍得血肉模糊，头部几乎脱落，未哼一声就死去了。朱升将菜刀留在傅的头上，迅速地走出傅卧室，关上房门，然后拎了一只菜篮，推上一辆自行车，从容地从傅家后门走出，疾驰而去。他在军统人员的安排下，先藏匿于法租界，后又逃往重庆，开了一爿小型手工卷烟工场营生。

傅筱庵被杀后，日军在傅府四周街道戒严搜查了一整天，却一无所获。傅筱庵被砍下的脑袋由日本军医用针缝到尸体上，再缠以白布，放到棺木中安葬。傅筱庵的儿子被此事惊吓得精神失常。

傅筱庵的被杀，有力地震慑了那些卖国求荣的汉奸们。

第三节　抗日游击

“忠救军”

在淞沪抗战期间，戴笠奉蒋介石之令，与“海上闻人”杜月笙及其青帮组织合作，新建了一支武装力量。其源起就从与上海各界人士合组“苏浙行动委员会”为肇始，以成立“别动队”为标志，其任务是担负对敌后方的破坏工作。

“苏浙行动委员会”是一个为广泛发动各界力量投入抗日而成立的组织，委员有宋子文、吴铁城、俞鸿钧、杜月笙、贝祖诒、钱新之、刘志陆、吉章简、蔡劲军、俞作柏等，以戴笠为书记长，下辖有 5 个支队及 1 个特务大队。其中 1—3 支队由上海军训高中生及青年组成，共 10800 人，由刘志陆任指挥，陆京士、张业、陶一珊等为支队长，分布于沪西、浦东与苏州河一带；另外 2 个支队及特务队则由戴笠的人马和“海上闻人”杜月笙手下的流氓武装组成。他们当时所做的事为协助国民党军作战，突袭敌人。为不断扩大组织，又在青浦、淞江成立了专门的训练班，在佘山成立了教导团，轮流调训新征官兵。这支部队于 1937 年 8 月下旬到 9 月初正式成立，并投入了抗日战斗。

戴笠一向对建立和掌握武装部队倍感兴趣，他从自己从政的经验和交往的密友胡宗南等人及复兴社康泽成立“别动队”武装的实践来看，知道搞政治离不开武力。他对人说过：“搞政治必须有武力做后盾，否则是卖狗皮膏药，不为人所重视。”故而他对组建自己的武装一事非常主动积极，对成立“忠义救国军”这支他与杜月笙合作而成的武力十分重视，特调潘其武、王兆槐、周伟龙、俞作柏、余乐醒、文强、张冠夫、陈旭东等分任机要、总务、侦谍、军事、技术、调查、交通通讯、宣传各组组长；并将原浙江警校书记长兼省会警察局总政治指导员汪祖华调来上海，担任淞江训练班副主任兼政训组组长。汪赶往上海时曾到医院探视正在发烧的戴笠，戴对他说："现在抗战，要同敌人拼命，我们训练干部的目的，就是训练他们不怕死，只有不怕死三个字可以打倒敌人，可以获得胜利。"他写下"不怕死"三字送汪，汪即把它装裱挂出来作为班训。

戴笠为别动队定下的行动原则是：（1）向最危险的地方行动。（2）国军前进时先行进入以启胜利之机。国军撤退时，别动队掩护破坏，潜伏搜集情报，减少撤退困难与损害。（3）只讲战果，不顾牺牲。

但是，由于戴笠的组织在战前只顾埋头反共与内战，根本未想到有朝一日要对日本作战，因此极端缺乏对日作战的准备。其上海站对日方的情报搜集很少，作为特务处虹口行动组负责人的沈醉，在日本方面仅潜伏了一名小特务，主要还是靠几个为日本服务的汉奸作双料特务，从日本人布置给他们的任务中去揣摩日方的意图，获取情报。开战后，沈醉曾当面请示戴笠，过去以抓"汉奸"名义捕来的十余名共产党嫌疑人如何处理？今后还要不要再反共？戴笠回答说："现在的工作不应该仅限于抓共产党分子了，但这项工作也不能全部放弃。"[1] 这一回答，表现了他们当时对抗日与反共关系的真实态度。

"八一三战役"打响后，难民们如潮水般涌入租界。戴笠意识到他的对日情报工作是如此的糟糕，他立即派出特务，携带电台向虹口、闸北等地进发，想做亡羊补牢之举。但日本人很快便发现了这些逆人流而动的特殊人员，沈醉的虹口组 8 名人员在几周内便被日本人陆续发现，不得不逃走，"而且在很长一段时间里，整个虹口区没有一个特务处的特务"[2]。如此，国民党特务们"内战内行外战外行"的本质暴露无遗。

10 月 26 日，淞沪战役形势逆转，国民党军退往苏州河南岸，沪战进入第二阶段。戴笠的别动队第四支队张业部奉令由沪西至苏州河北岸，掩护我军

---

[1] 沈醉：《军统内幕》，中国文史出版社 2001 年版，第 82 页。

[2]〔美〕魏斐德：《间谍王——戴笠与中国特工》，团结出版社 2004 年版，第 236 页。

撤退，在战斗中全部牺牲。

“苏浙行动委员会”为培训人员，先后开设了青浦技术训练班、松江特训班和佘山教导团3个机构，大力培训别动队各种人才，形成了后来“忠义救国军”的基础。11月4日，青浦技术训练班开训，有学员408人。戴笠特地从南京赶来参加仪式，发表了讲话。

11月9日，国民党军决定弃守上海，戴笠令别动队5支队及2、3支队一部固守南市，以5支队队长陶一珊为右翼指挥官。他们原计划在十六铺与法租界间修筑一秘密通道与敌周旋，但法方不同意，别动队只好苦守阵地三日，掩护我军10万人退入法租界。第四日，戴召见陶一珊，发给特别费让他离沪去汉口，5支队则化整为零在京沪区潜伏，1支队在浦东游击；其余特务大队及青浦、淞江训练班，佘山教导团等共1700人，由俞作柏率领，退往安徽祁门县历口镇整训。由于战局混乱，学员们在撤退途中损失很大，青浦班撤到历口的人员仅1/4；淞江班因遭到日军轰炸，全班500余人幸存者不满50人，该班设在金山卫的学员大队大队长、黄埔六期生廖曙东，在撤退途中被日军包围逼入一水塘，他开枪击毙十几名敌兵后高呼：“中国不亡！抗战必胜！建国必成！”最后在日军乱枪下牺牲。其后国民政府因其殉国壮烈，追赠其为陆军上校。[1]

沪战进入尾声，戴笠自沪赴港，针对南京无法固守之势，令第二处做妥善安排，部署长期潜伏，掩护政府大员撤退；并派徐人骥、胡子萍、郑修元、刘醒吾、尚曼留、郭履洲6人成立“随节组”，专门负责保护蒋介石的安全。

1937年底到1938年三四月间，侵华日军占领南京后，在城内外对手无寸铁的市民和放下武器的中国士兵进行了大屠杀，共计在3个多月时间内残杀了30万中国人，强奸了数以万计的中国妇女，全城1/3的建筑被付之一炬，制造了震惊世界的“南京大屠杀”惨案。当时，戴笠特务处南京区本部早迁到了市郊六合县，并不在城内，12月初，只有副区长尚振声率少数人留在南

[1] 文强：《戴笠领导的抗日别动队和反间谍斗争》，《八一三淞沪抗战：原国民党将领抗日战争亲历记》，中国文史出版社1987年版，第78页；《浴血山河：也看国民革命军将士“亮剑”之血性和气魄比比皆是！》，摘自中国黄埔军校网。

京。据说在南京城陷前夕，除两名女报务员周光球、周英杰二人避入南京国际安全区外，尚振声等也跑出城了，当时中统地方组织也已不见了人影，以至国民党中央对日军制造“南京大屠杀”惨案和城内损失状况基本不知道。从迄今为止所发现的有关“南京大屠杀”的中外史料来看，我们还没发现有军统报务员的有关报告，但军统大将陈恭澍在其著述中转引李雨生的记载说：“二十六年十二月十二日，南京沦陷，‘南京区’留守同志，则避入山西路一带‘难民区’，均目睹日寇入城后之烧杀奸淫，残害我三十万军民之大暴行，震惊寰宇之暴行，亦即我中华儿女永世难忘之‘南京大屠杀’。我‘南京区’留守同志，乃不畏艰险，仍四出搜集情堪称为佐证之资料，汇报上级据以公布于世界。”[1] 李雨生说此事目前尚未得到确实的史料证据。

1938 年 1 月，原浦东别动队第 1 支队雷安大队，从浙江奉化撤往遂安，戴笠部属又在江山办了一期游击干部训练班，在东阳成立“浙东支队”。戴笠将这些武装统编为“苏浙行动委员会别动队教导团”，以历口为第一团，江山为第二团，戴为总团长，俞作柏为副团长，实际负责工作。

3 月 13 日，戴笠奉蒋介石电令“收容整编流散浦东及京沪、沪杭沿线之国军，期以加强敌后游击工作”[2]，即派阮清源、鲍步超、管容德等人办理。到 4 月底已编成 5 个支队 1 个直属大队，1 个南京行动总队连同教导第 1、2 两团（后改为第 1、2 两支队），总人数达 1 万余人。1938 年 5 月间，呈准撤销“苏浙行动委员会别动队”番号，改称为“忠义救国军”，成立新指挥部于汉口，以戴笠为总指挥（后改俞作柏），徐光英为参谋长（继任者尚望），总指挥部推进至浙江孝丰。[3]

1938 年 9 月，因顾及蒋介石的猜忌，戴笠很识相地辞去了忠义救国军总指挥的职务，以俞作柏继任。这样一来，戴笠既避免了被攻击怀疑的口实，又能继续确保对这支队伍的控制。其后，忠救军经历了一个大发展时期，许

[1] 陈恭澍：《英雄无名》第四部《抗战后期反间活动》，（台）传记文学出版社 1986 年版，第 95 页。

[2]《忠义救国军志》，（台）“国防部”情报局 1962 年编印，第 11 页；另参见费云文：《戴雨农与忠义救国军》，载《中外杂志》第 13 卷第 6 期。

[3]《戴雨农先生全集》（上），（台）“国防部”情报局 1979 年编印，第 73 页。

多流散在沪宁地区的散兵以及地方武装被收编入队，忠义救国军的成分也随之复杂起来。各支队人员良莠不齐，负责人之间互相猜忌，为争夺控制权而互相排挤；部分为薪饷而来的部队与日伪眉来眼去，甚至直接率部投伪。此外，忠义救国军与三战区也存在矛盾和摩擦，蒋介石为此曾把戴笠找去训斥，责令他对忠义救国军加以约束。

1939年11月28日，戴笠在金华召集忠义救国军主要干部，开了一个干部会议，对当时的环境与今后的战略措施进行了规划。确定以浙江长兴、安吉、孝丰之三角地带为该军游击根据地，以太湖为中心将江阴、无锡、常熟等县作为前进游击区，收容流散国军，策动伪军反正；同时布置情报网，并发动民运，捕杀奸伪。另外要求在不增加"中央负担"的情况下进行整训整编工作[1]。1939年12月间，戴笠又在金华召开了一次有东南五省特务头目参加的"北山会议"（又称东南五省会议），这次会议把汪伪政权和新四军看成两大敌人，自称要进行"夹攻中的奋斗"。戴笠提出在上海建立"上海统一委员会"，成立对日汪进行情报搜集和策动反正的机构，派忠义救国军政治部主任文强为少将主任委员，主持具体事务，[2]专门负责策反和情报的搜集；而各地的行动队及忠义救国军各支队等武力支持配合其各项活动，对日伪进行打击。这两次会议确定了忠义救国军今后的方向和主要任务。

1940年3月，忠救军全部集中于孝丰，整编为四个纵队加一南京行动总队、一淞沪行动总队（各700人），另加一个特务大队、一个军官训练队，共计有26个大队加2个直属队，总兵力29611人，分布在浦东、上海及京沪、沪杭铁路，京杭国道一带地区。以周伟龙为总指挥，王春晖、李穰、阮清源为大队长，其余官兵交三战区处理。迁总指挥部于安徽广德。

在此前后，"忠义救国军"对日伪军开展过一些战斗。在浦东之战中，第8支队队长马柏生负重伤，全军几灭；高淳之役，区队长向勇阵亡，立尸不倒，震慑敌胆；璜塘之役毙敌百余，战果最大；安镇之役伤亡250人，日伪

---

[1]《忠义救国军志》，（台）"国防部"情报局1962年编印，第15—16页。

[2] 参见文强、沈忠毅：《军统与汪特在上海的一场争斗》，载《文史资料存稿选编精选3·蒋记特工揭秘》，中国文史出版社2006年，第160—161页。

伤亡 30 余人。忠救军作为军统局的武装，反共态度也较顽固，经常与新四军及中共敌后武装发生摩擦冲突，成为中共的对手之一。

日伪军于 1940 年 11 月间偷袭忠救军指挥部所在地安徽广德，被忠救军一支队王春晖率部反攻击退。王春晖因此受到戴笠赏识，随后被送到中央军校高级班进修，郭墨涛接任支队长。

1941 年 1 月，忠救军整训完毕，分路进军，一路“苏嘉沪区挺进纵队”，以三支队阮清源部及淞沪行动总队为骨干，由孝丰向太湖以东苏州、嘉兴、上海进发；二路“澄锡虞挺进纵队”，以一支队郭墨涛（9 月后由汪浩然接任）部为主，由孝丰向阳澄湖、常熟、昆山进兵；三路“锡武宜挺进纵队”，以二支队李穰部为主，由广德向太湖西岸、宜兴、无锡、常州、江阴进军；四路“京丹溧区挺进队”，由南京行动总队为骨干，进出宁、丹、江浦等地。四路皆遭日伪军阻拦。

一路军与日伪作战 29 天，伤亡较重，基地全毁，退入太湖休整，余部在沪杭铁路以南；二、三路被夹击，北渡长江，入靖江、泰兴，1942 年又南渡长江，游击于丹阳、金坛地区。

忠义救国军的主要活动地区是在苏浙皖边一带，他们在浦东、南京市郊高淳及澄锡虞等地区与日军多次作战，牵制了日伪大量兵力。发生在 1939 年 7 月 20 日的无锡璜塘之战就异常激烈，日军 400 人带三门小炮，向无锡以北的璜塘忠救军攻击扫荡。忠救军指挥官杨蔚以预备队包围敌军左侧背，第五支队主力包围右翼，日军顿感不支。后来日军援兵到达，激战至夜后忠救军各队即迅速脱离。此役忠救军伤亡八十余人，共毙日军百余名。[1]

忠救军在经历了孝丰整编、进军敌后等阶段后，由周伟龙、阮清源、马志超先后担任总指挥，这支部队在东南地区敌后与日伪作战，也与中共新四军不断发生摩擦，其活动的特色完全与戴笠及军统组织的工作特点相一致，成为军统局在敌后的武装力量。总体来看，其性质是一支以抗日为主的队伍。

[1] 张霈芝：《戴笠与抗战》，台北“国史馆”1999 年版，第 183—184 页。

“奋勇队”

1940 年 3 月，军统局出于与中共及南京汪伪抢地盘的需要，拟订了组织“便衣混成队（奋勇队）”计划，准备从各战区挑选精壮士兵，受军统指挥，加强对沦陷区各地的行动，配合军事反攻作战。戴笠派赵理君、徐光英、郭履洲、杨继荣、徐志道、朱金华、汤毅生、高荣、罗国熙、贺元等十人为编练专员，分负各战区之责，分别于洛阳、宜川、上饶、柳州、襄阳、恩施、韶关、五原、长沙、临沂等地成立督练处，开班编训特工技术，到 1940 年年底共培训六千余人。1941 年后扩充规模，重点转移到铁道沿线，组织交通仓库破坏队。

1941 年 12 月 8 日，香港沦陷，英方与我商谈开展特工情报合作事宜。经蒋介石批准，军统局将各混成便衣队改编为军委会别动军，受军统局指挥，扩大游击，以牵制日军进一步南下，配合英军抗日作战。次年组成 7 个纵队，与英国谈定，原则上由英派人来华，加强对这些军统武装的训练与重新装备，调忠救军总指挥周伟龙为别动队总司令（后改为徐志道），尚望为参谋长，翟荣基、盛瑜（后改杨遇春）、徐光英、何际元、杨蔚、徐志道、郭履洲为纵队指挥官，统一指挥敌后游击工作，忠救军划归别动军指挥。后因日军南下速度快，新马沦陷，英方已无利可图，中英特工合作计划遂告停止。

为联络台湾志士投身抗日，1941 年起，军统局内便有筹建台湾工作之议；次年在福州成立沿海工作区，下设台湾组，并于香港、汕头、厦门、上海、启东各设一组，分头策划推进对台工作。以台湾革命党翁俊明为中心，成立了军统台湾直属组，在江西泰和训练台籍青年，布置其从粤入台工作，后又成立过“台湾工作团”。[1]

在福建，军统泉州组以八十军情报处名义召集了 40 名青年组成行动队，在王明来、陈大元统率下，于 1939 年 3 月 20 日夜 3 时，乘四只船进袭金门岛上日本驻军，打死佐世保第二特别陆战队大西部第二中队士兵多名。1940 年 2 月间，他们又再袭金门两次，毙敌数百，活捉了伪警察署长郎寿成，押

[1]《戴雨农先生全集》（下），（台）“国防部”情报局 1979 年编印，第 810 页。

到泉州当众正法。此事轰动南洋一带，打击了日本人的气焰。[1]

1940 年 5 月 7 日，军统河南站在派入作为内应的李宪斌配合下，袭击了位于开封山货店街的日本谍报机关“西山公馆”，击毙日开封特务机关长川贞作和内勤负责人山本午，宪兵分队长上村四郎和日陆军开封特务机关长高田及卫士则被打成重伤，李宪斌及吴汉国等人被捕。敌在华中特务机关复线布置，“西山公馆”处还有“仁义社”，由日陆军大佐、多田部队参谋长兼伪河南绥署总顾问皆川雅雄为主任。河南站侦得其行踪，1940 年 12 月 19 日，在其常下榻的开封社下基 79 号将其击毙；行动人员赵天刚、姚世德被敌军追杀，逾墙跌成重伤。

1940 年 11 月，日本“兴亚院”派多田大佐及高月、乘兼悦郎中佐来华北视察军政，军统局北平区行动组组长麻克敏听说特使中有一皇亲国戚，决定发动袭击。29 日，高月、乘兼双骑并出，旁若无人，麻克敏等人在东城根双枪齐发，高月死，乘兼重伤至次日亦死。日、军关闭城门大肆搜查，麻克敏被捕杀。

日本扶植的汪伪政权成立后，日汪签订《中日基本关系条约》。1940 年 11 月 30 日，阿部信行被任命为驻汪大使兼签约使，军统局侦知日伪大员乘“天马号”快车由沪至宁，遂下令于苏州发动袭击。29 日，苏州站派出行动组，在李王庙附近埋雷，炸垮了“天马号”专车。这次行动炸死日军官多名，其中有：日本陆军省驻沪专员山田次郎大佐、外务省情报局驻宁专员草岛信夫中佐、上海日特机关玉置义广中佐、驻上海特别陆战队参谋卜部善代志大佐等人，炸伤日驻华派遣军总司令部专员岱琦市三、日本内阁驻上海专员方绪进等人。军统方面执行任务之行动组副组长詹宗像及队员薛尧二人，为察看袭击效果，从距现场 300 米以北的隐蔽处走出暴露，随后战死。

韩人崔博学，原在日本海军武官处任翻译。1941 年被军统局吸收加入组织，后来崔博学设法调入汪伪调统局。1941 年 5 月 16 日下午 9 时，汪伪特务机构头目李士群到上海极思威尔路日海军武官办事处与滕田武官会晤，日军

[1]《戴雨农先生全集》(下)，(台)“国防部”情报局 1979 年编印，第 810 页。

官川奇等在座，崔博学为翻译。崔入座后立即拔枪射击6次，均未中李，只将滕田击伤，而他自己则被川崎枪击伤及腰部，被捕后死于江湾日海军医院，时年31岁。

崔博学之同乡黄永哲，也是军统成员，在上海日本海军陆战队当参谋，闻崔失败，决心继之。他探知李士群将于某晚8时去福民医院探视为他挨枪的滕田，决定再刺。在医院门口，黄永哲等候李登车时再次射击，又未中，被其卫兵当场打死，时年39岁。

军统局内部的韩籍人员，除上述两人外，还有尹氏兄弟。尹氏二人经人介绍加入军统，尹光国在日上海陆战队参谋室任大尉，尹光复在南京日军戒备司令部参谋处从事情报工作。

尹光国通过虹口公园日租界某妓院妓女贞子，探知不少日本高级军官的行踪。1941年7月7日，日本海军军事院校校长任一中将与清水少将由华中视察后返沪，海陆战队司令武田少将在妓院设酒宴为他们洗尘。尹光国在茶中下了毒药，先自吃再劝饮，次日早晨，他与清水并死，任一及北川少佐受伤，武田因接电话离席而幸免。尹光复赶到后，以为是武田下的药，决心当街狙击之。他与上海区商定，在北四川路下手，8月27日晨将武田击成重伤，他则被捕而死。

太平洋开战后，英国希望中方向九龙一带日军加大压力，而敌为牵我军南下，在湖南开展了行动。戴得到情报，满载士兵军火的日军列将于12月某日过岳阳，便急令湖北破坏队埋设炸弹，毙敌军官兵130余，伤180人，同时毁敌汽艇60余艘、皮筏300只、大炮5门、重机枪15挺。

1942年12月6日，军统安徽站副站长焦金堂，率21人连同预伏的8人，袭击了敌伪所占领的淮南煤矿，将矿区破坏，杀死日本人及职员40余人，伪军10余人，使其损失超出2亿元。[1]

据军统局统计，抗战期间，军统局人员共计阵亡1704人。[2]不可否认，其中相当一部分是死在对日伪的斗争中的。

---

[1]《戴雨农先生全集》(下)，(台)"国防部"情报局1979年编印，第822页。

[2] 同上。

抗日杀奸团

平津沦陷后，战前在天津的青年救亡联合会中的一部分学生，基于强烈的爱国精神，自动组织了一个敌后武装团体“抗日杀奸团”，简称“抗团”；以“抗日杀奸，富国雪耻，同心同德，克敌致果”为团训，专门刺杀敌伪头目和准备与日合作的动摇分子，并进行抗战宣传。这是一个比较松散的组织，它起先与戴笠的军统组织并无关系，但戴笠看上了它，派天津站书记曾澈加入。

曾澈，浙江瑞安人，1932 年秋毕业于上海法学院，由林蔚介绍给戴笠，加入特务处。1938 年年底，曾澈被派往天津，他潜入南开中学，与耀华中学孙若愚、孙惠书接触，加入“抗日杀奸团”。由于该团状态松散，曾澈及时利用自身经验与社会关系，在团内占据了主导地位。他在内部组织了由他任总负责人的干事会，李如鹏为组织干事，孙若愚、袁汉俊为行动干事，祝宗粱为技术干事。1939 年 3 月，曾澈升为军统局天津站站长，他把“抗日杀奸团”当作军统的一个外围机构，但内部团员们并不明了这层关系。[1]

当时在天津，伪“天津市商会会长”王竹林附逆后成立了“中日经济提携会”，自任会长，还主持召开“反蒋大会”卖国求荣。“抗日杀奸团”派孙若愚、祝宗粱、孙湘德三人前往制裁，在法租界兆丰花园内将王击毙。伪华北准备银行总经理兼天津海关监督程锡庚，发伪币套取法币、银元；还为日方出主意，要他们与英租界交涉，令租界内的中方银行交出全部白银与银元，对抗战经济破坏极大。程锡庚知道他罪恶过大，害怕被杀，平时住在英租界，闭门不出防范甚严；但“抗日杀奸团”经过仔细侦察，最后仍在 4 月 12 日，趁其看电影《庚戈丁》时，由祝宗粱、袁汉俊、刘友琛、冯健美、孙惠书四人配合，将其击毙于电影院内。另外，伪河北省教育厅厅长陶尚铭也受到了“抗团”的制裁。

1939 年 4 月间，“抗日杀奸团”曾在三天内，炸毁伪天津市府军用库、万国桥旁三井洋行、特一区棉花堆栈等处待运日本的物资。“一时之间，把一个

---

[1] 黄开发：《周作人遇刺事件始末》，载孙郁、黄乔生主编：《国难声中》，河南大学出版社 2004 年版，第 92 页。

包括日本租界在内的天津市区，搞得热闹非凡，连巡捕都抓不胜抓，充分地表现出民族反侵略的热情。”[1]

当时“抗团”在北平有“北平抗团”和“燕京小组”两个平行的分部组织。1938 年 12 月底，“抗日杀奸团”派李如鹏到达北京大学，他对抗团燕京小组的范旭说：“我从上峰那里带来一个命令，你们学院有一位教授，是中国教育界的领袖人物之一，对民众有深刻的影响，他已经同意去日本傀儡政府那里任教育督办。这种举动影响深远，因为人们对他很尊敬，相信他的判断力，像他这样的人决定同敌人合作，是比不管多少日本的宣传危害更大的，必须在他公开宣布他的意图之前就把他除掉。”这就是针对准备落水的作家周作人的刺杀行动。

周作人是鲁迅先生的弟弟，著名作家，北大教授。曾在“五四”新文化运动中有建树。战争开始后，北大内迁，他因个人和家庭原因留在北平，又因生计的需要及他家庭与日本的密切关系，模糊了抗战立场与是非观念，认为与日本合作也是爱国救民之道，思想上与华北伪政权的汉奸们开始接近。1938 年 2 月，他结束“隐居”生活，出席了日本每日新闻社召开的“更生中国文化建设座谈会”，向日伪送去“秋波”，一时间在社会上造成了较大的影响。后来又风传其将出任华北伪政府教育督办，重庆方面对此高度注意，天津抗团就是在这种情况下接受了制裁周作人的任务。

这次行动，本来一切顺利。抗团人员李如鹏、赵尔仁与范旭在北平抗团成员郑统万（伪满“总理”郑效胥之侄）家里拿到运来的手枪，于 1939 年元旦上午来到北平西城八道湾周作人家。他们声称是天津中日中学的学生，为留日事宜前来求见，范旭与李如鹏顺利进屋，赵尔仁留在门外望风。当时周作人正在与来客北大教授沈启无谈话，周站起来接过介绍信，范旭对李如鹏说：“这就是周先生。”李随即掏出手枪对周的腹部开了一枪，周“哎呀”一声倒地；沈启无吓得站起来不知所措，李如鹏怕他反击，对沈也开了一枪，打中他肩部。两人逃出，但周家仆人涌来抓住李如鹏按在地上，范旭急呼：

[1] 陈恭澍：《英雄无名》第三部《上海抗日敌后行动》，（台）传记文学出版社 1984 年版，第 300 页。

“九哥快来！”赵尔仁赶来连开数枪驱散了仆人，三人才得逃回。[1]

周作人确实命大，他中了一枪却打在了肚脐旁的毛衣纽扣上，因手枪太小，子弹力不大，竟打飞了；而沈启无肩上中的一枪也无大碍，居然没有当即去医院，还在周家待了一会儿。[2] 抗团这次行动功败垂成，周作人受此一吓，反而认为他在重庆方面已无退路，生命时刻受威胁，索性投靠了日本，以求得庇护。

后来，“抗团”在天津国民饭店对此次行动进行了检讨，曾澈在会上念了上面的一封电报，批评李如鹏，其中有一句“不够沉着未能杀敌致果”[3]，从上面的措辞不难想见“抗团”与国民党的关系。

“抗日杀奸团”的活动引起日伪的极大仇恨，敌方四处探询曾澈的行踪。正在天津视察的军统局干部乔家才劝曾澈暂离，曾不肯，准备完成任务后再去重庆。1939 年 9 月 27 日，因投敌的军统上海区区长王天木出卖，曾澈不幸在天津河北大经路被捕。他在狱中曾绝食求死，敌人强行给他注射补针，劝降无效，将其送往北平宪兵队感化院。戴笠曾传信叫他假降，但他未听，于 1940 年 9 月 9 日被杀于北平，年 27 岁。与他一同被捕遇难的还有李如鹏，他们都遭到过日警的酷刑拷打，但没有屈服。

曾澈死后，“抗日杀奸团”的工作由孙大成负责，并扩展至北平，成立了“北平分团”，刺杀了伪建设总署总务局长俞大纯等多名敌特，而团员冯运修等也在行动中被捕或牺牲。[4]

1940 年三四月间，因抗团欲行刺华北大汉奸汪时璟，被日本宪兵队追踪，不能立足，孙大成等只得经海路撤往内地。他在重庆见过戴笠，商定由渝去

[1] 黄开发：《周作人遇刺事件始末》，载孙郁、黄乔生主编：《国难声中》，河南大学出版社 2004 年版，第 90—91 页。

[2] 鲍文蔚：《周作人遇刺》，载孙郁、黄乔生主编：《国难声中》，河南大学出版社 2004 年版，第 56 页。

[3] 黄开发：《周作人遇刺事件始末》，载孙郁、黄乔生主编：《国难声中》，河南大学出版社 2004 年版，第 86—88 页。

[4] 陈恭澍：《英雄无名》第三部《上海抗日敌后行动》，（台）传记文学出版社 1984 年版，第 301 页。

沪。1941 年 4 月 8 日，他们在上海成立了分团，又名“抗战建国特种工作服务团”，继续进行类似的抗敌活动。在上海，他们仍然保持了独立的抗日组织的性质，并不是军统局上海站的下属单位。上海站除每月支持他们法币 370 元外，别无更多关系。军统要“抗团”多做宣传、扰乱工作，也不给他们装备和武器，但“抗团”自己筹备，组织扩大到三四十人，并进行了一连串的抗日爱国行动。

1940 年底平安夜，“抗团”在上海南京路等繁华街道大量张贴抗日标语，并在多处舞厅设置引爆了小型炸弹，轰动全城。

1941 年 4 月 16 日，“抗团”罗长光、刘世华、黄克忠三人装扮成送水工人，在日本军人经常出没的虹口区乍浦路、海宁路两家电影院“东光”和“融和”剧场安放了定时炸弹，炸死炸伤 23 名日本人，其中包括多名日本宪兵。此次事件又被日本人称为“东和剧场惨案”。

6 月 2 日及 7 月 26 日，“抗团”在上海法租界马斯南路两次爆破日商“合同百货公司”。

6 月 11 日，“抗团”派出李鑫、孙克敏、刘世华趁夜袭击上海法租界金神父路日本宪兵队法租界宪兵分遣队，炸毁房屋重伤日本宪兵，这次冒险的行动获得成功。

6 月间，“抗团”负责人孙大成侦察发现虹口公园为日本人经常集会之地，常有日方高级军官出席，遂决定利用公园内售烟亭储存炸药施行袭击；但在进行之中，炸药突然自爆，“抗团”黄克忠、缪维两人当场牺牲，“数名敌军同时伤亡”。据分析，有可能是他们在情急之下自行做了“人弹”而与敌人同归于尽。

8 月 1 日，上海日伪当局为庆祝汪伪政权与德意等法西斯国家“建交”而举行“提灯游行庆祝大会”，“抗团”对此义愤填膺，决定派出李鑫、黄昆、张仲华三人前往沪西兆丰花园大会会场袭击。因环境险恶，他们三人抱定必死决心，“大会上敌伪首要毕集，纵然自身不免，亦不过三人，如能趁此机会得以聚歼群寇，岂肯失之交臂！”结果，他们用怀揣的自制炸弹向日伪宣示了中国人民的正义力量，会场一片混乱，敌伪作鸟兽散；但李鑫不幸当场被炸伤，“腹破肠流”，牺牲前还高呼“中华民国万岁！”张仲华被捕，黄昆亦在混乱中失踪。事后，日伪当局宣布庆祝会被炸，袭击者“自毙”。

两次牺牲并未阻挡“抗团”的行动，8 月 29 日他们又在公共租界福州路 321 号及虹口同时将专售敌伪书刊的“三通书局”本部与分店炸毁。

10 月 14 日，“抗团”负责人孙大成因前几次行动中炸弹自爆出事，决心试制保险炸弹；但不幸又遇上意外，炸飞了自己的一只手臂，还暴露了目标，法租界巡捕房闻声而至，将他与钱致伦、叶以昌两人逮捕。12 月 8 日，太平洋战争爆发，日军占领租界，他们三人被解到虹口日本宪兵队看押，虽受到折磨，幸而并未暴露身份；后来“抗团”和上海站利用关系花钱把他们“运动”出狱了。[1] 到了重庆后，戴笠特意为他们举办了一次欢迎大会，对他们的活动进行表彰。

孙大成失事后，抗团继而由祝宗梁、袁汉俊等负责，继续与日伪斗争。

1941 年，军统局在贵州息烽设立了“抗团暑期训练班”，祝宗梁、沈栋等 26 名团员参加了培训。1943 年，他们又在重庆赣江街 82 号江西会馆万寿宫内军统训练处办公楼下成立了“抗日杀奸团”总部，有六七人长期驻会工作。其任务一是从事情报与破坏工作；二是集中培训北方抗日青年，按制定的规划派往平津等地工作。到 1944 年，他们先后在广德、西安、界首等地成立了“抗团”联络站，并在敌后设立多处联络组，渗入伪警、宪、军内部，开展活动。

当时在军统局内是由局本部主任毛人凤主管“抗团”之事。20 世纪 40 年代初，戴笠曾要“抗日杀奸团”改名为“抗日锄奸团”。他说：过去锄的“奸”是汉奸的“奸”，现在要锄的“奸”却是“内奸”（特指共产党），因此责任更大，更不易完成任务。“抗团”负责人祝宗梁不同意戴笠的主张，更不想改变组织的性质而卷入内战，改名之事也就未办成。[2]

---

[1] 陈恭澍：《英雄无名》第三部《上海抗日敌后行动》，（台）传记文学出版社 1984 年版，第 304—309 页。

[2] 祝宗梁：《“抗日杀奸团”回忆录》，转引自黄开发：《周作人遇刺事件始末》，载孙郁、黄乔生主编：《国难声中》，河南大学出版社 2004 年版，第 93 页。

1945年抗战胜利前夕，军统局曾要求“抗团”成员一律加入国民党，但未成功。随着形势的发展，“抗团”中许多人对国民党统治的认识有了变化，他们自觉与军统拉开了距离。

抗战胜利后，“抗团”于1946年宣告解散。除孙若愚等少数几人加入军统改编的保密局外，祝宗梁等多数团员都拒绝了军统局拟给他们的军衔待遇，自谋生活去了。[1]

“抗日杀奸团”极盛时期有一千多人。它虽是军统的外围组织，到了后期有时也做监视国统区高等院校学生的工作，在学生中搞特务活动；但总体来讲，抗团参加者多为抗日青年，他们本着爱国热情，在敌后出生入死与敌伪斗争，进行了多次制裁汉奸与爆破的行动，打击了日伪。在行动中曾失手19次，被捕83人，曾澈、李如鹏、冯运修等十数人为国家民族而牺牲。虽然他们是军统组织的在编武装，但当时也是抗日队伍的组成部分，从事的也是抗战军事斗争。只要纯粹是为抗日为民族而死，他们对国家民族所做出的贡献就应当受到表彰和纪念。

第四节　中国的“黑室”

说到戴笠的情报工作，不能不提到他的“灵魂”人物魏大铭。

魏大铭，原名魏金声，浙江平湖人[2]，交通部通讯技术训练所毕业，具有极强的理论和实践能力，被称为中国两个半无线电好手中的一个。早在1932年成立复兴社特务处时，魏大铭就派陈祖舜、竺莅民、赵世康等二十余人，参加了温毓庆主持的“军委会特种技术研究室”的侦收研译等工作。魏投靠戴笠以后，戴笠特务的电讯系统和航空委员会的空军电台，都是经魏一手建立的，所有军统的电讯训练班和译电人员训练班，也都是由他一手培训的。

因为戴笠对无线电的重视，他手下对侦收、测向、破译等工作比对其

[1] 祝宗梁：《“抗日杀奸团”回忆录》，载《国难声中》，河南大学出版社2004年版，第93页。

[2] 一说上海嘉定南翔人，见王炳毅：《戴笠禁闭情敌》，载《周末》2008年4月24日。

他特务系统更为重视，体系也更为完备。魏大铭杰出的情报工作对军统有无法估量的重要作用。另外，魏大铭主要负责了对赫伯特 · 雅德礼的接待和交流工作。

赫伯特 · 雅德礼

赫伯特 · 雅德礼（Herbert O.Yardley，1889—1958），美国赫赫有名的风云人物。1917 年 6 月，由他牵头成立了美国军情八处（MI—8），专门负责破译他国密码。在他的领导下，到 1918 年 11 月 11 日，军情八处已经破译了 10735 条外国密电，可谓成果丰硕。一战以后，美国国务院和国防部联合成立了一个部门，对外以商业电码公司为掩护，于纽约市 38 街 3 号的一幢红砖楼里正式开张。该部门史称“美国黑室”（Amercian Black Chamber），仍由雅德礼牵头，负责破译他国密码。

当时日本迅速崛起，逐渐成为美国的心腹大患，美国黑室的主要任务是监控日方密电，为 1921—1922 年召开的华盛顿会议提供可靠情报。雅德礼虽然不懂日语，但因为方法得当，竟然比预计时间更早破获了日方的密电，使得美国在与日本谈判军舰数量比例时，牢牢抓住了日方的底线 10∶6，未让日本以 10∶7 得逞。但随后，美国政府对雅德礼及其部门开始过河拆桥，从削预算、砍人员开始，到 1929 年，终将美国黑室解散。雅德礼随即失业，只能以写书为生，他写的《美国黑室》（*The Amercian Black Chamber*）一出版，就轰动全美。可惜因涉及国家机密，他的新书随即遭到禁止。但《美国黑室》一书的出版，足以让远在大洋彼岸、求才若渴的戴笠识得了这位“英雄”。

抗战开始以前，戴笠就非常注重电讯和密码破译。当戴笠看到助理武官萧勃少校翻译的《美国黑室》时，眼中放出了光芒。他仔细询问了雅德礼的经历和现状，略一思考便指示身边的魏大铭说：“要不惜代价将雅德礼请来，他或许能对我们的工作有重要的帮助！”魏大铭听后，随即着萧勃与雅德礼联系。

赫伯特·雅德礼书影

天生喜爱冒险的雅德礼收到来自中国方面的邀请，不免欣喜若狂：沉寂了若干年后，他的才华终归还是有人赏识；而且，到了中国后，对手还是自己的宿敌日本。此行虽然充满了危险，但却是充满了诱惑力的，雅德礼随即抬高自己的身价，最终应允来到中国。

1938 年 11 月，雅德礼化名赫伯特·奥斯本，伪装成一个皮草出口商经河内来到满天烽火的重庆，开始他在中国的历险。期间，他每天花几个小时审阅密电，另外培训密电学员。据统计，在 1939 年，雅德礼共培训了两百多名学员，并截获了两千多万条秘密的广播和电讯报道，其中约有两万条得到专门的研究和估价[1]。

雅德礼的到来，确实给军统方面带来了一些密码破译技能，也提供了一些比如消声技术、缩微炸弹和审讯药物等。但是，从另外一方面来讲，“尽管他才华横溢，他还是无法向军统提供欧美训练出来的通讯专家所具有的全面的技术”[2]。雅德礼甚至考虑过将国民政府松散的破译部门重新整合，期望自己可以成为新部门的主管[3]，但最终他还是因为健康和其他一些原因不得不于1940年7月回国，戴笠想通过建立一个专门的军统黑室来战胜中国情报界对手的努力也归于失败。

[1]〔美〕魏费德：《间谍王：戴笠与中国特工》（特别版），江苏人民出版社2009年版，第394页。

[2]〔美〕魏费德：《间谍王：戴笠与中国特工》（特别版），江苏人民出版社2009年版，第396页。

[3]〔美〕赫伯特·雅德礼：《民国密码战：美国破译之父在华历险记》，巩予炎、罗荔丹译，广西师范大学出版社2009年版，序言第8页。

[第五章]

高下立判

——与中共的较量

第一节　军统对延安的渗透及失败

军统在西北区、晋东南的活动

抗战时期的西北地区是我国政治和外交的重要地区，中共陕甘宁边区尤其受到国民党政府所重视。1937 年抗战开始后，南京政府在西安设立了“军事委员会委员长西安行营”，以加强对这一地区的控制。戴笠的军统局也在此设立了西北区机构，任命张严佛为西北区区长，名义上对外称为“西安行营办公厅第四科”，负责该地区全面情特工作。1938 年冬，随“西安行营”的撤销改属“天水行营”。1940 年，戴笠前往兰州视察，着力加强西北特务工作，将军统兰州站扩为西北区，先后以刘艺洲、程一鸣为区长，指挥宁夏、青海、甘肃、新疆、西藏五省区的特务工作；而将原西北区的人马改组为晋陕区，强力对付中国共产党陕甘宁边区。1944 年，因日军发动“一号作战”，渡黄河南犯，打乱了西北格局，戴笠又把晋陕区改为北方区。

西北区初建时设有情报与行动两个股，还有一个特务队，它们围绕中共陕甘宁边区成立了多个专门的特务组织，如在榆林的陕北站、汉中的西北特侦站和三原、宝鸡、渭南的特务站点，大肆进行情报搜集、破坏和阻拦各地青年学生前往陕北等特务活动。

在苏联支援中国抗日的形势下，蒋介石一方面需要得到苏联的宝贵支援，另一方面他又怕苏方与中共联系，于是命令特务们对来华助战的苏联军人及交接军备的人员进行严密监视。在兰州的励志社、酒泉的贸易公司办事处、苏方人员接待处等有苏联人员驻宿的地方，军统特务都进行了严密的布防，仅在酒泉一个小地方就布置了 32 名特务。

1937 年 11 月，由军统西北区区长张严佛等建议，经“西安行营”第二厅厅长谷正鼎批准，首先在西北地区创立了由党政军警特五方面联合进行反共情报特工工作的“特种汇报”制度，由国民党陕西省党部秘书长、中统局西安负责人郭紫竣，西安市警察局局长杭毅，以及第十六军军长兼西安警备司令董钊等各方面官员二十余人每周日上午开会，交流情特工作经验，互通情报，并部署反共联合行动。在“特种汇报”会议上，形成了与团结抗战完全相反的浓厚反共气氛，会议上各人的发言，竟重提“攘外必先安内”的滥调，喊出了“我们真正的敌人，并不是日本人而是共产党”，“我们与日本人还可以讲和，现在虽然抗战，终究还有和解的一天，我们与共产党那就完全不同了”等极右的口号，充满了反共的气焰。1938 年，西安“特种汇报”决定，对欲图前往陕北中共根据地的青年一律扣留，军统各组织与西北军政长官胡宗南通力合作，扣押了许多青年学生，一律送往胡宗南开设的“西安战干四团”管制。

戴笠与胡宗南两人有特殊的关系，他在西北的特务组织和活动从来不对胡隐瞒，并得到了胡的大力支持。胡在戴笠起家时给了他南京鸡鹅巷的房产作为特务组的地址，而戴笠也把他的“爱秘”叶霞翟介绍给曾发誓不结婚的胡宗南为妻，胡也欣然接受了。在西北反共方面，两人更是通力合作，共同为蒋介石效劳。戴笠的军统局在胡宗南在各地的机构中都设有特务部门，胡给予同意。当特务们发现胡手下部属中有共产党嫌疑时，戴笠破例指示完全交由胡处理，不必报告军统局本部。他们联合在西安和天水设立了集中营，专门关押共产党人和进步青年，害人无数。

1937 年 10 月，中共中央在西安设立了八路军西安办事处，进行团结抗战活动。伍云甫处长为对国民党上层开展工作，派黄埔一期生宣侠父长驻西安。宣侠父是浙江人，1899 年出生，早年留学日本，回国后加入中共，曾入黄埔一期学习，因性格刚烈，多次顶撞蒋介石，并拒绝“悔过”而被迫退学。北伐时在冯玉祥的西北军任政治部主任，1933年协助冯玉祥组织“察哈尔民众抗日同盟军”，失败后又去上海中央特科工作过，1937年9月被任命为第十八集团军高级参议。他是一名老革命党人，他到西安工作引起了戴笠的关注。戴笠指示：“八路军办事处宣侠父、伍云甫在西安的活动，应严行监视。”[1]军统局西北区区长张严佛奉命后，在紧邻八路军办事处之地开设了一处警察派出所，由军统人员任所长，实行全天候监视，对进出办事处人员暗中登记填表，每日上报。他们还通过西安行营内宣侠父的同乡、黄埔同学对他开展“反统战”，并刺探情报。由于特务们逐日报告宣侠父的活动，说他“以黄埔同学关系与机关、部队军官拉关系，散播共产主义思想毒素，影响所及，势将引起军官思想动摇，部队叛变”，这就引起了蒋介石的极大愤恨。蒋最怕有人在黄埔同学中策反，捅他的老窝，于是联想过去宣侠父顶撞他的历史，下令对宣“秘密制裁”。

“西安行营”主任蒋鼎文给军统西北区区长徐一觉下达命令：“将宣侠父秘密制裁具报。”军统特务们立即布置三人跟踪寻找机会下手，戴笠又派西安别动队两名枪手来协助。中共方面发现了国民党的阴谋，立即通知宣侠父撤退。1938年7月31日，宣侠父已将行李装车，准备和驻西安的中共代表林伯渠一起回延安。下午6点，他在参加办事处一场篮球赛的回来路上，被特务们绑架到汽车上当场勒死，并投尸一个枯井之中。徐一觉为此得到蒋鼎文发给的奖金2000元。

宣侠父的失踪引起了极大的反响。八路军办事处多次向“西安行营”控告，要求追查，中共中央也向国民党提出正式抗议。到10月间，在周恩来三次当面质问下，蒋介石见瞒不过去，只好承认说：“宣侠父是我的学生，他背叛了我，是我下命令杀掉的。”[2]他把国共两党政治斗争说成师生间的私人矛盾，却掩盖不了特务们破坏抗战的罪恶。

---

[1] 中国共产党史人物研究会编：《中共党史人物传》第15辑，陕西人民出版社1984年版，第53页。

[2] 中国共产党史人物研究会编：《中共党史人物传》第15辑，陕西人民出版社1984年版，第56页。

对延安的渗透及其失败

延安是中共中央的所在地，因此，戴笠的军统局对延安十分重视，做了许多工作，试图打入延安建立潜伏组。

1936 年，戴笠让西安站站长马志超开设了一个特警训练班，专门培养打入延安的特务，由娄剑如负责，共有五六十人，训练半年后分批派入。结果，第一批进入的薛志强等人因无法立足，不久后全都跑了回来。

1938 年 1 月，军统西北区区长张严佛又通过陕西电政局局长顾德明的关系，派军统西北区无线电支台长汪克毅去当“延安电报局局长”，要他刺探情报，发展组织，但 5 月底汪克毅就逃了回来。他说：“一到延安，就感到难受，仿佛四面八方的眼睛都刺着我，连电报局里面的人对我也不放松，他们好像是用无言的心声在詈骂我‘你是特务，不准你乱动’。我仔细地观察，我在电报局里也被他们包围了，而他们都是共产党的人，我简直气都喘不过来。我故作镇静，而内心恐慌。再说，机子上面有固定的值班，我所要发的电报发不出去，实际上我也没有什么电报可发的。我觉得我的身份被发觉了，待在延安，动都动不得，越想越不对，因此我只好借口回来了。”[1] 汪克毅的说法，基本上就是潜入延安的特务内心的真实写照，也是他们匆忙逃回的原因。

戴笠想通过贸易商人打入延安，也未能得逞。1940 年年初，他亲自挑选学生吴正伦带二人携小型电台潜入，一进去就被捕了。他又让军统局人事处处长龚先舫派两名杀手去刺杀中共领袖，也未得逞而逃回。尽管如此，在军统努力下，他们仍派了一些特务伪装成进步学生、商人等混进延安，有的还进入了中央机关，甚至在边区保卫处和中共中央军委二局工作。但这些特务都不敢活动，以免“露马脚”。

1940 年 10 月，军统还派出一个联络小组去延安，总联络员叫赵秀，这些特务只向西安方面发出过 10 份电报。一年后，混入陇东根据地任教育科长的特务吴南山，因对军统局的专制不满，加上受到边区进步环境的感染，对

[1] 张严佛：《抗战前后军统特务在西北的活动》，载全国政协文史资料研究委员会：《文史资料选辑》第 64 辑，中国文史出版社 1983 年版，第 103 页。

共产党的看法已有根本转变，便主动自首，得到赦免。边区保卫处以他为线索，逐步追查下去，陆续将这伙潜伏特务逮捕落网。其中如特务李春茂，经过在抗大学习，早已觉得共产党的理论和实践都比国民党高明，决心脱离特务组织，自动洗手不干了。他毕业后主动要求进入白求恩国际和平医院工作，并协助投诚的祁三益等人提供特务线索。吴南山、祁三益、李春茂等人还于1946年加入了中共，成为特别党员，完成了政治立场的根本转变。在当时的大环境下，国民党特务很难进入延安，即使潜伏下来也不敢活动，最后基本上被清除干净，就连军统局的总联络员赵秀也自首了。从此，军统局在延安的32名潜伏人员全部被中共掌握。

沈之岳

对这些情况，戴笠、胡宗南等人一无所知，还在不断给他们下达命令，直到1943年春，赵秀借机跑回西安，被军统西北特侦站交由戴笠亲自审问，才知大势已去。戴笠一怒之下，将西北特侦站正副站长程慕颐、林继之撤职，军统局延安及周边小组全部撤销。戴笠对延安的渗透可谓损失惨重。[1]

军统方面派往延安的人员只有一个人得以全身而退。这个人就是后来台湾“司法行政部调查局”前局长、被称为“调查局之父”的沈之岳。

1938年4月，经国民党政府同意，重庆中央大学肖致平教授与刘永川教授抵达延安进行参观访问。随同两位教授访问延安的，还有一位名叫沈辉的青年，自称是肖教授的私人助手。

肖致平和刘永川原先在北平燕京大学执教，北平沦陷后，他们一同南下去了武汉，后来又到重庆中央大学任教。他们这次访问延安，提出的理由是出于长期以来对中共的同情，希望对延安增加了解。作为来到延安参观访问的国统区高级知识分子，他们被安排住在杨家岭中央招待所的窑洞里，受到

[1] 本节参考江绍贞：《戴笠与军统》，团结出版社2006年版，第134—146页。

了很高的礼遇。他们先后参观了陕北公学、鲁艺、抗日军政大学等学校，观看了延安留守部队的操练，还受到了毛泽东主席、周恩来副主席、朱德总司令、张闻天总书记等中共领导人的接见和合影留念。

在延安期间，沈辉表现得谦虚恭顺，少言寡语。他对八路军的操练观看得很认真，还与战士们一起打篮球。一个月以后，肖致平、刘永川两位教授恋恋不舍地向东道主提出告辞，而沈辉却意外地提出申请，要求留在延安参加革命。他向接待人员表示：对投奔延安早有计划，当初正是出于这一目的，他才中止了学业，主动要求给与他父亲有世交的肖教授当助手的。

沈辉的请求得到了中共方面的初步批准。当时对于国统区来的爱国青年，延安方面一向是敞开双臂欢迎的，但边区保卫处也按照规定，对他进行了严格的政审。据沈辉自我介绍，他是河南息县人，在家乡读完中学，1936 年考入开封师范。抗战爆发后，经肖致平教授帮助，他又考入中央大学一年级就读。在保卫处结束了对沈辉的政审后，处长周兴出于搞政保工作的强烈责任心，又请重庆地下党组织进一步协助调查沈辉在中大的情况。在未彻底弄清楚情况之前，沈辉先被安排在边区政府教育处普教科当临时助理员，暂不列入编制。

不久，保卫处副处长王范从延长县回到延安。王范是 1926 年入党的老党员，曾参加过红十四军；1929 年红十四军失败后，他流落到上海，参加了中央特科工作。1932 年，他被捕入狱，经组织营救得以脱险，撤往延安，担任边区保卫处副处长兼侦察科科长。上海地下工作的阅历，使他具备了敏锐的观察力。

到延安后，王范又特地找沈辉“闲聊”了几次。王范发现沈辉的疑点，他自称河南人，却有些江浙口音，对此沈辉解释说他小时曾随舅父在上海住过几年，在上海长寿路小学读书，舅父在美孚煤油公门当职员，他还说了几句上海话。王范审慎地听完后，认为沈辉的解释大体上还说得通。即便如此，他们还是不能完全对沈辉放心，在得到重庆地下党组织对其调查回复之前，对他做了适当的监视。

其实这个沈辉，真名叫沈之岳，是戴笠手下的军统特务。沈之岳是浙江人，早年在杭州读中学，后在戴笠主持的浙江警官学校学习时加入了国民党。

1932年，他经大特务叶翔之介绍，进入戴笠领导的军委会特务处。这一时期，他的主要任务是在上海的几所大学里以进步学生的面目出现，进行特务活动。沈之岳善于伪装，读过《向导》《社会主义ABC》等马列书刊，自学过俄语，又通晓英语，枪法也很准，是一个文武双全的特工。他曾参加过破坏光明读书社等中共外围组织的活动。抗战初期，他在上海、杭州两地还诱杀过七八名共产党员，是戴笠组织里的一名后起之秀。他父亲与肖致平是一般朋友，并非世交，但这层关系却被利用，成为他潜入延安的契机。

沈之岳冒险潜入延安，是因为他肩负着军统要他伺机谋刺毛泽东、张闻天、周恩来等中共中央领导人的绝密使命，这是国民党军统特务组织对中共活动的重要内容。他为此做了周密的准备，并向其上司军统陕坝工作站站长毛人凤保证：只要潜入延安，就力争刺杀中共领导的行动成功。

毛人凤是戴笠安插在陕西的心腹，作为对付中共的王牌，戴笠曾计划让他亲自出马潜入延安；但毛人凤深知中共保卫部门的厉害，一直没敢拿自己的性命去冒险。这时，刚从军统西安站调陕坝站工作的沈之岳居然主动请命，真令毛人凤喜出望外。于是，经过一番策划，沈之岳进入了延安。

在延安落脚后不久，沈之岳进入抗大学习，因“表现好”而升为学员区队长。他曾试图通过同学与中共首长交往，后又转任八路军留守兵团中校参谋。在延安期间，他曾将中共中央和毛泽东的一些指示转报给戴笠。

边区保卫处收到重庆的调查回复后，再也没找沈之岳谈过话，他在延安得以平静了一段时间。但特工的经验总使他感到心中不踏实，觉得有人在暗中监视着自己，因此他小心翼翼，不敢越雷池一步，甚至不敢走近枣园毛主席住地和杨家岭中央机关驻地，以免惹出嫌疑。

一天，沈之岳去抗大操场打篮球比赛回来，在自己所住窑洞前的老榆树下发现了两块叠在一起的土块，这是他潜入延安前与毛人凤定下的接头暗号。有同行来找过他，他既高兴又惊恐，赶紧将土块踢开，发现了一张折起的烟盒纸，上面用暗语约他次日中午去甘泉县杜甫祠堂一晤。沈之岳看罢心惊肉跳，烧了纸条。他考虑再三，没敢去接头地点。此后，他中断了与这个未曾谋面的同伙的联络，因此也侥幸逃脱了一次搜捕。

当时，延安城一小杂货店老板谢仁义被列为保卫处的监视对象，原因是他以前曾在西安一训练班受过训。红军进驻延安后，他在延安开店谋生。1939 年年初，侦察员发现，谢老板还不定期去七里铺乡镇小学，与一个姓张的校长接头。同时，中央情报部负责人邓发和李克农也先后转告边区保卫处，军委的监视电台曾两次截获发自延安城外的可疑电波信号，密电码正在破译中；而距延安仅一百多里地的绥德县一个天主教堂附近，已测出有国民党特工的秘密电台在活动。据此分析，敌特很可能在策划一起重大破坏行动。中央要求边区保卫处密切注视敌特动向，把握好动手的时机。

保卫处在掌握了一些证据后，当机立断逮捕了谢仁义和张校长等特嫌分子，并将一名拒捕的还俗僧人当场击毙。经过审讯，被捕者供认，他们正策划一起大规模的连环破坏行动。他们勾结延安城外 30 里的一个堡塞内的地主武装，策划破坏延安通往绥德的公路，并埋地雷准备伏击八路军后方留守处主任肖劲光一行。特务们还计划潜往枣园、杨家岭等地，向中共中央驻地的几口水井投毒。另据已被捕的国民党延长县县长周景龙供认，他听说上级早已派了一名杀手潜入延安，计划杀害毛泽东等中共主要领导人，但此人迟迟没有动静，也不知是什么原因。周景龙还供认：米脂、绥德的保安团等延安这边得手后就发动暴动，进攻当地八路军驻军和民众抗日自卫军，并将队伍拉向绥远。

延安保卫处立即向中共中央做了汇报，并与负责党中央警卫工作的杨奇清、汪东兴碰头，加强了保护措施。结果，特务们还没来得及下手就被一网打尽。

沈之岳因主动切断了与同伙的联系而得以漏网，但是他也始终没有得到中共方面的信任，没能做出更大的“成绩”。1938 年年底，边区派他去江南新成立的新四军部队工作，意在使他远离延安。他到了江南后，也没敢开展什么活动，据他自称，在“皖南事变”中，有他留下的“秘密组织”发挥过作用。[1] 不久，他便返回延安，在抗大又潜伏了近一年。1940 年 3 月，沈之岳从延安悄悄逃跑了。

沈之岳的这段历史，本没有什么可以炫耀之处，但军统局对中共和延安

[1]《戴雨农先生全集》（上），（台）“国防部”情报局 1979 年编印，第 209 页。

实在是没有战果可言，只好将沈之岳大加吹嘘，说他“将探知中共在抗战时期之各种策略密呈中央。二十七年，沈随共首叶挺赴江南收编新编第四军，乘隙将第四军军力及其不轨阴谋向中央密陈，中央用能洞悉其情。三十年一月，第四军在皖南准备哗变，中央先得沈之情报，尽察虚实，处理称便”[1]。这种记载，也不知其根据何在。

1951年，沈之岳担任“保密局大陆闽浙工作站”站长时，又曾化装成教师潜回浙江奉化，摄得蒋家故宅不少照片，回到台北进呈蒋介石，大获蒋的欢心。之后，沈之岳在台湾情报系统中扶摇直上，当上了国民党“安全局”的中将“局长”。[2]

沈之岳在中共内部潜伏共计不到两年，因被怀疑而撤退，他是唯一自称“有成绩”的军统特务。

1940年后，军统在西北第一、八战区成立了调查室，业务归军统指导。1942年后又在西北东南成立秘密调查机构，专事策反中共人员，成效不显。在陇东三十八集团军内成立调查室，情报范围涉及张掖、西安、宁夏等地。因中共在抗战时期是合法组织，国民党在非控制区并不能公然敌对，军统的工作只能以侦察监视为主。他们在汉中设立的特别侦察组，下设丽水、陕西、安徽三个小组，并附设特侦班，物色训练人员，自称曾渗入延安及新四军活动。

为加强反共，军统局在晋绥边区总司令部设立了调查室，由军统派员主持。第三国际解散后，军统以为中共势力减弱，于是再成立西北特别联络站。1944年，为统一事权，将西北、东南两站及西北特联站撤销，由军统本部指挥对中共工作，并加强华中特工站的对新四军工作，还在豫、鄂、皖、浙分别成立了特种工作站。这些努力似乎也没有取得什么实效。

在无法打入中共组织进行破坏的情况下，戴笠对所谓国际共产党在华势力进行了侦破。据他自己报功，1935年曾破获上海、武汉两地的“第三国际世界情报网中国支部”；1941年再破“第四国际中国共产主义同盟四川地方委员会”在重庆兵工厂的活动，由兵工署警卫稽查处调查，12月6日破案，逮

[1] 胡文彬：《我国现代情报工作简史》，（台）待归楼丛书之五，1995年版，第49—50页。

[2] 王炳毅：《惊心动魄的延安反特斗争》，载《南京晨报》2004年3月24日C16版。

捕了中共地委书记、时任四川省立高级商业学校教员的王振华及其助手，国立女子师范学校学生黎洁霜夫妇以及周林发、白云秀、李修枚、杨寿文、张巩毅、刘治明等多名兵工厂工人，在搜获的文件中发现了所谓中共“春荒暴动委员会”计划，要烧毁全城米铺、银行、仓库及饭店。[1] 仅从这里所谓的“第三国际”“第四国际”名称来看，其情形真假难以证实，其中不免有军统诬陷以“冒功”之嫌疑。

第二节　重用张国焘图谋的失败

戴笠反共多年，一直没有中共领导人被拉拢过来。1938 年 4 月，他接到了中共陕甘宁边区副主席张国焘的电话，张说已从延安到达武汉，明确表示了投降国民党的意向。

戴笠喜从中来，迅即派来两辆车和几个特务接应张国焘，将这位中共方面的第三号人物迎进了自己的特务组织。

张国焘原来是学生出身，早年在北方从事工运学运，是中共一大代表、中共早期高级领导人之一。此时的张国焘身为中共创始人之一，又身居高位，居然自投而来。他究竟为什么叛逃出延安，又是如何来到武汉，找到戴笠的呢？

原来，张国焘虽然在中共党内资格较老，却始终没有掌握大权。在长征途中，他企图另立中央，给红军造成了极大的损失。中共中央数次对他采取挽救方针，仍让其担任陕甘宁边区政府的副主席，但他认为自己在中共已无前程，于是心生二念。

1938 年年初，张国焘突然从王明口中获悉他的亲信部下李特、黄超因托派罪名被处决，而自己事前竟然未获悉详情，心里大受震动。他认为自己留在延安可能性命不保，于是表面不露声色，暗中却开始寻找逃离延安的机会。

---

[1]《戴雨农先生全集》（下），（台）“国防部”情报局 1979 年编印。

张国焘

张国焘与毛泽东

1938 年 4 月 4 日，张国焘以陕甘宁边区代主席身份前往中部县，与国民党方面代表、西安绥靖公署主任蒋鼎文共同祭拜黄帝陵。祭拜完毕，张国焘就带了个警卫跟着蒋鼎文的车队去了西安。4 月 7 日，蒋鼎文奉命安排张国焘去战时首都武汉。

对于张国焘的私自出逃，中共中央开始时仍想尽量挽回事态，于是命令在武汉的长江局负责人周恩来亲自去做教育工作，劝他回头。4 月 8 日晨，周恩来收到中央的电报后，立即与王明、博古、李克农等负责人商量，决定抢在国民党之前，把张国焘接到长江局来，防止他投蒋。

周恩来把这个任务交给了李克农，要他带着机要科科长童小鹏，副官邱南章、吴志坚一道去汉口火车站等待张国焘。他们一连三天都扑了空，直到 11 日晚上 7 点，邱南章才在第四趟西安来的火车最后一节车厢中，发现了张国焘。李克农上车对张国焘客气地说："王明同志和周副主席派我们来接你。"张国焘显得十分恐惧，坚决不肯去长江局。李克农只好给他找一个小旅馆住下，留下邱南章、吴志坚对其"照顾"。

这天夜里，周恩来带着李克农、罗炳辉来到汉口大华饭店张国焘住的房间，语重心长地对张国焘说了一番话，从国内形势、党的要求讲到他自己的前程，说得张国焘无言以对，低头坐在一边，谈话一直进行到深夜两点多钟。周恩来最后说："你既然到武汉来了，就歇两天再回延安吧。不过，我们还是希望你搬到八路军办事处去住。"临走时，周恩来还叮嘱张国焘一定要向中央打个电报承认错误，并请示对他今后工作的指示。

次日上午，张国焘迫不得已给中共中央发了以下的电报：

毛、洛（洛甫，即张闻天）：弟于昨日抵汉，不告而去，歉甚。希望能在汉派些工作。国焘。

与此同时，周恩来等长江局负责人向中共中央书记处去电介绍了张国焘的情况。

当日，中共中央书记处即给陈（绍禹，即王明）、周（恩来）、博（古，即秦邦宪）、凯（丰，即何克全）回电："为表仁至义尽，我们决定再给张国焘一电，请照转。"电文内容为：

国焘同志：我兄去后，甚以为念。当此民族危机，我党内部尤应团结一致，为全党全民模范，才能团结全国，挽救危亡。我兄爱党爱国，当能明察及此。政府工作重要，尚望早日归来，不胜企盼。弟毛泽

1938 年，周恩来、王明（左二）、吴玉章（左一）、罗炳辉在汉口合影

东、洛甫、康生、陈云、刘少奇。

晚上，周恩来又到大华饭店，将中央电报交给张国焘，并详细地介绍了当前武汉的情况，又一次与其促膝谈心至深夜。周恩来苦口婆心地劝他说：“当前全民抗战的热情高涨，你作为一个老党员、党的高级领导干部，可不应落在群众的后头。党中央的来电讲得很清楚，边区政府的工作在等着你，边区的人民在等着你张主席，你可不要辜负中央领导和人民群众的希望……”他一再劝说张国焘先到“八办”去住，一切都可当面商量。张国焘敷衍几句，仍坚持不去“八办”。

13日，周恩来主持召开中共长江局会议，分析了张国焘的表现，认为他到武汉的目的很可能是投靠国民党，但还是要把他拉回来，做到仁至义尽。他们决定让张国焘自己活动一天，以观动静。按周恩来的布置，李克农和邱南章趁张外出，到大华饭店把他的行李搬到了长春街八路军办事处。

就在这天，张国焘先后找了国民党要员陈立夫、周佛海及当时已被中共中央开除党籍的陈独秀。待张回到饭店，见已无处可住，只好转去“八办”住下。

张国焘搬到办事处后，总找借口外出。他一再向周恩来提出要见蒋介石，说要向蒋报告边区政府的工作。

4月16日上午，张国焘在周恩来的陪同下去武昌蒋介石官邸与其见面。张一见蒋就卑躬屈膝地说：“兄弟在外糊涂多年。”周恩来立即针锋相对地说：“你糊涂，我可不糊涂。”接着张国焘说了些有关边区政府的事。蒋介石一看这场面，也不好多说，只哼哈了几句。从蒋介石那里出来后，周恩来严厉批评了张国焘在蒋介石面前低声下气的态度。当天下午，张又找借口外出，周派吴志坚随从。张国焘在街上转到天黑，又提出要过江去。在轮渡码头，当客人走完要关铁栅门时，张突然跳上船，想摆脱吴志坚，但未得逞。因张国焘坚决不肯再回去，吴只好把他安排在太平洋饭店住下来。

周恩来等从张国焘的态度和表现分析，认为他已决心叛党。17日上午，周恩来、王明、博古一同来到饭店，与张国焘做最后的谈话。周对张提出三条出路供他选择：（1）改正错误，回党工作，这是我们所希望的；（2）向党请假，暂时休息一个时期；（3）自动声明脱党，党宣布开除他的党籍。张国焘听罢表示说：第一条不可能，可以从第二、第三条中考虑，并要求两天后再答复。

周恩来等人走后，张国焘决心已定，于是拨通了戴笠的电话，投向了国民党。

当天夜里，周恩来亲自起草给中共中央的电报，报告了张国焘的叛变经过。4 月 18 日，中共中央做出决定，开除张国焘的党籍。

戴笠为了安抚张国焘，为其提供了很好的生活待遇和工作条件，希望他能“有所作为”；还特别成立了一个“特种政治问题研究所”，交给“过去与共党有深切关系之来归人员”张国焘主持，并设立了西北、东南两个特别侦察站，以分别对八路军、新四军进行特务侦察工作。[1] 戴笠想利用张过去在中共内部的地位和关系，对中共进行策反和瓦解活动，对他寄以极大的希望，戴笠认为只要他肯卖一点气力，便可以大有收获。

张国焘准备办一个训练班来培养一批专门工作人员，戴笠马上在各特务训练班毕业生中挑选了一些“优秀分子”，送去给他训练；张又说准备在陕甘宁边区设立一个“策反站”，戴马上照他的计划办理，还设立了“特种联络站”，分别派人去华北、华中、华东及川北这些张国焘自称有关系的地方去搞分化中共组织的工作。[2] 这一时期，军统对张要人给人，要钱给钱，到了言听计从的地步。张不仅被戴引为最得意的部属，而且也是戴宴客时“最受欢迎的嘉宾”。戴笠在请客前经常介绍：“明天你来吃饭时，便可以看到共产党里面坐第三把交椅的人物了！”张国焘在军统内成了一时的“红人”。

但是一年以后，张国焘的“雄图大略”一点也没实现。他不但未能从共产党中拉出什么人来，而且无法派人打进去。戴笠想在延安设立一个“延安站”或“延安直属组”，以便向蒋介石讨功，几经努力，也全部落空。当时范汉杰任二十七军军长，驻在太行山，张国焘曾派人拿着戴笠的信件，请范帮忙派人进入八路军防区活动，结果不但毫无“成绩”，连派出的人也没能回来。最后只在汉中成立了一特别侦察站，并在榆林成立了一个陕北站，伺机

[1]《戴雨农先生全集》（下），（台）“国防部”情报局 1979 年编印，第 813 页。

[2] 同上。

进行对延安的活动。

戴笠因张“成绩”不佳，渐渐对他冷淡起来，有时候几个月也不召见他。原来交给他办的“特种政治工作人员训练班”，在办了两期之后就宣告停止。在那个班毕业的学生，因为无法按原定计划派出去，只好改派其他工作。成立的一些“策反站”，因为毫无成绩，也只好慢慢撤销。戴有时对张大发脾气，张国焘从此也怕再见戴。军统局内人员一向看戴老板的脸色行事，戴老板一生气，张国焘也就由“最受欢迎的嘉宾”变为可有可无的人。张的生活待遇渐渐下降，最初戴拨给他一辆专用汽车，后来也取消了。张要使用汽车时，得先与总务处商量。戴手下的人清楚张的情况，方便的时候给他，不方便时就不给，张对此也没有办法。

尽管张国焘绞尽脑汁，但戴仍认为他不肯卖力，跟张在一起工作过的军统局秘书黄逸公曾说：“戴老板骂张国焘不肯卖力，实在有点冤枉。他吃饭睡觉时都在想办法，实在是因为共产党组织太严密，所以他做不出特别的成绩来。”军统、中统对于中共叛徒，都是利用与监视并举，一旦他们失去利用价值，待遇就下降了。[1]

叛逃出延安，转而投靠国民党，是张国焘一生最大的败笔。这一举动彻底断送了他的政治生涯，不仅中共视他为叛徒，国民党也视他为一条狗，在失去利用价值之后，他理所当然地被排除和抛弃了。失宠的张国焘过上了寄人篱下的生活，直到国民党政府垮台，他移居海外，晚景凄惨，最后冻死在加拿大的养老院中。

第三节　中共“七人小组”刺入军统心脏

为了获得延安方面的情报，戴笠不止一次向陕甘宁派出特务。这一次，戴笠通过电台与胡宗南联系，要胡帮忙把一个军统特务三人小组送入陕甘宁边区。这

[1] 综合《文摘报》《文史春秋》有关文章。参见陈少校：《黑网录》，群众出版社 1979 年版（内部发行），第 90—91 页。

是一次绝密行动，从人员挑选到行动实施都只有戴笠和胡宗南两人知晓。

戴笠自以为这次做得天不知、地不知，正幻想着这个三人小组能给他带来重要的情报。结果，还没过多久，便传来了他们被捕的消息：三人小组刚跨入边区地界，就全部被抓获。中共方面不但缴获了美制电台，而且增加了揭露蒋介石破坏统一战线的把柄。

这件事使戴笠大跌眼镜，但也使他警觉起来，意识到内部可能出了问题。他不知道，军统内部竟然潜伏了一个中共地下组织，这是戴笠万万没有想到的事情。

这一组织被称为“七人小组”，它起源于军统局电台的两位军官张蔚林和冯传庆投向中共。

张蔚林出生于一个江南士绅家庭，学生时代曾受到一位进步教师的深刻影响，但这位教师却被国民党特务杀害。张蔚林由此对国民党失去了信任。后来，他怀着抗日救国的志愿考入杭州无线电训练班，虽然从事的是无线电工作，却误入了军统组织的范围。毕业后，他被派到皖南敌后潜伏。在敌后，张蔚林目睹共产党领导的新四军坚决抗战，并曾亲眼见到国民党屠杀迫害共产党人，连其家属也不放过，这激起了他对国民党的反感和敌视，萌发了投奔中共的想法。后来，张蔚林被调到重庆，在卫戍司令部稽查处监察科工作。

冯传庆毕业于上海南洋无线电技术学校，曾先后在交通部所属威海电台、天津电台工作过。他专业技术优秀，擅长从纷乱的无线电讯号中排除干扰识别密码；因此被国民党军统局看中，调到重庆任军统电讯总台的报务主任。他对国民党军统组织也有不满情绪。张蔚林和冯传庆因工作而相识，因志趣而相交，两人无话不谈，计划一起投奔延安。于是，两人结伴冒险来到重庆曾家岩八路军办事处进行联络。

中共南方局军事组组长叶剑英接待了他们。经过了解，决定接纳他们，但劝说他们留在军统内部工作，为中共获取情报。不久后，他们两人成为军统内部的秘密共产党员，组成了中共潜伏在国民党军统中的情报小组，其作用十分重要。为了保证安全，南方局禁止他们再到曾家岩来。

1939 年 10 月，中共中央社会部决定派余家英到重庆，在叶剑英领导下工作。本来，中共党组织调余家英到四川，是想利用她和川军师长余安民的亲戚关系去做川军统战工作，但叶剑英对她的工作做了新的安排，决定派她到国民党军统机关电台做地下工作，以加强军统内部的中共组织。当时给她规定了三项任务：一是领导张蔚林、冯传庆工作；二是直接与南方局联系传递情报；三是相机在军统内部继续发展党员扩大组织。

余家英是位非常年轻的中共女党员。1937 年，她刚 16 岁，经中共川西特委负责人车耀先保送到延安军政大学受训，1939 年结业后在延安文联担任秘书。接受任务后，为了便于工作，组织上决定让她以张蔚林“妹妹”的身份作掩护，化名张露萍，并让张蔚林从军统宿舍搬出来，以兄妹的名义和张露萍一起，住在牛角沱的两间平房里。为了避免特务盯梢，张露萍从不直接到曾家岩 50 号周公馆去，而是通过四德里的一个古老小巷里的联络站和南方局保持联系。

张露萍（左）在抗大学习时的留影，时年 16 岁

国民党军统电讯总台设在重庆两路口浮图关下的遗爱祠，是个由美国援建的现代化电讯中心。从这里发出的信息，指挥着其在海内外的数百个秘密情报组织。冯传庆在电讯总台的职位仅次于台长，管辖军统在海内外的数百部电台和上千名报务人员。冯传庆可以掌握军统的核心秘密，张蔚林任职的重庆卫戍区电讯监察科，则负责监听重庆地区无线电讯号，控制无线电器材，正可以保护重庆地区的共产党秘密电台。他们在张露萍领导下顺利开展工作，并迅速发展了赵力耕、杨光、陈国柱、王席珍加入组织，组建了军统内部中共地下党“七人小组”支部，张露萍任支部书记。从 1939 年秋至 1940 年春的半年中，张露萍他们多次获得了军统重庆电讯总台的密码、波长、呼号、图表和军统在全国各地秘密电台的分布情况。与此同时，延安电台也不断收到冯传庆利用军统电讯总台值班间隙发出的各种情报密电。

张露萍

张露萍的诗

戴笠和胡宗南的密令就是这样被张露萍小组截获的。经过一夜的努力，冯传庆一遍又一遍地做加密解密试验，凭借过硬的本领，终于破译了戴、胡二人间的专用密码，把电文译了出来。张蔚林认真抄写好电文，交给张露萍。此时天已拂晓，张露萍立即把这份重要的情报送给了南方局，随即报告给中共中央，避免了特务的入侵。

1940 年 4 月，设在天官府街 14 号的中共地下联络站被军统特务发觉，他们采取放长线钓大鱼的手段，准备在该站周围设伏，抓捕更多的共产党人。由于情报得到较晚，张露萍只好自己冒险直接去天官府街通知。军统破坏中共地下联络站的计划落空了，戴笠由此坚信内部有人通共。他找来军统局督察室主任刘培初密商，决定对全局人员进行一次普审，尤其是电讯、机要处室，不论是何人，发现反常或可疑，一律先拘后审。

不料，在此期间，张蔚林在工作中出了意外。由于连续工作，收发报机上一支真空管被烧坏，正在进行全面审查工作的监察科科长肖茂如平时和张关系不佳，他借机报复，认为张是有意破坏，遂把张蔚林送到稽查处关了禁闭。张以为事情败露，沉不住气，竟从禁闭室逃出，跑到重庆八路军办事处去躲避。南方局分析后认为，这是工作上的过失，张应该立即回去检讨此事，最多受点处分。于是张蔚林准备回去找电讯处副处长董益三求情。

但张的逃离使戴笠警惕起来，他不仅立刻派人四处追寻，同时搜查他的宿舍，结果搜出一个记有军统局各地电台配置和密码的记录本、张露萍的笔记及七人小组的名单。张蔚林一回到局里，即刻被捕。在报房值班的冯传庆得信后，翻墙逃出电台大院到八路军驻重庆办事处报信。叶剑英见情况紧急，立即让冯化装成商人，安排他深夜过江去延安，并向成都发电报，通知正在成都探望的张露萍就地隐蔽，不能再回重庆。可惜，此电报发晚了，戴笠已借张蔚林名义，给张露萍发了“兄病重望妹速返渝”的电报。张露萍不知是计，接到电报后，一面用暗语写信向南方局报告，一面起程返回，刚到重庆就被特务逮捕。冯传庆渡江以后，也被埋伏的特务抓获。这样，包括杨光、陈国柱、王席珍、赵力耕在内的“七人小组”全部被逮捕。

在看守所里，看守毛烈与张蔚林等认识，而且毛烈是戴笠的小老乡、军统局局本部第二处处长的妻弟，他并不清楚张蔚林案情的具体情况；于是张露萍就要张蔚林利用这个机会以 50 块大洋买通了毛烈，请他送一张纸条到重庆中二路中共南方局的一个秘密机关。毛收下钱后，果然照办。等戴笠派特务去搜捕时，秘密机关已人去楼空。戴笠为此气得暴跳如雷，下令将毛烈枪决。

“军统电台案”发生后，军统方面万分震惊，他们万万没想到共产党已经打入军统里面来了，他们怀疑张露萍是南方局派来的，便故意释放张露萍，并派人暗中跟踪。但机智的张露萍识破了敌人的阴谋，从曾家岩 50 号前通过时，从容不迫，碰到自己的同志就假装不认识，迷惑敌人。戴笠更为恼怒，他亲自出马，提审张露萍，想从她身上打开缺口。尽管戴笠用尽各种酷刑，张露萍始终只说自己叫徐慧琳，川军师长余安民是她的亲戚，没有向特务吐露半点党的机密。

这一案件也使蒋介石受到极大的惊吓，他痛斥戴笠无能。戴笠再对张露萍进行了多次严刑拷问，但她始终没有招供。最后，戴笠下令判张露萍等七人死刑。

1941 年 3 月，张露萍等七人由重庆转押到贵州息烽集中营。

1945 年 6 月下旬，经百般折磨、策反无果，戴笠亲自给息烽集中营主任周养浩发出密电，将张露萍等七人一同杀害。

张露萍等“七人小组”是中共深入军统组织的一把利刃，为中国革命做出了巨大贡献；尽管他们最后因处理意外情况经验不足而暴露被捕，但他们宁死不屈，表现出了共产党人的本色。

张蔚林事件发生后，戴笠开始加强无线电总台的政工工作，严防再次出现类似情况。据沈醉后来回忆说：“以后多年，戴笠一直为此咬牙切齿，恨恨不休。”军统在与中共斗争中，打入苏区的计划连续失败，却被中共成功渗入，这真是他心头的一个痛！

第四节　重庆大本营的反共活动

1940 年四川春荒，饥民汹汹涌入城市，供粮困难。3 月 14 日，国民党四川省党部主任黄季陆与四川行营主任贺国光合谋借机反共，宣布戒严，由军统派出的行营第三科及警察局负责人主持，借口诬陷共产党要抢米，按照事先布置好的方案，抓捕了中共四川省委负责人罗世文、车耀先、梁明轩等七人。最后致使其死在军统局的监狱中，酿成所谓的“四川抢米案”风波，轰动一时。罗世文、车耀先等人在军统局的监狱中被关多年，经历了严刑拷打，坚贞不屈，表现了共产党人的坚定立场和气节，成为“红岩”英烈的代表人物。

在国民党的统治核心重庆，特务们还有一项重要的任务就是对付在重庆的中共代表团及其《新华日报》。

国民党当初允许《新华日报》在重庆发行也纯属无奈，在国共合作团结抗日的大旗下，并无理由禁止《新华日报》的发行。按照当局的想法，最好是《新华日报》在重庆卖不掉，发行不下去，最后自行撤走。

蒋介石由此希望军统局和中统局做些事情，阻止中共报纸的发行。可中统局没做出成绩，军统局戴笠也为此而烦恼。他每次来到分管报刊发行的重庆卫戍司令部稽查处或者在召见稽查处人员时，总要询问催办捣乱《新华日报》的事，他为部下不能完成“领袖”交给的重要任务，无法为“领袖”除去这一块心病而甚为恼火。

《新华日报》在重庆每天不但发行得比别的报纸早，而且有专人递送，工作效率高。当时以稽查处的威风，其他报纸几乎全是向其免费赠阅的，而《新华日报》却不买账；为了了解该报的情况，稽查处内给科长以上的人都订了一份，出钱买受气，他们对《新华日报》真可谓又怕又恨。特务们只好采取卑鄙手段，经常指使一些人殴打报童抢夺报纸，总以为多少会影响报纸的发行，可往往第二天早上特务们一到办公室，第一眼看到的仍是桌上放着的《新华日报》。

稽查处处长陶一珊曾有一次吩咐手下的稽查员分别去全城各要道把守，除了照常把报童殴打一气，还把报童手上的报纸全部抢来烧掉。他满以为这一天重庆市绝对看不到《新华日报》了，结果，还没等他向戴笠报功，新印的当天《新华日报》又送来了。陶一珊垂头丧气之余不免又遭训斥。

戴笠虽然着急，但他慑于政治原因，也不敢要特务们蛮干，害怕被共产党抓住证据，找蒋介石算账，让蒋下不了台。因此，他们也不敢对中共代表团和《新华日报》做过分的事，充其量就是在暗中尾随、监视，在无人发现时搞搞破坏。中共代表团的负责人周恩来和董必武等人时刻告诫属下人员出门工作要万分小心，除了注意反跟踪，还要尽量甩开尾随的特务，保护有联系的人们的安全。

当时军统掌握的重庆卫戍司令部稽查处全部人员也不过二百余人，他们既要做抗日的事，又要忙于反共，一旦遇到紧急情况，偌大的一个重庆市，肯定顾不了头尾，何况当时日本还在频繁地轰炸重庆。为了增加力量，1942年间，戴笠借口防止日本人突然派空降部队占据重庆，又组建了两百余人的侦察大队，以王会云为队长、刘耀任副队长，归稽查处指挥，以后又增加到三百多人。军统为加强这支队伍的战斗力，给每人配备了一支新式手枪。戴笠规定侦察大队的人，必须每天派出人员轮流上市面巡查，遇到有群众集会的时候，必须全体出动，紧急应对。[1] 几年内，稽查处特务除逮捕了百余名在

[1] 月西：《蒋介石和他的特务机构》，海天出版社 1996 年版，第 280—282 页。

街上看《新华日报》的读者和他们认为有共产党嫌疑的人，另加跟踪骚扰殴打报童等小手段，也没有什么大的“成绩”。

第五节　利用伪“黄洲国军”反共

1944 年日军占领豫西后，曾计划以陕州日特机关“河南公馆”机关长小坪一郎为主持人，在东京直接指挥下，再扶植一个西北伪政权，与汪伪及伪华北政务委员会并立。初冬时分，戴笠到西安与胡宗南一起商讨对策，命令一路军长官部调查室主任文强，找关系渗入“河南公馆”侦察，探明公馆内有 100 人左右，其中日本 30 人，韩国 5 人，其余为华人，包括公馆秘书及陕州县长张显声等都在其内参与此事。

1945 年 1 月，小坪一郎宣布成立“黄洲建国党”，组成“黄洲建国军”，出版《黄洲日报》。其“黄洲建国党”有中央委员 11 人，除“黄洲建国军”司令秦润普与副司令王文斌占二席外，余 9 人皆为日本人。1945 年春，日军拟攻西安，调“黄洲建国军”助战，小坪许诺秦部如攻占西安，即正式扶其上台，但秦润普已暗中联络军统，准备反正投降。

日本方面察觉到秦部的异动，但又一时无力解决“黄洲建国军”，便从山西调来一个师团，驻黄河北岸平陆县，威胁秦部并逐步削其实力。5 月初，“黄洲建国军”驻扎在第十八集团军陈赓部和日军的中间地带。戴笠认为秦部如打日军，徒耗实力，如打共军，日必旁观，于是命其攻击八路军，双方大战了一个月。秦润普部入洛阳后，文强传达戴令：一、“黄洲建国党”必须解散；二、“黄洲建国报”立即停刊；三、“黄洲建国军”不要反正，等待时机反共。日本派特务专家来豫西，开出秦部“反日干部”名单，正欲铲除时，日本已宣布投降。伪“黄洲建国军”奉重庆军委会令改编为“陕州先遣军”，投入反共内战。

[第六章]

斗争利用

——与汪伪的特工战

第一节　刺杀汪精卫

汪精卫

1938 年年底，国民党副总裁汪精卫，因对抗战失去信心以及他与蒋介石的权力之争，经与日方秘密商谈后，带领其亲信数人，潜离重庆，途经昆明抵达越南河内，欲图叛国投日。在他拒绝蒋介石的警告之后，军统局奉命介入对汪精卫的监视与制裁行动。

汪精卫出逃后，于 1939 年 3 月间致电云南省主席龙云，煽动其赞同“和平”主张，与汪合作。此信被戴笠部下截获。

蒋介石见劝告不成，为制止汪精卫分裂抗战阵营，遂对汪起了杀心。于是，戴笠经香港到河内，主持刺汪行动。戴笠命陈恭澍、余乐醒、岑家焯、唐英杰、陈步云、余鉴声、张逢义、陈邦国、王鲁翘 9 人组成刺汪小组。布置完毕后，戴先行返渝。

行动小组开始时曾设计用毒药及毒剂杀掉汪精卫的方案，但苦于汪宅没有内应。3 月 19 日，戴笠发来电令 :“着即对汪逆精卫予以严厉制裁。”于是，他们只得对汪精卫采取武力解决方式了。

蒋介石与汪精卫

3月20日，汪精卫去离河内90公里的丹边镇法国旅馆休养，汪本人乘坐39号黑色轿车。行动组闻讯后分成三组急追而去，但中途发现汪停车，陈恭澍决定超车过去观察汪的位置而后折返动手。不料，他们的观察被发现，汪精卫座车立即返回，特务们猛追过去。车队已近红河达莫大桥，因修路单边通行，汪座车在桥头为红灯所阻，陈恭澍等欲下车狙击，在步越数车奔向汪车时，被汪的警卫发现，汪座车立即加速冲过红灯，逃脱了这一劫。行动小组经此失败料定汪已觉察，决定采取连续行动。

21日晨，行动组孤注一掷冲入汪宅，击杀内院警卫，直奔汪精卫的卧室，砍开房门乱枪齐射，杀死床上之人。但这天适逢汪精卫的秘书曾仲鸣抵达河内，汪把卧室让给了他，于是曾就做了汪精卫的替死鬼。行动组在撤退途中与赶来的警察遭遇，余、张、陈三人被捕，后被法国殖民当局判刑七年。

对河内刺汪失手的一幕，戴笠有过生动的叙述："民国二十八年三月二十日，在越南河内，我们因制裁汪精卫，被当局捕去的两位同志，至今还关在河内。我们检讨当时的得失，是计划不周密，以致汪逆漏网，只打死汪的副手曾仲鸣。汪精卫后来在南京组织伪政府，危害国家民族，这实在是我们的遗憾。当时，应该在达莫桥上把他打死，不在桥上打，而在晚上行动，已经失策。但当天晚上，我们的同志还勇气甚足，敢于去打，而在法国人统治下的河内，我们能够造成有声有色、轰轰烈烈的一幕，也总算难能可贵的了。"[1]

[1]《戴笠自述》，载申元：《江山戴笠》，中国文史出版社1991年版，第95页。

曾仲鸣

汪精卫经此恐吓，决定与蒋介石翻脸，他在香港发表了题为《举一个例》的文章，揭露蒋介石与日本“和谈”的内幕，以示决裂，并加快了组建伪政权的步伐。在日本特务的保护下，汪乘日本船只前往上海、南京，从此落入日本人手中，成为最大的汉奸傀儡。

河内刺汪失手后，军统局在蒋的要求下追往南京，继续部署刺杀汪精卫的行动，大有不杀汪誓不罢休之势。汪精卫也深知军统的厉害，除发展特工做针锋相对的斗争外，平时自己闭门不出，小心翼翼，尽量减少对方的可趁之机。因此，除了亲近者，一般人难以有机会下手。戴笠为此绞尽脑汁，曾设想借投汪的王天木、陈弟容之手来除掉汪精卫，但复杂的情况使戴笠借刀杀人之计亦告破产。

1939 年 8—9 月间，军统局衡阳办主任吴赓恕少将与军委会少将参议戴静园，向戴笠表示自愿赴南京刺汪。他们想利用戴静园与汪精卫亲信陈石生的旧关系搭线，因为当时陈石生曾致函戴静园，拉拢他加入汪伪，遂计划以投靠为由，由陈介绍戴见汪，吴从旁协助。戴笠批准了他们的计划。

吴、戴二人去南京后，戴被汪精卫委任为伪社会部委员，但因二人急于见汪，要求过于急切，引起了陈石生的怀疑，加上戴妻在他面前失言，使陈石生断定他们欲对汪图谋不轨，再加上伪上海市市长傅筱庵的告密，戴、吴二人被捕。他们因知汪精卫对行刺者绝不宽恕，故只求一死，并托人致戴笠一函，称未能完成任务为憾。1941 年 3 月 31 日，二人被杀，当时吴 36 岁，戴 49 岁。

江苏吴县人陈三才，留美回国后创办北极电冰箱公司，发起组织“中国工程师学会”，是一个爱国知识分子，“一·二八淞沪抗战”期间，就曾协助军队抗日。上海沦陷后，他结识了戴笠，并以朋友身份协助军统局在沪的工作。出于爱国激愤，他决心投入除汪行动，在暗中寻找关系，想以重金买通汪的左右。在这期间，他遇见了一个自称能杀汪的白俄人，不幸被骗了钱后又被出卖给“七十六号”，于是被捕入狱，期间戴笠令上海区尽一切可能营救而未成。当汪精卫亲自提审陈三才时，陈拒绝反悔，最终在囚禁三个月后于 1941 年 10

月 2 日被杀。后军统局呈请蒋介石为他题字，并以清华大学同学会的名义为他举行了隆重追悼会，[1] 还有意把他列入了军统局上海区行动员的名单。[2]

邵明贤，毕业于浙江警官学校，抗战前曾任南京江宁县警察局局长，被时任县长梅思平所器重。抗战开始后，邵明贤在贵阳办理警官训练班，接到已投汪的梅思平来函邀他去宁，于是向戴笠报告，愿借此机会去南京除汪。1939 年冬邵明贤携眷赴沪，出任伪浙江省党部书记长，次年调南京为伪警厅督察处处长，后不慎失密被捕，1941 年 12 月 17 日被杀。

黄逸光为墨西哥归国华侨，1935 年因发起徒步环球旅行，到法国时与避此修养的汪精卫结识，受到汪的赏识。抗战爆发后，黄终止行程回国，在武汉时曾在汪精卫家留住，并由他亲函介绍到昆明航校受训，后因身体不适飞行改做地勤。汪投日后，其妻弟陈耀祖劝黄在空军中响应“和运”，黄即向处长王铭叔报告此事，并由王介绍给军统。黄逸光在接受短期特训后赴宁，潜伏汪伪，出任伪“中宣部编审”兼“教育部专员”，与褚民谊、林伯生等巨奸往返频繁。他积极准备刺汪，后因被军统被捕人员出卖，于 1940 年 11 月 19 日被逮。在伪法庭上，法官问他：“汪主席待你恩德高厚，你为何恩将仇报要暗杀他？”黄逸光回答道：“私谊岂可有害公理？”1941 年 12 月 12 日，黄逸光与邵明贤一同就义。临死前，他大书：“可爱的中华，我要为你歌唱，我要为你而死！”其爱国之浩气令人感动。像陈三才、黄逸光这样的爱国青年，原非军统，他们谋刺敌酋，舍生取义，必将永垂民族史册。[3]

除此而外，还有军统局南京副区长尚振声，于 1939 年被捕，奉戴笠令投汪，出任伪独 7 旅参谋长。他曾集合手下，准备攻入汪宅而杀之，事发被捕，关在上海，于 1942 年 1 月 8 日被杀。

1940 年 1 月，军统局青岛站趁汪精卫赴青开会之机谋刺，又一次失败，青岛站也随之覆没。

军统刺汪，连连失败，戴笠从中总结经验，觉得欲速则不达，因此暂时停

[1] 陆宜泰等：《陈三才》，华夏出版社 2002 年版，第 107 页。

[2]《“国防部”情报局史》（三），（台）“国防部”情报局 1962 年编印，第 1 页。

[3] 徐福生主编：《目击 20 世纪丛书：无形战线》，上海古籍出版社 2004 年版，第 115—126 页。

汪精卫、陈璧君夫妻

止行动。其后，据军统局自称，他们于1943年4月，经多方设法，派人进入汪宅为佣，于1944年1月趁汪病入院之机，由戴笠所派医师以慢性药剂为汪误服，使之发生骨髓炎，客死日本。[1]1944年11月12日，戴笠在军统局“纪念总理诞辰暨庆祝本党成立五十周年大会”训词中说：“最后，我要告诉大家同志……我宣布一个消息：就是汪逆精卫已经于11月10日下午4时在日本名古屋死了，致死的原因，当然与我们有关系。”[2]只此一说，尚无旁证。

汪精卫死后，其妻陈璧君到广州长住，并在幕后操纵广东伪政权。蒋介石下令军统执行暗杀陈璧君的任务。根据情报，陈璧君时常秘密到澳门，住在澳门南环香炉灰四号她母亲卫月朗的旧宅。那时卫宅只有陈的一个远亲和一名老管家看屋，而军统粤海站的罗刚与卫宅的老管家相识，是条可利用的线索。于是，军统局本部派女行动员徐燕霜去澳门，名为投亲罗刚，实则准备设法结识那位老管家，伺机进入卫宅行刺。当时军统局备下两瓶烈性毒药，交人带给了粤海站站长何崇校，并命其主持此行动。这两种毒药都是无色无味的细粉末，其中一种用薄胶片包裹，仅有半粒瓜子仁大小，可以贴藏在指甲内，在上茶

[1]《戴雨农先生年谱》，(台)“国防部”情报局1979年编印，第92页。

[2]戴笠：《清白家风与无名英雄》，载(台)《戴雨农先生全集》(下)，“国防部”情报局1979年编印，第406页。

时，只需将指甲在茶内浸一下，毒药即可溶化，人中毒死后也无痕迹。何崇校令徐燕霜在罗刚家中待命，只要陈璧君一到卫宅，她即可借奉茶之机下毒。可惜的是，陈璧君此后始终未去过澳门，军统谋刺她的行动也就没有实施。直到抗战胜利后，陈璧君才被押上审判台，受到了应有的惩罚。[1]

第二节　军统南京区的重建与瓦解

南京沦陷前夕，为掌握敌伪情况，密查组经周密策划，决定潜伏一支人马，留在南京地区从事地下活动，组成军统局南京特区。该区组织庞大，人员众多，情况复杂，为保密工作起见，决定采用单线联系方法，平时成员们各找关系，伪装身份，混迹于普通市民中间。

南京特区区长钱新民，黄埔四期毕业，当时以少将级授区长之职。副区长为尚振声，秘书谭某，大队长张某，组长李云声，会计安少如，译电员杨国栋、杜雪帆等。另外留下一部电台，由两个女报务员负责，一个名叫周光球，一个叫周英杰。

在南京尚未被日军攻占前，区长钱新民已率领部分人员撤出南京城区，到江北六合县瓜埠镇附近设立区本部，对外以开办一家五洋杂货商店为掩护，表面上生意来往，暗地里开展特工活动。当时城内组织由副区长尚振声负责领导，后来因日伪铁钳统治，形势不利，工作难以开展，便留下秘书谭某为留守负责人，自己撤退出城去了。

12 月 5 日，钱新民只身秘密来到南京鼓楼碑亭巷，找到日本特务机关“大东亚同盟总会”总裁铃木少将，与之进行接洽，然后又回到六合。具体接洽内容不详。

12 月 13 日，南京沦陷后，报务人员周光球、周英杰二人在亲戚掩护下进入国际安全区，躲过了侵华日军南京大屠杀的浩劫，暂时潜伏下来。这是南

[1] 李炎：《民国官场笑林》，江苏古籍出版社 1997 年版，第 221—222 页。

京大屠杀期间军统留在南京城内的唯一线索，她们没有也不可能有任何行动，能够自保不被日军残害已经是不易的了。

1938年1月，出身浙江省警官学校的管容德被任命为忠救军南京情报组上校组长，携其妻孟芳在浦口设立了站点。由于日军大屠杀还在继续，他只能利用几个持有通行证的码头工人，为他搜集一些表面情况。2月初，管容德联络上前首都警察厅下关侦缉队副队长、拥有四五百人队伍的青帮头目王锡三，迁南京情报组到瓜埠，奉准成立“忠义救国军南京行动总队”，办公处设在瓜埠老鹰窝，下设秘书、情报、政训、督察等室，行动、爆破、交通等组和上海、南京、六合三个联络组。情报室内设立了南京城中、城南、下关、浦口各情报组。忠救军总指挥部又派来督察袁灿协助。他们拥有第11、13、16三个游击支队和两个直属游击大队，共计3000人、2000支枪。

开始时，这支部队按照军统局的指令，在抗日方面开展了一些零星的活动。他们先后派人到南京下关火车站、白下路小火车站进行爆炸日军军运活动，并于汪伪政权成立后图谋刺杀落水的大汉奸。在南京大戏院刺杀伪宣传部部长林柏生，在明星大戏院刺杀伪外交部部长诸民谊，在夫子庙贡院街狙击伪南京市市长高冠吾，并爆炸日军俱乐部东和剧场。但这些行动都没成功，只炸伤了一名日军少尉，给日伪造成了恐慌。1938年9月，他们在灵岩山伏击了从县城往瓜埠扫荡的日军，毙伤十多个敌人。[1]

管容德把更多的心思用在发展自己的武装上，他建立了由自己掌握的4个特务队，有300人枪，并配有轻重机关枪，还不断派亲信去忠救军总部接受训练，回来后担任军官。由于重庆方面不能供给经费，要他们就地解决，于是这支队伍就在各驻地横征暴敛，以“爱国捐”“鞋袜费”“制服费”乃至“灯油费”等各种名目来盘剥民众，闹得民不聊生。[2] 管容德积极执行国民党的反共方针，经常四处搜捕共产党新四军，并密切注意侦察新四军在江南活

[1] 杨正明：《军统特务在六合活动始末》（上），载南京市六合县政协文史资料研究委员会1984年编印：《六合文史资料》第1辑。

[2] 杨正明：《军统特务在六合活动始末》（上），载南京市六合县政协文史资料研究委员会1984年编印：《六合文史资料》第1辑。

动的情报，向重庆报告。1939 年初夏，新四军第四支队到六合八百桥、东王庙一带活动，管容德奉忠救军总部命令，与国民党“地方友军”配合，对他们进行了袭扰与排斥。1940 年 2 月，管部在奔袭新四军民运工作队途中被伏击，伤亡惨重，恼怒之下，他竟杀害了 13 个被拉夫的农民泄愤。3 月间，管部又全力投入国民党江苏省主席韩德勤消灭新四军江北主力的作战行动，被新四军歼灭大半，忠救军总部撤销了“南京行动总队”番号，管容德逃离六合，转任国民党政府句容县县长，但他没有到任，躲去了上海。后被军统抛弃，生活潦倒，几乎失明。手下余部或投日，或溃散。[1]

1938 年 4 月，滞留南京城内的军统报务员周光球、周英杰二人得到军统南京区部指示，要求尽快将城内的留守电台装架就绪，以便与重庆军统总局取得联系。但由于技术问题，两位女报务员未能完成任务。于是区长钱新民命令在江北的国民党航空气象情报第 26 分台台长张云飞潜返南京城，完成安装任务，这样才恢复了与重庆军统电台的联系。钱新民又命令张云飞和周光球以夫妻名义在一起，掩护工作，负责收发各项情报电讯；同时把周英杰调出南京城，派到六合县瓜埠镇附近与刚从汉口航空气象总台调来的 88 分台台长潘俊滔（即潘光祥）在一起工作。该台除向航空气象情报总台报告气象情况及日军飞机动向外，还为南京区收发各项情报电讯，同时又与城里张云飞电台保持联络，收发区部与城里组织间的来往电讯。后来，为了加强南京城内组织电讯工作的力量，又将航空气象情报第 85 分台台长温酿调往城里工作，加派报务员刘正凡随同前往，搜集日伪活动情报，向区部和重庆军统总部汇报。

1939 年，汪精卫在南京成立伪国民政府后，李士群、丁默邨主持的伪特工总部决定，把伪总部三处（电讯处）迁到南京北平路 38 号，同时宣布成立“南京无线电通讯总台”。另在上海、广州、汉口、苏州、无锡、镇江设立支台，各县设立分台，及时将各地情报电汇南京总台，形成一个较大的无线电报通讯网。该处（电讯）处长为晋辉，副处长为余介，总台长为阮行舟；其

[1] 杨正明：《军统特务在六合活动始末》（上），载南京市六合县政协文史资料研究委员会 1984 年编印：《六合文史资料》第 1 辑。

他重要成员有秘书沈锡宝，译电室主任沈寿桐，科长周鼎、谢乃光、严经为等；报务长先是谢熙、张民权，后是潘俊滔；机务长黄国璋，股长有朱笑萍、陈凯等。在总台设有专门听抄重庆中央社与延安新华社新闻电讯稿的部门，经总台整理后分送汪精卫、陈公博、周佛海、李士群等人参考。另外，在张府园 70 号设立研究室，在长乐路某处设立侦察总台，专事窃取对方电台的密电电频，进行技术性的研究翻译；其中主要成员为杨家英、万德浩、马成、黄焦、汤友梅、林植等人。

与此同时，汪伪军事委员会下也设立了无线电总台，由张和卿（即张亦璞）担任少将总台长。在各地驻军中，军、师两级设立支台或分台，由总台委派负责人与驻军筹办，形成军事系统电讯网。

此外，周佛海控制的伪中央储备银行也单独设立银行总台和各省、市支台，另成体系，与军事、特工成鼎足之势，各自为政，互不相关。该台表面上主要任务是收发银行业务往来电讯和经济金融动态、市场行情变化、外币金银涨跌等消息。后来，周佛海把总台作为他与重庆军统秘密往来的渠道，也成了变相的特务电台。伪中央储备银行内藏有重庆派来的特务陈克祥等人，周佛海待之如上宾，均安插在财政部、伪中储行中委以重要职位，外人不明真相。

伪中央储备银行总台人员是由特工总部三处晋辉那里调来的，总台长是谢熙；其他人员则由谢熙推荐，经总行批准。

这时汪伪政府内已有特工、军事、银行三个无线电台系统，技术人员需求量大。为了培养电讯工作人员，汪伪当局在南京办了两个无线电学校：一个是南洋无线电学校，地址在韩家巷，校长由伪军委总台长张和卿兼任；另一个是新华无线电学校，在王府园，校长是余介（特工总部三处副处长）。后来，余介被重庆军统暗杀，乃由温酿担任校长。

1939 年 8 月，军统南京区城内组织遭到汪伪特工破坏，两部电台及工作人员均为汪伪特工所获，其主要人员谭某、杨国栋、张云飞、温酿等人悉数被捕。由于汪伪政权正急需特工电讯人才，经过软硬兼施，被捕人员摇身一变，就成了汪伪特工的上宾。如，后来张云飞担任了特工三处侦察总台研究室主任，温醸担任科长、新华无线电学校校长。自从南京城区军统组织遭到破坏，江北区总部也坐立不安，旋即从六合瓜埠镇转移到八百桥镇附近。由潘俊滔负责的电台亦随区部一齐转移到八百桥。

为了惩办南京城内的投敌叛变者，重庆军统局命该区对主要投敌分子进行暗杀。区长钱新民亲手布置，由李云声指挥，派出一名女特务混入城内，化装为女学生，假装与译电员杨国栋谈恋爱，相机行事，终于在“新婚之夜”把杨国栋、谭秘书暗杀了。该女特务在完成任务后，顺利地返回了江北区部。

1940 年 6 月，该区武装特务大队去六合北部山区活动，与新四军某部发生摩擦，全部被歼，大队长张某被打死。南京区军统人员立足更加困难。区长钱新民、副区长尚振声等人先后撤离八百桥潜逃上海。电台人员潘俊滔、周英杰，副区长尚振声，译电员杜雪帆住在上海法租界高恩路 255 号三楼。区长钱新民另住他处，地址保密，经常单独来电台指示工作。因南京城里尚未能重新立足，潘俊滔的电台只是与重庆军统总台恢复了通讯，专事收发该区上海办事处与重庆军统局之间的一切往来电报。

后来，军统在南京城里又重新建起地下组织，由邵某以伪首都警察厅督察长公开身份为掩护，负责城里的组织领导工作。电台就设在明瓦廊 86 号督察长的家里，由范星照任台长。该台除与上海办事处潘俊滔电台联络外，还直接发电与重庆军统局总台联系，专门收发城里敌伪活动情况等情报。

同年 12 月，区长钱新民被汪伪特工捕获，随之副区长尚振声、译电员杜雪帆、电台长潘俊滔、组长李云声等人同时被捕。当天晚上，潘俊滔与钱新民暂被关押在汪伪特工总部第一处处长万里浪的住所，并在当晚拍发电报给重庆军统局。该电报是汪伪特工总部拟的稿，内容不详。当天晚上，钱新民对潘表示：“我们可打入汪伪，伺机做些反间工作。”

与此同时，南京城内的军统组织和电台也被汪伪特工破获，督察长邵某被处决，电台人员范星照等人也同时被捕；后因汪伪特工总部正需要电台技术人员，范星照不久获释，到汪伪特工三处工作去了。1941 年以后，军统南京区的被捕人员均先后获释，并投汪担任了伪职。区长钱新民被任命为汪伪特工总部机要处副处长，其他人员均委以专员、科长等职。潘俊滔回到南京，担任汪伪特工三处南京总台报务领班。

1941 年 7 月，汪伪政府在苏州成立了“清乡委员会”，汪精卫亲兼该会委员长，李士群兼任秘书长。当时李士群除担任特工总部主任外，还担任伪军委会调查统计部部长、江苏省省长等职，掌握军、政、特大权。李士群决定在苏州他的住所设立联合办公室，专门处理军、政、特三方重要机密事宜。该办公室设有无线电台一部，台长就是潘俊滔。

1941 年 8 月，汪伪特工总部第三处内部形成两派对立之势。一派以处长晋辉为代表，另一派以副处长余介为代表。晋辉主管总部无线电通讯工作，余介主管总部侦察电台工作。同年，余介被重庆军统局派来的人暗杀，侦察总台改由杨家英负责。

1942 年 2 月，前军统局南京区区长钱新民在汪伪内部进行反间工作被发觉，刚刚建立的军统上海地下站也被破坏。原军统局南京区会计、后任军统上海站站长的安少如以及电台全部人员均遭逮捕。钱新民、尚振声被处决，其他在汪伪内部的原军统人员也受到牵累。潘俊滔因参与钱新民的反间工作，被从苏州调回南京总台，降职为总台报务领班。

1943 年 9 月，李士群在苏州被重庆军统局使用反间计借日本人之手毒死，汪伪特工总部因此进行了大改组，成立了伪军事委员会政治部，以黄自强为部长，下设政治保卫局。一局在上海，由万里浪任局长；二局在南京，由胡均鹤任局长。原特工第三处撤销，改组为伪军事委员会政治部南京无线电总台，任命晋辉为少将总台长。

1945 年 3 月，汪伪军事委员会又决定改组政治部，设立政治保卫部，由陈公博亲兼该部总监；副总监为周学昌、万里浪，秘书长为胡均鹤，电台改属政治保卫部，称“南京总台”。总台长周鼎，副总台长阮行舟，所担任的任务不变，负责与各局支分台保持情报电讯联系工作。潘俊滔则担任该部总务处电讯科中校代理科长，主管各电台业务人事调迁考核工作。

到抗日战争胜利前夕，重庆国民党军统方面派来了大批特工人员，与汪伪政府的军、政、特等各级人员频频接触。重庆军统局曾写信给潘俊滔，要求他们听从重庆来人的话，不要接触中共人员。同时，渝方又派人与温醧取得联系，利用新华无线电学校的有利条件，进行活动。在新华无线电学校的掩护下，设立电台与重庆直接联络。其时，伪中央储备银行的无线电台也成了周佛海与重庆国民政府及军统局联络的渠道。

日本宣告无条件投降后，军统局电讯处派来了以魏大铭为首的电台接收大员。他们马上把汪伪军委会总台、特工总台及所属各地支、分台全部接收，并趁机掠夺财产，占为己有。汪伪电台上层人物如晋辉、张和卿、周鼎、黄国璋等对接收人员大肆贿赂，企图逃脱追究，但后来仍未能逃脱被以汉奸罪处理的下场。[1]

第三节　军统上海区的活动与崩溃

抗战开始后，上海因其地位显要，被戴笠的军统局确定为工作重点区域。汪伪政权成立后，上海成为日伪与军统厮杀的主要战场之一。

赵理君

戴笠对上海十分重视，一贯派其得力干将来沪主持工作，确保人员装备充分供应。军统局上海区是其地方区站中最大的一个，区本部有 3 处办公场所，下设联络站 22 处、秘密电台 3 座、预备台 1 个，所属人员达千人，有 5 个外勤工作组、7 个行动大队，力量壮观。但就是如此庞大的特务组织，因内外不利因素，在表现一时后很快被汪伪特工全部击溃，成为戴笠的难言之耻。

抗战伊始，戴笠任命其亲信周伟龙为上海区区长，1938 年 11 月，周伟龙被法租界警务处逮捕，由赵理君任代理区长。不足一月，戴笠便派来了他的“十人团兄弟”王天木正式接任区长，赵理君任副区长兼行动队队长。赵不服

[1]　转引自潘光祥等：《汪伪特工电台与军统电台勾结争斗的内幕》，载江苏省政协《钟山风雨》2004 年第 3 期，第 44 页。

陈箓

气，自恃与戴关系不错又熟悉情况，处处与王为难。王天木一贯骄横，不吃这一套，他重组区内人事布局，拉拢重用助理书记陈弟容和行动队的刘戈青等亲近戴笠的人，排挤赵理君。一时，上海区内部闹得不可开交。

戴笠闻之不悦，在1939年去香港时，电召王天木赴港谈话。王天木自忖此去定为赵理君告状所致，对刘戈青发牢骚。刘戈青听罢表示要干一两件大事，为王在戴面前撑个台面，使王“见了戴先生也好有所交代”[1]。他们商量的结果，是准备刺杀伪“华中维新政府外交部部长”陈箓。

2月18日，农历除夕，他们得到情报，陈箓已回沪过春节。按照事先侦察结果，当天下午，刘戈青带几个行动队员冒雨突袭了位于上海法租界愚园路愚园新村25号的陈箓住所。他们趁天雨行人少而警卫松懈，解决了卫兵，顺利进入客厅，将陈箓击毙。一时舆论轰动，戴笠对此也表示肯定，通知参加行动的一行人随王天木一起来港受奖。

刘戈青的好意并不能化解王、戴的矛盾，在谈话中，戴笠果然对赵理君一味偏袒，批评王天木。王天木一气之下与戴笠发生激烈争吵，戴笠不能容忍，当即宣布撤销王的区长职务，让赵理君担任。他要王回天津去做“直属通讯员”。

王天木遭此重击，思想不通，他绝不甘心败在赵理君手下。愤恨之下，他连戴笠的账也不买了，动了与戴分手的念头。在往来津沪之间时，他开始寻找与汪伪特务方面联系的渠道。

1939年7月14日，军统在上海法租界的14处秘密地点受到日本军警联合租界当局的大搜捕，虽因内线告警，敌方想抓的军统上海区长赵理君、书

[1] 乔家才：《抗日情报战》(一)，载（台）《中外杂志》第20卷第5期。

记郑修元及总督察毛万里等人逃脱，但曾参加河内刺汪的王鲁翘等行动人员被捕。王鲁翘是王天木女儿的男友，与王天木关系密切。戴笠闻报后认为：日本人如此准确地掌握军统活动地点，一定是有全面熟悉上海区的人提供了情报。王天木“近来不太稳当”[1],成为重点怀疑对象。戴笠一贯奉行“宁可我负人，不可人负我”的方针，下令赵理君立即干掉王天木。8 月 15 日，王在赵理君的枪口下侥幸逃生，这样一来他便与戴笠彻底翻脸了。

第二天，王天木带领陈弟容、马河图、岳清江、丁宝龄以及原“忠救军”支队长何行健等随员叛变投向汪伪 76 号，李士群为之大喜，任命王天木为汪伪“特工总部”高等顾问，陈弟容为第一处处长，何行健为“反共救国军”第二路司令。

王鲁翘被捕后，于 1939 年除夕被法方押送回越南，因参与刺汪案被判无期徒刑，直至抗战胜利后才与同案被法方关押的余鉴声、陈步云、张逢义等人一起，被戴笠以专机迎返回国。

王天木、陈弟容投伪后，交出了更多的军统潜伏特务在沪名单地址，还向日伪供出了军统南京及安徽等地站点的情况，军统局南京、青岛、北平、天津、安庆等地组织因此均被破坏。8 月 17 日，安庆站站长蔡慎初被捕，后在押运南京途中被救出。另有军统局香港电台通讯员袁良刍由港赴沪，他因不知王陈投汪事，故自投罗网被捕，虽年逾六旬仍被严刑拷打，被救后几成残废。王、陈的出卖，给军统的敌后网络造成了极大的损失。

王天木还去信对留在香港待命的刘戈青进行策反，他说：“兄于 15 日被赵理君暗杀未中，查系老板命令，此乃太无天理是非，遂于翌日开始自由行动，弟见信速返。”刘戈青以事关重大，将此信交由军统局香港区区长王新衡报告戴笠。戴笠虽然对王天木的行为十分恼怒，但碍于王的影响，为避免恶果扩大化，转而采取妥协方法，派吴安之携带他的亲笔函件去上海找王，想劝他回头，但王再予拒绝。

刘戈青于 1939 年 8 月 10 日赴渝向戴报告，他向戴请命说他可运用与王

[1] 乔家才：《抗日情报战》（一），载（台）《中外杂志》第 20 卷第 5 期。

天木的关系回沪宁再执行刺杀汪精卫的任务，戴笠批复说：“吾弟忠勇为国，思虑周详，至为感佩。沪上环境险恶，我固不愿弟赴沪工作，但为打开目前之僵局，与挽回工作之劫运，以期得到最后胜利，亦不得不派弟一行。兹以另电冠夫同志，拨弟国币 5000 元，希即妥为部署，秘密赴沪，万希胆大心细，严密进行。事之成败，系于弟身。”[1]戴笠又另附一信交刘戈青带给王天木，信中再次劝说：“余遇君素厚，弟念数年来患难相从，凡事曲予优容，人或为之不平，余则未尝改易颜色，似此无负于汝，而汝何竟至背余事逆耶……惟念汝现居逆方高位，有机与汪逆接近，正可乘间为我而图之。故特准戈青重履险地，即为我达此意与汝也。若果能出此，则不惟往者不咎，且必能以汝之此项功绩，而邀逾格之重奖也。戴罪图功，此其时矣。望毋负余意，余由戈青代达。”[2]

10 月 4 日，刘戈青抵沪，6 日见王，出示戴函，要其杀汪。王天木阅后紧张得汗流浃背瘫于沙发上，思考再三后当面允诺之。然而，王天木对戴笠其人已完全看透并决计分手，他对刘戈青说戴的为人是“违仁背意，男盗女娼”！

他们议定刺汪计划在双十节阅兵时下手，将刘化装为汪卫士，伺机行动。后来因伪政权未能如期成立，阅兵式取消，刘戈青甚为焦急，认为在汪伪“开府”前下手意义最大，更怕日久暴露。

戴笠送王天木 4 万元以为活动费，但王收钱后拖之不办，借口力量单薄，要拉陈弟容加入。刘戈青与陈见面，陈提出要让戴释放其被扣家属作为条件。戴笠听从了刘的意见，放其妹陈弟燕，并派刘旧属朱三元送其到沪，面交其父劝说他回头的信函，陈弟燕跪求其兄不要再做汉奸，陈佯允之。

不久，有与刘戈青同住的军统人员被捕，巡捕房到处抓刘。王天木闻讯胆战心惊，害怕刘被捕供出刺汪计划牵涉他自己，便指使陈弟容杀刘。陈不忍下手，又不懂王的真实意图，结果自作主张地把刘戈青带到了 76 号，这下王天木吓得躲了起来，后听说刘没有将他供出才又露面。

刘戈青被捕次日，李士群亲见他并宴请，套问其来沪任务，并许以高职

[1] 乔家才：《抗日情报战》（一），载（台）《中外杂志》第 20 卷第 5 期。

[2] 费云文：《戴笠的几个战场》，载（台）《中外杂志》第 36 卷第 4 期。

劝降。刘戈青对李士群称：军统在沪力量强大，只要一个电话，会有人敢来76号看他。李不信，让他打，说如敢来，可让他们自由交谈。刘立即电召朱三元在商人包天擎陪同下来到76号，李当面恭维其有胆量义气，一面道“少陪”。刘写条给朱，附上手表转交戴笠，朱即离去。其后，包天擎三天一去探视，李士群也没干涉。后来，刘戈青被严刑虐待，最后在军统人员运动下历经艰苦于1941年5月逃回重庆，戴笠还为他开了欢迎会。[1]

戴笠听说王天木又出卖了刘戈青，遂彻底绝望，命令仍在上海的吴安之不惜一切杀掉王天木一伙。吴安之运用他与王的保镖马河图的私交，以同乡之谊及国家大义，劝马及岳清江、丁宝龄等人“归队”军统成功。他传达了戴令，并令在76号中的内线丁宝林与许清江配合，立即刺杀王天木、陈弟容。

12月25日，圣诞节之夜，王天木、陈弟容、何行健带马、岳、丁等十多人去歌舞厅游玩。深夜时分，人渐散去。当他们走出沪西愚园惠尔登舞厅大门时，马河图三人突然拔枪射击，陈弟容、何行健当场倒地死去，但王天木却无恙。是他们有意放了王不死，还是传说的王躲进了女厕而侥幸？说法不一。后来王虽因搞不清的原因免死，却被76号抓去，李士群要他对陈弟容、何行健之死负责，关关放放前后审查两年多，直到1942年冬才由李士群派任为伪华北特务工作团的副团长，这“等于废掉了全身的武功，再也施展不开了”[2]。行动之后，吴安之偕马河图离沪去了河南。

军统上海区的工作，因王天木等的投敌破坏而面临崩溃。为挽救局面，戴笠派其亲信同学姜绍谟秘密去沪组织第二区，以图另起炉灶。

姜绍谟毕业于北京大学，曾任国民党军东路指挥部少将参议、浙江省党部委员、教育部司长等职，抗战后加入军统局。他去沪后，除书记陈祖康及随身电台外，皆不用军统网络，并让人以为他是来加入汪伪“和平运动”的，从而较好地隐蔽了身份。他利用与汪伪财政部钱币司司长梅哲之及伪政府文官长徐天琛的关系来搜集情报，利用汪伪军事委员会常委、绥靖军总司令任

[1]《戴雨农先生全集》(上)，(台)“国防部”情报局1979年编印，第116页。

[2] 陈恭澍：《英雄无名》第三部《上海抗日敌后行动》，(台)传记文学出版社1984年版，第59、139、239页。

援道之弟任西平的关系来策反他，最后得任援道上书蒋介石，表示“身在曹营心在汉”，戴罪图功。姜绍谟还利用旅日华侨王某，买通了驻南京日军“登部队”的译电员与打字员，及时报告了日本飞机计划轰炸重庆罗家湾军统局的情报，使之得以避免损失，但姜绍谟的活动对于军统上海区恢复工作局面并无多大作用。

与此同时，戴笠还派“忠义救国军总政治部主任”文强前往上海租界，任军统策反委员会主任兼忠救军驻沪办事处处长，直接受戴笠的领导，专事对汉奸的策反工作。他还代表戴笠参与“上海统一委员会”的活动。这一机构是国民党运用上海帮会等力量来协调中统、军统、外交部驻沪办事处、国民党江苏省党部等进行地下活动的。文强在沪的活动不受军统上海区管辖，但有横向联络关系。

戴笠指派姜绍谟、文强来沪活动，是他狡兔三窟之举。鉴于上海区人员的不争气，他不得不为在上海的组织和工作做万全之“备份”，但他绝没有放弃重建上海区的努力。

1939 年 8 月初，戴笠派出了他的得力干将、擅长行动的陈恭澍从香港转赴上海，出任上海区区长，试图在与汪伪特务的斗法中全面扭转被动的局面。

当时，陈恭澍刚从中央训练团党政训练班第三期受训毕业，戴笠召见他说：“我们在上海的组织，已经遭受敌伪破坏，到目前为止，还没有掌握到全部情况，而且仍在恶化中。我决定你去处理这问题，要排除障碍，维护工作的继续执行。”[1]

陈恭澍到达上海后，首先对区本部进行了调整，为短期内见成效，他计划将行动与情报一元化，并加强行动力量，拟订了一份《人事组织调整方案》呈递戴笠，得到批准。戴笠复电说：“兄处所拟扩展沪区行动组织之计划，弟已批准，请兄物色忠勇人员，迅行成立，所需武器，请兄设法收买。”[2]

戴笠连连催促陈恭澍行动，甚至打电报来斥责他：“兄乎！河内一击未

---

[1] 陈恭澍：《河内汪案始末》，载（台）《传记文学》第 40 卷第 2—6 期。

[2] 陈恭澍：《英雄无名》第三部《上海抗日敌后行动》，（台）传记文学出版社 1984 年版，第 103 页。

成，竟胆小如鼠乃耳！”[1]于是，陈不得不硬着头皮加快行动，组建了上海站直属新编第一组、第八行动大队等组织。按照戴笠电文指示“今后行动应具必死之决心，集中全力，孤注一掷，非大流血不足以寒敌胆，而发扬我民族抗战精神也”[2]，他们干了不少事。据陈恭澍自己称，在上海站主持工作的两年内，“制裁大小汉奸走狗一百余名，破坏日寇军事设施及焚毁军需物资等五十余次，另外，最使敌军丧胆的是格杀了日本现役武装官兵约四十名，于此，我方牺牲之惨重亦可想见”[3]。他们刺杀的对象包括与军统为敌的法巡捕房督察长程海涛、76号伪特工第三行动队队长赵刚义、机要处副处长钱人龙、叛变投靠76号的原军统人员邵笵九（国民党元老邵力子的堂侄）等一批敌对分子。影响比较大的则是刺杀了伪上海市市长傅筱庵和投日的黑帮大亨张啸林。

在制裁汉奸的同时，有军统人员提出，不能只杀汉奸而对他们的侵略者主子不加打击。于是，上海区提出了一个歼灭日本军人的计划，要求军统局本部授权他们相机行事在上海日占区范围内刺杀日本军人，不论其军阶高低，无须事前报备，有机会就立即格杀，以达震慑之效果。隔了四五个月后，戴笠回电批准执行，但没有具体说明要求事项。

据当时的报刊所载，军统上海站和“抗日杀奸团”由此在上海地区开展了针对日本军人的武装行动。其中自1940年9月到1941年10月，共行动50余次，毙伤日军60人以上。

陈恭澍自己在书中说，“上海区”的上述“奸敌专案”“的确震撼了上海地区的日本驻军，最明显的事实，就是有很长一段时间，穿制服的日本军人除结伴成伙、互相戒备之外，绝不敢单独一个人在路上行走，横眉怒目擅闯民宅的事很少发生了……我们认为这就是打出来的效果。至于陷区人心大快，那就更不用说了”[4]。

军统局上海站对日军官兵的刺杀，在一定程度上打击了侵略者，但其

---

[1] 同上书，第54页。

[2] 陈恭澍：《英雄无名》第二部《河内汪案始末》，（台）传记文学出版社1983年版，第8页。

[3] 陈恭澍：《英雄无名》第三部《上海抗日敌后行动》，（台）传记文学出版社1984年版，第6页。

[4] 同上书，第286页。

作用并不大，也不能对中日战局发生多大的影响，而且每次行动的结果，都会引起日军的疯狂报复，使行动地区的人民蒙受损失。当时的报刊都有报道，如重庆《大公报》1941 年 5 月 10 日载中央社香港电称："敌方戒备之伪中央市场，有日籍稽查员一名，被人枪杀毙命，事后敌将无辜菜贩捕去数十名。""日军在闸北大举搜查，逮捕居民五百余人……以照片一一对认，结果并无一人相似。"陈恭澍也在其书中承认说："至于说到波及当地居民，也就是因为杀日本兵而害了我们无辜同胞的事，过去已屡见不鲜，每逢一次行动破坏后，日军总是封锁现场，任意逮捕附近居民，除严刑拷问外，且乘机肆意掳掠奸淫，无恶不作。其接近大都市的地方，因耳目众多，或许还稍有顾忌，到了穷乡僻壤，那就更为所欲为了。举个实例来说，二十七年春，笔者在北平亲率王文诸同志制裁第一号伪头目王克敏一案，事后日本军方立刻封闭九城，切断了一切的交通出入，在一夜之间，全面大搜查，总共逮捕了三千多人，其中与我们有关系的也只有武汉卿夫妻二人而已。其余的都遭到池鱼之殃。"[1]"每发生一起枪击日军的案子,事后最倒霉的还是当地的居民。"[2]

1940 年初，戴笠一时兴起，两次致电上海站陈恭澍，要他们在沪发动开展"工人运动"。电文说："在目前情况下，吾人对上海各业工友，应加紧运动，密切联系，以制敌伪之死命。弟意，应即秘密组织一'上海职工运动委员会'，请两兄联络在沪同志从速进行，所需经费当由中央负责也。""对工人之运用，至关重要，因今日之特工，需要多数深入之路线与社会普遍职业之掩护也。弟意应组织一职工运动委员会，即请虞洽老、赵子刚、刘绍奎、刘俊卿、蒋福田诸先生为委员，吾沪区亦可选派人员参加其工作，月需经费若干，决由中央负责。事机急迫，请兄即洽商进行。"[3]当时上海站站长陈恭澍认为工运组织非内部产生很难插手，而且他们又没有工运的经验，只好为了应付戴笠的催促，在区内成立了一个由戚南谱负责的"工运办公室"，下面在

[1] 同上书，第 278 页。

[2] 同上书，第 274 页。

[3] 陈恭澍：《英雄无名》第三部《上海抗日敌后动》，(台) 传记文学出版社 1984 年版，第 232 页。

"新一组"内设了一个"工运小组"。"我的原意是，一切要看南谱兄的开拓情况再做决定。""最不可解的是戴先生嗣后再也没有询问过这件事。"[1] 这件事说明了当时戴笠对军统局工作指导的随意性和他个人的做事风格。

1939 年 10 月，上海区第四行动大队副队长万里浪投靠 76 号，并设计抓捕上海区书记郑修元，差一点得手。陈恭澍急忙安排郑撤退。这年底，随王天木投敌的陈弟容被军统击毙后，所遗 76 号第一处处长职务由万里浪继任。万里浪是个穷凶极恶的人，他上任后拼命为李士群卖力，到处搜捕军统人员，并残酷地对待被捕者。他利用过去当忠救军指导员时结下的关系，把原忠救军分队长、现任上海区第一行动大队第三分队长周西垣拉了过去。当陈恭澍请命制裁万、周时，戴笠却对这份报告拖延不批，有消息说，这是因为万里浪投伪是戴笠的安排，但从他对上海区的破坏情况来看，即使是戴的计划，那么这时戴也是哑巴吃了黄连，有苦难说了。1941 年 6 月 28 日，新任上海区第一行动大队队长刘原深又被万里浪绑架，接着区内人员连连被捕，特别是刺杀日本官兵最多的第三行动大队，到 10 月，大队长蒋安华以下六十余人只有一人幸免。上海区人员大批被捕，陈恭澍无法阻止这"多米诺骨牌"效应，就提出了大规模换人的计划，欲将上海区撤走五百余人，再从忠救军调入千余人，让万里浪无人可捕。就在此时，区长陈恭澍也出事了。

1941 年 10 月 29 日，上海区会计等十余人被日伪捕获，大量的记录有关行动与关系单位人员的账单落入敌手，立即成为日伪的追查线索和依据。陈恭澍得到内线报告，马上向戴笠发报告急，接着去找区书记齐庆斌商量对策，但齐已被捕，陈恭澍也被留守的汪伪特务抓获，送往 76 号。万里浪在李士群安排下得意洋洋地对陈进行了审问和劝降。

随着陈恭澍、齐庆斌的被捕，军统局上海区被汪伪特务组织 76 号全部破坏。11 月 28 日，汪伪《中华日报》公布《渝方蓝衣社上海区组织系统及其名单》，将军统局上海区 10 个部门、8 个行动大队、5 个情报组组织人员全部公布，其中相当部分被捕人员被吸收参加了 76 号伪组织。[2] 李士群甚至利用被

[1] 同上书，第 234—235 页。

[2] 上海《中华日报》，1941 年 11 月 28 日。

缴获的电台给重庆军统局发报，欢迎戴笠来南京投汪，气得他几天闷闷不乐、食不甘味。[1]这是抗战开始后，蒋汪特务在上海滩较量军统方面的又一次大失败。奇怪的是，由于汪伪特务头目李士群出于内部斗争、对外寻后路等，他们对被俘的陈恭澍、齐庆斌等人并未为难，只是要求他们投降，与日伪合作，以“绝对不能再走回头路”（指再与军统联系）为唯一的条件[2]，而先期被捕的军统局上海站站长钱新民、副站长尚振声就是因被捕后又“走回头路”而被汪伪特务杀害的。

在得到陈恭澍的允诺后，李士群竟然冒着得罪汪精卫夫妇的危险，为河内刺汪的主将之一陈恭澍打了掩护，也不知他怎样说服了曾在审讯时对陈恭澍破口大骂、暴跳如雷的汪妻陈璧君，使汪精卫夫妇破例答应不再追究往事，这不但使陈恭澍保留了性命，而且得到了使用，被派往杭州伪“政治保卫学校”任教育长。李士群死后，陈恭澍又得到日本特务“梅机关”中岛信一、晴气庆胤等人庇护，组织了一个为日本人搞情报的“第一委员会”，由日军方直接供应经费物资，因此连伪政府要人周佛海也要向他讨好，得以渡过重重危机。其间，他暗中又与重庆军统恢复了联系。抗战胜利后，陈恭澍立即被军统委任为上海区第三站站长，半年后的1946年春节前夕，他忽然被国民政府以汉奸罪逮捕，并判刑12年。一年半后又被释放，转任“中央训练团励志训练班”第一大队上校大队长，后又任“国防部绥靖总队”第一大队上校大队长，开赴华北参加反共内战。[3]

关于陈恭澍被捕后的经历，仅凭他在回忆录中所说的他只向日伪交代了一些“他们所知的情报”和不会对重庆方面造成直接危害的情况而言，就是在一般的推理上也是说不通的。李士群和日本“梅机关”不是傻瓜，而汪精卫夫妇更是对试图暗杀他们的人痛恨至极，他们一定不肯轻易放过历次追杀汪的行动主持人之一的陈恭澍；而陈自己解释的日伪认为他“有用”、李士群

[1] 邓葆光：《军统领导中心局本部各时期的组织及活动情况》，载全国政协文史资料研究委员会：《文史资料选辑》第86辑，中国文史出版社1983年版，第189页。

[2] 陈恭澍：《英雄无名》第四部《抗战后期反间活动》，（台）传记文学出版社1986年版，第82页。

[3] 陈恭澍：《英雄无名》第四部《抗战后期反间活动》，（台）传记文学出版社1986年版。

和“梅机关”各有矛盾及所图等理由，其前提是陈要答应“合作”才行。所以，有情报说陈已供出了先期打入汪伪政权的唐生明真实身份等重要情报，才得以被 76 号放生和收编，是有一定道理的。

无论如何，从汪伪政权调查统计部发言人在陈恭澍被捕后发表的谈话来看：“陈君为汪主席的伟大精神所感召，深悟过去盲从抗战之非是，在沪受人利用主持卑劣的暗杀工作，尤觉痛心，愿率所属干部百余人，脱离残酷罪恶的组合，要求自新，参加和运，拥护汪主席和平救国之主张，重新为党国效力，以赎前愆。并将秘密电台 9 座、枪支数十，弹药数千全部缴呈调查统计部驻沪办事处，表示其投效之忠诚。”陈恭澍也公开发表声明表示：“本来中日事变，在日本为求友人，而非打敌人，可惜中国初即受共党的挑拨利用，复受英美的操纵怂恿，致有抗战到底的谬论，而高唱迄今……”现在要“决然自新，跃出残酷罪恶的组合，迈进于和平建设之营垒，深愿追随先进，拥护汪主席和平救国之主张，以达成共存共荣之领域。”[1] 这些公开发表的文件足以说明，陈恭澍已完成了叛国投敌的手续，沦为抗日的叛徒。难怪国民党在战后要把他关进监狱。

从军统在沪特务被汪伪逮捕后的一般情况来看，大多数人是为了保命而“落水”，采取与汪伪合作的态度；而后，他们中一部分人又“走回头路”，与军统重新建立了联系。戴笠当时对这些人基本采取羁縻政策，先准其反正，用起来再说，胜利后再算账；但对其中有用者，处罚判刑也只是走个过场而已，陈恭澍的经历就是明证。

陈恭澍作为军统局的得力干将，在抗战前后参加和组织了多次重大的刺杀行动，后来又投靠了日伪，再得以复出，他的个人经历跌宕起伏，充满危机与变数。逃台之后，他撰写了回忆录《英雄无名》丛书五册，虽然立场反共，且行文啰唆，但文中记载了不少军统活动的事实，作为一家片面之言，也可供研究者参考。

军统局上海区几次被日本及汪伪特工端了老窝，陈恭澍的叛变是终结性

[1] 上海《中华日报》，1941 年 11 月 28 日。

的一幕。其关键在于蒋、汪之间在反共政治立场上有共同点，唯一的对立就是对日“战”与“和”的不同，所以他们虽然杀来杀去，但一旦军统特务们被捕，在生死抉择面前，往往立即选择投汪。事实也证明，蒋介石、戴笠对他们的这种叛变最终采取了原谅与包庇态度。

戴笠在上海区活动的组织领导上也有重大失误，他在军统内部强调个人信仰而忽视对国家民族的忠诚教育，使得其部下认为只要最终能得到他的宽恕，什么事都可以做。陈恭澍、钱新民等重要的中层骨干们被捕后的经历都证明，他们认为先投汪以保命，而后再向戴笠请罪图功，就可以免于杀身之祸，至于民族气节立场，都没坚守得住。而戴笠将各大区人员频繁调动，互相之间都有千丝万缕的联系，一旦破阵，引起的连环崩溃效应无法阻止。王天木投敌事件，最后几乎使军统局在华东、华北沦陷区的组织丧失殆尽。陈恭澍叛变后，戴笠被迫下令撤走了文强的“策反委员会”最后一支在沪力量。此后，军统局完全丢掉了上海。

第四节 “花花公子”深入“虎穴”

年轻时的唐生明

1940 年 3 月，汪伪政权刚刚在南京粉墨登场，戴笠就暗中策划挑选合适人选前往汪政权内部做“卧底”。千挑万选后，戴笠看中了“好兄弟”唐生明。

唐生明，湖南人，民国著名将领唐生智的胞弟，抗战前官至军事委员会中将参谋，抗战爆发后曾任长沙警备副司令等职。1938 年，改任湖南常（德）桃（源）警备司令、第二区行政督察专员兼保安司令。

他为人圆滑，善于交际，既是戴笠的好友，与汪伪方面许多头面人物也都很有交情，而他大哥唐生智的反蒋经历也使得汪伪政权内部人物对他怀有较为亲近的好感。他的妻子徐来，则是著名的电影明星，在上海交际颇广，更能为他们的活动做掩护。他夫妻二人以后方条件艰苦为名去往上海住家，大多数人也都是乐于接受而不会多做怀疑的。

戴笠对于自己的周密思考颇为满意，这一提议很快得到蒋介石的默许。戴笠几番催促，把唐生明招到重庆，也不谈具体做什么事，光是好吃好喝地招待他。

这天，戴笠又来到唐生明的住所，同他讲："既要使你生活过得好、适合你的个性，又能一鸣惊人，做出惊天动地的大事来。"唐生明听了心里发虚，知道要谈正事了，但也猜不出究竟找他何事。戴笠接着说："有个很重要很重要的特殊任务，校长说只有你能承担。"然后如此这般一讲，并一拍胸脯："我前前后后为你设想过，你去绝对没有危险。说良心话，凭我们的交情，我也绝不会把你往火坑里推。关键时刻你可以我方代表的身份，公开大方地与他们往来。"

唐生明听罢，知道蒋介石已经默许此事，他定了定神，缓缓地对戴笠说道："既然如此，我就站在你朋友的立场去工作，但我绝不做你的属下。朋友关系，大家都方便。"戴笠表示认可，说："只要你肯去，我们之间可以一直保持和过去一样的朋友关系。我在上海和南京的两个区，你也可以指挥，但不一定要你直接领导。"[1] 并当即给蒋介石打电话，蒋介石定在第二天约见戴笠和唐生明。

第二天，蒋介石见到唐生明，客套几句后说："戴笠告诉我，你很好，很能干。我决定让你去上海，这个任务只有你最合适。"

唐生明随即说道："我是不是合适，还请校长多加考虑。"

蒋介石当下一脸严肃，他说："这个任务很重要，我已决定派你过去。我是你的校长，你是我的学生，你要听我的话。有什么问题，可以与戴笠商量。"

[1] 唐生明：《我奉蒋介石命参加汪伪政权的经过》，载全国政协文史资料研究委员会编：《文史资料选辑》第 40 辑，中国文史出版社 1983 年版，第 7 页。

唐生明知道避无可避，只能多为自己争取些时间和资源，就说："我还想和家兄商量一下。家父去世不久，母亲最疼我，也得问问她老人家……"

没等唐说完，蒋介石打断他的话说："我会和孟潇（唐生智的字）兄说明情况的，这没得问题。至于老伯母方面，我想同夫人送一张合影给她老人家，请她放心。"当下唐生明再无话可说，点头答应。

戴笠交给唐生明的任务有三：一是在上海运用与汪伪要员们的旧关系，掩护军统地下组织的活动，"不使再遭到破坏，已被捕的要设法营救"；二是在汪伪内部进行分化瓦解，以蒋介石的"宽大"政策拉拢策反汉奸，告诉他们"领袖是很关怀他们的，这种德意，应当让他们都知道"；三是帮助戴笠的"忠义救国军"抵抗中共新四军在江南的活动。[1] 戴笠对唐交代，军统上海区给他一部电台供联络用，投汪理由就是受不了大后方的艰苦生活，钱可尽量花，生活要腐化，说："你的腐化是校长特许的，是奉命腐化，只要别人认为你只知道玩，什么也不行，这样就有办法了。"戴笠还特地让人先在上海放出风声，说唐生明在后方过不惯，马上要搬家到上海了。

1940 年 9 月，唐生明携家眷绕道香港抵达南京"投靠"汪精卫，"参加和运"，并很快通过李士群、陈璧君的审查，取得了汪精卫的信任。10 月，汪精卫在伪国民党中央政治会议上提议任命唐生明为伪军事委员会委员。戴笠为掩护他，特别让唐生智在重庆报上发表声明，大骂其弟落水为奸，声明脱离关系，请政府通缉。

唐生明表面上为汪伪工作，先后担任汪伪军事委员会委员、中将高参、保安副司令、"清乡委员会"副秘书长等职，但他深知真正落水的下场，绝不参加伪政权方面的实际事务。他和妻子徐来利用自己的历史关系，以打麻将等手段与周佛海等上下级老熟人们打得火热，并与汪精卫、周佛海的老婆甚至日本特务头目影佐祯昭等人打牌交往。[2] 太平洋战争爆发前，唐生明在与日本军官喝酒时，刺探到了日本将要南进开战的重要情报，报告给重庆，为中

[1] 唐生明：《我奉蒋介石命参加汪伪政权的经过》，载全国政协文史资料研究委员会编：《文史资料选辑》第 40 辑，中国文史出版社 1983 年版，第 10 页。

[2] 金萍：《纵横牌桌，唐生明夫妇巧取汪伪情报》，载《南京晨报》2007 年 4 月 13 日 5C 版。

方判断太平洋战争的爆发并提醒美国提供了佐证。当然，唐生明也曾将军统得到的新四军情报供给日伪“清乡”用来对付中共武装。[1]

1941 年冬，军统局驻上海沪一区区长陈恭澍被捕，向汪伪特务头目李士群交代了唐生明的底细。当时，李士群已经截获关于劝告戴笠令上海站不必刺杀日本兵以免祸及当地民众的电报，推断出可能出自唐之手，因而对他已有怀疑。得到证实后，鉴于汪精卫与唐的关系，李未敢擅动，只对唐生明加以监视，并把他送到南京交汪精卫处理，但唐生明一到南京就被日本人接走了。

接下来的事令唐生明大感意外。日本中国派遣军总司令部参谋长河边正三宴请了他，总司令部都甲大佐对唐说：“我们很久一直找不到与蒋介石阁下有关系的人商谈，今天找到了你，我们非常高兴。所以特别请你来谈谈。”日方明确说明他们知道唐的身份，但绝不会找他麻烦，相反却要保护他，支持他的工作，要他把与重庆的联络电台保留下来，由他们负责保护，使之作为日本与重庆暗中沟通的一条线，并说汪伪绝不敢为难他。河边正三也对唐说：“我们因为找不到办法，才拉汪精卫出来，希望通过你能和蒋介石阁下直接商谈中日合作防共，请你从中协助我们早点完成这个任务……大家都是一致反共的，都是为了大东亚共存共荣，日本对中国没有野心，并没有打算长期占领，我们应当很好地合作起来一致反共。”[2] 随后，中国派遣军总司令畑俊六也会见了唐生明。

以后，唐生明便在日本人与李士群的保护下做了一个公开的特务，对他所提的要求，日伪方面总是尽量满足。其后被日伪捕获的几十名军统特务，最后都由唐生明保释而出狱了。

蒋介石与戴笠得知唐生明已与日伪公开接洽后，也比较满意。戴笠电复唐生明，称赞他不负校长重望，能超出蒋对他的希望，并要他先以个人名义与日方往来，多与之周旋，对日方所提一切问题，不要先做具体答复，随时

[1] 唐生明：《我奉蒋介石命参加汪伪政权的经过》，载全国政协文史资料研究委员会编：《文史资料选辑》第 40 辑，中国文史出版社 1983 年版，第 25 页。

[2] 唐生明：《我奉蒋介石命参加汪伪政权的经过》，载全国政协文史资料研究委员会编：《文史资料选辑》第 40 辑，中国文史出版社 1983 年版，第 43 页。

向重庆报告，还特别嘱咐不要先承认代表什么人，一定要好好保持这一关系。他们从日本对唐的态度中，悟出日方仍对重庆留有后路，也就顺水推舟，让唐做了对南京的联络人。

与此同时，戴笠还派陈旭东、从西平等人通过亲友关系“投靠”南京，与汪伪政权中的军政部部长鲍文樾、海军部部长任援道取得了联系，为蒋介石做策反工作。另派周镐、濮齐伟、毕高奎等多人与汪伪社会部部长丁默邨、考试院院长缪斌、伪浙江省省长傅式说、伪南京宪兵司令陈皋、伪华北政务委员会教育总署督办周作人、伪山东省省长杨毓珣等人联系，全方位地挖汪精卫的墙角，而这些汉奸也想借机给自己留一后路。唐生明拉拢到的最重要的人物就是周佛海。

周佛海

周佛海早年曾参加中国共产党，并出席过中共一大，后来投靠国民党，成为“CC 派”主要干部。他因和汪精卫亲密的历史关系，加上对抗战前途失望，成了最早随汪精卫投敌的国民党大员，其后一直在汪伪政权担任财政部部长、行政院副院长、军委会常委等党政军要职，掌握伪政权的财政、行政、军事大权，是汪伪政权内的第三号大汉奸。

唐生明抵宁后不久，周佛海就向他打听路线，准备接母亲等人从湖南来南京。戴笠得知这一消息，抢先一步，把周母等人作为人质带到贵州息烽监狱看押起来。听到这一消息，自命为“孝子”的周佛海先软了下去。他把被捕的军统南京直属组特务程克祥释放出来，放回重庆，并要他向戴笠转达对“保护和照顾”其家人的“感谢”，并表示自己“离开重庆，最大的错误就是没有事先报告委员长”，“今后仍当奉命行事”。

程克祥回渝报告后，得到戴笠的嘉奖，接着又被派回南京，任军统京沪区区长。戴笠还要他向周佛海转告，“他的母亲就是我的母亲，叫他不必挂念”，“不必悔怅过去，只要把握未来，好好干一番”[1]。戴笠的确对周的母亲不错，在其母去世时，他还代周披麻戴孝跪在灵前，照相送到南京，周佛海看了心中感到些许安慰。太平洋战争爆发后，周佛海估计日本最后将战败，于是死心投靠重庆，成为戴笠从汪伪内部“拉出来”的最大的汉奸。

周佛海在家中架设了两部对渝联络的电台，一部直接通戴笠，他早年曾任黄埔军校的教官，与戴笠有名义上的师生关系，与戴笠比较熟悉，每日彼此电讯不断；另一电台通第三战区长官顾祝同，战前顾任江苏省政府主席时，周曾为省教育厅厅长，彼此也熟悉，这时顾祝同的岳父家居上海，得到了周佛海的关照，“公谊私交，两均契洽”。当时戴笠给他的电令多以蒋介石的名义发送，周对此时常怀疑，于是就电顾请其帮忙“再探中枢虚实”[2]。这些汉奸政客都是这样善弄权术，处心积虑地为自己“留条后路”。

周佛海向重庆投诚后，为重庆提供了各种情报，掩护军统特务，释放了多名被捕者，并在暗杀李士群等重要事件中发挥过作用。

戴笠在派唐生明“投汪”时，给他的一个任务是拉拢李士群，因李士群曾是唐生明兄长唐生智的部下。但时过人非，李士群并不多搭理唐生明，使他无隙可乘。1941 年 8 月，戴笠又通过杜月笙找到过去对李士群有恩的上海律师余祥琴，发展他加入军统局，指示他去见李士群，要李杀了汪精卫或劫持他来重庆立功。9 月，余祥琴返回上海，密见李士群，转达了戴笠的意思，说若如此做了“不但既往不咎，且代蒋委员长保证给你更好的地位和优厚的奖励”。李士群当即否决，他表示“愿诚意与戴先生合作”，但唯有害汪一事不能办，并要“请戴先生给我一封亲笔信”才能相信。[3] 虽然后来余祥琴乃至唐生明都在继续做李的工作，但李士群一心想投靠日本人，对他们的劝说都只是敷衍。

李士群表面采取敷衍态度，暗地却急于立功，好向他的日本主子领赏。在与重庆的特工战中，特别是在上海与军统上海区的斗争中，他逮捕并杀害

---

[1] 沈美娟：《孽海枭雄：戴笠新传》，北京十月文艺出版社 1992 年版，第 482 页。

[2] 朱子家（金雄白）：《汪伪政权的开场与收场》第二册，（港）春秋杂志社 1959 年版，第 65 页。

[3] 余祥琴：《上海沦陷期间四年地下工作追忆》，载（台）《传记文学》第 195 期。

了许多“重庆分子”，大大地得罪了两统。潜伏在上海的军统力量基本上被他肃清，戴笠对他恨之入骨，在周佛海表示归顺后，戴笠对他的第一个要求就是干掉李士群。

李士群

李士群的暴虐性格使其在汪伪内部树敌过多，特别是他只买汪精卫的账，对顶头上司周佛海也不恭敬，弄得周佛海大为不满，也想除掉他。最关键的是李士群权高气盛，居然发展到不听日本人的话，为壮大自己的武装竟敢与日军抢夺军粮，这就注定了他最后被杀的命运。

为了除掉李士群，唐生明设计了上、中、下三策，以日本人出面杀他为上策，汪伪内讧为中策，军统派人动手为下策，经过再三考虑，决定采用上策。

1943 年秋，李士群为争夺伪税警团团长一职又与周佛海、罗君强、熊剑东等人发生激烈的争斗。他曾派人在上海北站暗杀税警团副团长熊剑东未成，杀手反被日军捕获。军统得知这一动态后，密令已在掌握中的周佛海，制造日李矛盾除掉李。周佛海于是使用反间之计，利用李士群在“清乡”中发展私人势力引起日军猜忌的机会，向日本人明确表达了“李士群立场不稳”的信息，说他有“通共”嫌疑，加上李在日本军方的靠山、特务“梅机关”首脑晴气庆胤与影佐祯昭相继他调，继任的柴山兼四郎不喜欢李，于是李的厄运来临了。

柴山特地飞去北平与晴气商量处置李士群的问题，他说：“李士群的横暴与跋扈越来越厉害，他搅乱了整个南京政府，使政情陷于极度的不安……不能再让李士群干下去了。”他要将李士群立即撤职，晴气当然反对，但柴山官阶比他高，他也没办法阻止，只能写信要李注意收敛，李士群却不以为然，连信也未回。他对手下傲气地说：“不交就是不交，他们又能把我怎样？”[1]

[1] 陈恭澍：《英雄无名》第四部《抗战后期反间活动》，（台）传记文学出版社 1986 年版，第 374 页。

周佛海通过熊剑东，在华中日军宪兵司令部特高科科长冈村面前挑拨离间，说李士群要夺宪兵队的权，激起了性格暴躁的冈村的愤怒，他同意出手干掉李士群。

9 月 6 日，李士群被冈村中佐邀请去他家赴宴，名为调解他与熊剑东的矛盾。李碍于情面不敢不到，但在席中，他婉拒了所有的茶水和点心。熊剑东为消除李士群的戒心，主动向李示好，加上冈村在一旁好言相劝，三人越谈越欢，李才逐渐放下戒心，临走吃了半块冈村夫人送上的肉饼。

吃完半块肉饼后，李士群为以防万一，找了个借口回家。回到家后，他赶忙跑到厕所催吐，想把吃的东西都吐出来。因为吃得少，他吐了好久也没有吐出来，他也就没放在心上。一天过去了，李士群也并未有任何不适。

原来，冈村给李士群下的毒叫做阿粑菌，是用患霍乱的老鼠的尿液培养出来的，感染后最初并不会有任何的不适，但过了 36 个小时之后，患者便会上吐下泻，直到脱水而死，人死后尸体缩得像猴子那么小，毒性相当厉害。

过了两天，李士群的毒性开始发作，周身大量出汗，并连续发高烧。起初他以为只是感染了一般时疫，但病情一直没有好转，于是想起了那半块肉饼，顿时失了神色。

这时，日军驻苏州的师团长小林中将获悉李士群的病情，因往日交好，立即带了团部的军医和华中铁道会社的一个铁路医官来看病。李士群看到小林，以为小林是受命来看自己是不是死了，于是一改往常谄媚的态度，指着小林破口大骂。其妻叶吉卿再三规劝，最后他以不吃药不打针为条件做了检查。检查结果是中了毒，必须赶快抢救，但这时已经晚了。

李士群临死之前因脱水而痛苦不堪，要举枪自杀，被叶吉卿和马啸天夺下手枪。李士群懊恼地对曾劝他以退为进的马啸天说："我悔不听你的话，落得这个悲惨的境地。"1943 年 9 月 9 日，作恶多端的李士群最终自食其果，丧身在日本主子的毒药之下。后来戴笠同唐生明谈起此事，哈哈大笑，说："这件事干得真漂亮！"

第五节　在广东、浙江刺杀伪政权头目

在宁沪等地频繁刺杀日伪分子的同时，军统人员在汪伪势力比较集中的广东、浙江等地也开展了一系列行动，刺杀伪政权官员，以震慑敌伪的气焰。

1943—1944 年间，在广东被重庆特工刺死的伪政权高官有伪海军部虎门要港中将司令何瀚澜，伪军委会委员兼中央监察委员、“潮汕军总司令”黄大伟等，伪广东省省长陈耀祖（汪精卫妻侄）也死在军统的行动之下。

1944 年 4 月 4 日下午 5 点，陈耀祖到广州文德路古玩店看古董，军统广州行动队得知情报后，在店周围设下了埋伏。当陈耀祖从国际俱乐部出门向古玩店走去时，一个大汉走上前来一把抓住他喝道：“你是陈耀祖吗？”陈当即一愣，随口答道：“是。”那人举手一招，街上立即涌来 12 名特务人员举枪就打，陈身旁的几个警卫还没反应过来，就和陈耀祖一起倒在了地上。行刺者们继续鸣枪示威后，全部安全撤离。

附近的敌伪闻讯赶来时，陈耀祖已奄奄一息，急送博爱医院，医生认为伤势过重无法抢救，再转送日军野战重伤医院多方施救无效，于次日中午毙命。十多名军统行动人员在完成任务后，竟然又齐聚在文德路口城隍庙内福来居酒家痛饮了一顿，从容而去。

事后，伪广州当局宣布戒严三天，到处搜查。一时间，市面上金融混乱，物价飙升三四倍，伪币价值大跌，“伪币原定比率为国币二百元，现仅值八十元。伪府职员益感困苦，而匪盗乘机活动，晚上十时路上电灯电线均被割去，敌亦不准行人外出，形同死市”[1]。

1941—1942 年间，在江苏、浙江日伪统治的中心区域，军统浙西分站、苏州站、“忠义救国军”调查室人员也采取行动，刺杀了伪杭州市市长谭书奎、汪伪清乡委员会署长谢叔锐等汉奸头目。[2]

[1]《广州战区教育督导员许金真致中央训练团温子瑞主任报告：广州区近况》（1944 年 5 月 13 日），中国第二历史档案馆馆藏教育部档案 五 13814。

[2]《“国防部”情报局史要汇编》（一）第二编，（台）“国防部”情报局 1962 年编印，第 238 页。

军统人员对地方伪政权头目的刺杀，在一定程度上打击了日伪，震慑了敌方的嚣张气焰。

第六节　对日伪的货币战

抗战时期，敌我双方除了炮火硝烟中的军事斗争、你来我往的间谍战，还在金融、贸易与交通等领域开展了尖锐、复杂而特殊的无声战斗；其中最激烈的要算“货币战”，而这种“货币战”也与戴笠的地下贸易密切相关。

这场国共与日伪四方的“货币战”是由日本侵略者挑起的。

日本对华的经济侵略自“九一八”后即开始，他们在我国华北利用不法商人、汉奸抢购国币，换取铜圆、银元，私运出境，购买中国物资及制造军火。日本全面侵华战争爆发后，日本陆军参谋本部密令日本特务机关，研究对中国开展货币战的方法。

1938 年年底，日军占领了中国东部的大片地区。随着占领区的扩大，战线延长，其自身的能源、兵力有限，战略进攻被迫中止，转而实行稳固占领区的方针。为了取得在占领区的金融垄断，日本特务机关受命大量伪造法币，输往抗战后方，在扰乱中国金融打击法币信誉的同时，抢购后方物资，支持侵华战争的需要。日本参谋本部陆军少佐山本宪藏具体负责伪造法币的行动，他网罗造币专家、日本凸版印刷株式会社社长兼巴川造纸株式会社社长井上源之承等人，开展伪造中国法币的试验。开始时用于在国际市场购买军用物资，后来发展到利用他们在华的特务机构“松”“梅”“兰”“竹”各机关和开设的各种贸易公司将真假法币混合使用，鱼目混珠，悄悄进入中国金融流通领域，抢购军用民用物资，对中国造成了新的威胁。太平洋战争爆发后，日军占领香港。日本特务机关占领中国制币厂，获得了印钞机器及材料。中方在九龙中华书局内存放的中国农民银行发行的一批法币新钞及印钞机也落入敌手，东京的“陆军第九科学研究所”派专人研究了从香港获得的法币半成品及印制标准，改进了他们的伪造技术。1942 年，日本还购得了德国海军在太平洋一艘美国商船上查获的美国造币公司为中国交通银行印制的法币半成品10亿多元，加速了他们伪造中国货币的步伐。据统计，抗战期间，日伪共伪造法币总额达40亿元，品种有数十余。这些伪币混入市场，扰乱了中国的金融，加剧了中国抗战的经济压力，起到了特殊的破坏作用。

面对日伪在经济领域内的新式进攻，抗战阵营中国共两党在所辖地区都开展了针锋相对的斗争，发布了多种文告，采取各种措施加以防御和抵抗。

中共政权方面，1942年2月，中共华中根据地总结并推广了“用落后的办法防敌人伪造抗币”的办法，就是用自造土纸来印刷“抗币”，并在土纸中掺入带颜色的纤维或土水印，然后在印好的钞票上加盖登记号码。这样一来，敌伪在制造假“抗币”时，首先就需要花费较长时间来仿造土纸，增加了困难。同时又因为土纸币不能长期使用，一股的流通使用期只有半年，一旦破损，民众就自动要求兑换新票，旧票很快被收回。再印新币时，只要将旧币版颜色变换一下，新上市的“抗币”就变成另一种样式了。敌伪伪造“抗币”的流程时间从开工到上市起码要半年余，半年以后新“抗币”又变了颜色，假币一进入市场，就被人识破，立马变成废币。所以，日伪用此一套来破坏中共抗战根据地的财政，其收效之微是可以想见的。

国民政府连续在浙江、安徽、桂林、全州等地破获了贩卖假法币案件多起，引起了最高当局对反假币问题的关注。蒋介石命令戴笠军统局寻找解决问题的办法。

戴笠当时结合他对沦陷区贸易的需要，采取了“以假对假”的办法，以敌人之道，还治其人之身。他与英美两国造币公司合作，在重庆秘密地大量制造日伪钞票，为此还从美国购进特殊纸张和先进的印钞设备，又从中国银行造币厂请来经验丰富的技术人员，悉心研制，使所印制的日本军用票和汪伪“中储券”可以以假乱真。为了保密，那些临时调去印制伪钞的员工，一旦进入，便失去人身自由，只有在生活待遇上给予特殊的优待。印制伪钞的地方绝对不准其他特务知晓，因此知道这件事的军统人员寥寥无几。

除研制仿真外，戴笠还通过汪伪财政部部长周佛海的秘密关系，取得了日伪银行的最新钞票版样，直接送到重庆付诸印刷。据统计，军统局所伪造的日伪货币成品总数超过 1.5 万箱。这些伪钞被悄悄运往江西上饶，再从这里辗转运往沦陷区各地，进入市场流通，很快地换成黄金、布匹、面纱等日用品流入大后方。这些假钞，极大地扰乱了日占区的金融市场，并为戴笠军统局对沦陷区的贸易提供了无本的买卖之资，甚至一度引起日伪的恐慌。

1943 年，汪伪政府中央储备银行宣布："近日发现大量 10 元假票的储备券在市场上流通，本行不予承认，现金交易中也予拒收。"他们宣布假币正面纹样、颜色及质地与中储券基本相同，只是"中央储备银行"的"储"字稍有一点偏斜。这些制作精良的假币，投入沦陷区市场，扰乱了敌方的金融，令敌伪大伤脑筋。军统局此举打击了日伪货币的信用，并用以抢购沦陷区物资，通过地下贸易的渠道运回后方，补充抗战的财力物力，而戴笠与军统局也因这些"无本生意"发了大财。

总之，日伪挑起的这场"货币战"最后结果是互有胜负；比较之下，重庆军统局的反击因得到汪伪内部"内线"的配合而更显成绩。至于后来，国民党特务组织又把这一套"货币战"的手段用来对付中共，结果就因物是人非而不灵了。[1]

[1] 此节参考郭静洲：《抗战时期最特殊的中日"假币战"》，载《金陵晚报》2007 年 9 月 25 日 A13 版。

[第七章]

对外合作

——与国外谍报组织的交往

第一节　军统与苏联情报合作揭秘

1937 年“卢沟桥事变”爆发后，中国全面抗战开始。当时在国际上，中国是被侵略的一方，处于受人同情的地位。但列强各国的正义和同情只停留在道义立场上，并没有给中国多少实际的支援。种种行为，令中国极其失望。在这种情况下，为了进行抗日战争，团结一切可以团结的力量，中国政府只好不计前嫌，与曾从友变敌的苏联再次携手，合作抗日。

1937 年 8 月 21 日，《中苏互不侵犯条约》签订，向全世界宣示了共同反对日本侵略的紧密关系。苏方还表示“中国对日战争如到生死关头，苏俄必定出兵,决不坐视”[1]。他们派出了军事顾问与航空志愿队来华参战,同时还慷慨地向中国提供财政贷款，表现出了“为朋友两肋插刀”的仗义。

过去史学界在叙述这段历史时，曾十分详细地描述了中苏两国在抗日军事、外交及财政方面的合作，但对特工情报方面的合作则因资料之缺，无从记述，甚或根本闻所未闻。据有关档案资料之载，中苏双方当时的抗日合作关系，远比目前我们所知所想的要密切。特别是在情报合作方面，双方的工作进展迅速而卓有成效。后来因为日本南下野心的迅速暴露与英美的觉醒，

[1] 郭廷以：《近代中国史纲》（下），（港）香港中文大学出版社 1980 年版，第 691 页。

中国与西方的合作得以很快建立与加强。而由于政治意识形态分歧和苏联侧重西防德国战略，中苏未能继续在此领域发展关系，国民党政府转而与英美进行情报合作，中苏的这段秘密关系也就无疾而终了。但无论如何，中苏情报合作是中国抗战史与中苏关系史上一个重要的组成部分，值得我们关注与研究。

1937 年 8 月中苏结盟之后，出于共同对日战争之需，作为军事合作的组成部分，中苏双方也开始探讨在特种情报领域的合作。

1938 年 5 月，经中苏有关部门协商，双方达成在对日军事情报领域的合作意向，并决定成立一个联合情报工作机构。中方由国民政府军事委员会、苏方由国家安全局出面，进行了具体的商谈。军委会派外事组主任周明与苏方瓦西列夫签订了《中苏情报合作经费负担议定书》，为这项合作确立了基础。同年 7 月 14 日，蒋介石签署命令，任命军事委员会办公厅主任贺耀祖为所长，以国民政府军令部第二厅第三处处长郑介民及苏方的瓦西列夫为副所长，正式成立中苏情报合作机构——“技术研究所”，并迅即在中国各地设立组织，开展对日情报搜集与处理工作。[1] 从此，中方对苏合作即由军事委员会调查统计局（军统）负责。

1938 年 7 月 15 日，中苏“技术研究所”秘密成立，所址设于汉口市特四区台儿庄路 86 号。成立之初，其内部设立 4 科，各由中方人员主持，苏方人员协助工作：第一科主管情报人员的训练与情报网的布置，科长为军统干员江雄风，副科长为科佛多洛夫；第二科负责所获情报材料的汇总整理、审核及报告，科长为郑冰如，副科长为友里也夫；第三科主管电讯及通讯技术，科长为苏明，副科长为奥斯博夫，后并入第一科；第四科负责所内总务、经理及管理，科长为黄昌度。[2]

8 月 11 日，中方改派国防部第二厅厅长徐培根代替贺耀祖为所长。在这一阶段内，中苏“技术研究所”的工作包括：

布置在武汉、上海、北平、天津、济南、青岛、宁夏及香港、爪哇地区

[1] 见台湾“国史馆”藏档：特种情报 039（军事）《本会特种情报：民国二十七年度工作报告》。

[2] 同上。

的情报网系统。具体安排如下：

1. 天津组：1938 年 8 月 6 日派出组长倪中立、副组长滕勉组建，工作地区为平津及东四省。其任务是：

（1）监视日本海军陆战队经天津的运输情况，调查其运往内地的军火武器数量与去向；（2）监视日军在伪满洲国的备战情形；（3）调查日本在华北地区建立的经济设施；（4）侦察日军在华北的军事部署；（5）侦察日军的作战计划及兵力部署；（6）侦察日军的组成及其装备变化；（7）侦察日本经天津的入口贸易；（8）建立在平津及东北地区的联络关系。

2. 北平组：1938 年 8 月 4 日派出组长居仁组建，工作范围为北平、石家庄、晋、察、绥。其任务是：

（1）监视日本经北平运往晋察绥之军队及其武器；（2）侦察华北、伪满地区内日本设立的各种经济设施；（3）侦察日本与伪满军队的备战情形；（4）侦察敌军在华北的军事部署和兵力数量；（5）调查日本建立伪组织的政治阴谋。

联络办法为：有关情报经天津港送交天津组拍发，经费预算每月 630 元。

3. 山东组：1938 年 9 月 27 日派出组长李庆霖在济南、副组长王志超在青岛组建，工作地区为济南、青岛、烟台、威海卫。其任务是：

（1）侦察敌经青岛之海陆军运输情况；（2）侦察敌在渤海沿岸之海军实力；（3）侦察青岛码头建设状况；（4）监视日本在青岛的出入口贸易；（5）监视敌在津浦、胶济铁路的军运情况；（6）侦探敌对山东之战略计划。

联络办法为：在济南设立无线电台一座，负责济、青两地有关情报的拍发，经费预算每月 890 元。

4. 宁夏组：1938 年 8 月 5 日派出组长刘英在宁夏组建，工作地区为甘肃、宁夏、青海、绥远，情报员分布在宁夏、五原、包头、百灵庙、阿拉善旗。其任务是：

（1）侦察敌对内蒙之军事部署；（2）侦察敌对内蒙各盟旗的政治阴谋；（3）侦察敌对内蒙、西北的军事进攻计划；（4）调查伪蒙军实力与组织情况。

为便利联络，在银川设立无线电台一座，经费预算每月 1025 元。

5. 上海组：1938 年 7 月 18 日派出组长吴润荪组建，派员在沪杭、沪宁两铁路沿线布点，工作地区为上海、京沪、沪杭铁路沿线。其任务是：

（1）侦察敌经上海之陆海运输；（2）侦察敌在华中海陆军实力及其布置与作战计划；（3）调查敌经沪向内地的军火武器运输；（4）侦察敌在华中地区的政治阴谋；（5）侦察日本驻军的组织、编制及其装备；（6）调查日本经上海的入口贸易情况；（7）建立该地组织与汉口的联络关系。

为便利联络，在上海设立无线电台一座，经费预算每月 965 元。

6. 汉口组：1938 年 10 月 16 日派出组长谷兆芬、副组长郑达善在汉口组建，派员在武汉三镇、平汉、粤汉两条铁路沿线及长江航线各轮上布点，工作地区为武汉三镇、平汉、粤汉铁路线及长江上中下游。其任务是：

（1）侦察日军在华中的兵力布置及其军事进攻计划；（2）侦察敌在武汉部署的空军实力；（3）调查敌在武汉存储的军火数量；（4）侦察敌在两江及平汉、粤汉路的水陆军运输状况；（5）监视敌在华中地区的政治阴谋。

为便利联络，在武汉设立无线电台一座，经费预算每月 1920 元。

7. 香港组：1938 年 11 月 3 日派出组长廖淑伦、副组长郑庭荣在香港组建，工作地区与人员分布为香港、澳门、广九铁路沿线。其任务是：

（1）侦察敌在华南地区的军运情况；（2）侦察华南敌海陆空三军实力及其部署情况；（3）调查日军在华南的军事行动计划；（4）侦探在香港的国际间谍活动及其相互间的关系；（5）调查日本由欧美各国输入的军火数量；（6）了解英国的对日态度动向；（7）建立本所与平、津、沪、汉、青、济、爪哇各站点之联络线。

为便利联络，在港设立无线电台一座，经费预算每月 1550 元。

8. 爪哇组：1938 年 10 月 20 日派出组长饶楚白赴爪哇活动，工作范围面向南洋、日本。其任务是：

（1）调查日本在南洋的商业势力；（2）侦探日军对南洋的侵略计划；（3）了解日本在南洋的发展政策；（4）在日本内地建立情报网。

本组所得情报送往香港，由无线电台发回，经费预算每月 175 美元。[1]

[1] 见台湾“国史馆”藏档：特种情报 039（军事）《本会特种情报：民国二十七年度工作报告》。

短短半年内，中苏“技术研究所”的工作取得了显著的成绩，各地组织不断向汉口发来所获取的敌方情报，并向中苏双方政治军事机关与最高当局提供了不少经过分析研究和判断的情报成果，为开展对日政治、军事与外交斗争，提供了有力的支持与辅助。据报告，到 1938 年年底，该所共获取敌伪情报 148 件，经筛选后呈报上级的有 91 件，其中来自苏方提供的有 27 件，占 18.3%；来自上海组的有 20 件，占 13.5%；天津组 21 件，占 14.2%；汉口组 18 件，占 12.2%；香港组 10 件，占 6.7%；宁夏组 52 件，占 35.1%。从上述统计情况来看，宁夏组的工作成绩比较突出，而直接来自苏方的情报也占有较大的比例。从这一点来看，中方在中苏情报合作中是主要的受惠者。在中国对日抗战的初期阶段，战争局势瞬息万变，知己知彼的情报需求十分迫切与重要。尽管由于具体的资料欠缺，我们无从详细了解上述所获情报的内容及其价值；但可以推测的是，在当时中国官方的中统、军统特务机构刚刚由对内型向对外型发展而尚未取得实质进展的情形下，这些由“对外合作”得来的情报，对中国的抗战事业将会起到多么重要的作用。

另外，据已有的档案文件显示，中苏“技术研究所”的有关部门在研究密写、照相和编制密码及破译工作方面也都取得了不少成果。从这些成绩来看，该所在建立与加强中苏情报合作、密切双边关系，引进苏方的间谍技术、加快中国情报工作的发展以及推进抗战事业方面，都是有着显著收获的。[1]

1938 年年底，中国的抗日战争进入了战略相持阶段。在正面战场与敌后战场，中国军队仍在顽强地抵抗日本的侵略。战争形势比较前期抗战时的丧师失地，已进入了相对的稳定阶段。

在上一年度工作取得较大成绩的基础上，1938 年年底，中苏“技术研究所”又拟订了该所的《1939 年度工作计划》。这份计划十分详尽而具体，从中我们可对该年度内中苏情报合作的发展方向、活动内容及预期结果知其大要。

1939 年，该所的工作主要表现在以下几个方面：

一是进一步发展与加强各地原有组织，其具体内容是：

[1] 见台湾“国史馆”藏档：特种情报 039（军事）《本会特种情报：民国二十七年度工作报告》。

1. 扩充情报员队伍。其工作地域分工如下：

（1）天津组负责东北各市；（2）北平组负责张家口、承德、石家庄；（3）山东组负责烟台、徐州等地；（4）上海组负责杭州、南京、芜湖，并新设立南京组；（5）汉口组负责九江、岳阳、信阳；（6）香港组负责广州、澳门等地；（7）宁夏组负责五原、百灵庙、绥远；（8）爪哇组负责日本、台湾。

2. 增派前往敌占区各地的流动情报员。

3. 发展对敌反间工作，按照"有孔即入，无微不钻"的原则，计划深入日军内部发展组织。

4. 充实后方与敌占区之间及各地小组间的交通力量。

5. 加强内部组织管理运作的领导工作。

6. 改善所内行政机构，提高办事效率。

二是增设各地情报网站：

1. 在南京、广州、徐州、郑州、西安、太原、沈阳、哈尔滨、宜昌、长沙、南昌、日本、朝鲜、台湾、马公岛增设分组。

2. 在各战区普遍设立群众性情报网，其工作区域划分及分工如下：

第一区负责四战区全部地区，组长在东莞；第二区负责三战区全部地区，组长在上海；第三区负责五战区全部地区，组长在汉口；第四区负责一战区全部地区，组长在郑州；第五区负责二战区全部地区，组长在太原；第六区负责山东全省及苏北地区，组长在济南；第七区负责河北及察哈尔省地区，组长在北平；第八区负责九战区全部地区，组长在九江。

根据上一年度的工作情况，中苏"技术研究所"准备利用这一情报网，进一步扩充其工作范围与工作领域，主要是将情报搜集工作向细致化方向发展，要求其内容更加充实、完全，以便能更直接地为抗日军事斗争服务。除对日工作外，研究所也更加重视对日本在沦陷区各地扶植的伪政权及其主要汉奸人物的侦探与策反工作，并注意反间手段的运用，这说明研究所的工作从内容到水平都要跃上一个新的台阶。

按照工作计划，1939 年中苏"技术研究所"各地已有及新设站点，以搜集侦探以下几方面的情报为其主要工作目标：

1. 敌军部队的调动转移，其各部队的组成、作战任务与目的；

2. 敌军屯兵部署与数目、各部队主官姓名、武器装备之数目种类，敌兵情绪之变化；

3. 外来敌军开入战区内各部队的运输方法、日期、地点、成分、组成与数量；

4. 各交通要点敌军部署情况、军需武器存量，尤其对敌方各要害地点以及守备兵力较少地点更要注明；

5. 各地敌兵工厂、化工厂生产品种数量及工厂员工人数，厂区警卫情况，产品运往何处等情报，以供我方采取破坏手段之用；

6. 敌方军械库、粮库等设施地点情况以及有何可资采取行动之机会条件；

7. 各地敌军兵器种类、驻地、数目、警卫等情况；

8. 各地敌空军驻地飞机场之数目、地点及其警卫情况；

9. 有关日军化学兵部队的情报；

10. 各地伪组织成分、主要及知名参加人员的住址状况，以及可以利用的与日本人关系、与日伪特工组织关系，等等；

11. 尚未加入伪政府的已投敌汉奸人员状况；

12. 敌伪特工状况，其组织、人员、驻地、长官及相互间联络方法，等等；

13. 注重反间问题的利用，探听敌对我方的政治军事阴谋；

14. 刺探日军对南昌、长沙的再攻计划及对我部署在沦陷区内的游击队的肃清计划，以便有针对性地开展应对工作；

15. 设法混入敌方间谍与反间谍组织，开展工作；

16. 争取与策反伪政府官员。

三是扩充本所通讯联络网，其具体任务是：

1. 完成 15 个分台的建设，总台增加两部发报机；

2. 增加通讯联络工作人员；

3. 改进机器设备和技术指导；

4. 加强检查各地区的通讯联络工作。

四是继续开展特工技术之研究，内容为：

1. 研究改进密写方法和药水书写方法；

2. 在照相方面，研究革新与提高行动人员和固定文件的照相技术；

3. 在苏联专家指导下，熟悉仿制技术，尤其是有关钥匙、护照、图章、敌伪通行证的制作，等等；

4. 进一步进行密码技术的研究创新工作，用以翻译敌方密码和创编自用新密码。

这份工作计划在最后的“结论”中写道：“本所自成立以来，因战事变化关系，一再迁移，对外交通费时，工作一时未能按预计开展，各外勤单位虽无良好的成绩，但经（民国）二十七年的工作，已有相当基础，今后当不断推进。”[1]

进入 1939 年后，日本的南进趋势愈加明显。2 月间，日军占领中国海南岛，蒋介石称之为太平洋上的“九一八事变”。[2] 而此时英美西方列强对日本之侵华，仍采取短视而不计后果的“中立”态度；1939 年 4 月间发生的“日英天津事件”，充分说明了英美的对日立场尚未发生根本的变化。在这次事件中，英国为对日妥协，竟不顾中英关系，违背正义和良知，将在天津英租界进行抗日活动的中国人捕交日方，并撤退了在天津的英驻军，表现出了极其软弱的姿态。[3] 在这种情况下，中国只能继续联合苏联抗日，中苏“技术研究所”的工作因而得以延续与深入发展。

9 月 1 日，德国进攻波兰，欧洲战争打响，英美各国已知战争在所难免，在日本明确无误的南进攻势面前，不得不转变立场，真正开始疏远日本，积极加强战备；同时出于与苏联同样的目的，伸手援华，与中国开展了政治、军事、经济的全面合作。此后，中苏“技术研究所”的工作随着中美、中英关系的逐步加强，受中国外交大局的左右和苏联国内加强西防德国法西斯入侵的需要而产生了变化，其政治重要性、战略地位都开始下降。

直到 1941 年 6 月苏德战争及 12 月太平洋战争爆发，中美英苏为共同对

[1] 见台湾“国史馆”藏档：特种情报 039（军事）《1939 年的工作计划》。

[2] 刘庭华：《中国抗日战争与第二次世界大战——系年要录·统计荟萃（1931—1945）》，海军出版社 1988 版，第 237 页。

[3] 黄美真等主编：《中华民国史事件人物录》，上海人民出版社 1987 年版，第 318 页。

付德日意法西斯轴心国开始结成同盟，世界两大阵营完全形成。英美被迫对日开战，与中国开始了更大规模的情报合作，而苏联则倾全力对付德国。随着日本北上犯苏威胁的减缓，中苏“技术研究所”的历史使命至此也就趋于结束。至于这个记载了一段中苏共同抗日历史的“技术研究所”何时结束，因史料阙如，便不得而知其详了。

总之，抗战初期的中苏情报合作只是中国此期寻求外联开展全面抗战的一个组成部分，是中苏两国关系史上隐蔽而重要的一段。在抗战开始阶段，其规模与作用比较突出，也取得了不少成果，其作用与历史意义主要体现在以下几个方面：

1. 有力地推进了中苏的抗日合作，密切了双边关系；

2. 初步建立了对日情报搜集网，促进了中方在对日情报作战领域内的力量增长与技术手段的改良进步，开启了中国对外抗日情报合作的先河；

3. 在政治、军事上均具有实际的重要辅助作用，有效地保障了中国对日作战的政治、军事情报供给，并在客观上鼓舞了中国的抗战决心。

另外，我们纵观中苏“技术研究所”在中国抗战时期对外合作史上的地位与历史作用，比较后来中英、中美在此领域内的合作关系及成绩，其局限性也是显而易见的。

首先是此次合作为时较短，其次是其成果仅仅局限于情报搜集与处理，并无更多的特工训练、对敌破坏与骚扰攻击等行为，合作内容并不全面，更不深入，无法与后来的“中美特种技术合作所”等相比。其中的根本原因就在于中苏间的这种合作，受双边政治关系影响极大。由于政治立场及意识形态不同的影响，中苏两国此时已不可能恢复过去北伐时期那种亲密无间的合作关系。虽然在大敌当前的情况下，双方能够不计前嫌地再度联合；但在双方的心底，依然是旧隙未合，彼此之间都有提防，都更加注重根据各自的现实需要，在合作中获取眼前的实际利益。另外，苏联方面除与国民党政府进行的情报合作外，他们还在中国上海、北平、哈尔滨等地另建有许多独立的情报网点，与中国共产党也有情报合作往来。对于这一点，国民政府当局十分清楚且非常反感。因此，在英美受日本威胁准备与中国联合后，蒋介石及其政府很快就决定转向英美，在军事及情报各方面选择与英美全面合作，而逐步冷淡了苏联。与此同时，在全球范围内，由于德国攻苏和日本南下，苏联集中国力抗击德国入侵、防日抗日的需求减缓，于是，中苏双方的情报合作关系到此也就只能转向下坡了。

由于原始档案资料的缺少，我们目前无从了解更多的有关中苏“技术研究所”的详细活动情况；但无论如何，抗战初期的中苏情报合作作为一段有意义、有价值的历史，应当为后人所记取。

第二节　中美特种技术合作始末

珍珠港事变促成中美合作

在国民党情报特工机构对外合作的历史上，曾经有过对苏、对英等国的合作经历，但都不太成功。唯一比较成功的例子，就是军统组织在抗战后期与美国海军情报机关的合作；这种合作关系不仅有双边的正式协定，而且有组织有内容，更有明显的成果。

作为其组织形式与成果的明确标志——“中美特种技术合作所”于 1943 年 7 月 1 日在重庆磁器口钟家山正式成立。说起它的成立，还有一段不太为人知的过往。

1941 年秋的一天，重庆国民党军统局机要室经济秘书邓葆光到档案室里查阅情报，无意中发现一本“日本帝国外交密电本”，引起了他的兴趣。早年他曾研究过密电码，并得到过电讯专家温毓庆博士的指导。他用两天时间破译了这本密电本，发现密电本上有一条消息：日本政府与苏联政府在哈尔滨举行了一次秘密的商务谈判，苏联要求日本方面供应橡胶 20 万吨，日本则要求苏联方面相应提供 80 万立方米木材作为交换。双方经过月余商谈，已达成协议，并正式签字。文中还有“北方可以放心”等字样。邓葆光精明而细心，他考虑到苏联供应日本木材并不奇怪，因为苏联远东西伯利亚有大片的原始森林，储量很多；但日本位于东北亚，根本没有橡胶资源，它怎能大量供应苏联橡胶呢？如此多的橡胶，只有盛产地东南亚诸国有可能供出。此刻深深卷入侵华战争的日本根本缺乏巨金来购买，分析起来，日本只有出兵侵占南亚再加掠夺的可能了。不久，邓葆光又得到一条情报：日本海军主力舰队出现在新加坡东面的南中国海，这一定是日本海军南下备战的信号。于是，邓葆光忙把这些情况报告给戴笠，请求紧急处置。

那么，日本外交密电本又是如何被军统获得的呢？原来，这是国民党军委会“技术研究室”的功劳。“技术研究室”主任是蒋介石的内侄、侍从室机要主任毛庆祥，副主任是有“电讯专家”之称的军统电讯处处长魏大铭。他们专门从事日本外交、军事密电的破译工作。

在日本统帅部发动太平洋战争之前，南京中央路上的日军华中派遣军司令部内有个曾留学日本庆应大学名叫韩诗荃的译员突然失踪了。这一事件起先并未引起日军头目的关注，因为内部传说韩诗荃是因与汪伪政权的陆军副总监李择一之子李康生争夺夫子庙吴宫大酒店一名交际花而遭殴打，愤而离职，可能已去了上海。这本是风月情场中的普通事件，但在日军总部同时发现丢失了一本绝密级的“日本帝国外交密电本”，随即事态变得严重起来。特高课课长荒木贞夫大佐和宪兵司令小野章少将都介入了调查。他们开始倾向于认为韩诗荃不大可能是重庆军统的情报人员，因为这两三年来，在南京潜伏的军统人员因内部不团结，又迭遭捕杀，基本上已终止活动。他们分析韩诗荃可能是苏北中共新四军方面的情报人员。于是下令悬重赏追捕韩诗荃。

经过研究分析，日方认为即便那密电本确已落入重庆方面或中共方面之手，情况也不太严重；因为那电码本编制得相当复杂，不易被破译。但实际上，日本方面的这番判断彻底错了。

韩诗荃是一个在日军内部潜伏很深的中国情报人员，胆大机智而充满爱国之情。早在 1931 年“九一八事变”发生之前，他就在沈阳以亲日学生的面目开展对日情报活动，出生入死，冒险犯难，窃取过关东军的若干情报，秘密提供给张学良的东北保安司令部情报处。1932 年，他又混入日本华北驻屯军总部担任译员，渐渐取得信任。“八一三”淞沪战争打响之后，韩诗荃已调到以日酋松井石根为总司令的华中派遣军总部任译员，常与日军高级将领打交道。由于他与军统总部一直保持单线联系，几年来并未暴露身份，且颇受日方信任。他确与李康生为一美女发生过争斗，对方扬言要通过其干爹、汪伪特工头子丁默邨来收拾他；于是，为避祸，他便弄到那本“日本帝国外交密电本”后离开南京，逃往重庆，并将密电本交给了魏大铭。

谁知魏大铭此刻正为一女子而与戴笠交恶，被戴笠找借口关押了一个月，后经多人说情才放出，这令魏大铭倍感羞愤却又不敢硬行对抗；情绪消沉的他无心电讯情报业务，那日本密电本他看也没有看就交给了军统电讯处一名特务，叫他研究研究。可是这名特务对情报分析不熟悉，只略翻翻，就将这密电本扔进档案室，不再过问了。如果不是邓葆光及时发现，这本隐藏重要情报线索的密电本也不知道会被尘封到什么时候。

当时，军统与美英等国情报部门订立了交换日本军事情报的密约，戴笠重视邓葆光的分析。因他与英国情报部门素来不睦，就设法转告了美国海军参谋部。该部经分析后认为此情报甚为重要，立即派出情报部副处长梅乐斯上校来重庆与邓葆光核对，进一步征求他的看法。[1] 邓断言：日军南下已迫在眉睫，美英所属的太平洋诸岛可能首当其冲。此时，由军统局派往汪伪政权内做卧底的唐生明，又传来情报，他从醉酒的日军高官处得到了日军将在南洋有大动作的消息，再次证明了太平洋局势的危险。

根据综合判断，戴笠认为情况紧急，他通过中国驻美使馆助理武官、军统特务萧勃通知美国方面做好应付准备。美方开始很轻视中方的警告，甚至怀疑中方情报的真实性；海军方面得此情报后，正欲采取有效对策，但已来不及了。1941 年 12 月 7 日，日本海空军突然袭击了珍珠港，使美国的太平洋舰队遭受了惨重损失。以后几个月内，30 万日军竟席卷东南亚，英美军队一溃千里，日军侵略气焰极为嚣张。[2]

---

[1] 王炳毅：《一条经济谈判情报与珍珠港事变》，载《南京晨报》2003 年 10 月 23 日 D11 版。

[2] 关于军统是否曾破译日本发动太平洋战争的密码情报，现在也有曾在军委会技研室工作过的张令澳持否定态度。详见徐福生主编：《目击 20 世纪丛书：无形战线》，上海古籍出版社 2004 年版，第 141—146 页。另据当时在军事委员会技术研究室从事密码破译工作的池步洲先生回忆，他曾从日本外交系统密电中破译出日本即将发动太平洋战争的情报，并否认军统有破译日本军用密码的本领。

珍珠港事件发生后，美国人如梦初醒，回过头来感到中方的情报有极大价值。他们认为对日密码破译工作皆是军统所为，于是，中国军统组织与戴笠的名字开始被美国人重视；再加上美国海军因对日作战之需，急于了解中国沿海地带的水文气象情况，并大量搜集日本海军情报。这样一来，在中国寻找情报合作的伙伴便提上了美国海军情报当局的议事日程。

戴笠自建立他的情报系统以来，出于扩大势力的考虑，早就希望把触角伸向国外，但前几次都没轮到机会。为试探同美国开展合作，他曾一再指示军统美国站站长萧勃，与美国海军方面进行接触。1941 年 12 月珍珠港事件发生后，美国将领对中国军方的无线电侦译技术感到吃惊，急欲了解底细，命令其驻重庆大使馆武官迪帕斯上校就地访问军统局，结果十分满意，双方一拍即合，迅速走到了一起。

1942 年 4 月，美国海军参谋部情报署奉海军军令部部长金氏上将（Admiral Ernest J. King）命令，派出海军中校梅乐斯（Mary Miles）带领一个代表团，由萧勃陪同，于 5 月 3 日抵达重庆。梅乐斯是一名海军军官，曾在美军太平洋舰队任过舰长，并非纯特工出身；但这时为了海军作战的需要，开始涉足情报特工工作。他来华的目的是在中国东南沿海地带筹建海军水文气象站，供给美方有关的作战情报。这是美方与军统合作的最初目的。

梅乐斯抵达重庆后的第一餐由戴笠宴请，宴席中没有任何家禽，梅听说中国人喜欢吃鸡鸭，便问戴笠何故没有？戴笠回答说：“你不是不喜欢吃家禽吗？”梅乐斯听之吃惊，对戴笠搜集情报的本领大为赞叹。[1]

此时，中国东南形势紧张，日军即将发动浙赣战役，戴笠为了加强他的浙赣闽特务布置，限制共产党新四军的发展，与梅乐斯匆匆谈判后，就在 5 月 25 日率领军统局一支巡行队伍去了闽北浦城。次日，梅乐斯为进行实地考察也赶到了浦城，又与戴笠进行了密谈。随后，戴笠亲自陪伴梅乐斯及其部下技术军官到闽东海岸进行了气象、水文观测。在此次旅行中，由于戴笠的精心布置，军统基层单位的活动给梅乐斯留下了深刻的印象。在他要求戴笠

[1] 转引自〔美〕杜彬斯（Charles G. Dobbins）：《戴笠将军与中美合作所》，载（美）Colliers 杂志。

戴笠和梅乐斯签署中美合作所协议

向他提供沿海各地有关水文气象、日军水雷布置的情报后，几天内，各地乃至越南、缅甸、泰国、菲律宾各情报站复电纷至沓来，令他很吃惊。他称赞戴笠"精明干练"，"无一般中国官场傲慢神态"，与之相处"令人忘倦"，从此便积极与戴笠开展了有关合作的谈判。

本来，按照美方的情报，戴笠只不过是一个刺客式的人，且与他有关的"蓝衣社"也是和纳粹"盖世太保"相类似的组织；所以，美海军金上将有意要戴笠送梅乐斯去他指定的任何地点以考验戴笠及其组织的活动能力。但梅乐斯此行已被戴笠拉拢成功。6 月 9 日，戴笠与梅乐斯在浦城被 11 架日本飞机有针对性地轰炸，梅受了轻伤。在两人避居郊外田间时，戴笠向梅乐斯提出了为他装备 5 万军队的计划，梅乐斯当即表示同意，他要戴提出具体的需求物资清单，即转给了金上将。

在陆续的谈判中，戴笠向梅乐斯提出了由他起草，经与宋子文磋商并报蒋介石批准的中美特工全面合作草案，梅乐斯把这份合作草案向美国海军做了报告，于 1942 年秋得到了美方的批准。美军方为了表达对即将成立的中美合作所在级别上的认可，同时也是为了表彰梅乐斯中校的"功绩"，破格晋升他为美国海军准将。于是，梅乐斯就在重庆缫丝厂驻地树起了美国海军准将的旗子。

戴笠与梅乐斯

戴笠回重庆后，立即令毛人凤在重庆神仙洞设立了“中美合作筹备处”，以潘其武为主任，郭斌、谢力公、易炜、程浚分任总务、情报、行动、电讯科科长，并草拟了《中美特种技术合作草案》及《中美合作所组织协定大纲》。9月初，中美合作所美方第一批专家7人抵渝；月底，梅乐斯从印度回到中国，双方达成了具体的“合作纲要”。戴笠拟将重庆钟家山、杨家山一带作为中美合作办公场所，派陶一珊筹办“特种技术人员训练班”，调训通讯人员25人，加授爆破、侦译课程。蒋介石指示：“中美特种技术合作，需要一个双方同意的书面协定。”[1]

1943年4月1日，《中美特种技术合作协定》在美国华盛顿签字。7月1日，在重庆磁器口杨家山缫丝厂军统局郊外办事处礼堂，举行了“中美特种技术合作所”（Sino-American Special Technical Cooperative Organization，简称中美合作所，SACO）的正式成立仪式。

参加仪式的中美双方主持人为：美方罗斯福总统的私人代表、美国《生活》杂志社负责人鲁斯，美国海军部情报署代表梅乐斯准将；中方本拟由外交部部长宋子文代表蒋介石出席，但临时改由外交部常务次长胡世泽代表，军统局副局长戴笠少将、中国驻美使馆助理武官萧勃出席。参加仪式的其他美方人员为：中美合作所美方参谋长贝乐利、主任秘书史密斯以及军事作战、情报、电讯、侦译、行动、气象、心理作战、经济、编译、总务等十几个小组的美方副组长；中方则为军统局要员，中美所中方参谋长李崇诗、主任秘书潘其武以及十几个小组的中方组长。军统局戴笠之下的三要员郑介民、唐纵、毛人凤及局本部8个处的处长都出席了成立仪式。签字仪式完毕后，鲁斯与胡世泽先后讲话，互相对合作进行了肯定。

[1]《戴雨农先生全集》（上），（台）“国防部”情报局1979年编印。

中美合作所训练爆破技术

中美合作所成立后，在组织系统上归双方最高统帅部直属，其领导层人员构成如下：

主任：戴笠，副主任：梅乐斯。1943 年 7 月，美国陆军方面改派魏今生为代表。

参谋长：郑介民、李崇诗（中），贝乐利（美）。

主任秘书：潘其武（中），史密斯（美）。

下设总办公室，以主任秘书为幕僚长。

其下属内部组织分为人事、情报、作战、气象等 16 个工作组。

此外，中美合作所所属机构还有非正式编制的交通运输组，组长由财政部战时货运管理局运输处处长黄荣华兼任，负责主持和安排内外货物运输工作。当时美国供给的武器、弹药、装备以及美特所需生活用品都是海运到印度再转运到中国的昆明。该组担负这项紧张的转运工作，经常动用大型卡车 2000 多辆跑运输，业务量惊人。美国物资一部分运到贵阳、衡山存放，以便转运东南地区；一部分运至泸州，以便转运西北地区；大部分直运到重庆。担任运输工作的机构是汽车总队，总队长许建业，副总队长张秉午。美国提供了中美所十轮大卡车 2000 余辆、中小型吉普车 200 辆。这些汽车除极小一部分配给各地军统组织使用外，大部分留在重庆；为此中美所成立了一个汽车总队，调配、管理这些汽车。总队下分三个大队和一个修理所。重庆两个大队，贵阳一个大队——分驻昆明和衡山，东南地区和西北地区各驻一个中队。汽车队除为中美所、军统局运输物资外，还向外秘密招揽生意牟利。

中美所还有四一医院、临时看守所、海军物资供应部、警卫队等组织。[1]

---

[1] 根据（台）"国防部"情报局编印的《戴雨农先生全集》（1979 年版）第 163—167 页、《中美合作所志》（1970 年版）第 37—38 页以及档案资料等统计而成。

高峰时，在中美所内外的工作人员总数达6359人。

当时双方确定的工作任务是：(1)搜集交换军事、气象情报，支援美军在太平洋的作战，压制敌军；(2)策应美军在我国东南沿海的登陆反攻行动；(3)开展对敌占区的破坏和心理作战，骚扰、牵制敌人，强化我方的攻势；(4)培育人才，培植新生力量。[1]

名目众多的训练班

中美合作所成立后，为了尽快地推广工作，急需培养适合需要的各类专业人才；因此先后举办了几十个训练班，其规模大小兼备，内容既有综合的又有专业的。美方为此投入了大量的经费与精力，而军统局方面则给予了全力的配合，立即决定将自办的息烽训练班、东南训练班中止，并入中美训练班。军统方面认为这是贯彻中美合作所的创办宗旨，利用美国的先进技术、训练手段和全套的装备，培训一批急需的特务武装和特种政治警察的绝好良机，也是扩充军统势力，向顶峰发展的关键。梅乐斯等美方人员则深谙戴笠的这种意图，在训练军统的特种人员与扩充武装方面全力以赴。

在中美合作所举办的各类训练班中，主要有以下几种：

(一)重庆特种技术警察训练班(简称重庆中美特警班)

1942年年底，戴笠向梅乐斯提出了新的要求，要美国人帮他训练“刑事警察”人员。这本来是戴笠为了在抗战胜利后独霸警权的一项准备，梅乐斯一开始认为这超出了双方的合作范围，但经戴笠的再三说明要求，他改变了态度，认为“授以类似美国联邦调查局学校的教育，是一种对中国非常合理的服务”。于是，自1943年5月开始，美国联邦调查局应邀派詹森(C.S.Johnston)中校率助手密尼根(J.A.Meneschin)等人携一批警用器材抵渝，开始了“特种警察”培训工作。

1944年春，重庆中美特警班开办，培训期为一年。该班曾编入中美所特训班序列，编号为第九班。戴笠自兼班主任，梅乐斯兼副班主任，另派任乐

[1]《戴雨农先生全集》(上)，(台)“国防部”情报局1979年编印。

干（第一期）、刘人奎（第二期）同为副班主任，负责实际班务工作。主持训练课程的为美方总教官怀特，其主任翻译官为周炎锠，配有美特教官约 50 人。这些教官都是中美所从美国联邦调查局特工处、禁毒处招募来的，担任全部技术课程的教学，设备与教材也全部从美国购来，据说可抵一个州警察局的配备，其中还包括测谎器和美国警犬。

第一期训练班预先训练了军统人员 40 人，完成任务后，其中 11 人分发在军统局控制下的各地警察局和稽查处担任刑事警察工作，其余留班助教。以后又增补专家 31 人，带大批化学药品及仪器，在杨家山建房扩充训练班；从兰州特训班选择人员 116 名、息烽班选 148 人、东峰班选 133 人，加上重庆、西安选员 128 人，共 525 人，编成 1 个大队、7 个中队、14 个区队，于 1944 年 1 月 8 日开训。前三个月学习刑事警察基础知识，第四个月开始专业调查、摄影、无线电等课程，并与军统重庆卫戍司令部稽查处电讯监察科合作，在班内架电台，进行侦察市内敌谍电台实习，以收学用结合之效。该班学员毕业时，日本已经投降，所有学员分派宁、沪、平、津、汉、青、广各大城市强化控制当地警察局刑警大队。

第二期训练班于 1945 年 4 月开训，招收学员 1200 名，都是从军统各训练班及各单位里挑选出来的精干特务。副班主任仍由重庆训练班总队长刘人奎担任，教育长李汉元，大队长李翰廷，秘书沈骥，美方总教官祥生，主任翻译周炎锠；仍分刑警、保警两个系分训，训练内容与第一期同。1945 年 8 月，日本投降，第二次世界大战结束，按双边合同，中美所停止工作；但梅乐斯认为，这期特警班是战时开始，应按计划训练至结束。

1946 年 4 月，重庆特警班二期学员毕业。此时戴笠已死，军统内部各巨头争权正酣，内部局面混乱；而中美合作所已告结束，梅乐斯也因内部争斗患上精神疲劳症，由美方医护人员送回国。因此，这期学员的工作分配被搁置起来。及至军统局改成保密局和内政部警察总署后，毛人凤才命令刘人奎率全部毕业学员到南京，予以分配。学员大部分被分派到各地警察局、稽查处，部分分配在内政部警察总署，建立刑事实验室和刑事警察总队。刘人奎则任刑事实验室主任兼刑警总队队长，唐振文任副总队长。

1945 年圣诞节，梅乐斯与戴笠在李真家里和军统殉难人员及战场遗孤在一起

戴笠陪同蒋介石检阅中美合作所特警班

蒋介石对戴笠培养刑事警察之举很重视，1945 年 3 月 3 日，他亲临中美所检阅，参观了骑巡队、摩托车队与警犬队的表演。他对中美特种技术合作的成绩表示满意，尤其对特警班大加赞许，对其中审讯人犯的器材与技术等极感兴趣。[1] 戴笠为能在蒋介石面前“露脸”并受到赏识而高兴异常，他在当日宴请中美所人员时说：“余主张民主主义，不欲对美国朋友有所隐讳，也不愿美国朋友因相信别人对军统局及余个人之诬蔑而受骗。余非希姆莱，亦非盖达（盖世太保），而是服从蒋委员长，尊重国家治法，以三民主义民主法治精神之戴笠。”[2]

抗战结束后，国内政治斗争激烈化，“特警”因此受到蒋介石的重视，作用得到充分的“发挥”。后来其人员所进行的反共和残酷迫害民主进步人士的行为，使中美合作所背上了长久的骂名。

（二）中美特种技术气象工作人员训练班

早在 1943 年中美合作所开办合同签订之前，由于美方的急切需要，中美双方于 1942 年冬先行成立了气象班，由军统电讯处调配一部分报务人员和电

[1]《戴雨农先生全集》（下），（台）“国防部”情报局 1979 年编印，第 920 页。

[2] 同上，第 920 页。

1945 年 4 月，戴笠陪同蒋介石检阅中美合作所重庆特警班

讯训练班学员进行训练，每期约 30 人；专门训练气象测量技术，为美国海军提供中国东南沿海地带及各地气象动态情报，先后办了 4 期，毕业学员 151 人。除留在中美合作所气象总台者外，其余部分派往各地气象台任职。

（三）中美特种技术助教工作人员训练班

中美合作所为开设特种技术训练班准备助教及外语翻译人才，以之作为所内美国教官的助手，于 1943 年春在重庆缫丝厂原址举办了助教工作人员训练班，共 4 期，毕业 146 人。该班完全由美方负责，梅乐斯自兼班主任，故又称“梅乐斯训练班”，以此来突出该班学员完全的美式训练。学员由军统局人事处从军统各训练班中择优选拔，毕业后由梅乐斯分配到各地中美特种技术训练班去当助教。

美方特工教授如何保护暗杀现场

（四）中美特种技术训练班

中美特种技术训练班是中美所培训学员的重点，目的是直接训练军统所辖的各类部队武装，为实现辅助美军登陆作战及打击日军的目标服务，但在实际上却成为军统自我

中美合作所正在训练窃听技术

扩张势力的捷径。戴笠与梅乐斯对之十分重视，投入许多精力，寄予很高的期望，也收到了实际的成效。

1. 第一班——雄村班

该班 1943 年 3 月设于忠义救国军总部所在地安徽歙县雄村，故简称为“雄村班”，以整顿训练忠救军力量为主要任务。班主任由戴笠兼任（以下诸班均同，从略），副班主任为忠救军参谋长郭履洲，后为娄剑如；教育长汪浩然、余万选，教务组组长吴未生、马鹏飞，有美教官贝乐利等十余人。

该班实行轮次训练，在各地中美特训班中时间最长，直到抗战结束，共办了 9 期。调训学员为军统辖下散布苏浙太湖一带的忠义救国军及其各纵行动队官兵等，共计 15885 人。每期受训时间 3 个月左右。训练结束后，由中美合作所发给全部美国造武器，如卡宾枪、汤姆生手提机枪、曲尺左轮手枪以及火箭炮等。1945 年国民党接管东南地区时，抢先进入上海、杭州的忠义救国军，就是经该班训练过的军统武装。

2. 第二班——洪江班

该班于 1943 年 6 月中旬在湖南南岳衡山成立，次年因日寇进逼湘北，该班迁移到湘西洪江，故简称“洪江班”。由别动军副司令、华中前线指挥陶一珊及罗毅兼副班主任；教育长郭宗尧、徐秋滨，教务组组长陈砥澜，另有美教官巴特拉等人；学员为调训粤汉、湘桂铁道沿线军委会别动军第一、二和第四纵队何际元部以及第九战区长官部游击总队盛瑜部，还有军统招收的湘西纵队陈士虎部（原为湘西土匪）。训练结束后，由中美合作所发给美式武器弹药重新装备，其中包括接受了磁性水雷部署训练的“水上破坏队”。后来发生了意外，陈士虎匪性不改发动兵变，想杀掉陶一珊。陶逃到重庆向戴笠报告，戴则命陶将陈士虎秘密制裁，陶一珊依计而行，吞并了陈士虎部。何际元、盛瑜部受训后，仍驻原地待命。

3. 第三班——临汝班

该班于 1943 年 10 月成立于河南临汝县风穴寺，故简称“临汝班”。文强、周灵祥、杨蔚先后任副主任，教育长金树云、张树勋，教务组长萧骥、常惠卿，有美特教官 40 多人。分批调训军委会别动军第五、六两个纵队廖宗泽、岳烛远、杨蔚部及平汉、同浦、陇海等线铁道破坏队与鄂、豫、皖等省行动队。第一期训练班毕业后，学员分别留班任教、去军统局行动队工作和回归原部队。从第三期训练班开始，先后迁址陕西商县、西安牛东，计办班 5 期，培训 3400 余人。作为西北训练反共武装特务的基地，此班所在地区是蒋介石反共重点战略地区，戴笠、梅乐斯均前往该班视察，对之颇为重视。日本投降后，由杨蔚率第五期训练班学员进驻徐州，改编为交警总队。

4. 第四班——陕坝班

该班于 1944 年成立，设址在绥远省陕坝天主教堂里，故简称“陕坝班”。原计划调训冀、晋、绥各省的行动队、平绥线铁道破坏队等武装，组织西北游击基地，但因人员地域广阔，交通不便，组织困难，于是改训军统局五原办事处察哈尔站人员和第八战区骑兵部队。由绥远蒙古骑兵师师长高荣及军统的乔家才兼任副班主任，教育长饶铁珊、刘

中美合作所第一班擒拿格斗课

戴笠与中美合作所训练班学员

人奎，教务组长林春云，共举办4期，总计培训670余人。训练班结束后同样由中美合作所配发美式武器装备。由于在工作中高荣与美方总教官意见相左，相持不让，以致美总教官罢课。1945年1月，戴笠、梅乐斯从重庆乘专机到陕坝视察，部署在察哈尔北建立气象站和在西北开展游击事宜，并将高荣撤换，由乔家才继任；美方总教官也调回重庆换人，并由同机前往的重庆训练班总队长刘人奎任教育长，将原教育长饶铁珊撤下，调任军统新疆站站长。同时办理了陕坝班第四期毕业学员的分配工作，其中十几名学员交给军统局华北区，派遣到北平、天津等地工作；其余人员组建别动军大青山别动支队，以该班大队长程启祥为支队长。中美合作所拨给武器弹药，并派遣美特教官6人、军医1人，携带电台1座，随队向中国共产党领导的抗日武装根据地大青山进发，企图与共产党抢夺地盘。戴、梅在陕坝视察时，曾同第八战区副司令长官傅作义协商，由傅挑选出一个团，交陕坝中美班，继续开办第二期训练。此期毕业后，仍由中美所装备美式武器。

5. 第五班——南宁班

此班原拟设于云南普洱，由美国战略局派人训练中方赴泰国秘密工作人员；但因日军发动“一号作战”，桂柳沦陷，为急应战争之需，中美所紧急调训桂越边境的别动军第三纵队，在南宁进行短期集训。陶一珊为代主任，第三纵队司令徐光英为副主任。这期训练班于1944年9月10日开班训练，10月1日即匆匆结束；学员939人，训练完毕即组成第三支队，开赴南宁敌后作战。

1944年5月，梅乐斯与戴笠为执行美军联合参谋本部的命令，在中国东南沿海地区加强部署以策应美军登陆，再次前往广东福建沿海，设立第六、七、八、十三训练班，组织武装，准备策应美军作战。

6. 第六班——漳州班

该班设于福建漳州，负责调训军统局闽南各行动队和特务武装，先后由陈达元、雷镇中担任副班主任，参谋长张卓峰，教务组组长何孝德，美国人摩理士少校、哈柏林中校等人担任教官。第一期于 1944 年 9 月 11 日开始，12 月 12 日结束，毕业学员 1102 人随后编为第一、第二两个教导营，布防漳洲沿海；10 月 20 日后组训第二、三期，计 1035 人，毕业后编为第三、第四教导营，布防漳泉、海澄一带。所有人员均由中美合作所重配装备，另组爆破、通讯、海上突击队，深入敌后。

戴笠陪同魏德迈视察中美所

中美合作所第四班射击训练

7. 第七班——建瓯班

第七班设在福建建瓯东峰，为军统局东南训练班改办；由东南训练班副主任林超担任副班主任，教务组长曹凤鸣，调训当地的忠义救国军和军统行动纵队。第一期培训军统 105 人以及由伪军张逸舟部新改编的军委会运输统制局巡察大队 447 人，8 月 7 日开训，学时两星期，结束后编为第五教导营。第二期培训军统浙、闽、赣、皖各站 954 人，结束后编为第六、第七教导营；各由中美所发给新的武器装备，回原驻地布防。为满足通讯联络之需，此班还为中美所训练了无线电工作人员，共 3

期 75 人，学员毕业后分派到各地站点担任报务工作。

8. 第八班——瑞安班

该班开始设于浙江青田，后迁至浙东瑞安县玉壶；由赵世瑞、郭履洲先后任副班主任，娄剑如为教育长，负实际责任；教务组组长陶凤威，副组长吴未生，总教官夏国枝。该班负责调训忠义救国军浦东特种行动总队。第一期培训了 533 人，1944 年 8 月 25 日开训，12 月底结束后编为第九教导营，由中美合作所发给武器装备，并成立忠义救国军温台地区指挥部；第二期培训了 459 人，1945 年元旦开训，结束后编为第十教导营；第三、第四期各培训了 400 余人，结束后编为第十一教导营和特务营，亦归忠救军温台地区指挥部负责。

9. 第九班——重庆刑事警察班

10. 第十班——息烽班

贵州息烽原有军统局举办的息烽训练班。1944 年 10 月由于战局需要，中美合作所决定在息烽再开训练班，军统局让出原班址成立了中美特训班第十班。该班副主任先后由邓匡元、何峨芳担任，教务组组长陆遂初，调军委会别动军徐光英纵队、汤恩伯部的两个团受训；于 1945 年 2 月开始，先后开班两期，共训练 2071 人，由中美合作所重新换装，编成两个教导营，开赴敌后作战。

11. 第十一班——临泉班

此班由第一战区司令长官汤恩伯建议举办，因戴笠与汤的密友关系，故班主任由汤恩伯兼任，地址在安徽临泉；副主任为周麟祥，刘紫剑教育长负实际责任，政训组组长钱孟起，调训苏鲁战区汤部的游击部队和周麟祥任总队长的苏鲁豫皖军统行动总队、津浦胶济两路的破坏大队。实际上，临泉班与第三班密切合作，为其一个分部。临泉班于 1945 年 7 月成立，第一期培训了山东各地游击部队 925 人，编为 6 个中队，未及毕业，日本投降，于是改编为两个教导营，进驻徐州；另有一部分学生军 77 人前往上海，加入军统局第七期特训班。

美方教官向中美合作所第六班毕业特工颁发武器

12. 第十二班——港口班

此班设在浙江淳安港口，原属第三战区中英合作所主办，后划归中美合作所，副主任张宝琛、毛森。

以上 12 个中美特训班，除第九班为重庆特警班、第十二班保留番号未建外，其余 10 个特训班共计训练部队 49180 人；除一部分回归原建制，其余 33604 人于抗战胜利后，编为 64 个教导营，投入受降和内战。

13. 第十三班——梅县班

此班本为设于南宁的第五班第二期，因战况变化与别动军驻地改变，迁往广东梅县，标为第十三班；调训广东别动军与粤汉铁道南部行动队共 1207 人，以汤毅生为副主任，结束后编为两个教导营。

（五）中美东安医务人员训练班

各地相继建立中美特训班后，扩大了武装特务部队，但医务人员十分缺乏，亟需补充；为此军统局公开招收约 200 名男女青年，在湖南东安设立一所医务人员训练班，由美方与军统医官共同担任教官。此班由国民政府军政部军医署署长林可胜筹办，傅荣任副主任，全部教材和医疗用材均由中美合作所提供；共举办了两年，训练期一年有余。结束后由中美所配发医药器材，

中美合作所第七班训练中的女特工

分配到中美合作的各支特务部队充当军医。

（六）北平、上海中美特种警察训练班

抗战胜利后，军统出于反共内战的需要，在东北和东南各地保留了一批有反共“经验”的汉奸特务和日伪警官，要求美方以中美合作所名义，在北平、上海各设立一个中美特种警察训练班，对这些人员进行进一步的训练。美方同意留下美特教官，并答应供给训练班所需的器材。1946 年 3 月，北平中美特警班成立，共培训 753 人；先后由戴公仪、楼兆元任副班主任，班址设在西安门光明殿。开始训练后不久戴笠即死亡，于是由郑介民接任负责训练班相关事宜。郑忙于内争，顾不上此事，草草完成任务分配了事。上海中美特警班由赵志熹任副班主任，也因戴笠之暴死停止筹备而告结束。[1]

除了正式记载，据当事人回忆，还有一些特别的训练班没有列入序列，如：

（七）修水行动干训班与桂林（贵阳）秘密行动班

修水行动干训班设于江西修水县 33 集团军王陵基总部附近，故称“修水

[1] 根据《中美合作所志》及《国民党军统组织消长始末》等资料核定。

梅乐斯向中方受训的第四纵队特工人员讲授特工职责

班”；由军统修水行动总队总队长唐新兼副班主任，调军委会别动军杨遇春纵队及军统修水行动总队和军统爆破队受训，主要内容是讲授在敌后进行破坏袭扰的作战方法，培养游击战干部。共举办 4 期，培训 1100 人，至抗战胜利时该班尚未结束。

桂林（贵阳）秘密行动班是为了培训情报特工作战人员而设，调训军统各单位的秘密行动人员，教授美式特务工作技术与方法；先后举办过 3 期，开始于桂林，后因战局影响迁往贵阳，毕业 38 人，大部回归原单位工作。

附：

中美合作所举办的各类训练班列表[1]

地点	班别
四川重庆	电训班、侦译班、外语班、情报班、气象班、管理班、刑事警察训练班（中美第9班）
安徽歙县	中美第一班
贵州镇远	中美第二班
陕西西安	中美第三班
绥远陕坝	中美第四班

[1]《中美合作所志》，（台）“国防部”情报局 1970 年编印，第 79 页。

中美合作所举办的各类训练班列表

地点	班别
广西南宁	中美第五班
福建华安	中美第六班
福建建瓯	中美第七班
浙江瑞安	中美第八班
贵州息烽	中美第十班
安徽临泉	中美第十一班
浙江淳安港口	中美第十二班
广东梅县	中美第十三班
湖南东安	医务班
江西修水	行动干训班
贵州贵阳	秘密行动班
北平、上海	特种警察训练班

从 1943 年至 1945 年 8 月，中美所各训练班共训练单位 22 个，完成训练之作战部队 49180 人，各种干部 1320 人，毕业学员 50500 人；除别动军、忠义救国军分别归还建制外，余 33604 人编成 64 个教导营，[1] 军统局的武装力量因此大为加强。

任务与活动

中美合作所成立之初，其设计的基本任务是满足美国方面在太平洋上与日本进行海空作战的气象情报需要。当时日本已占据了从中国东北到南洋新加坡地区的广大地域，对西南太平洋地区受西伯利亚高压和热带海洋气团交互作用的四季气象特点及变化掌握无余；而美国方面则无法侦测到有关情况，妨碍了海空军的行动，因此只能求助于中国。

[1]《戴雨农先生全集》(下)，(台)“国防部”情报局 1970 年编印，第 978 页。

1942 年 10 月，美军气象专家考诸拉（Ray. Kotrla）上尉来到重庆，准备在中国各地建立气象侦测网，戴笠指派军统局电讯主管魏大铭负责此项工作，并邀请中方中央研究院的气象专家加入，计划逐步在国民政府控制下的东南沿海地区及西北各地择点推广。是年底，美国又派海军气象专家贝乐利（I. F. Beyerly）中校前来专司此责，并着手训练人员，完成后编组分赴各预定地点，开展工作。

从 1943 年 2 月开始，军统局抽调报务人员 151 名，先后分 4 期接受美方的气象观测训练，结束后成立 23 个工作队，分赴中方控制地区的一、二、三等共 116 个气象站工作，其中包括气象总站 1 座，分站 36 座。另外，戴笠还在沦陷区上海、广州、天津、香港等地及海外的仰光、马尼拉各重要地区的军统组织电台处配置了小型测候机，搜集当地的气象情报发回重庆总站，同时与国内有关军事、航空、气象部门建立经常性的气象情报交换关系。一个遍布东亚地区的气象情报网得以迅速建成，美方对军统的合作深表满意。[1]

除了气象侦察与情报搜集，中美合作所主要还在以下几个方面开展了工作：

1. 搜集与交换有关军事情报，以利中美两国军队共同开展对日本的军事行动，适时策动准备接应美军在中国沿海地带登陆，反攻日军；

2. 为达成军事目的，开展对敌军的心理战与袭扰战，破坏和扰乱敌人，增强对敌优势；

3. 为此需要较大规模地开展训练工作，培训“特种技术人员”与敌后情报人员，组建专门武装并配发新型美式装备；

4. 后期又扩大培训范围，涉及特种刑事警察，同时更新有关装备；

5. 为策应美军在东南沿海作战，在沿海地带各战略要地和台湾、海南及泰国、越南等地进行部署，开展侦察与破坏工作。

为达成上述目的，中美所建立了广泛的外围组织。在情报搜集方面，在各地区建立指挥站 8 所，联络站组 5 个，工作组 54 个，电讯侦测总台 1 座，分台

---

[1]《中美合作所志》，（台）“国防部”情报局 1970 年编印，第 39—43 页。

6座；为开展敌后行动，划分出4个行动区，7个工作站，27个工作组；为实施“心理战”，设立“前进工作站”4个，工作组13个，“神密广播电台”1座；同时在重庆与各地之间架设秘密通讯网，设通讯总台2座，支台10座，分台49座。另外，还分别在东南沿海地带及沦陷区各地部署了铁道破坏队、别动军、“忠义救国军”、“泰国挺进军”等武装部队，在中美所指挥下执行任务。[1]

为了完成第一、第二项任务的需要，中美所将军统局所属的武装部队——别动军、忠义救国军、铁道破坏队等也加以训练，重新装备后改编成正规陆军编制的4个纵队以及南京、淞沪、浙东、浦东、澄锡虞等5个行动总队，在敌后开展行动。1943年5月，由马志超、阮清源分别出任正副总指挥，郭墨涛为参谋长，统一指挥；以李穰、汪浩然、文德、鲍步超分别担任第一至第四纵队纵队长。在训练过程中“以新的军事技术为主，约占75%，由美籍教官讲授，其他一般军事基本学识典范令与政治教育为辅，约占25%，由我国教官讲授……训练的期限，为争取时间，采取速成的方式，按各部队的差异而确立时间的多少。最少两个月，最多四个月”[2]。如前述之各类培训班即如此。

1944年4—6月间，为适应豫湘桂战役的需要，中美所组建了第一至第四4个行动区，分别在广东、长江沿岸的湘赣边区、安徽的屯溪和西安开展活动；组建了通讯网，进行宣传（心战）工作，并为美方搜集了大量的敌伪资料。与此同时，在戴笠的要求下，美方开始为军统培训特警人员，这是“戴先生对战后中国社会治安维护的深谋远虑，但此种苦心并不为人所了解，即使美国的若干官员，也有提出非议的。如非梅乐斯副主任基于互信互敬的合作友谊，极力支持此一措施，则无由实现”[3]。这段表白充分说明了中美所训练“特警”不仅是为了抗日，也是为了反共内战做准备。

为了达成中美所策应美国海军作战的基本任务，在梅乐斯的要求下，中美所还把触角伸向了在日本占领下的泰国、越南及中南半岛。在泰国，他们派人联络倾向抗日的卡宫春、塞古安等“自由泰国运动”领袖，为其训练装

[1]《戴雨农先生全集》（上），（台）“国防部”情报局1979年编印，第163页。

[2] 同上书，第164页。

[3]《中美合作所志》，（台）“国防部”情报局1970年编印，第69页。

备人员，并派军统得力干员赴泰，进行游击与情报活动；在越南，中美所从北非联系到抗日的“自由法国”军队，派劳勃·梅利亚中校来华，组织训练人员，准备进入越南进行抗日情报与抵抗工作，但因法方内部的关系复杂草草结束了使命。

中美合作所存在的几年内，其在抗日军事上取得的成果总计如下：

在气象情报搜集方面，自 1944 年 4 月至战争结束，共获得气象情报 84366 件；自 1944 年 10 月到 1945 年 2 月，中美所还为美军轰炸台湾与空袭日本本土提供了气象服务。

在地面情报搜集方面，自 1944 年到战争结束，共向美方提供了 4139 件情报，美方回报 1758 件。

在敌方电讯破译方面，自 1944 年 9 月到次年 8 月，共向美方提供了 110537 件破译情报并破译日方密码多种；美海军据此对日本舰船发动攻击，击沉 25 艘以上，另在雷伊泰海空战、帛琉登陆战等战役中得到了中美所的情报帮助。

最后，在 1945 年 1 月 7 日美军大举空袭日军在澎湖、琉球的海空军基地，击沉敌舰船 83 艘，炸毁敌机 210 架，给日军最后毁灭性打击的作战中，也得到了中美所的情报帮助，为此，美国总统罗斯福曾专电蒋介石致谢。

与美国在华第 14 航空队合作，从 1943 年起在越南、海南及台湾各地沿海地带布雷 1000 枚，有效地阻碍了日军的运输，并炸沉日舰船 24 艘。

中美所的情报搜集系统在 1945 年前后美海军扫荡南海诸岛、菲律宾及歼灭厦门日海军的战役中，提供了及时、准确的情报。

在豫湘桂战役中，中美所的各类敌后武装在战区各省进行了多次牵制性破坏与袭扰作战，如炸毁了焦作煤矿、黄河新铁桥、钱塘江大桥，破坏了浙赣铁路等，还进行了一些广播、宣传作战和对日军战俘的心理战。

抗战结束前夕，中美所加强运输与通讯，并出动所属各部队配合正规军，在“收复失地”与抢先“受降”中，为国民党当局立下了“汗马功劳”。

在上述这些战绩中，既有中方人员的努力，也有美方人员的直接参与。其中不可忽视的因素之一，就是中美所得到了美方大量的先进武器与设备的援助，这才能够达成以前不可能实现的目标。在这当中，军统组织的活动能力与武装战斗力得到了提高也是事实。

在中美合作所存在的三年中，由于戴笠的刻意组织与策划，国民党军统组织与美方来华人员建立了密切的关系。军统为梅乐斯等人提供了优越的生活与工作条件，戴笠不惜屈尊去迎合梅乐斯的各种需要，为美方人员提供“全方位”的服务。[1] 如此，他与梅乐斯及其他美员“合作愉快”，充分达到了使军统对外发展与对内挟洋膨胀势力的目的。

这一时期，在无线电讯与情报交换方面，军统局与美方也进行了有效的合作，有一说法认为：军统提供的日本密码使美军破译了日方情报，最终击毙了日海军联合舰队司令官山本五十六大将。

据有关文章称，1943 年 4 月 1 日，日本海军启用新的军用密码，附加乱码增加了破译难度。中国军统组织依据多年来侦译日军密码的经验，向美军送去了及时破译的日本海军最新秘密信息。有了中国方面的帮助，美军的困难迎刃而解。在夏威夷情报中心，来自海军陆战队的外语专家阿尔瓦·拉斯韦尔中校将一份截获的日本海军密电译为日文明码，从中得到一份极重要的内容，得知日本联合舰队司令官山本五十六大将将于 4 月 18 日早晨 6 时乘坐一架中型轰炸机，由 6 架战斗机护航，离开南太平洋岛国巴布亚新几内亚的拉包尔，于 8 时抵达巴拉尔岛进行视察，并安排作战方案。情报总部立即向海军部部长诺克斯上校报告了这份重要消息，并转报给太平洋舰队司令官尼米兹上将。这两位将军都很兴奋，决定抓住此时机对指挥了珍珠港事件的山本五十六下手。经过美国空军的周密计划，4 月 18 日晨，美军米切尔少校率 16 架闪电式战斗机设伏，经过短暂的激战，由兰斐尔上尉将山本五十六大将的座机击落，使日本海军一代中坚命丧太平洋，对日军造成了空前的打击。在这当中，中方的情报密码帮助发挥了作用。[2]

---

[1] 详见沈醉等人的回忆录及《文史资料选辑》第 22、32 等辑中文强等人有关中美合作所的文章。

[2] 王炳毅：《军统破译密电码山本五十六殒命》，载《南京晨报》2003 年 10 月 23 日 D11 版。另参见池步洲：《一片丹心破日密：抗战回忆录之一》（未刊稿），池步洲所述实际为军委会军技室破译了日本外务省 LA 密码得知了山本五十六行踪，这两种说法皆存于世，在此供参考。

除了抗日合作，戴笠与梅乐斯还在共同反共的问题上有着默契与一致。

戴笠的反共是不言而喻的，而梅乐斯也是一个坚定的反共派分子；他声称“憎恨所有的共产党人”，表示“在中国消灭共产党本人乐于出力”。为了达到这一目的，同时紧密地联合军统组织加强美海军的在华影响，梅乐斯不惜阻碍和破坏美国陆军在华的其他计划，即使在受到美国军方战略情报局和美国陆军方面反对谴责的情况下，他仍愿意不顾一切地在反共方面帮助戴笠。

1943 年，重庆中美合作所特种警察训练班开设后，梅乐斯给美国海军部上校梅策尔写信说：“在今天上午开设了一所新的学校，传授用科学的方法进行刑事侦查的技术，对于继续把这所学校办下去的重要性，我怎么说也不能算估计过高。它含有种种无法书面充分表达的复杂的政治意义。在目前战争时期和战后的形势发展中，它在中美两国都有可能发挥十分广阔的作用”，但它“所包含的情况异常复杂，使我多少有点心惊胆战，但我相信我们会从中得到很大的好处”。[1]

正是由于这一想法，梅乐斯在助蒋反共方面自行做了不少工作。他甚至于 1945 年 8 月 22 日亲自出马，在重庆造时场松林坡公馆召开记者招待会，宣扬“中美所”的成绩，以抗衡美国报刊上对中共抗日成绩的宣传报道，美国海军部为此也发出了《中美合作所抗日经过》新闻稿。据称：1944 年以后，中美所抗日的战绩是平均每月毙伤日军 2000 人，而敌我伤亡比率是 3:1；同时，中美所人员还“救获美国飞行人员 30 人，轰炸机航行人员 46 人，随军记者 1 人”[2]。

梅乐斯在这次会议上还针对社会上的传言，为戴笠做了公开的辩护。他说：“关于外间所传戴将军的谣言，我听到的最多。但我……对他最为了解，外间传说戴将军是走私专家，这不仅是肤浅的看法，同时也是误解……外间又谣传戴将军吸食鸦片，并且贩毒，此种无稽之言，本不值一提……还有人谣传戴将军自己建有一集中营，将其政治上的敌人擅行禁锢，且常施以苦刑。不错，是有一个类似集中营的处所，设在贵州的息

[1] 转引自厉华：《中美合作所集中营史实研究与保护利用》，重庆出版社 2001 年版，第 54 页。

[2]《戴雨农先生全集》（上），（台）“国防部”情报局 1979 年编印。

烽。我想在战时，任何国家，为暂时拘留危害国家安全的敌人或间谍，或者政治上的战俘都设有类似的组织……设在息烽的组织，我本人虽未亲往参观，但中美所的美方人员，曾有多人前往查看过，知道详情……被看管的人……一般生活都很舒适。”[1]

很明显，梅乐斯与戴笠在这方面的观点是完全一致的，为了争取舆论，梅乐斯还通过美国海军宣传机构，发出了一篇题为《中美合作所抗日经过》的新闻稿，借以鼓吹。

中美合作所开张后，梅乐斯在华的活动引起了美国陆军方面的关注。盟军中国战区参谋长史迪威将军认为，中美合作所是故意绕过他而直接受命于华盛顿，对此深感厌恶。但他无权管辖梅乐斯，只好用推迟美国海军援助物资运输的办法来表示不满。梅乐斯却企图削除史氏权力，让美最高当局将这位正直的陆军中将调走，使自己可以放手与蒋介石合作。然而，梅氏的活动并没有成功。

1943 年 7 月，美国战略情报局局长杜诺万通知海军方面，他要派一支战情局的正规分队来华取代梅乐斯代表团，这个意见遭到了美国海军的坚决反对。杜诺万并不退缩，他亲自乘飞机来到重庆，要求梅乐斯服从美国战情局的领导，戴笠与梅乐斯均不答应。后来，史迪威因与蒋介石闹翻，被美总统勒令回国，由魏德迈继任其职。魏德迈对戴笠绝无好感，他曾公开地说：“戴某声名狼藉，是个恶人。”[2] 他在美国参谋长联席会议上做出决定，修改有关中美合作所的协议，使其接受中国战区司令部的领导，同时维持梅乐斯的独特地位。于是，一个美国陆军的调查团开进了中美合作所。

1944 年秋，美国战略情报局局长杜诺万再次来到重庆，与戴笠签订了中美合作所第二份合同，扩大了双方合作的内容。这一次补充合同的签订，使中美所的性质有了若干改变，强化了它在抗日之外的对内镇压的功能。其主要内容是：由美方协助军统训练特种警察人员，并供应各种所需的教材和器材，如测谎侦察器等现代化刑具、警犬、毒物等；美方复选派有关教官 50

[1] 厉华：《中美合作所集中营史实研究与保护利用》，重庆出版社 2001 年版，第 56 页。

[2]《戴雨农先生全集》（下），（台）“国防部”情报局 1979 年编印，第 250 页。

人，来华传授特种警察技术。与此同时，美方继续协助军统在各地训练和装备特务武装部队，由原定 5 万人扩大到 20 万人，供给运输器械十轮卡车由 500 辆扩充到 2000 辆、中小吉普车由 50 辆增至 200 辆；加拨军马 500 匹；医药器材增加到可供 1000 张病床之用。此外，美方还答应为军统培养高级特务 20 名，去美国受训一年，由美方负责他们在美的全部费用。1945 年美国第七舰队司令柯克上将到中美合作所视察时，又主动提出将送美受训的高级特务增加至 40 名。1945 年抗战结束后，军统局人事处在毛人凤主持下，选出了 40 名特务，经戴笠、梅乐斯批准，分两批赴美受训。他们中有：鲍志鸿、郑锡麟、毛万里、郑鹤影、刘镇芳、潘景翔、吴利君、陆遂初、林金苏、焦金堂、黄加持、俞实、尚望、董益三、倪耐冰、乔家才、史泓、高鼎伊、王孔安、谢力公、刘芳雄、汪祖华等人。这些在抗战结束后的合作，已完全没有了抗日的意义，沦为美国支持蒋介石政权维护独裁统治和进行反共内战的实际行动。[1]

但是，我们也应看到，在抗战时期，梅乐斯的助蒋反共思想并不能代表当时美国政府的实际立场，更多的是他个人的行为。从罗斯福总统开始，美国当局现实的对华战略是希望中国能运用一切力量拖住日本，以有利于美国完成其先欧后亚的全球战略部署。为此，他们并不希望国共两党反目，而是要求蒋介石不可自乱家门。美国军方并不支持梅乐斯的态度，对他与戴笠的火热关系也不以为然。正因如此，这才有了美国陆军对中美合作所的干涉与介入。后来，梅乐斯在内外矛盾压力之下思想紧张过度，患了精神衰弱症，最后严重到轻度的神经症，以致不能继续工作。蒋介石为了安慰表彰他，决定给他颁发勋章。当奖章送到时，梅乐斯已被美方隔离监护，于是这枚勋章是隔着监窗送到梅乐斯手中的。不久后，他就被送回国，结束了他在中国的活动。戴笠死后，梅乐斯要求来华参加吊唁，亦被阻止，后经蒋介石的再三努力，才得以参加戴笠的葬礼。这说明，梅乐斯在美并不得宠。尽管美国政府最后也走上了助蒋反共之途，但梅乐斯过早表明反共态度在当时与美政府的立场是存在差异的。

[1] 黄康永口述，匡垣整理：《国民党军统组织消长始末》（八），载《档案与史学》2002 年第 2 期。

以戴笠与梅乐斯为代表的中美双方在情报特工领域内的合作，是中国的情报特工组织第一次比较成功的对外合作，其开始的出发点是配合美军的抗日，但其主要的成绩却体现在培训人员、更换装备与对美方提供各种情报上，真正直接服务于抗日战场者则为其次，这从军统的各类武装对日作战的程度和战绩与其所得到的训练与装备水平不成比例，也可得到证明。其更大程度上的作用，则发挥在后来国民党政府的反共内战上。在这当中，最大的受益者是戴笠与军统组织，对美合作使军统在人员数量上急速扩张，在装备质量上更是上了一个层次。由此，戴笠个人在国民党及其政府内的势力也大大地膨胀，并从此伸手向警察、海军各领域[1]，盛气凌人不可一世，终于引发了党政同僚的反感和最高当权者的警觉，最后造成了蒋介石对他的防备与限制。梅乐斯的情况也极为相似，他因中美所的成绩而快速升迁，又因专横抗令不准别人染指中美所而开罪于美国陆军及华府，最后只落得押送回国继遭冷落的命运。

这真是“福兮祸所伏”。

仓促结束

1945 年 8 月，日本宣布无条件投降。戴笠与“中美合作所”立即投入抢夺胜利果实的争斗。因军统局在长江三角洲及东南地区的潜伏力量和“忠义救国军”等武装部队的优势，他们成为国民党抢夺沦陷区各大城市的“先锋队”。

抗战胜利后，中美所随即结束活动。这年冬天，美方代理副主任贝乐利与军统局主任秘书潘其武，根据戴笠与梅乐斯指示（梅此时被陆军排挤，遣送回国，戴笠则赴东南视察），签订中美合作所的第三次合同，其主要内容是履行第一次合同的规定，办理中美合作所结束事宜。

这份《中美特种技术合作结束协定》规定：

[1] 抗战胜利后，中美所的武装如各支忠救军、教导营、别动军等共改编为 18 支交通警察总队和一个直属大队，计 64402 人，归交通部所属，但仍由军统指挥，奔赴各地抢占地盘。戴笠还想控制美方移交的舰艇，自兼任海军司令。见（台）“国防部”情报局编印的《戴雨农先生全集》《中美合作所志》等书及沈醉等人的回忆录《戴笠其人》《军统内幕》中的有关记载。

中华民国国民政府及美利坚合众国政府认为，《中美特种技术合作协定》对于获取对日作战胜利有重要之贡献，并认为该协定预定之任务现已完成，应予废止。缔约国政府承认该协定对于中美双方均曾有所裨益，并承认在该协定之规定下，有若干未尽之义务尚待履行。

第一条

《中美特种技术合作结束协定》自本结束协定生效之日起，应即认为经缔约国政府双方同意正式废止。

第二条

本条第一、第二两节所列举者为根据中美特种技术合作协定尚待履行之义务。所有为履行未尽义务应需之物资及供应品详见本条附录甲之清单。该项物资及供应品，应由美国政府免费供给中国政府，所有未列入清单以及将来需要之物资，可按价购方式由美国政府依缔约国政府间现行物资转让办法，供给中国政府。

第一节　电讯

为求设立一健全之通讯机构，俾得迅妥收发气象情报起见，美国应：(一) 将附录甲上所列之电讯器材移交与上海华方之指定人员；(二) 指派美员负责襄助并指导附录甲所列各主要站之建立，其美员人数不得超过二十四人，工作时间不得超过一九四六年七月一日。但如因接收自美运华之物资，发生不可避免之耽搁致逾限期时，中国政府得向驻华美国海军最高当局请求酌予延长，美方在可能范围内应予照办。

本节各项物资，由上海至附录甲所列各分站所在地之运输事宜，应由中国政府负责，并应由中国政府准备建台时必需之工作人员。

中国政府应供给地点、房屋、场地及建立第二条附录甲所列各台所需之各种公用设备，并应负担办公及维持之费用。

第二节　气象

为求利用根据《中美特种技术合作协定》而任用之华方人员，以及根据该协定所获得之气象器材，或由其他方面所获得之气象器材，以维持一健全之气象机构起见，美国应：(一) 指派美员十五人以下，就关于建立及维持一健全之气象机构及国际气象广播等各项技术及管理事宜，备华方咨询。其工作期间不得超过一九四六年七月一日。但如在此期限之后发生技术上之困难，中国政府得向驻华美国海军最高当局请求协助，美方应在可能范围内照办。(二) 指派教官五名以下训练华方气象人员。受训人员不得超过一百五十人，训练期间不得超过一九四六年七月一日。但如该项训练有增加之必要时，中国政府得向驻华美国海军最高当局请求协助，美方应在可能范围内照办。

中国政府应供给地点、房屋、场地及各种公用设备，并应负担办公及维持之费用。

第三条　教育奖金

《中美特种技术合作协定》第十七条所规定之事项，经由缔约国政府双方同意另行结束。

第四条

中国政府应将根据本协定第二条所设立之气象业务，自一九四六年七月一日起之五年内，供给美国政府之用。在五年之期未满时得进行协商期满后该项业务之继续事宜。

第五条

本协定经中华民国国民政府主席及美利坚合众国大总统授权双方代表签字后立即生效。

第六条

本协定缮中英文各二份，中文英文有同等之效力，中美双方各执中英文一份。[1]

协定签订后，美方人员开始陆续回国，中美所所有文件，美方均带走一份。美方人员的物资，全部移交给军统局；美方运华物资已经启运的，仍继续运华交军统，未启运的则停运。所有美方出资兴建的房屋、家具、装备等

[1] 二史馆藏档《中美特种技术合作结束协定》，二 (2) 3207。

均无偿交军统使用，美方不再保留所有权和使用权等。

虽然形式上中美所趋于结束，但实际上中美所的后续工作仍在一段时间内延续着。

抗战一结束，美方动用千辆十轮大卡车赶运军统武装部队，星夜奔驰，前往沪宁杭各大中城市，阻止共产党部队的接收。这些车队司机大多是南洋华侨青年，本来回国是为了抗日，战争结束后，他们归心似箭，不愿开车。军统对他们除威胁利诱外，又由中美所动员美籍司机开车以确保完成任务。

中美特警训练班第一期结束后，为及时将这些经过“美式训练”的军统刑事警察、保安警察送到刚接收的平津京沪等大城市去为蒋政权抢地盘，梅乐斯向美国海军部要来四架四引擎运输机实行空运，又将特训班的全部教材和刑事实验室的全部设备赠送给军统局。虽在中美所第三次合同中已写明“未启运的物资即中止供给”，但美军还是额外从冲绳运送 3000 吨各种美式武器到秦皇岛，准备交给军统。此时因戴笠已死于飞机失事，军统内部内争混乱，交接工作难以落实，最后这批武器被蒋介石拨给了开赴东北打内战的新三军廖耀湘部。

美方在第二次合同中答应提供军统 1000 张床位的医疗设备，此时已集中运抵上海，移交给“中美医院”使用。这所医院原为德国人所办，名为宝隆医院，胜利后作为敌产接收，戴笠为拍美国主子马屁，更为奉承“校长和夫人”，便取蒋中正的“中”、宋美龄的“美”而命名之为“中美医院”。他非常得意地说：“这一方面是纪念中美合作，另一方面也是为了表示对校长与夫人的尊敬。”戴笠死后，中美医院更名同济大学附属医院。[1]

1945 年 9 月 21 日，梅乐斯回重庆安排好美海军部金凯特上将会见蒋介石事宜后，就因病中止了工作准备回国。蒋介石为了他在华的“功绩”，特命颁发大绶云麾勋章一座，派毛人凤代表他送达并致颂词。在梅乐斯回国时，戴笠前往为他送行。[2]

---

[1] 黄康永口述，匡垣整理：《国民党军统组织消长始末》（八），载《档案与史学》2002 年第 2 期。

[2]《戴雨农先生全集》（上），（台）“国防部”情报局 1970 年编印。

回国后，梅乐斯在他个人生涯的逆境途中，仍然与国民党当局保持友好的往来关系。他曾专程来华出席戴笠的葬礼，受到蒋介石的礼遇。回国后，他把在中国举办中美合作所的经历写成一本回忆录，名为《另一种战争：中美合作所的故事》。这本书在他去世后几经周折才得以出版。自然，梅乐斯在书中对中美所及戴笠给予了带有个人感情色彩的较高的评价，并把他在中国的经历视为他人生的重要阶段。因此，梅乐斯也成为美国坚定的亲蒋派代表人物。

1946 年 7 月，中美合作所全部结束。

第三节　中美英三方情报合作会议及其意义

1941 年夏，英国派驻重庆的商务代表、英国高级特务安德逊与戴笠联系，表示英国愿在加强中国游击武装方面提供援助。戴笠即调忠义救国军总指挥周伟龙自江南前线回重庆，代表军统局与英方谈判合作事宜，以军统掌握的武装特务——第三战区忠义救国军和各战区督导组与便衣混成队为基础，作为与英国特务合作的训练对象。1942 年 1 月，别动军司令部在重庆小龙坎成立，戴笠保举忠义救国军总指挥周伟龙为司令，统一指挥合作事宜。

然而，中英合作进行得并不一帆风顺。戴笠曾向宋子文说起对英情报合作的状态，“英方无诚意合作，器材既不能作相当之供给，特务又不能公开教授，且在我国内各战区籍合作名义自由活动，搜集情报，实违反合作协定，故奉委座命令中止进行”[1],并提醒宋子文说英国特工负责人约瑟克“现在华府有所活动，此人鄙视我国与我绝无好感，乞公注意”。

蒋介石侍从室情报组组长唐纵也曾在 1942 年 4 月日记中记载：“英国与我国特务工作之合作，我始终认为英国另有企图……其目的在取得我特务工

[1]《戴笠致宋子文电》,《重庆来电》（1942 年 1 月 14 日）华盛顿中国大使馆，现藏于（美）斯坦福大学胡佛研究所档案馆，Box No：43，Folder ID：4 。转引自马振犊：《国民党特务活动史》，九州出版社 2008 年版，第 353 页。

作之掩护，以便各地活动。周伟龙得我指示后，已渐渐发觉其真面目矣。英人想在第三战区设立爆破训练班，已令顾长官制止。别动军之工作，已严令约束英人不得自由活动……” [1]

由此可见，中方与英方的合作一直互有芥蒂，互相并不信任。后来，英国面对德国的进攻自顾不暇，新马又告沦陷，加上军统局在援助及训练等问题上也与英方意见发生分歧，中英合作遂于同年 4 月夭折。

美国海军与军统开始中美特工合作后，引起了英国方面带有忌妒情绪的关注，他们结合在东南亚军事行动的需要，特别希望与中方加强情报系统的合作关系。

1944 年 6 月，东南亚英军最高指挥官蒙巴顿勋爵给中方发来邀请函，指定邀请军令部第二厅厅长郑介民赴印度出席中英情报合作会议，并要郑前往他的司令部一行，与他会谈合作事宜。总参谋长何应钦接信后，立即呈文向蒋介石请示，并通知了郑介民。6 月 10 日，郑介民给何应钦呈文，分析了英方此行的原因和意图。郑介民写道：

蒙巴顿将军请职赴印之意图判断约为四项：(一) 蒙巴顿之印度洋登陆战于雨季后十一月左右料将发动，此时美方亦将于菲律宾发动登陆战。此次缅北之战蒙巴顿比史迪威已相形见绌，若将来登陆战再失败，则不但影响英在远东之威望，而蒙巴顿个人之前途亦将完毕，乃谋利用反间欺骗敌人，使攻击易于成功。而需要与我方密切合作。(二) 德失败后，英必增强对日攻击力量，英军官传统观念重视情报，彼或认为对日情报由彼此将布置研究判断均坦白检讨，俾彻底明了敌情，于将来反攻时易将敌人击溃。因此需要情报负责人当面研讨。(三) 英方或认为中美情报关系密切，(如中美合作所等) 而中英情报关系尚欠完备，且美方在印缅人员有气焰甚高，英方乃谋与我方商讨合作以资平衡。(四) 若从最坏方面判断，(甲) 我方在印人员人数既重，品质自然复杂，行动欠妥之资料英方必收集不少，乃籍交换情报手段供给我方；

[1] 潘嘉钊等编：《戴笠、梅乐斯与中美合作所》，群众出版社 1993 年版，第 4 页。

（乙）英方统治殖民作风一贯，化整为零，以甲制乙，现南洋倭寇既教土人反英与革命，则英方必谋用华侨以制土人。职在南洋华侨中情形熟悉，交游颇广，或彼于此方面拟加以利用。职对此事毫无意见，谨遵命行之。[1]

7月13日，蒋介石批复何应钦呈文，批准郑介民带领军令部二厅第一处上校科长王武和剑桥大学毕业的国防研究院少将研究员唐君铂前往印度参加中英情报合作会议，并会见蒙巴顿将军。[2] 此举表明了他对中英情报合作的赞同态度。

1945年1月24日，中英美三方特工部门曾在重庆盟军总司令部召开过一次特工情报首脑"秘密准军事行动"联席会议，军事委员会负责对外关系的钱大钧、朱世明与军统局的戴笠、郑介民以及美国的魏德曼、杜诺万，英国的格里姆斯戴尔、泰乐等有关远东地区情报特务工作的军官出席，会议商讨了三方在共同对日情报作战中的协调与配合问题，明确了合作中的原则。以下是有关这次会议的记录[3]：

秘密准军事行动会议记录

时间：1945年1月24日上午10点APO字879号

第一次秘密会议

地点：中国战区美军司令部

出席者：

中方

戴笠将军（General Tai Li）

朱世明将军（General Chu Shih-ming）

钱大钧将军（General Chien Ta-chun）

[1]《郑介民致何应钦函》（1944年6月10日），中国第二历史档案馆馆藏档案。

[2]《蒋介石致军令部令》（1944年6月10日），中国第二历史档案馆馆藏档案。

[3] 英国国家档案馆藏档 PRO：HS 1/323.。

郑介民将军（General Cheng Kai-ming）
陆军上校小邢如甫（Colonel Sin Ju Pu Hsiao ）

英方

格里姆斯戴尔将军 (General Grimsdale)
陆军准将泰勒（Brigadier Taylor）
陆军上校吉尔·戴维斯（Colonel Gill Davis）

美方

魏德曼将军（General Wedemeyer）
杜诺万将军（General Donovan）
格劳斯将军（General Gross）
海军准将梅乐斯（Commodore Miles）
陆军上校泰勒（Colonel Taylor）
陆军上校迪克（Colonel Dickey）
陆军上校赫普勒（Colonel Heppner）
陆军少尉上校伯德（Lt. Col. Bird）
陆军少尉上校阿格纽（安献今）（Lt. Col. Agnew）
陆军少尉麦哲民（Lt. McGiven）
陆军少尉恩格（Lt. Eng）
陆军少尉杨格（Lt. Young）
波义耳先生 (Mr. Boyle)
中士麦克伊尔韦（Sgt. McIlwee）

魏德曼将军宣布会议开始，他指出召开此次会议的目的，在于制订蒋介石总司令关于在中国战区（包括中国及法属印度尼西亚）内部协调秘密准军事行动的计划。

魏德曼将军接着说：当我三个月前刚抵达的时候，我发现这儿完全缺乏协调。而这种协调是为了美中英秘密行动或秘密机构的工作。我的本意并不是为了试图干涉你们的工作或者使我着手调查的这个战区的授权行动陷于徒劳，而是为了带来有效的合作和确保只有授权行动才能在本战区内施行……在调查过程中，我发现某些机构的权限一直相当模糊……

“首先，这儿现存的任何组织以及过去签订的关于秘密的或准军事行动的任何协议都将受到尊重，并将继续保持下去……总司令非常尊重这些协议，而不论协议是由政府中的何人签订的。但是，改变那些协议的情况可能会发生，我们必须有这样清楚的意识……”

魏德曼将军进一步指出，从今天起，美方或英方，就秘密或准军事行动组织所提的任何有关人事和物资方面的扩充和增加要求，都必须向中国情报机构负责人郑介民将军提出。总司令规定，其他任何人都无权以他的名义发布准许令。从中国政府任何其他机构提出的关于这些行动的任何特权请求都是无效的。郑介民将军及D.M.I.，才能被授权发布准许令，他将在与担任总司令总参谋长职务的我磋商后，以总司令的名义发布。我和郑介民将军非常明了总司令关于在中国战区实施秘密的准军事行动的政策。现在我就这一政策阐述如下：

为了在我们力所能及的范围内，原则上坚持这些多样的秘密准军事的活动，并且开始那些为对付共同敌人日本而开展的一致行动，申请的项目将给予优先考虑。

绅士们，我不喜欢说“如果你们不这样做我就将亲自出马”，我不喜欢以这样的方式说话，但是我感到道理上应是如此，并且蒋总司令也会赞成我的。

我觉得应该提出如下警告：除了前面我做出的在原则上尽力支持你们的行动以及力谋反抗共同敌人日本的两点声明，其他还有两点需要强调。第一，如果你们的行动人员及其行动超出了被授权目的，他们就将被从中国战区驱逐出去，这就是说，如果他们被用于抗击日本以外的目的，就犯规了。第二点，绅士们，在有关军事行动、情报行动方面，我们的司令部——我的及郑介民将军的司令部，需要情况报告。绝对禁止有擅自的秘密行动或未经郑介民将军及我本人同意过的军事行动。换句话说，我们不需要在某些还没有完全熟悉的缓冲地带开展游击活动，即使这些缓冲地带可能尚未被日本正规军占领。

我再次要求你们，在这两点原则基础上来开展合作，即你们不能允许自己的机构卷入国民政府与共产党的政治斗争，你们必须恪守你们在这个领域的最基本的职能——向我们报告你们获得的情报。这在过去一直根本没有做到。

在进行秘密行动之前，例如，袭击某一座桥梁，或者破坏交通线和敌人重要军事设施的行动，都要通过我们的批准，通过郑介民将军和我本人（的同意）。如果你们这样做，你们将获得对于你们行动的许可，你们将会对战争做出切实的贡献。上帝知道，在过去的日子里，我们一直在无目的地行动。简而言之，这就是说，在没有充分了解情况之前，和在没有经我本人及郑介民将军协调之前，任何秘密组织都不得采取行动。

对此可能会有一些认识上的混乱，你们可能觉得郑介民将军和我本人之间存在着权限分别。我可以向你们保证：情况不是这样的。蒋总司令的愿望是要他领导下的盟军特工组织所有行动，而且他希望我告诉郑介民将军有关这些行动的一切情况。如果你们中的任何人请求我允许额外的供应和设备补给以及增加人手，我必须在同意之前通知郑介民将军，反之亦然。如果你们向郑介民将军申请在某个地区采取行动，或补给某种设备，他也会与我商量。如果我们存在意见分歧，将由总司令裁决。这样，我们只有在双方达成一致意见后才能发布准许命令。

……

在未来的三个月内尚没有确定的行动计划，或许没有。我们正在筹划某项军事行动，因而目前还不能确切地告诉你们要如何配合。我们正在试图制订总体计划，确定付诸实施的时间及地点……一旦有了确定计划，我们将召见你们，指示我们打算如何做。我们将要求你们就你们所能做出的贡献提出建议……我将要求在中国战区活动的每个秘密组织的负责人，在每周不迟于星期二向我提交一份行动报告，说明你们完成了什么，在哪里，什么人参与，动用了什么设备。那将能让我把你们的努力引导到更为有利可图的目标。你可能已经偏离方向了，如果我们知道你们正在做什么，我们至少可以进行有效的协调，以争取那个时刻到来，那个能将我们的努力整合到一个完善的中国战区整体计划中的时刻。

绅士们，还有一条警告。我要求你们不得向任何个人，例如某省省长或中国的军阀及特殊的政治团体，提供任何帮助或者物资支持。我警告你们，如这样做了对你们及你们的组织都是很危险的。你们绝不能卷入中国的政治和地方事务。我在会议开始时就已经强调，蒋总司令希望你们的行动只能用以对付共同的敌人——日本。最后，我向你们保证，我将以个人和集体的力量来帮助你们完成使命……

秘密行动只是我们众多职责中的一个。陆军少尉上校阿格纽（Lt. Col. Agnew）请起立，陆军少尉上校阿格纽将负责指挥秘密行动并为我协调它们。我想有一份各组织负责人的名单，以便我能知道谁在负责中国战区的那个组织。我还想知道我可以在哪里找到这些负责人。我们从这里左边开始逐个问答。

魏德曼将军："OSS 的负责人——陆军上校赫普勒（Colonel Heppner），万一我们无法联系上你，你有代表吗？"

陆军上校赫普勒："我的副官是威利斯 · 伯德上校（Colonel Willis Bird）。"

魏德曼将军："你们两位军官将负责在中国战区的所有 OSS 行动，是吗？"

陆军上校赫普勒："是的，阁下。"

魏德曼将军："下一个是 ISLD。"

××××："我是代表。我驻扎在加尔各答（Calcutta）。"

魏德曼将军："你有一个我能在这儿联系的代表吗？"

××××："……"

魏德曼将军："你将参加什么行动？"

××××："特别行动部（SOE）和 ISLD。麦根齐先生（Mr. C.H. MacKenzie）[1] 不得不回到康提（Kandy）[2]。他不可能一直待在中国战区。"

[1] 英国远东秘密工作负责人。

[2] 斯里兰卡中部城市，为佛教圣地。

魏德曼将军："他现在何处？"

××××："他在康提，斯里兰卡。我在加尔各答。"

魏德曼将军："他的通讯地址？"

××××："祈福楼83号总联络处（General Liaison Office, 83 Chieve Building）。麦根齐先生将被任命为整个中国战区的指挥官。他大约一周后会被任命。"

魏德曼将军："你能否写一封信给我和郑将军，或者通过格里姆斯戴尔将军（General Grimsdale），告知将要在中国战区负责特别行动部的指挥官的个人姓名？"

××××："好的，阁下。我们大约一周内不能给您答复。在此期间，陆军上校吉尔·戴维斯（Colonel Gill Davis）将负责。"

魏德曼将军："那么，他将是代理人？"

××××："是的。"

魏德曼将军："我们如何联络到他？"

××××："通过英国使馆陆军武官。"

魏德曼将军："下一个是中国海军部队（Navy Group China）。"

海军准将梅乐斯（Commodore Miles）："将军，我考虑由戴笠担任我们军事行动的负责人，我本人担任副官。"

魏德曼将军："是指中国海军部队？"

海军准将梅乐斯："是的，阁下。海军部队不会参与任何秘密或准军事的行动。"

魏德曼将军（转向记录员）："请你记录下来。"

海军准将梅乐斯："至少我不明白你说这些话的含义是什么。我们认为我们不会参与，因为我们是纯粹的军队。"

魏德曼将军："那也包括情报吗？"

海军准将梅乐斯："是的，阁下。我们所进行的各种行动都是直接的军事行动。"

魏德曼将军："所有的那些行动都是在戴笠的领导下，而且戴笠是头儿，你是副手？”

海军准将梅乐斯：“是的，阁下。我在你的司令部中有一名联络官。”

魏德曼将军：“而且我们可以在峡谷找到你。”

海军准将梅乐斯：“是的，阁下。”

魏德曼将军：“你在该组织中没有任何秘密行动？”

海军准将梅乐斯：“我希望你能给个定义。”

魏德曼将军：“好吧，我的定义是包括游击行动，不在正规军序列内的单位组织，例如，派出完成特殊使命的小部队，诸如破坏和反破坏行动。”

海军准将梅乐斯：“我们是在做那些事，但是是在戴笠将军的领导下。”

魏德曼将军：“美国的人员及设备现正用于那些任务吗？”

海军准将梅乐斯：“是的，阁下。是由总司令直接下达的命令。”

魏德曼将军：“好的，绅士们，我们现在开始讨论。我已经告诉你们，我正在努力改善环境，以便在中国战区更为有效地开展行动。我希望你们能够体会到，我在尽我的所能帮助你们，我们都想力所能及地用任何方式来帮助你们。你们都知道，由于供应线的限制，现在我们还是瘸脚，但条件将逐渐得到改善，我们将乐于在人员及设备的调度方面帮助你们。有什么疑问吗？”

郑将军：“不知我是否理解清楚了，所有之前成立的不为我所知的那些组织都必须马上跟我联系，告知我他们组织的人员组成、设备及所有相关信息？而且不知我是否进一步理解正确了，今后所有扩充及增加人手和设备的请求都要向我提出？”

魏德曼将军：“我非常高兴郑将军询问这个问题。我已经要求所有在中国战区的秘密组织，至少是为我所知的所有组织，所有的负责官员，美国的和英国的，给我一份他们在中国战区的活动一览表，标明人员、设备和在这儿的任务权限。我将会把一览表提供给你。目前正在翻译成中文。如果有任何其他未报告给我的组织，我将向总司令提议，将他们驱逐出中国战区，除非他们是被授权在这儿，而且不是由于他们自身的原因而疏于报告的。

“这是我的目的，绅士们——我把牌都放到桌面上——把我所知的中国战区的所有秘密组织的一览表交给总司令，我打算准确地向他解释这些组织将会做些什么。我们不能在军事方面采取其他任何方式。在政治方面我不想做任何事。在听取海军准将梅乐斯的意见之前，到会的中国代表还有什么要说的吗？”

海军准将梅乐斯：“我想要说的是，我意识到——可能比在中国战区的其他任何人都更清楚地意识到，你在协调这些事方面的任务是很艰巨的。正如你所指出的那样，这儿缺少协调，而且我想应该立刻进行协调组织。我相信你表述清楚了这个问题，而且解决的方法也很合理，我将竭尽我的所能进行协调、合作和做其他所能做的事情。”

魏德曼将军：“我非常赞赏你的观点。我想告诉你及所有在场的人，对于在这儿发现的情况，我的心中没有任何抱怨——我相信那不是我的错。我知道在座的没有人想要指责它。以前没法协调你们的工作，是因为没有人在这儿指挥你们。我可以完全负责地对你们说——我将给予你们信心和保守你们的秘密。我的参谋部的人也会遵循这个方针。这是一项艰巨的任务，但是如果你们愿意合作的话，那就是我希望的全部。当我犯错误的时候，你们也可以直接来找我，训斥我。我想帮助你们。我说到做到。还有人要提问吗？”

魏德曼将军：“当然，下周必须提交你们认为满意的报告给我。

“我非常抱歉让在座的各位待在这儿两至三天时间，尤其是英国军官，但是我不得不这样做。我们要尽快地将这些资料收集到一起。这些资料昨天下午已呈送给总司令了。我们也不可能再早些来召开这次会议。我非常感谢你们的耐心。我要求你们不能让部下中有任何的欺骗行为发生，我要求你们负责。我想过去有时会发生那些事，务必使他们意识到，他们在这儿是为了做一件事情，那就是对日本采取行动并将日本人从这个国家尽快地赶出去。我们所有在这儿的人都负有这个使命。非常感谢你们。”[1]

从以上的会议记录来看，我们可以明确以下几点：第一，在魏德曼来华召开情报特工整合工作会议之前，中英美三方在华的情特工作是互不联系、

[1] 英国国家档案馆（Public Record Office，PRO）藏档，档号：HS 1/323.，该件由蒋耘翻译、马振犊校对，载《民国档案》2007 年第 4 期。

各自为战的，甚至于连三方的联络代表都要魏德曼亲自一一加以落实；第二，魏德曼规定将盟方中国战区情特工作指挥权收归中美指挥官共有，是借抬举郑介民之机，既给了中方面子，又捞到了实惠；第三，在这次会议上，中方代表处于低调位置，郑介民甚至不相信魏德曼对他的抬举，反复询问他是否真的具有指挥权，而平时骄横跋扈的戴笠在诸多洋人面前竟然未见一言，还是他的好友梅乐斯在向魏德曼竭力推举他，而魏也未置可否。

这种情况说明盟方情报特工工作缺乏集中有力的领导。从会上气氛来看，也预示着在未来这种情况好像不大可能得到明显的改观。

[第八章]

配合反攻

——抗战胜利前夕军统组织的活动

第一节　配合“豫湘桂战役”作战

1943 年秋，日军拟订“虎（一）号作战计划”，准备于次年 1 月发动打通平汉铁路线的战役，从华北到武汉，再向南打通粤汉铁路线，以接济在中南半岛上受困的日军。这场战役因其地理特性，被中方称为“豫湘桂战役”。此时，军统局中美合作所已经取得了一定进展，培训过的忠义救国军和别动军，本来是以奇袭为长，但在某些地区也集结了较多的兵力，配合正面战场作战，同时对日伪的交通等进行破坏。

破坏焦作煤矿

战役开始前，军统局对敌人的企图已经有所觉察，为阻挠敌军的计划，他们对焦作煤矿进行了破坏。焦作煤矿位于黄河北岸道清铁路西段，炭质优良，产量丰富，是平汉、陇海线火车燃煤的主要来源。军统为破坏日军军运，屡次欲对此下手，因其防范甚严而未成，最后决定配以中美所的新技术和优良装备对其进行强制破坏。当时由河南站负责统一指挥，由别动军第五纵队第一大队和平汉路破坏队执行，另又向第一路军借调挺进 13 纵队的 4 个大队及保安大队实行掩护作战。

1944 年 1 月 12 日午夜，行动人员冒雪开始行动，驻守煤矿的 3000 日军遭遇突然袭击，惊慌失措无法防御。此役毙敌200余人，击伤50余人；共炸毁三十九号煤矿井发电机3部，锅炉6个，抽水机8部，电高车、汽高车、压风机各1部，另铁桥2座，水泥桥1座，汽车4辆等，迫使焦作煤矿陷入停顿。

破坏黄河新铁路大桥

在计划破坏焦作煤矿的同时，军统局还在紧锣密鼓地筹备破坏黄河新铁路大桥。

郑州邙山黄河新铁路大桥靠近河南省花园口附近，为平汉路连接黄河南北唯一大桥，长2公里，桥身有梁柱119根，两岸有铁丝网、电网保护。日军筑碉堡于桥南北及河中间沙洲上，并各驻一排兵力保护，另配有警犬若干，在桥南桥北不远处都有日军的据点，随时都能对大桥进行增援。

1月21日晚12时，军统平汉路破坏队在别动军300余人掩护下发动强袭，炸毁梁柱50根，余孔均塌，大桥中断。日军紧急调兵抢修，至3月25日才修好，为此延迟到4月28日才发动“一号作战”攻势，比原计划整整推迟了3个月。

长衡战役中抢运物资

1944年5月，据线报，敌将集中10万兵力攻击湖南。6月，军统湖南站站长金远询侦知日军在捞刀河、黄土岭一带的确切部署计划，当即报告给驻军前敌总指挥关麟征，中方集中兵力于长沙外围设伏，最后得以击退敌军。但张德能部仍于6月18日失守长沙，使日军直趋衡阳。当时军统在衡阳城内藏有200余吨弹药器材，正准备运往东南建阳、华安，以供美军登陆后使用。戴笠闻讯后十分着急，他从三战区顾祝同处赶往衡阳，指挥部下抢运。他们以大卡车100辆，分两批将物资抢运到赣州，虽在第二次抢运中遭到敌机轰炸，但未受大的损失。

破坏钱塘江大桥

1944年5月21日，军统小组为阻止日本军运，炸毁钱塘江大桥第七孔。

10 月间，为了接应美军在东南沿海的登陆，忠义救国军总指挥部接到戴笠的密令，再次担负炸毁钱塘江大桥的任务。

钱塘江大桥是杭州通往浙东的要道，日军在浙东沿海的镇海、宁波、定海、象山、临海以及温州等地都置有重兵；一旦美国要从杭州湾登陆，则驻扎在浙东的日军必定循杭甬铁路通过钱塘江大桥北上驰援，使得登陆的美军腹背受敌。要破坏大桥有相当的难度，一是日军对于这一交通要道看护严密，即使晚上也是灯火通明，且有哨兵不断流动巡视；二是大桥桥基坚固，需要千磅以上的炸药才能炸毁；三是无快速机动汽艇运送炸药。对此，戴笠指示与忠义救国军同行的美国教官先行返回，而让忠义救国军第二总队第六团副团长周荣等人留下等待时机炸桥。

1945 年 2 月 4 日凌晨，趁着江面大雪纷飞，周荣等人携 1200 磅炸药分乘预备的小艇顺流向大桥进发，在第六、第七两桥墩下引爆炸药，轰然巨响中，桥基受到严重破坏。钱塘江大桥爆破成功，杭州至宁波铁路交通中断。

营救方先觉

1944 年 6 月 22 日至 8 月 8 日，中日军队打响了“衡阳之战”，我守城部队第 10 军官兵奋勇作战，两次击退日军的总攻，使日军大本营一再增兵。当时军统别动队第二纵队杨遇春部曾在衡阳市郊配合作战。8 月 6 日，守军弹尽粮绝，援军不至，被日军攻入城内。第 10 军军长方先觉自杀不成“力竭被俘”。此役我第 10 军伤亡 1.5 万人，日军伤亡 4.8 万人。蒋介石鉴于“豫湘桂战役”中国民党军一败涂地，无功可述，为面子关系，要把衡阳之战树为正面典型，于是下令戴笠不惜任何代价救出方先觉，戴笠命令金远询转饬衡阳组组长黄荣杰负责执行。

方先觉

方先觉投降后，被日军关在衡阳罗家湾“天主堂”内，因身患痢疾，行动不便，日方监视较松。加上他同意出席日伪把第 10 军改编为

“先和军”的仪式并出任伪军长，使日本人放松了警惕。11 月 18 日，在一个雷雨交加之夜，军统小组在衡阳县县长指引下，翻墙进入教堂，将方先觉从暗道救出，他们在游击队接应下摆脱追兵，翻越山岭到达游击区。方先觉到达重庆后，蒋介石为其颁发了“青天白日勋章”，誉之为“中国军人之模范”，还任命他为青年军第 207 师师长。[1]

破坏浙赣铁路

1944 年 9 月，为阻止日军第 13 军向江西南部进兵，军统忠救军组成 300 余人的突袭队，在浙赣铁路沿线实行大破坏，毁坏铁路 5 处，消灭日军哨所 2 个；10 月，又炸毁铁轨 20 处、桥梁 2 座；11 月，忠救军“劫煞组”在诸暨附近袭击日军仓库，烧毁汽油、柴油 10 万加仑，弹药 600 箱。这些行动打乱了日军的供给线，有效地骚扰和牵制了日军进攻的步伐。

参加桂柳作战

湘桂战役结束后，日军继攻桂柳，形势紧急。军统奉令继续牵制敌人，以待新 6 军及汤恩伯部援军抵达。

桂林是广西重镇，美空军第十四航空队基地设于此地。中美合作所曾派一组空战情报官在此协助陈纳德的飞虎队对敌作战，以无线电指示轰炸目标，发挥了很大的作用。他们曾在一天 7 小时内连续指挥 8 批 32 架次的空中攻击，毙敌千名。9 月下旬，天降大雨，飞机不能出动，日军乘机进攻。10 月 10 日占桂林，11 日占柳州，22 日占南宁，中国守军来不及调遣，无力抵挡。戴笠下令在南宁的中美所第 5 班主任陶一珊率受训中美人员及别动军三纵队徐光英指挥部移往百色，并在城郊敌后牵制作战；敌攻百色时被截断后路，次日敌军被迫后退。12 月 8 日，日军在战线过长供给不上的情况下，又被军统引导第十四航空队炸毁了位于宝庆的军用品仓库，其前锋部队到达贵州独山后，弹药、冬衣都补给不上，被迫开始撤退，陪都重庆因此转危为安。日

[1] 金宝山：《抗日名将方先觉》，载《钟山风雨》2007 年第 4 期，第 32—33 页。

军的后退，主要是战略上战线过长兵力不足所致，军统武装的袭扰是小规模的，并不能对改变战局起决定性的影响。

在“豫湘桂战役”期间，军统武装参加了多次敌后牵制作战，并在营救方先觉的行动中扮演了主要角色，但他们的行动并没有改变国民党军在整个战场上的被动败退局面。

第二节　准备迎接美军登陆作战

1944 年 3 月中旬，华盛顿美军参谋本部通知重庆中美合作所副主任梅乐斯，为最后击垮日本，美军计划于 12 月间在中国沿海登陆，要求中美合作所将厦门至上海一线的沿海突出地带详查拍照，以供选择登陆地点，并要求了解各备选登陆地点通往内陆的交通情况和中美合作所所辖各部队间的协同作战能力。梅乐斯因此有了第二次出访东南之行。

在美方的要求下，军统局加强了从吴淞口到汕头一线的情报网布置，准备着重运用沿海游击队和已掌握的伪军，在 10 月底前完成详查任务。

在衡阳，戴笠与梅乐斯召开工作会议，决定派人在江西修水建立组织，阻挠日军长江航运及破坏其仓储。5 月，戴、梅两人抵达福建建瓯东峰，接见海上游击队张逸舟及张为邦两部的代表。张为邦部当时有 2000 人的武装及 1.8 万群众作基础，总部在上海崇明岛，控制了上海到温州的海岸；张逸舟部则有 4000 人的实力，总部设在福建马祖岛，控制福州到温州一带。他们曾营救过美军飞行员及军统敌后人员百人以上，与军统保持着合作。后来，张为邦部改编为“浦东特别破坏军”，归属“忠救军”指挥。张逸舟则曾在被美潜艇击沉的日本油轮上捞起 2000 桶汽油，送给中美所。戴笠答应重新训练、武装他们，并交代配合反攻任务。

6 月，戴、梅到达建阳，视察了在歙县雄村中美第一班训练的忠义救国军。中美所人事室主任龚仙舫、编译室主任刘镇芳陪同两人勘察了建阳—南平—福州一带的沿岸地形。当时日军的“一号作战”攻势已达长沙，戴笠与三战区司令顾祝同等商量了战局，梅乐斯则继续进行沿海调查。

6月17日，梅乐斯改穿中装，扮成一名传教士进行侦察，在完成闽南沿海侦察照相任务后，于7月1日抵达漳州。戴笠让他先行返渝，自己继续召见军统各地负责人，并决定在华安筹设中美第六训练班。

为弥补部下武力分散的缺陷，戴笠决定设中美所前进指挥所于建阳，作为联合指挥部，以所参谋长李崇诗兼指挥所主任，美方由贝乐利协助，统一指挥军统各部队。

当时忠义救国军前进指挥所设于潜山元铺，总指挥为马志超，指挥三个纵队，在苏浙皖赣活动，控制浙赣铁路北及京沪、沪杭，杭甬路区段，下设三个地区指挥所：

1. 温台前进指挥所：设于瑞安玉壶，由“忠救军”参谋长郭履洲指挥，在浙东沿海及浦东、崇明作战；

2. 淞沪前进指挥所：设于浙江分水合村，由“忠救军”前副总阮清源指挥，在淞沪地区活动；

3. 鄞杭区前进指挥所：设于浙江桐庐，以“忠救军”三纵队鲍步超为指挥，在杭州湾、富春江一带活动。

此外，开设厦汕指挥站：设于福建华安，由中美所第六班闽籍青年与第十三班教导营广东梅县学员组成，以陈达元为站长，在闽南广东一带活动。

华中华南别动军主力，由华中指挥部调遣，设在湖南芷江，以别动军副司令陶一珊为总指挥；下辖第二、五、十班，别动军第1、2、3、4、7、10各纵队，5、6纵队各一部，在粤、浙、鄂、桂地区活动。第1纵队负责广九路、粤汉路南段，第3纵队负责广西南部、西江下游，第2、4两纵队部署于粤汉路岳阳到衡阳一带及株萍路沿线，7纵队布置于湘桂东段，10纵队布置于桂柳，5、6纵队一部布置于陇海路中段平汉线上，湘北支队徐荣庭部布置于长沙以北，湖北纵队游击在鄂南。

至此，军统局与中美合作所的武装按照美军的战略需要完成了反攻前的准备工作。

第三节　抗战胜利前夕的作战

1945 年 3 月 7 日，戴笠、梅乐斯和乔家才飞往绥远陕坝视察工作，目的是在抗战即将结束之时，加强北方的反共部署并为战后防苏做好准备。

出于战后对付中共和苏联的考虑，戴笠对于军统局在西北的工作一直有所企图。1943 年 10 月 20 日，他曾与饶铁珊讨论过这个问题。饶铁珊建议在察绥阴山地区组建一支核心机动部队，集中外蒙反苏人士及被苏联排斥的人，随军还乡开展反苏活动；并注意运用国际力量，争取使苏联停止对外蒙的干涉政策，使中国国防第一线向北推至恰克图。于是戴笠决定在绥西陕坝东北十里的大顺成，建立中美所第四训练班，计划以绥远大青山游击队刘效贤、鄂友三 4 个纵队为基础，调冀晋绥各处行动队及平绥路破坏队，吸收蒙古各旗青年，建西北基地，从事"抚蒙防俄"的工作；并建气象站于陕坝天主堂，以饶铁珊为第四训练班教育长，高荣为副主任。

因路途遥远交通不便，这一计划被阻。后改为征召第 8 路军骑兵队及军统五原办事处、察哈尔站人员，计划分成 6 期进行训练，最后编成一支别动军纵队。后只训练两期，当时第 8 路军副司令傅作义电蒋报告，说军统第四训练班办得不好，美方不满意。其实际上意图是要求由他来接办，以便一统管理权限。蒋批给戴笠处理，于是就有了此次戴、梅的陕坝之行。

戴笠抵达后，即去见傅作义，向他面交蒋介石的手书及 500 万元法币，下午便回到大顺成。他宣布乔家才接高荣任第四训练班副主任，饶铁珊则调往军统局新疆站（站长胡国振）任副站长，专门从事"防俄"情报工作。戴笠用这种换汤不换药的手段，应付了傅作义的发难，保住了军统的势力范围。

当晚，戴笠在"塞上新舍"饭店宴请了当地官吏。

乔家才选拔景振泰为训练班学员队大队长，对未毕业的一、二期学员施以补充训练，更换装备，编成"平绥破坏队"，并派美国顾问四人去鄂友三的游击队帮助训练。到抗战胜利时，又组成了"绥远独立支队"，共有兵力 500 人。

日军为保证对其南洋驻军的补给，在大船海运被美海军封锁的情况下，只能依靠小船在沿海进行"蚂蚁运输"。1944 年 9 月 9 日，日军派 13 军梨冈支队攻占温州，10 月 4 日派混成 62 旅团攻占福州，加强了对中美所破坏力量的防备，试图以局部优势来改变局面。

戴笠下令中美所参谋长李崇诗加强戒备，梅乐斯联络美军支援，中美所第 7 班副主任林超与史华兹（Swartz）上校奉命准备反攻福州机场，第 7 班还派出周坚、张疆两个大队共 80 余人，配合国民党军陈孔达部第 80 师李良荣反攻福州，于 1945 年 5 月 18 日发动战役攻占之。此役中美所第 7 班战死 86 人。

1945 年 7 月初，驻金门及厦门日军德本先信旅团 3000 人调往广东汕头，厦门日本特工“铁公馆”拟出其行军路线，而主持者林顶立即军统局闽南站厦鼓组组长，他将此计划报告站长陈达元、副站长王兆畿并转报戴笠；于是中美所厦汕指挥站派出第 6 班会同国民党军 75 师迎击之，阻止其窜犯漳州。75 师刚从龙岩赶赴此地，兵力分散，只能派一营兵力到南靖监视敌人，而中美所第 6 班则以 4 个教导营为主力，由陈达元、雷镇钟指挥，以闽南站行动组及突击队作为预备队，准备投入战斗。7 月 2 日，日军由海澄登陆，陈部两次拦击，日军只得又退下海，抢船而走；中美所继以空袭轰炸，日军死伤 750 余人。

在面临最后决战的时刻，日军统帅部确定了以本土—琉球—台湾—菲律宾为国防生命线，制订“捷号作战指导纲要”的方案，准备改变战术，待美军舰艇登陆时，由海面战机攻击美军舰舰，陆上战机攻击美军运兵船，以做困兽之斗。实施计划的关键在事前隐蔽好日军的飞机，但此“纲要”被军统侦知转告美方，美方遂于登陆前派出大批轰炸机在菲明达罗岛、达维达维岛、吕宋、台湾等地先将日战机炸毁，保证了登陆之役的成功。[1]

这时在南方，特别是宁沪杭政治要地，军统局全面加强了战胜日本和准备反共的工作。

抗战胜利后，蒋介石派其嫡系汤恩伯率四支美械装备军，自广西空运至上海实行占领并接受汉奸日伪资产。汤恩伯的第三方面军第二处处长便是军统局大将毛森。与此同时，戴笠在上海杜美路设立军统局驻沪办事处，任命毛森为军统局东南特区区长。

---

[1]《戴雨农先生全集》（下），（台）“国防部”情报局 1979 年编印，第 877—878 页。

毛森代表军统局处理汉奸问题，成为军统在上海的要人之一。1945 年 8 月 14 日至 9 月 10 日，毛森在上海代表军统局接收了汪伪特务组织 76 号特工总部的全部人员和财产以及李士群的衡山路公馆、李士群妻舅的立泰银行，为军统与汪伪政权的特工争战历史做了最后的清算。

1946 年 2 月，汤恩伯的第三方面军改称第一绥靖区司令部，毛森兼任绥靖区司令部二处处长，率刘宏德、黄炳炎迁到无锡司令部办公。军统局上海东南特区由副区长季仲鹏暂时负责，并将上海站改为苏南站，在南通设苏北站，苏北站下设南通组、如皋组和靖江组，矛头直指在苏北地区活动的中共新四军。

1946 年 9 月，毛森出任第一绥靖区司令部无锡指挥所参谋长，负责绥靖区司令部管辖范围内的剿共工作。1947 年 5 月 12 日，毛森获得情报：中共江苏省十地委长江部队长赵万和秘密到达上海沪东横浜桥。毛森即赶往上海予以逮捕，又在上海市长乐路逮捕了十地委书记金柯夫妇、十地委城工部长杨斌夫妇以及《大美晚报》排字工人中共党员张玉书。后来，金柯夫妇脱险，回到苏北归队。[1]

1945 年 7 月 11 日，军统局东南特区苏南站站长金石给区长毛森提交工作报告一份，其中说明了当时他们在国共日伪四方势力交织下的苏南地区错综复杂的工作环境与状况：

四月份开始工作以来迄今已逾三月，其间由于敌人之搜索、匪军之骚扰以及经济之牵制，电台之未能通报，工作进行程序不无迟缓之感，唯工作之基础业已奠定，此后设能解除各项困难云……钧座指示下加倍努力，必能有所成就。兹谨将三月来工作经过报告如下：

甲、特工部分

一、站本部原设滆湖地区，嗣因该处交通不便，匪军遍地，遂于五月中旬迁移流动于武进北乡以及江阴、昆界一带；六月初，匪军渡江南来，职站

[1]《江山县军统将军小传》，载申元：《江山戴笠》，中国文史出版社 1991 年版，第 142—143 页。

武力未能应付，乃与忠救军章晓光部第一大队徐文玉取得联络。七月初徐为匪军袭击被俘，所部虽未溃散，而职站在生存上已感觉严重威胁，工作上受相当影响矣。

二、苏州地区原拟设立情报组，嗣因该地为敌人之重要兵站、伪方之省会所在，殊有加强工作之必要。乃经扩充为苏州分站，派冯松涛任分站长（曾任局本部直属苏州站书记），于五月底在吴县郭巷□组织成立，与当地人民取得良好联络，并有自卫枪械十余支。现城区情报网业已布置完竣，附近吴江、常熟各县情报组织已在逐渐开展，至行动工作，限于人员器材，未能立即开始。

三、上海情报组于五月底成立，派郭树森为代理组长，经费核定为伪币三百万元。工作进行未久，物价暴涨，经费仅敷工作人员生活费及必需办公支出，事业费无着。经职站追加预算伪币二百万元，然物价涨势未戢，开展仍感困难。现已发展者有苏联及瑞士领事馆关系各一人、中共情报关系二人、直属情报员一人。

四、常州地区因站本部距离最近不设组，现发展直属情报员七人，一部分在敌伪方面工作者。

五、镇江地区工作，因限于经费，仅先设置通讯员一人，成绩未□良好，正计划改进中。

乙、军事部分

一、伪武进县特务大队蒋鼎生部，于四月初即为职站收编。该部士兵三百人左右，驻防武进南乡河塘桥一带。现遵钧座前令暂仍留驻原地，与敌宪兵队取得联络，搜捕匪军，一面在城区掩护职站工作人员出入。该部人员名单及枪械清册拟由电台呈报。人该部于七月初已改编为伪县保安队。

二、伪第二师补充营周刚部，士兵五百人左右，现驻宜兴和桥。经职站策反成熟，暂留原地待命。

三、在站本部流动地区附近有零星杂色游击部队及伪保安或警察队等十余单位，每部分自十余人至三十余人不等，现已分别调查其实况，拟于职站武力充实后，分别改编或剿除。

丙、其他

一、前呈报之敌方组织谋略部队事件，现形式上已有变更，改为属于敌宪兵队之直属特务谋略工作。京沪线方面由敌华中宪兵队主持，对外绝对秘密，对内称为“特别工作”，在苏州、无锡、江阴、宜兴、武进等地秘密设立小组，三月改并，拟在屯溪、场口、建瓯等地设立通讯组；其工作任务为情报行动宣传谋略，亦即搜集我方及共匪情报，拘捕我或匪方工作人员，把握陷区民众，煽动抗战区人心以及挑拨离间我方与匪共关系，捏造口实，促成我与匪方火并等工作。按月经费为黄金四十两。该组工作主持人之一葛天民，系职站所遣派者，其详细情况及运用方式，拟另行电报及请示。

综上而论，职站情报工作，除镇江外大体上均已布置完成。行动方面仅开始准备工作；军事策反限于本身力量及威信，成就较少；打入敌伪工作，除上述之敌方“特别工作”外，其他成就亦多。至运用方式，尚待研讨。兹除派员面呈职站目前所遭遇之困难及请示急需解决之问题外，仰祈钧座对职站过去三月之工作加以检讨，并祈对今后工作之重心予以指示，俾便遵循。谨呈区长毛森。职金石呈。七月十一日。[1]

从这份报告来看，军统在苏南基层组织的工作活跃，但遇到了一些困难，主要表现为三个方面的问题：一是“敌人之搜索”，即日伪军的抓捕；二是“匪军之骚扰”，即与中共军队的摩擦斗争；三是“经济之牵制”，即缺钱。其中除第三点经费问题是“永恒的需求理由”而又因战争末期“物价暴涨”而加剧外，第二方面与中共的关系问题，是军统死心塌地执行蒋介石的反共方针而造成的。从文中我们也可以看出，军统在对付敌伪情报特工战方面做了一些努力，但其反共之心始终不改；军统与日伪都在企图挑动对方与中共发生冲突，坐收渔人之利。在抗战胜利前夕，国民党利用日伪反共的意图更加强烈，而这一切，都是出自蒋介石国民党的政治立场与战略计划。

---

[1]《军统局东南特区苏南站给毛森的报告》，中国第二历史档案馆馆藏档案 七六五 394。

[第九章]

难挽狂澜

——抗战胜利后军统组织的膨胀与危机

第一节　蒋戴关系之异变

抗战胜利前后，除了策应盟军在东南沿海登陆的计划和反共的步骤，戴笠一心想扩大组织势力，甚至于萌发了依靠军统班底组建以他自己为中心的政治团体乃至政党的想法。在这迫切的愿望之下，高高在上的蒋介石在他眼中也变成其往上晋升的工具。

权欲膨胀的戴笠

戴笠的野心是随着军统的扩张一步步膨胀的。他虽不能大张旗鼓地兼并其他部门，但一直不停地对一些要害部门进行一点一滴的渗透。

在他控制的贵州息烽集中营内部，他则可以随心所欲。1944 年夏，他下令息烽集中营主任周养浩，把自己圈定的政治犯中他认为博学多才的一些人组织起来，搞一个“各种问题研究会”。这个研究会分为政治、经济、军事、教育四个小组，专门研究“开展本团体（指军统）政治工作方案”“全国经济检查队工作方案”“全国学制改革方案”等项目，明为工作研讨，实则明显超出了一般的“研究”范围，这点也暴露了戴笠的野心。[1]

[1] 陈少校：《黑网录》，群众出版社 1979 年版，第 181—183 页。

戴笠还在干部的使用和培养上预先做了准备，他把手下的得力干将都派出去，在国防部二厅、警察、稽查、税务等多个涉足的公开行业内兼任要职，一方面为特务工作打掩护，另一方面则撒下大网，为未来的兼并掌握做好干部人事的准备。军统大将陈恭澍说："军统局大部分干部出任公开职务，都是戴雨农先生有计划的安排，平津如此，其他地区亦大致相同。很显然，掌握全国的政治单位，是他的一个初步目标……那么他的下一个目标又何在呢？对于这个问题，大家都可以凭自己的了解与观察，任意去猜，笔者也不断地听说过'戴笠不死，如何如何'，那么究竟如何？想是不会再有答案了。"[1]

其实从戴笠所接触和交往的人物来看，他的企图和努力方向还是有迹可循的。

他计划中的首选目标是重建中国海军并掌握之，靠山就是美国海军部。

早在 1945 年 6 月 9 日抗战胜利前夕，美国海军金氏上将就曾向中国提出建议，希望在中美合作所结束之后成立新的合作业务和合作机构，协助国民政府建立新的海军，并命令梅乐斯积极实施。同月 18 日，梅乐斯即向蒋介石提出具体意见，请致函杜鲁门总统，先派代表团来华调查实际情况，然后具体策划建立军港和海军学校，增加海军设备，增调船舰来华，建立陆战队，并兼顾民用海运和商船事业等。梅乐斯表示，中美合作所训练的部队，将来可改编为海军陆战队。当时这项建议，为蒋介石所认可。8 月 27 日，由宋子文向美国海军部部长佛雷斯特尔和金氏上将商请派考察团来华。[2]

抗战胜利后，美国海军仍希望与中方继续合作，成立一新机构，"从事若干对中美两国共同安全有所裨益的业务，金上将曾准备帮助中国建立新海军"，指令梅乐斯继续开展为海军提供的气象服务。梅乐斯认为"我们现在面临着最大的因素，是俄国。在战后，我们将比其他任何地方更需要从此一战区取得情报资料，军统局是最能供给我们所需一切情报资料的机构，我希望用我们的顾问性质的建议和通讯设备，来交换他们的情报服务，并且已和戴

[1] 陈恭澍：《英雄无名》第五部《平津地区绥靖"戡乱"》，（台）传记文学出版社 1988 年版，第 19 页。

[2] 张霈芝：《戴笠与抗战》，台北"国史馆"1999 年版，第 423 页。

戴笠和美国战略局局长杜诺万

将军取得口头协议"[1]。戴笠自然因此做上了当海军司令的美梦,他给手下徐志道发电报云:"别动军、忠救军等部队,已决定改编,我意一是改编为纵队,二是改编为海军陆战队,如何改编,方能符合我们的要求,希速研究电复。"[2]他以为有美国人的支持最后一定成功,他甚至对马汉三、文强等人说:"准备推荐李崇诗为海军陆战队司令,兵员由本局武装部队中抽拔,或在其他的方面抽调。"[3]

然而,代表美国海军部门利益的梅乐斯从最初与戴笠合作开始,就面临着与美国战略情报局和其他军种,尤其是与陆军之间的深刻矛盾。美方如果要充分展开与戴笠的关系,就不得不首先理顺梅乐斯与战略情报局的关系。

1943 年 11 月,美国战略情报局局长杜诺万将军接到关于海军活动的报告之后,提出希望由战略情报部门的一个正规的分支机构来代替海军代表团,海军部门则竭力反对这种强迫其部队撤离中国的企图。[4]12 月 2 日,杜诺万抵达重庆,与戴笠晤谈,商讨战略局与军统局有关战略性质的情报搜集、研

[1]《戴雨农先生全集》(上),(台)"国防部"情报局 1979 年编印。

[2] 徐志道:《戴笠将军与我》,原载《中外杂志》,见《戴笠传记资料》(三),(台)天一出版社 1985 年版,第 212 页。

[3] 沈醉、文强:《戴笠其人》,中国文史出版社 2001 年版,第 203 页。

[4]〔美〕迈克尔·沙勒:《美国十字军在中国》,商务印书馆 1982 年版,第 235—237 页。

究分析、心理战争等工作，并要求梅乐斯和戴笠都受美国战略情报局的统辖。被戴笠和梅乐斯拒绝后，杜诺万随即解除了梅乐斯在战略情报局的职务。到 1945 年抗战胜利，美国陆军和中美合作所的关系还是没有出现任何转机。

抗战胜利后，与中国继续合作的计划受到了美国国务卿马歇尔及陆军上层人士的坚决反对，美方为了促进国共和谈，考虑到戴笠坚决的反共立场，有人主张“战后的在华情报组织，绝不可与戴某的组织发生任何关联”。最后，美国国务院及陆军部决议的处理原则是，除部分气象、通讯及情报工作外，中美所的其他各项工作必须尽早办理结束。1945 年 10 月 3 日，中美合作所根据美国国务院、陆军部、海军部决议的原则，开始办理结束事宜。

11 月，戴笠派毛人凤、潘其武与贝乐利、鲍民在重庆曾家岩招待所进行细致的商讨，决定拟待新的美国驻华海军顾问团来华后，洽商将别动军和忠义救国军改编为中国海军陆战队或海军巡防队。[1]

1946 年 3 月，美国海军助华法案向国会提出，参众两院海军委员会决议对协助中国的海军仅限于护航舰、驱逐舰等小型舰艇。为继续合作，双方仍在不断地接洽商谈。最后，中美以新的形象继续合作的计划最终因为戴笠飞机失事身亡宣告终结。

当时，除了海军，戴笠力图控制的又一项权力是警务权，这也是戴笠多年来梦寐以求的。自 1932 年他兼任杭州浙江警官学校政治特派员踏入警界之后，他就一直为夺取警权努力奋斗。1936 年，他策动组织“警察协进会”（后改称“中国警察学会”），并提出方案，将杭州浙江警官学校与北平警官高等

中央警官学校

[1] 张霈芝：《戴笠与抗战》，台北“国史馆”1999 年版，第 421 页。

学校合并改组为中央警官学校，以蒋介石任名誉校长，戴任校务委员会主任委员。其后多年，他陆续派遣军统人员进入各省市警察系统，充任局长、分局长、稽查处长、侦缉队长等，运用警察力量辅助特务活动，在警察界有了一定的势力。抗战爆发后，戴笠曾提出“要在这一时机统一全国的警察”，由复兴社特务处来完成，但因军统局的成立而未顾上。现在又到了一个历史的转折关头，戴笠再次想圆这个旧梦。

对于戴笠夺取警权的野心，中央警官学校教育长李士珍倚仗他在警界的老资格和陈立夫“CC 派”及陈诚的支持，进行了坚决的抵制。李士珍曾创立和领导“中国警察学术研究会”和“中央警校同学会”，在警界有众多手下，具有很强的实力。他与戴笠明争暗斗，互不相让。

最后，在警察总署宣布成立时，蒋介石采取了折中的办法，让军统局唐纵当署长，但没有将军统组织并入其中。唐纵“因为我与他（戴）的作风配合不起来”，早就想离开军统和戴笠，所以在他掌握警察系统后，戴笠的“掌警”之梦实际上也就破灭了。

虽然戴笠在争夺海军和警务权中遭遇了失败，但是他仍掌握着军统局中的几个实力部门，这也是戴笠从发展自己的势力开始就一直握在手中的王牌。

军队中的谍参系统，因郑介民将出任改组后的国防部第二厅中将副厅长，继续掌握在军统手里。另外，由于争取到何应钦的支持，陆军总司令部里添设了一个外事处，由戴笠推荐军统人员李汉元任处长，罗杰、王固磐、杨隆祜、谢力公、郭寿华等一批军统骨干分别担任各个战区长官司令部外事处处长。这样，军统在军队中的势力不但没有削弱，反而扩大了。

对于军统辖下的忠义救国军、别动军等将近 5 万人员的特务武装，军政部部长陈诚极力主张将其改编遣散，彻底解决。戴笠对此极为愤慨，表示“愿与一搏”。但因抗战结束，这些武装既不能继续保持战时的名义和编制，也不可能由军统局继续供给和管辖，戴笠便呈请蒋介石在交通部内成立交通警察总局。11 月 7 日，经蒋批准，戴笠派吉章简为总局长，马志超、徐志道为副总局长，将忠义救国军、别动军以及另一支交通巡察部队（9 个步兵团，队长吉章简，人数 7.1 万）、“中美班”64 个教导营改编为 18 个交警总队，共计有官兵 64420 人。1946 年 1 月，报军委会批准，派郭履洲、张国梁等人分任总队长。[1]

交通警察总局于 1946 年 3 月 1 日正式成立，由吉章简任局长，马志超、徐志道任副局长，隶属于交通部；首要的任务就是协助国民党军开进东北接收，负责保护铁路、公路、航空、矿山等处的治安，与中共武装作战。

这样一来，这批特务武装名义上划归交通部主管，而实际上仍然掌握在戴笠及军统局手里，唐纵评述戴笠此举“乃雨农在政治斗争上又一成功也。彼能了解委员长之心理与迎合委员长之需要，故能逆转环境，转败为胜”[2]。

蒋戴交锋：蒋对戴之抑制及戴之应对

随着国共重庆和谈的开始，国内和平露出了一线曙光，人们向往和平民主安宁的生活，对国民党统治下的种种暴政表示了极端的不满与反对。当时在国统区掀起了一次针对国民党特务组织和特务政治的反对浪潮，社会舆论界发表了大量的文章，抨击两统的种种恶劣行径，要求当局撤销特务机构，停止迫害人民的特务活动。中国共产党和各民主党派全力支持人民的正义要求，就连国民党内的左派力量和对两统反感的人士，也加入了这一行列。

1945 年 8 月 16 日，第十八集团军总司令朱德给蒋介石发出电报，提出立即废止一党专政、成立民主联合政府、罢免贪官污吏和一切反动分子、惩办汉奸、取消特务机关的要求。这些主张代表了各界民众的心愿，立即得到了全国舆论的赞同和拥护。特别是其中“取消特务机关”的要求，是对国民党多年以来实行特务暴政的明确反对和抗议，这给蒋介石以巨大的压力。

当时的情况是，不仅中共、各民主党派、各界人士和全国舆论对国民党重用特务表示反对，国民党内许多派系也都对特务组织不满，除党内左派人士一贯反对外，一些蒋的亲信出于不同的目的，也很想借机削弱之，首当其冲的对象就是戴笠与军统局。这些人的原意并不是要取消特务组织，而是对戴笠飞扬跋扈的作为不能容忍，想看他倒霉运来解气。其中，掌握军队大权

[1]《戴雨农先生全集》（上），（台）“国防部”情报局 1979 年编印。

[2] 唐纵：《在蒋介石身边八年：侍从室高级幕僚唐纵日记》，群众出版社 1991 年版，第 550 页。

的陈诚很想把军统部分机构和人员吞并，充实和扩大他自己的军事特务系统；而“CC派”首领陈立夫，更是想趁机把军统搞垮，反过来扩大和加强中统；其他过去力行社的头目邓文仪、康泽、贺衷寒等，自以为都搞过特工，都不服于戴笠的发达，想夺取军统的统治权。对于这些情况，戴笠当然心知肚明，他知道这些年得罪了国民党内不少实权派，但对他们联手对付自己的可能以及蒋介石是否能抗得住来自党内外的这些压力，的确心中无底。8月14日，他曾对黄天迈说：“本局工作今后比抗战时期更为艰苦，除委员长外，都将主张取消特务，也许改头换面委曲求全而不可得，如本局不存在，必成共产党的天下，且止本局之不幸，实国家之不幸。”[1]

面对来自党内外的强大压力，蒋介石为了安定其统治基础，表现出民主的姿态，不得不考虑对两统的活动进行适当约束；而戴笠与徐恩曾的政治野心和势力扩张，也开始引起蒋介石的警觉，他也要防止身边的宠臣成为尾大不掉的累赘。军统的走向带着许多不确定因素，也面临着重重困难，正如他们自己描述的那样：“抗战胜利了，戴先生的受谤程度也达到了高峰。”在此关头，最危险的其实还不是戴笠的政敌对他的攻击，而是他的靠山蒋介石。

就蒋介石来说，如何合理地利用和控制手下是最重要的事情之一。他在登上权力顶峰后，防止别人对其地位的觊觎和对权力的威胁，就是其时刻不忘的事情，而他的防备对象不仅限于他的政治对手如桂系、汪精卫等，也包括他最宠信的“CC”、陈诚乃至军统的戴笠。

对戴笠及军统组织，蒋介石怀有十分复杂的感情。他既要利用军统做一些不能见光的事，又不能不提防军统与戴笠坐大到他难以控制的地步。抗战胜利后，国内外反对国民党特务统治的呼声高涨，蒋介石为求其统治稳定，也开始主动考虑约束军统的办法。当时在美国方面乃至国民党内部都有人主张取消军统，理由是其“反共色彩太浓厚了，为促进今后（国共两党）和平协商，（军统）应当退出政坛”[2]。蒋介石虽然内心舍不得，但他却从中得到了

[1] 黄天迈：《戴笠的生活片断》，载（台）《中外杂志》第42卷第6期。

[2]《戴雨农先生全集》（下），（台）“国防部”情报局1979年编印，第260页。

启发，决定对军统与中统实行改组政策。他以为这是一个变其名保其实而又能约束之的好办法。

蒋介石的所想还未出口，精明的戴笠已经从各方各面察觉到了局势的微妙变化。1945 年 12 月下旬，在北平巡视期间，戴笠在什锦花园原吴佩孚的公馆里，召集龚仙舫、马汉三、文强等军统大将开会，明白地说："世界上哪个朝代、哪个国家没有特务机关，人家越喊要取消便越显得重要。但是军统局这个名称有些臭了，组织也太庞大了，经费确也筹措不易，所以要化整为零，以合法化来堵人言可畏的口。凡事要为领袖分忧着想，我跟他三十年，是深知此道的。"[1] 他觉得这一劫很难再躲过去，于是他决定以退为进，采取"化整为零"策略，以保住实力为根本，达成将组织"合法化"而免今后再遇麻烦的目的。

1946 年 1 月 17 日，借着政治协商会议召开的契机，蒋介石召见戴笠，神色严峻地对他说："今后政府将要改组，各党各派均将参加，军统局需要取消，你自己研究一办法，不用负责，而能实际控制这机关。"虽然心中早有准备，但蒋介石真正说出来后，戴笠仍是心中一凛。

1946 年 3 月 9 日，戴笠为"肃奸"事再赴北平。当时他已从多方的情况判断中，感觉到了来自蒋介石的压力，对军统局和自己的前途有所失望。10 日，他在怀仁堂主持"总理纪念周"，怀着气愤心情发表了一次演讲。他说："我这次来北平，本来预备一个星期就走，可是来到以后，发现有许多重要事情要处理，如今已经两个星期，还不能离开。我们团体有 × 万 × 千人，在工作上有共同信守的原则，效忠国家，效忠领袖，坚定革命信念，确认革命立场，达到共同目的。这便是共同纲领。我个人承领袖耳提面命，担当抗建的重任，我自己所负的责任不容许我马虎。我们调查统计局的工作，是整个革命工作的重要一环。最近中央开六届二中全会，十几天来所表现的情况，未出我预料之外。表面看来对象是中苏问题、物资问题，另一方面，有极少数人是对调查统计局的问题。但我相信也有大部分人在支

[1] 沈醉、文强：《戴笠其人》，文史资料出版社 1980 年版，第 243 页。

持调统局的问题，以为调统局抗战有功，无可毁灭。看来是毁誉参半的。今天我明白告诉各位同志：我们不怕外间以一时的不谅解言论，取消与否也无所谓。

“有人叫要打倒我们（所谓特务），我不知道什么叫打倒，什么叫取消，我只怕我们的同志不进步，官僚腐化。如果这样，人家不打，自己也会倒的。所以我时刻所想的，是如何对得起先烈，如何保持光荣的历史，绝没有想到别人如何打倒我。我个人无政治主张，一切唯有秉承委员长的旨意，埋头去做，国家才有出路，个人才有前途。

“华北必须掌握几个城市，如北平、天津、济南、保定、石家庄、沧州。北平办事处，负平津督导全责，各单位应尊重系统，每个人都有其本身的责任，才能推进工作，才能进步。[1]

“我们同志，不是几万人，几十万人，而是几百几千万人……完成革命任务……要看我们有无牺牲决心。此种牺牲决心，不仅在捐躯效死，还要淡泊名利，功成不居。现在抗战虽胜利，而国家内部仍未安定……我们责任之艰巨，更十倍于往时。如果有人以抗战胜利，革命就算已经成功，就可以停止革命，这种人，如非愚昧，便是不了解国内外之情势，不明白革命道理。

“在重庆未出发前，（系二中全会前）有人告诉我，说某些人士，主张‘取消军统局’，要我留意，叫我设法转圜。我便以一笑置之。每次全会都有人反对我们，照理我要在中央有所说明，但是每次（开）全会（时），我即离开中央，因为功过毁誉，为有识者所共见，不用我人多做解说，看看这次全会如何。去年领袖叫我当中委，我坚持不就，就是因为争权力不配做革命者。

“及至一年以后，领袖告诉我，仍有人来攻击我。直到西安事变发生，有一位同志来问我：‘你负特务责任，委员长为何受此危险？必须向你清算。’此是第二次（受质问）。现在共产党因为要找本党的缺点，也因为我们对党忠实，当着抗战胜利的时候，要打倒我们（所谓特务）。此种情形与当年是一样

[1]《戴笠自述》，载申元：《戴笠轶事》，香港天马图书有限公司2003年版，第162—163页。

的……今天我告诉大家，本团体有不可磨灭的成绩，也有不可毁灭的基础。[1]

“军统局十几年来，以铁与血，苦斗不息，功过如何？社会公正人士，自有评鉴。吾人不须解释。我要告诉大家的是，真正的革命者，必不计较权力名位，没有军统局，我们亦要革命，决不放弃责任！”[2]

戴笠的这番讲话，其赌气伸冤之情，溢于言表。12 日，他又对郑介民表示“我可能不再干下去”，并煞有介事地将军统局死亡特工遗属的抚恤问题托由郑来处理。

话虽如此，要看着自己多年的心血化为乌有，戴笠始终心有不忍。除了发些牢骚，他仍在积极活动，希望事情能有转机。戴笠两次到北平，除处理平津地区的一些汉奸案件外，也在暗暗为发动全面内战做准备。他要积极部署军统局在内战中的活动，用实际行动来让蒋介石改变主意。

当时，戴笠对东北地区特别关注。他在日本投降前夕致毛人凤的电文中，就曾要求赶紧筹划军统局在东北接收和建立特务武装的问题。1945 年底，戴笠到北平时，成立了军统东北办事处，派文强为主任，陈旭东为副主任。他对文强、陈旭东布置任务时说：“收复东北这块新天地，本来是一件大喜事，恼火的是控制在苏联之手，要从虎口里夺肥肉，预料是一件难事。熊天翼（东北行营主任熊式辉）先生天真可笑，他想以政治外交手段把东北接收过来，事实上等于做梦。杜光亭（东北保安司令杜聿明）老大哥有胆识，硬打出来，势如破竹，锦州底定，证明政治外交没有武力做后盾，老毛子什么也不会买账的。”他一再叮嘱：“一定要精研熟读与苏俄签订的十年友好条约，全力协助光亭大哥顺利地接收东北。”[3]

戴笠在北平期间，还部署了调忠义救国军北上、用接收的日伪海军小炮艇组建海上交通警察队、筹办北平特警班等几项具体事宜，并接待了美国海军上将柯克。

---

[1] 戴笠：《牺牲的决心》（1946 年 3 月 10 日北平怀仁堂总理纪念周演讲），载《戴雨农先生全集》（下），（台）“国防部”情报局 1979 年编印，第 619 页。

[2] 良雄：《戴笠传》（下），（台）传记文学出版社 1985 年版，第 542—543 页。

[3] 沈醉、文强：《戴笠其人》，中国文史出版社 2001 年版，第 204 页。

正当戴笠在北平活动之际，毛人凤发来蒋介石命他回渝参加一个会议的电报，在这份电文后面有毛人凤化名“以炎”的一段附言：“重庆宣（铁吾）、李（士珍）、黄（珍吾）在捣鬼，谨防端锅，请亲自呈复。”[1] 这一消息引起了戴笠的高度警惕。长期以来，李士珍、宣铁吾、黄珍吾等都与戴笠争权夺利，彼此交恶。戴笠意识到这一次会议上与对手相斗，非同小可，军统局和他自己的前途到了关键时刻。他按捺不住内心的恐慌和愤懑，急召文强为他代拟一份复蒋介石电，嘱其将曹丕逼曹植写的《七步诗》之意写入电文，借以试探蒋介石的态度。文强担心这样做会引起蒋的反感，戴笠愤愤地说：“李士珍与我斗了近二十年，以往无隙可乘，这次端锅是他落井下石的鬼主意，宣铁吾如果被他利用，两年前抢过我财政部缉私总署长的兼职，难道就不能抢我的军统局长一职？”他坚决表示：“决不能使李的诡计得逞，难道我白活了一辈子，容许其插手？如被这个阴阳怪气的东西吃掉，死也不会瞑目。”最后草拟了如下的电文发出：“重庆以炎兄亲译。校座钧鉴：电谕敬悉。本当遵谕返渝，因平津宁沪巨案尚待清理，本月中旬始能面聆教诲，敬乞示遵。生云天在望，唯命是从。讵料煮豆燃萁，相煎何急。生效忠钧座，敢云无一念之私。不得已而晋忠言，冒死陈词，伏乞明察，生戴笠。”[2]

毛人凤接电后因担心语句刺激而没有立即转呈蒋介石。戴笠收不到复电，心急如焚，他预感到前景不妙，在与黄天迈共进早餐时，伤感地说：“看情势军统局面临改组或撤销命运，我如不能去美国与美海军洽商今后合作，真要去西北垦荒了。”[3] 他又向黄天迈透露自己的估计说：“未来趋势，军统局必须改组。有四个可能方面：（一）紧缩为专管军事情报单位；（二）成立如美国中央情报局及联邦调查局两个单位；（三）成立警察总署，本局同志整编为正

[1] 沈醉、文强：《戴笠其人》，中国文史出版社 2001 年版，第 210 页。

[2] 沈醉、文强：《戴笠其人》，中国文史出版社 2001 年版，第 211 页。

[3] 所谓“西北垦荒”之说，源于戴笠过去在重庆一次高级干部聚餐会上的玩笑话。当时二处处长王新衡问他：“委员长百年后我们的出路如何？”戴笠回答说：“你们真傻！敌人及共产党一天不消灭，国家仍需要我们。中央有宋（子文）先生支持我们。万一在中央无事可做，胡（宗南）先生会支援我们前往西北拓边垦荒。”载黄天迈：《戴笠的生活片断》，（台）《中外杂志》第 42 卷第 6 期。

规警政人员；（四）与美海军部合作，成立海军部。委员长仍需要我们，究竟实施哪一个方案，尚须考虑政治环境，由委员长亲自核定。”

戴笠见蒋介石尚不复电而许诺中旬到渝的时限已到，便不能继续再等待了，他计划于 3 月 15 日乘北平航空委员会为他准备的一架 C-47 型 222 号专机，经天津、济南、青岛飞上海，于 18 日赶到重庆。临离开北平之前，他还告诫当地的军统人员说：“抗战胜利了，大家不要以为天下太平，国家没有事了。我是不怕共产党的，可是你们不是他们的对手，要是你们不留意，将来头给人家割去还不知道，所以对付共产党要特别留心。”[1] 说完，戴笠便匆匆上了飞机。谁也没有想到，这竟然成了戴笠对他们说的最后一番话。

第二节 “接收”与“肃奸”中的丑行

“抢收”与“劫收”

在抗战结束之前几周，为争先收复城市和沿海地区，国共两党的斗争就已经日趋激烈。忠义救国军在戴笠的指挥下，尽可能迅速地向沪宁杭地区移动，随时准备接收各大中城市。

但美国派驻中国战区参谋长魏德迈唯恐中美合作所美方人员公开卷入中国内战，曾命令梅乐斯不准中美合作所内任何美国人参加对共产党地区的军事行动。[2] 魏德迈的这个立场与美国政府的态度是一致的，但梅乐斯并未听从这项命令，仍然全力投入了战斗。8 月 12 日，他给中美合作所的美方人员下电令说：“中美合作所的美方人员……应同他们指定的中国部队指挥官一起出发。全副武装并携带完备的无线电器材。不要把秘密泄露给你们的任何外界朋友。尽快把所有可用的武器和弹药交给‘忠义救国军’……并继续提供后勤支援。”8 月 16 日，在日本投降后，梅乐斯又下达了中美合作所美方人员应

---

[1] 王蒲臣：《得天独厚的戴雨农》，载（台）《戴笠传记资料》（五）。

[2] 魏德迈致梅乐斯函，1945 年 8 月 1 日。转引自〔美〕迈克尔·沙勒：《美国十字军在中国》，商务印书馆 1982 年版，第 246 页。

帮助戴笠的命令。美方人员不仅在陆地上帮助戴笠，还武装了一队帆船，从海上抢占港口城市。[1]

在军统唆使策动下，淮阴伪军潘干丞、宁波伪军谢文达两部与中共军队作战，被歼；泌阳李端章、东莞陈孝强、豫北李英各部伪军也与中共军队作战，而驻雷州的伪军符永茂、东江的李潮等人则被国民党军所杀；许昌的李雨霖被活埋，广州的招桂章、顺德的李辅群被扣押。他们的这些下场都对军统利用伪军产生了负面影响，以致有大批伪军后来投向共产党一边。但从总体上来看，军统对伪军的拉拢与利用，在当时对国民党的“抢收”是有较大作用的。

9 月 1 日，戴笠飞赴上海，在杜美路 70 号杜月笙住所成立军统局东南办事处，助手有李崇诗、王新衡、龚仙舫、尚望、何龙庆、陈祖康。“双十节”当天，戴笠在此举行了大型庆祝酒会。

接收上海之后，军统局还在中央信托局内设立了一个由邓宝光负责的“逆产（处理）组”，欲全面控制接收罚没敌伪财产事宜，不让别人染指。军统还任命汪伪社会部特派员、杜月笙的亲信陆京士为“工人忠义救国军”总指挥，协助抢收财产。中统局则由化名“刘青白”的三人小组在亚尔培路设立上海站，由嵇希中主持，因急于插手接收工作[2]，与军统发生了较激烈的冲突。

仅以袁殊的《新中国报》为例，在日本投降的 8 月 15 日晚上，便被中统接收。次日，上海市副市长吴绍澍又派人来接收，要改为《正义报》出版。第三天，驻军方面何民魂又派人来要改为《革新日报》。8 天后，第三战区顾祝同又要改为《前线日报》，国民党中宣部所属《文汇报》奉其东南专员冯有真之命再来接收。最后，只有被几家瓜分了事。[3] 军统局方面为了与中统抢占房产，曾正式行文给“军事委员会委员长公署代表”蒋伯诚指斥他方“无权

[1] 梅乐斯致中美合作所各单位函，1945 年 8 月 16 日，转引自〔美〕迈克尔·沙勒：《美国十字军在中国》，商务印书馆 1982 年版，第 247 页。

[2] 朱子家（金雄白）：《汪伪政权的开场与收场》第三册，（港）春秋杂志社 1959 年版，第 126 页。

[3] 朱子家（金雄白）：《汪伪政权的开场与收场》第三册，（港）春秋杂志社 1959 年版，第 129 页。

干预”军统的接收。[1] 由此可见当时争斗的激烈程度。

除“抢收”之外，两统又利用其在沦陷区的人员地域之便，在战后“劫收”工作中“先捞一把”。

国民党政府在战后对敌伪财产的接收工作中，无法控制各地官员的贪污勒索，以致各方“接收大员”横行无忌，为图私利，中饱私囊而置国法于不顾；不但接收敌伪财产、收受汉奸贿赂，而且无限扩大范围、霸占人民资财，闹得鸡犬不宁、民怨沸腾，这在整个沦陷区已成为极普遍的现象。其中，中统与军统人员因其“近水楼台”之便，又拥有无限的权力，更可恐吓诈骗，贪污勒索之事举不胜举。除军统华北办事处处长马汉三利用接收贪污，最后东窗事发等例子外，当时在军统局内借接收而大发横财者数不胜数，整个风气已是一团糟。上海、北平、天津等大都市都是“重灾区”。

国民党特务组织在抗战胜利后的接收中，利用他们就近之便，充当了急先锋的角色。仅以上海为例，军统在上海劫收了多少敌伪及市民的财产，现已无法精确统计，但他们的贪腐行为在社会上造成了恶劣的影响。当时，上海民间对进入城市的“忠义救国军”“别动军”这些军统武装噱称为“穿山甲”。当时阮清源、郭履洲等忠救军各纵队及毛森总队等如饿虎入市，将汪伪 76 号特工总部的全部财产以及各大小汉奸的私产席卷一空，继而扩大到各相关工厂企业、洋楼、银行、医院，他们最看重的还数汽车、洋房和金银珠宝古物，为达攫取目的甚至不惜敲诈绑票勒索，上海人为此惊呼“强盗坯来了”[2]。

当时还流传着这样一首民谣：“河里漂来的（乘轮船前往的），不如地里滚来的（附近坐汽车去的）；地里滚来的，不如天上飞来的（坐飞机去的）；天上飞来的，不如地下钻出来的（原来就在当地与汉奸打成一片的特务）；地下钻出来的，又不如坐着不动的（摇身一变的汉奸自劫自收来得更快）。”形象地将各方劫收人物的丑态描绘了出来。

这种状况当然已为最高当局所了解。8 月 30 日，中国战区陆军总司令部

[1] 朱子家（金雄白）：《汪伪政权的开场与收场》第三册，（港）春秋杂志社 1959 年 7 月版，第 127 页。

[2] 颜公平：《抗战胜利后国民党对沦陷区的“劫收”风潮》，载《文史月刊》2007 年第 3 期。

副参谋长兼南京前进指挥所主任冷欣，在报告京沪接收工作致陆军总司令何应钦的电文中说：“南京秩序，已渐安定；惟仍大多数机构（特工分子）自立名义，强收房屋及机关，已设法查禁。”9月1日，芷江陆军总部电复：“据戴笠电称‘忠义救国军阮清源，系去年12月，业经委座核准其所部八千人开抵上海近郊大漕河，已转饬静待本部命令，方能开入市内；又据报各方面在沪人员，多有轨外行动，请转电严令制止，等语。’查该忠义救国军非指定之受降部队，应转饬不可进入上海区；并对我各方面工作人员严令约束，特电遵照！”冷欣收电后直接去电戴笠：“近以日寇投降，我国军大部尚未开入陷区之前……抑且各杂色部队以及地方痞棍，亦皆闻风而起，甚有假借名义强占民居，妄缴枪械，绑架勒索，无所不为！以致京沪一带城市，内外秩序，顿遭破坏，造成极度恐慌现象，舆论沸腾，闾里骚然！若不迅予遏制，后患殊堪忧虑。兹拟恳请我兄遴派能以统率多方面之人员，克日前来震慑，借资维持地方秩序。”戴笠无奈之中，只好将被控最多的阮清源关押起来。

特务武装的“劫收”引起了蒋介石、宋子文等人的出面干预，说明其所作所为已实在过分。在蒋介石的命令下，戴笠无奈交出了一大批赃物。其后，军统局总务处处长沈醉在清点总数时，尚保留有汪伪特工总部的全部财产，敌产东方渔业公司及40艘机动渔轮、一家大型锯木厂、一个三合板厂、日本东方经济研究所及其附属的东方图书馆等全部财产，日本海军在江湾新建的俱乐部全部财产，还有10多个仓库的物资与大量的建筑材料。这些企业后来都归军统局所有，以其利润为军统局提供经费开支。

到沪不久的中秋节那天，戴笠请一些经过“策反”的汉奸头目及军统上海各单位组长等人员到杜美路宴会，赴宴的五百余人，几乎每人都乘坐自备小汽车前往，汽车停满了附近四条马路。戴笠看到这种场面，也大吃一惊。为避免引起外界的议论，他宣布命令，今后集会除少数负责人外，其他人所乘汽车一律不准停放在办事处附近。

军统干部们抢夺的洋房也为数不少。程克祥、彭寿一伙抢占了余庆路公寓、淮海路花园洋房两座及江苏路、五原路、长乐路等处的十数处高级住房；毛森将在法租界贝当路的公馆变成了自己的私产；忠救军第四大队大队长和副大队长占据了孙耀东愚园路和淮海路的花园洋房；阮清源则由上海市伪经济局的一名科长为他弄到了华山路 600 弄的一座洋房。这些无识之徒，只顾抢收，许多珍贵物品和资料也毁于他们手中。新亚药厂是一家有相当规模的制药厂，其图书馆收藏的一批珍贵药书和制药方面的国外资料，被他们在劫收中销毁。

下级胡作非为的根源在上面。戴笠本人也是趁机中饱私囊。据军统局总务处处长沈醉回忆说，戴笠“在接收到的财物中，他看中了什么新奇有趣的东西和古代文物字画，只要他用手指一下，便立刻为他所有。汉奸搜括购进的各种进口奢侈日用品，都被他成批地接收过来”[1]。有些东西如福建建瓯、建阳之间的森林，贵州息烽的田产，还有长江、湘江里的轮船，好多东西，连他的手下都不知道是怎么来的。他还曾因收受贿赂而私自放走日本战犯。1945 年 12 月他到北平时，经军统华北特别通讯站北平情报组组长曲福乐从中拉线，与日本战犯远藤见面。远藤“把他在北平的两处房产（一处在翠花胡同 × 号，一处在弓弦胡同 9 号）全部送与戴笠，并特送一个鹿皮小袋，内装钻石数百粒，大的有五克拉。戴把此袋终日带在身边”。[2] 远藤为日本黑龙会头目，在得到戴笠指令天津军统组织对他“予以照顾，不得留难”的关照后，于 1946 年 2 月下旬从塘沽乘轮顺利脱逃。据唐纵日记记载：“雨农兄在时有黄金千余条（或两），美钞十余万元，此事曾告经国、宏涛，钱财均存张衮甫处。”[3] 这些资财的来历，也不用细加追究就可明白了。

肃奸

战后接收工作近于尾声时，迫于国内外的压力，蒋介石开始将失去利用价值的汉奸逐步捕交司法机关审判。抓捕汉奸的工作因事关重大，又涉及重

[1] 沈醉：《我所知道的戴笠》，载全国政协文史资料研究委员会编：《文史资料选辑》第 22 辑，中国文史出版社 1983 年版，第 198 页。

[2] 王子晨等：《军统特务头子戴笠来天津的活动情况》，载《天津文史资料选辑》第 26 辑。

[3] 唐纵：《在蒋介石身边八年：侍从室高级幕僚唐纵日记》，群众出版社 1991 年版，第 608 页。张衮甫（张冠夫），戴笠的表妹夫，军统局第五处处长。

重内幕，蒋介石决定仍交由戴笠的军统来进行，这才能放心。

为此，戴笠在军统局内成立“肃清汉奸案件处理委员会”，以叶翔之为主任委员（后沈维翰继任），并在各地成立25个“肃奸分会”作为其执行机构，遍布各大省会及徐州、开封、安庆等地，甚至包括由中国负责受降的越南等地。

当时，上海的肃奸负责人是军统局上海区区长兼上海市政府调查室主任王新衡。戴笠又派出高级督察代表他赴沪进行监察督导，由军统局编印《汉奸调查专册》，准备进行追捕。

为了运用这些汉奸，戴笠迟迟不采取行动，一些人所共知的大汉奸，除周佛海、任援道等一批伪军头目已由蒋介石、戴笠分别委派官职，公开加以包庇外，其他许多头面人物不仅继续逍遥法外，且气焰嚣张。伪国民政府主席陈公博公然带着妻子、亲信、秘书等逃往日本。原“维新政府”头目、汪伪立法院院长梁鸿志，历任伪南京市市长、伪江苏省主席等职的大汉奸高冠吾等多人也隐名埋姓藏匿起来。

在全国舆论压力下，戴笠于9月下旬才开始行动，拘捕大汉奸。

1945年9月26日凌晨，南京军统人员逮捕了伪实业部部长梅思平、伪教育部部长李圣五、伪海军部部长凌霄、伪军委员会总参谋长胡毓坤、伪最高法院院长张韬、伪宣传部部长赵叔雍、伪建设部部长傅式说、伪司法行政部部长吴颂皋、伪立法院院长温宗尧、伪清乡事务局局长汪曼云、伪湖北省省长杨揆一、伪国府委员项致庄等多人。27日，“京沪行动总指挥部”正副秘书长程克祥与彭寿在上海南市火车站附近烟贩拘留所成立关押中小汉奸的看守所，“一般人犯，俯首就押”，少数逃走，“更有人找上门去自报曾在汪伪中任职，因名单中查无，竟遭拒之”[1]。

蒋介石预定于12月11日到北平视察，而北平的汉奸们还在逍遥法外。戴笠怕“肃奸”未行而出意外，急忙于12月初赶到北平，并决定采用诱捕的手段，以伪华北政务委员会经济总署督办汪时璟的名义宴请各大汉奸。12月

[1] 朱子家（金雄白）：《汪伪政权的开场与收场》第三册，（港）春秋杂志社1959年版，第129页。

5 日，王克敏、王荫泰、王揖唐、曹汝霖等华北巨奸前往兵马司 1 号汪公馆赴宴。正当酒酣耳热之际，戴笠突然光临，宣布“入席诸位被捕，生活上已奉命做好安排，希望安心守法，听候国法之审理”[1]，随即将他们押送至炮局胡同监狱。接着在北平全城开展搜捕，至 8 日，先后逮捕了 52 人。与此同时，军统在天津也逮捕了数十人。16 日，少将参议周济用美国军用飞机将立了“功”的汪时璟连同逃到北平的蒙奸德王（德穆楚克栋鲁普）、李守信护送到重庆。对褚民谊、陈璧君等汉奸头目，也是采用诱捕的办法。先由戴笠以蒋介石的名义，致电褚民谊，请他陪同陈璧君赴重庆，“共商广东善后事宜”；随后军统局广州站负责人郑鹤影将褚、陈诱骗至广州市郊软禁；11 月初，以蒋介石接见为名，将他们骗往南京逮捕。

据戴笠声称，到 10 月中旬，各地捕获的汉奸罪嫌分子，已达 4000 人，所有通过政府通缉有案与检举调查属实者，“已全部落网”。

对汪伪政权的第一号汉奸、伪国民政府主席陈公博，蒋介石出于旧怨对他穷追不舍。虽然陈公博使出金蝉脱壳之计，明里散布其已自杀消息，暗中潜逃日本躲藏，但蒋介石以他对陈的了解，没有上当。他命令军统四处侦探，终于破译了陈公博自日本发回的有关财产处理的密电，得到其逃日之确证，向驻日美军进行了交涉，最后将其从日本追回，交付审判。新仇旧恨并报，陈被正法。

对汪伪第二号汉奸周佛海，因其早已与军统勾结，胜利后协助国民党“守土有功”，且有交出税警团、上海保安部队及伪 12 军（12 个团）等武装，并交出巨额资财等“优良”表现，蒋介石令军统将其保护起来。9 月下旬肃奸开始时，戴笠便“劝告”周佛海电呈蒋介石“请准辞职”，把军队、警察权及伪中央储备银行的家当统统交与戴笠接收，计有伪“中储行”库存黄金 502310 两、白银 7639445 两、银币 32 万元、美钞 550 万美元、日钞 923 万日元、日本公债 20 亿日元以及大量股票与不动产等。30 日，戴笠亲自陪同周佛海、罗君强、丁默邨、杨惺华及伪中储银行总务处处长马骥良等巨奸，由上海乘飞机

[1] 文强：《日本投降后戴笠来平情况琐记》，载全国政协文史资料研究委员会编：《文史资料选辑》第 16 辑，中国文史出版社 1983 年版。

到重庆，将周等幽禁于白公馆，供给优裕的生活。直到最后扛不住社会舆论的压力，才被迫将他们付诸审判。周佛海在法庭上辩称他早已向渝方投诚，并要求军统局作证，但法院方面以他是汪伪首要且在太平洋开战后才反正，有投机之嫌疑，又未办正式自首手续，仍判处其死刑。军统局在此关键时刻请蒋介石出面干预，并说明如坚持处罚，则周的家人威胁要公布蒋介石当年给他的亲笔赦免信，暴露蒋周之间的秘密。后经蒋介石侍从室主任、周的好友陈布雷的安排，在军统局毛人凤陪同下，周佛海之妻见到了蒋介石，并跪下求情。蒋介石对她说："这几年，对东南的沦陷地带还亏了佛海，我是明白的。起来，安心回去罢，让他在里面安心休息个两年，我一定会让他再归来的。"周妻听此如蒙大赦，向蒋叩了三个响头而去。[1] 于是，周佛海得到了蒋介石亲自下达的特赦救命书，继续在狱中享受优待。1946 年 3 月，戴笠坠机暴死后，周佛海明白自己失去了保护伞，不禁发出"惊心旧友成新鬼，彻耳呼声变怨声"的叹息。1948 年 2 月，周因心脏病死于南京老虎监狱。

由于蒋介石集团在抗战期间与敌伪方面有各种形式的秘密勾结，胜利之后如何处理这些汉奸，特别是像陈公博、周佛海、丁默邨等知名大汉奸，就成为最棘手的问题了。本来戴笠是想以"循政治途径解决"的方式来给他们中的一些人解脱，他说："汉奸问题复杂……故汉奸问题之解决，政治尤重于法律。"[2] 他在到上海看守所视察时，曾对在押的汉奸唐寿民等表示："抗战已经胜利，政府不为已甚。有些案子，将会不经法律程序，而以政治手段来解决。"这就是说，对某些汉奸的处理，将不以事实、法律为根据，而是根据蒋介石集团的利益来定夺。故国民政府在 1946 年 11 月公布的《处理汉奸案件条例》中就规定"曾为协助抗战工作或有利于人民之行为证据确凿者，得减轻其刑"。但这些只是对蒋介石、戴笠"有用"者而言的，他们并不想也不可能包庇全部汉奸。对那些无后台或蒋戴仇恨的汉奸，戴笠亲自出马部署，翻脸不认账，坚决给予清算。军统局在所谓肃奸中，在上海除陈公博、陈璧君等巨奸外，还逮捕了各类汉奸 321 名，在北平抓获 269 名，在全国共肃奸

[1] 朱子家（金雄白）：《汪伪政权的开场与收场》第四册，（港）春秋杂志社 1959 年版，第 109 页。

[2] 良雄：《戴笠传》（下），（台）传记文学出版社 1985 年版，第 492 页。

4692人（又说为5455人）[1]。其中，移交司法审判4291名，移送军法机关334名，交航委会处理24名，在押病故经法院检验备案43名。据说，当时审判汉奸的原则是“只问职位，无关罪状”，量刑标准是：除南北汉奸政权首恶梁鸿志、王揖唐、陈公博死刑外，伪省长级原则上亦处死刑，部长级为无期徒刑，次长级为7—10年有期徒刑，局长级为3—5年，其余被诉人均处两年半徒刑，“以示薄惩”。[2]

当时所谓的地下军统人员与被捕汉奸们真是真假难辨。有一个笑话说，在南京宁海路21号军统局看守所（原“76号”南京特工站），1945年11月开始收押汉奸，首任所长徐文祺，原是汪伪时期伪行政院秘书长周隆庠的“庶务科长”，因为号称“地下人员”而逃脱被捕仍任官职。他与大小汉奸都很熟悉，当陈璧君、诸民谊等押来时，徐去视察，以致有奸囚见到他时，竟招呼说：“老徐，怎么你倒先进来了？”一时问得他面红耳赤，“有些扭怩”，尴尬地回答：“我们不谈这些……”[3]

军统局在各地总计查封汉奸“逆产”1456户，发财无算，其中难免有许多公报私仇、巧取豪夺和误抓乱判等情发生。在这段时间里，如平民被军统指为汉奸，就意味着最恐怖的家破人亡。

第三节　参与原子弹研制计划

1945年8月6日及8月9日，美国用刚刚研制好的原子弹轰击了日本广岛、长崎两个城市，给日本帝国主义造成了巨大的威慑。从此，原子弹成为二战结束后举世瞩目的“新式武器”。

日本投降尚不满两个月，重庆国民政府驻瑞典大使何凤山从斯德哥尔摩给蒋介石发来密电，报告了苏联也在研制原子弹的消息：“据瑞典新闻社称，

[1] 朱子家（金雄白）：《汪伪政权的开场与收场》第三册，（港）春秋杂志社1959年版，第129页。

[2] 朱子家（金雄白）：《汪伪政权的开场与收场》第四册，（港）春秋杂志社1959年版，第129页。

[3] 朱子家（金雄白）：《汪伪政权的开场与收场》第四册，（港）春秋杂志社1959年版，第130页。

莫斯科科学院物理研究所，自 1934 年，在卡普甲教授督导之下，已完成分离原子之试验。据苏联发言人称，用苏联制造爆炸性原子之方法，制造原子弹，其成本较美国所制者为廉。”10 天后，军事委员会军令部第二厅厅长郑介民也呈来一份《情报辑要》，报告军统局驻伊朗德黑兰的情报官黄于安密电，声称：“据伊朗参谋本部密息，德国流亡科学家在喀尔巴阡山，造成新原子弹，较美国者简单，力大，成本亦低，英苏两方正力图罗致，确否待证。”

这两通电报叙述内容，当时只是属于一般的情况汇报，并未引起蒋介石的关注。但是不久之后桂系领袖李宗仁的提议，却使蒋介石真正动心，开始积极计划研制原子弹的大事了。在这当中，军统局发挥了一定的作用。

1946 年 1 月间，军委会北平行营主任李宗仁，得到了一项极为秘密的情报，指出：日本在侵华战争期间，曾由陆军省秘密派遣了一支技术队伍，到中国张家口地区采掘放射性原料，准备用来开发原子武器。日本投降后，这个工作小组有三十余人被中共军队逮捕，其余全都隐姓埋名藏匿在北平。于是李宗仁下令寻觅这些躲藏在北平的日本原子弹研究者，并希望这些日本专家能协助中国研发原子弹，与美、苏两国一争。

1946 年 2 月 1 日，李宗仁密电重庆蒋介石，报告：“渝委员长蒋：9965 密。据报，敌‘华北交通会社’日本人西田称：（一）日陆军省曾派来我国张家口地区技术人员七十余，端事采取原子原料，于日军投降后有三十余人投入奸党，其余人员均散居北平。如我政府愿予留用，西田决能招集彼辈在中国研究，并将原子能设计成功报告，尽量使其早日成功，否则均不愿予以发表。（二）该项技术人员曾在张家口取得一部原子弹原料，空运回国，对察绥各地矿产，探查甚详，两地原子铀之出产，仅百灵庙一处，年产铀可达六吨。（三）在日本投降前，日本已装有 5 部机器，开始研究原子弹，后因美国发现，致将该项机器全部破坏。但此项技术人员，均在日本内地，并详悉其姓名住址等情。关于是项研究工作，我国尚无人主持，似应由中央指派专家商讨研究，如何之处，谨电呈核。”

李宗仁的来电给了蒋介石极大的启发，即可以利用日本的原子专家来为中国研制原子弹。但蒋介石转念一想，也存有许多疑虑：第一，日本的原子技术是明显落后于美国的；第二，研制原子弹的科技，应该掌握在中国人自己手里，而不应该依赖日本人。因此，最重要的还是要培植中国的原子专家。再者，蒋介石的性格是多疑的，他和桂系及李之间，一直存在矛盾，且一贯对李宗仁不敢轻信。

由于蒋介石不放心李宗仁，故而私下交付给军统局戴笠一项任务：查明抗战时期日本在中国境内研制原子弹的详细经过。

不久，戴笠接连呈报给蒋介石几份密电和报告，由国民政府军务局上校参谋陈廷缜转呈，证实了李宗仁密电的内容。

戴笠的进一步调查证实，日本早在战前，就由东京大学和大阪帝国大学，以学术研究为名义，自美国进口了一部原子分解器，专供一名叫西野的原子物理学家研制原子弹之用，并在东京设置“理化研究院”，配备了专用研究室。日本战败之后，美军占领日本，这部原子分解器和西野研制原子弹的初步成果，全部被盟军统帅麦克阿瑟下令抛入海中，一切均已化为乌有。

戴笠向蒋介石报告，假如李宗仁之前提及的西田正是西野本人的话，应该赶紧派人把他控制起来，以免落入其他国家手中。据戴笠查证，西田的实验室已提炼铀元素 22 磅，如果能把他争取到手，这 22 磅的精炼铀就能掌握在中国人手中，若进一步开展原子弹的研究，显然能事半功倍。

戴笠还建议，仿照美国最初研制原子弹的成例，成立一个“顾问委员会”，由专事制造武器枪炮的兵工署来督导研制的有关工作。

既然仅百灵庙一地蕴藏的铀矿一年就可以挖掘 6 吨，原材料供给不成问题，而专业人才又有日本留在中国的原子专家，天时、地利、人员的条件均已初步具备，这激发了蒋介石对制造原子弹的浓厚兴趣。他在看过报告全文之后，批示“如拟”加以批准。

蒋介石对李宗仁的报告未予理睬，转而派军统接手了有关调查工作，但李出于军人的本能，对原子弹研究及原子弹在战略和战术上的重要价值仍持着高度兴趣。在给蒋介石发出密电后不久，李宗仁又发出第二封密电，报告了西田草拟的全新研究计划。当时这些电文按程序交由军政部核办，军政部部长陈诚以战后接收及军队调动事务繁多为由，无暇顾及这没影的原子弹计划。

1946 年 6 月 1 日，第十一战区司令部参谋长兼北平前进指挥所主任吕文贞电呈蒋介石，战区司令部秘密留置了一个名为石原茂光的日本人，据称是日本研究原子弹专家之一。他在接受审讯时交代，日本方面已在中国采集了将近 5 公斤的铀原料，这批铀原料储存在日华北驻屯军的军备库中，第十一战区目前正在秘密追查这批铀原料的下落。石原茂光还声称，以储存在中国的现有材料，足够试造出“酸化铁原子弹”，这种原子弹的威力估计为铀原子弹的 1/4，破坏范围可达 64 平方公里。吕文贞在电文最后向蒋介石献计：“查原子弹为国防潜力所关至巨，除已照实验计划准备各项材料外，拟请指定地点准予秘密试验，俾获成果，以资利用。”

7 月 24 日，军政部部长陈诚综合各方面信息，给蒋介石呈上了一份比较完整的报告：

1. 日本人西田已返国，未能晤及其所拟计划。可注意之部分，仅为日本人调查我国北部铀矿之结果，所拟“提炼”及“化学”部分俱无具体计划。该日本人既已离华，其调查结果现亦无法取得。

2. 日侨石原茂光等所拟之计划及图样等，多属谬误，显未受物理与化学基本训练，无考虑之价值。

3. 拟定办法待吕参谋长与北大郑教授洽复后再行呈核。

其结论是关于日本人在华研制原子弹“确有此事，但是查无实据”。

此时，蒋介石对研制原子弹一事，已把注意力从寻求日本专家转移到由国人自行研制的途径上来了。他看中陈诚报告中提到的北大教授吴大猷、郑华炽等有关专家，准备让他们来组织班底研制原子弹。负责执行此一计划的，便是后来成为蒋介石儿女亲家的兵工署副署长俞大维。俞大维向蒋保荐当时还在西南联合大学任物理系教授的吴大猷担任研制原子弹的首席专家。

蒋介石随即在重庆召见了吴大猷，他向吴表示，已下令拨给经费 10 万元法币，开始这项秘密的研制计划，并且指示兵工署腾出一间大礼堂，供作原子弹研究室之用。吴大猷得知蒋介石的意图后说：“发展原子弹，钱不是主要的，最重要的是人才，有了专门人才，才能克服研制工作中的困难。”蒋介石当即向吴大猷承诺，有关人才的罗致，请吴大猷选拔组织，并可以拨用美国退还的庚子赔款，作为奖助人才赴美国深造的经费。于是，在吴大猷带领下，包括杨振宁、李政道、朱光亚在内的一批年轻的物理系学子，踏上了留学美国的旅途。

蒋介石在召见过吴大猷以后，吩咐俞大维继续延聘人才，积极展开原子弹研发工作。除了吴大猷教授，其时担任西南联合大学物理系主任的郑华炽、知名化学家曾昭抡（曾国藩曾侄孙）、西南联大教授数学家华罗庚等，都成为兵工署研发原子弹的核心专家。1946 年 6 月，一个以研制原子弹为核心任务的“原子能研究委员会”正式成立，它是在“军事委员会”改组为国防部之后，第一个成立的国防科技研究单位。因事涉机密，这个单位始终只是处在秘密运作状态下，其核心人物包括俞大维、曾昭抡等 11 人。他们按照计划，与早先成立的“国防科学委员会”密切配合，着手开展原子弹的研发工作。

然而，国内局势的发展，并不遂蒋介石之意。随着国共两军辽沈决战的开始，国民党政府军费捉襟见肘。除在美国深造的学者仍然供给有限的经费外，原子能研究委员会已经入不敷出，只能维持着一个空架子，研制原子弹的计划不仅不能再发展，且还有逐步缩减的打算。

1947 年 4 月 21 日，国防部部长白崇禧呈送了一份《要件演示文稿》给蒋介石，“请设立原子物理研究所”。该文称：“本部对于原子能研究问题，曾报奉钧座批准成立原子能研究委员会，聘请俞大维、曾昭抡等十一人为委员，因无的款，仅能做策动及建议诸工作。关于实施研究方面，前军政部已派吴大猷、曾昭抡、华罗庚等三教授，赴美国考察原子物理研究。根据该员等拟呈国立物理科学所设备计划及预算，应需开办费约一百四十余万美元，第一年补充设备费一百万美元，共为二百四十余万美元，至建筑所需之国币数字尚不在内。”这份呈文发出后，有如石沉大海没有下文。一个多月后，由蒋介石兼任院长的行政院，终于把这份公文递送到国民政府主席蒋介石的办公室。蒋在这份公文上批示：“目前国库支应浩繁，外汇亦须节用，所请设立原子物理研究所一案，似应缓办。”这意味着本来计划大张旗鼓的“原子物理研究所”，终因内战军费支出过于庞大而被迫中止，国民党政府在大陆时期的原子弹研制工作，即如昙花一现而结束了。

后来，蒋介石二度准备研制原子弹，已是在他退居台湾四五年后的事。而他没有想到的是，学成回国的朱光亚等人在毛泽东的号召下，于 1964 年 10 月为新中国研制成功了第一枚原子弹。[1]

戴笠和军统局在蒋介石政府研制原子弹一事上，充当了一定的角色，他们的作用，还是在搜集有关日本的情报方面，从中我们可以看出蒋介石对军统局的信任重用和他们的工作效率。

第四节　重庆谈判中军统被迫保护中共领袖

抗战胜利后的 1945 年 8 月，蒋介石采纳部下的建议，摆出希望和平的姿态，连电延安，邀请中共领袖毛泽东访问重庆，进行国共和谈。他本以为毛泽东不敢来，也没做会谈的准备；但毛泽东为向全国人民展现中共争取国内和平的诚意，揭穿国民党嫁内战之祸于中共的伎俩，毅然冒险前来见蒋，于 8 月 28 日飞抵重庆。

毛泽东的到来，使得蒋介石乱了手脚。他匆忙派人着手布置有关国共会谈的事宜。蒋介石最担心的问题之一就是毛泽东在渝期间的安全问题，万一有所闪失，他将无法对国人及国际舆论交代；于是便给戴笠及军统下了死命令，要他们全力保护毛泽东的安全。这样一来，在整个重庆谈判期间，国民党的特务被迫做了保护他们最大的政治对手的事情，戴笠心中不免“五味俱全”。

毛泽东到重庆期间，军统局派了许多特务跟着他，不仅是盯梢，还要保卫他。因为蒋介石有令，毛泽东一旦有危险，责任全在军统，平时专门保卫蒋的军统特务队也不得不暗中保卫起毛泽东来。原来当作最大的敌人，一旦

[1] 本节内容资料来源：特约记者唐人发自台北《蒋介石曾令秘密研制原子弹：密电往事》。网址 http：//www.sina.com.cn 2007 年 09 月 21 日 15：36 转自《南方人物周刊》。又见《蒋介石在大陆秘制原子弹内幕》，载《参考消息》2007 年 10 月 23 日第 9 版。

见面却变成了保卫对象，这让许多特务甚为不解，感到别扭。[1] 当时，他们同蒋介石一样陷入自作自受的困境中，被中共的“将军”之举搞得狼狈不堪。

第五节　军统基层组织的活动

总体来看，国民党特务组织有影响的大行动主要集中在总部一级，但在其组织发展的高峰期，军统在各地组建了省市乃至县一级的机构。在国民党统治区和国民党与中共、日伪的混杂区，国特组织分支机构因工作之需，发展得比较普遍。抗战时期的江苏省苏中地区和战后的江苏省境内，因历史上属于国民党势力的直辖地，国民党党政势力较强，军统基层组织设立较多，活动频繁，可为研究军统基层组织的活动提供较多的资料和典型的例证。

抗战期间，江苏苏中泰州、泰兴与靖江地区，是国共两党和日伪势力的“拉锯”地区，三方斗争形势异常复杂。客观形势给国特组织在这一地区的活动创造了有利的条件。抗日战争胜利后，为了加强对江苏的控制，配合国民党军在江苏地区的军事行动，南京政府加强了军统特务系统在这一地区的活动。内战进入中期以后，江苏北部解放区已转入局部反攻阶段，国民党在江苏的统治出现崩溃的征兆。在这种情况下，军统力做最后的挣扎，在江苏的活动更加猖獗。

抗战时期，军统局江苏站的公开名称为“江苏省政府调查统计室”，随江苏省政府设于安徽省太和县，在沦陷各县分设小组，主任张寿谦，苏北地区各组统由余化东领导。

抗战胜利后，军统江苏省站由皖境迁至镇江，主任曹秦予。抗战胜利前后，苏南地区有军统局东南特区苏南站之组织，以黄毅斋为站长，范植元为副站长；1945 年 12 月后改组，由季仲鹏主持该站全盘业务。省站先后设于武进、苏州、无锡，内设情报股、侦行股、总务股及电台；其外勤单位有无锡、

[1]　此节内容参考月西：《蒋介石和他的特务机构》，海天出版社 1996 年版，第 205 页。

苏州、镇江3分站，上海特组及武宜、昆太、丹阳、常州、常熟5组，并在苏南16县设立联络参谋；先后以“军委会忠义救国军苏南行动总队”、“陆军第三方面军无锡情报搜集所”和“无锡城防部情报组”为掩护名义。

1946年7月，军统局的秘密核心部分被迫改组为国防部保密局。保密局接管江苏站后，将其组织一分为二，即苏南站和苏北站。苏南站设于无锡，由季仲鹏负责公开单位、朱崇文负责秘密单位；其本部设书记、情报、总务、肃奸、工厂警卫等部分，外勤设无锡、苏州、上海、镇江、常州各组，在江南28个县市设有联络参谋。12月，苏南站改称苏南分组，负责人朱崇文；1947年3月，改由富英负责。苏北站设于扬州，负责人为朱剑农，公开名称为陆军第二十五军高级参议室，外围机构为“中国新社会事业建设协会苏北分会”，重点负责江都、泰州、高邮、仪征等地的情报工作；1947年春，朱因案去职，苏北站名义撤销，另由卞晓春组织苏北行动组。

1947年5月，保密局江苏站重新成立，站长毛森，站址设在上海；12月，江苏站改组，由蒋剑民任站长，站部由沪迁至南通，其业务重心在于协助第一绥靖区司令部布置苏北解放区的据点的工作，下辖淮安、高邮、南通、苏州、泰州、宝应、扬州各小组。苏南地区初为富英主管之苏南分组，设在无锡；自1948年1月起，改称苏南分站，站长魏光清，站部设在苏州，内部设情报编审、军需会计两部分，外勤设无锡、苏州两组，各县分设通讯员、应用员。苏北方面，1947年秋，卞晓春因案去职，原苏北行动组缩小为扬州组，又称三人小组，由姜涌代理组长。

1948年2月，军统局江苏站撤销，原江苏站划分为苏南、苏北、国际三个直属甲种站。苏南地区，由原江苏站秘书曹正元任苏南站站长，副站长顾盼，站部设无锡，以“首都卫戍司令部无锡指挥所情报室”的名义为掩护；内部设情报、特研、侦防、工运、电台、总务等部，外勤有镇江、丹阳、溧阳、江阴、沪郊5组，并于部分县市设直属员、义务交通员。自10月起，苏南站站长改由李修凯担任，顾盼任副职，以“京沪杭卫戍总部谍报第五组”和“江苏省保安司令部视导室无锡组”为掩护番号。苏北地区于1948年2、3月间重新恢复苏北站建制，陈铁珍为站长，副站长为王其永，下设淮安、扬州、宝应、泰州、高邮、南通、淮阴、启东、六合、东台 10 组。1949 年 1 月，苏北全面解放，陈铁珍率苏北站逃到镇江。

1949 年 4 月 23 日，在人民解放军已渡江南进、挥戈苏南的情况下，保密局复决定将苏南、苏北两站撤并为江苏站，由张达任站长，李修凯任副站长。但因李修凯不愿就任副职，经疏通关系，保密局乃恢复苏南站建制，仍由李任站长，以第一绥靖区警察总队为掩护。苏南站于 5 月间迁往南汇县周浦镇，继撤崇明，再移舟山定海，最后覆灭。

此外，活动于江苏北部徐海地区的“军统”特务组织，还有保密局徐海站。该站在 1946 年至 1947 年间，站长项光，化名徐建成；副站长王祥；督察员曾翰。1947 年 8 月至 1948 年 4 月，站长王祥，化名仍使用徐建成；副站长王立中；督察李尚贤。1948 年 4 月直至江苏全境解放，站长陈楚之，化名彭城潜；副站长王祥；督察李尚贤。站部除正副站长外，设督察、人事、心战专员、会计、警卫、军情、台长等职，分置运河、临沂、永城、临城、海州、金乡、徐州 7 组。

江苏军统特务组织的主要活动有：

1. 搜集情报。搜集对象包括中共、各民主党派、国民党内各派系、青年党与民社党、苏联及各社会主义国家以及英美等国的情报。军统苏南站长期使用“无锡火车站 10 号信箱”代号，秘密汇集各项情报。

2. 进行心战。按月由保密局确定下月“心战”的纲领和内容，分城市、乡村两部分实施，通常采用“中国共产党非常委员会中央局”、“民主同盟革新委员会”、“中国反共同志会”、“苏北知识青年联谊会”等名义，编造各项谣言，加以散布。

3. 策反活动。利用中共叛徒，对中共秘密组织进行分化破坏。中共华中第十地委书记金柯，即在被捕叛变后，担任“军统”苏南站的特研组长，对苏南中共地下组织的破坏很大。

4. 侦查防暴。凡触犯所谓《危害民国紧急治罪条例》和《“戡乱”时期紧急治罪条例》的政治集团和个人均作为侦查对象。国民党立法委员许闻天所组织的“孙文主义革命大同盟江苏支盟”即曾被江苏军统组织侦破，被逮捕者达 10 人。

5. 潜伏应变。新中国成立前夕，在江苏全境部署潜伏，苏南站布置苏州、无锡、丹阳、宜溧、浦东 5 个潜伏组；苏北站布置扬州、泰州、南通、兴化、东台 5 个潜伏组；两站还制订了将各“清剿”区警察和保安队集中于太湖、宜溧、浦东 3 地区，整编为“地下武装”的计划。[1]

以上是军统组织抗战胜利后在江苏地区基本活动面上的概况。就点上的情况而论，我们也可以做出个案的分析。下面以比较典型的六合县为例。

在南京外围六合县及附近地区，自 1940 年 5 月“忠义救国军南京行动总队”被新四军歼灭后，军统局为在南京外围重建组织，任命原行动总队督察徐殿庭为“忠义救国军金陵行动总队”代理队长，同时派遣原行动总队西路指挥刘广到军统南京准备区与区长尚震生合谋东山再起事宜。

尚震生通过青帮关系与汪伪国民政府警卫旅旅长刘夷接上了头，在汪伪政权第三号大汉奸、早已搭上军统靠山的周佛海庇护下，新编成了“和平救国军独立第七旅”，驻南京八卦洲。这支部队虽是空架子，但仍以刘夷为旅长、尚震生为上校参谋长，他们具体从事在南京城内外、六合地区的情报搜集工作。后尚谋刺汪精卫计划失败，被汪伪派往第七旅的密探侦察到其通国民党的内幕，1941 年秋，尚、刘二人同时被捕。11 月，军统又任命江苏特务处电台主任王培璧为江浦工作组组长，负责南京附近地区几县的情报工作。到 1943 年 3 月，国民党江苏省主席韩德勤发动反共作战被新四军歼灭，江苏省政府解体，军统在江浦的组织也随之瓦解，直到 1944 年才得以重组。

这年 10 月，忠义救国军总指挥马志超委任原南京行动总队督察室主任袁灿为江北政治特派专员，袁又任命徐子玲为军统六合情报站站长，具体工作由副站长杨志斌负责；主要任务是对付共产党新四军，他们在地方搜集了一些中共基层组织人员与活动的情报。抗战胜利前夕，他们又奉军统命令，专门针对对南京构成威胁的新四军二师开展情报搜集工作。8 月 9 日，军统局给六合军

[1] 《江苏“军统”组织、活动情况》，见上海社会问题研究会编印：《伪国防部保密局苏南站概况调查》（1949 年 10 月），江苏省保存内部档案资料《保密局本部及苏北站组织概况、系统表》《保密局苏南站演变经过》等。载沈嘉荣主编：《江苏史纲》（近代卷），江苏古籍出版社 1998 年版。

事联络站发来电令，告诫他们新四军二师“罗炳辉部正向六合县城方面移动，大有窜犯两浦、觊觎南京之可能。特命你站对共军活动务必严加侦察，并将其动向随时电呈”[1]。六合情报站又开始搜集新二师的人员装备武器情况。

1945 年 2 月，忠救军总指挥部下令撤销江北政治特派专员公署，六合情报站也随之解散。杨正明等人归第十战区苏北挺进军杨浦区司令部指挥。3 月间，成立了“六合军事联络站”，杨为站长，手下有特务十余名，对日伪政权和新四军开展情报搜集工作。

8 月 10 日，日本发出乞降照会。11 日，国民党第七战区李品仙部奉令进军两浦抢占地盘。20 日，新四军二师罗炳辉部抢先攻占六合县城，军统组织撤往浦镇和南京城内。10 月 5 日，军统江苏省站六合调查组在葛塘成立，组长王培璧，副组长杨正明，下设有情报、文书、总务和行动 4 个股。工作重点是侦察中共淮南军区独立旅和六合支队的活动，并通过检查邮件来获取情报。1946 年 1 月 3 日，国民党军五十八旅重占六合，军统六合调查组随之入城。之后，他们发展了二十多名特务，多次抓捕新四军采购人员，并跟踪监视中共军队与地方干部情况。8 月，王培璧调走，杨正明升为军统江苏站中校直属通讯员，负责六合特务工作。徐子玲与杨志斌则受任组织军统外围“江苏抗战蒙难同志会六合分会”的活动。[2] 他们派出特务，深入六合北部山区侦察新四军便衣活动，破坏中共地下组织；同时还负责监视当地国民党军政人员，半年内就逮捕了 17 名“嫌疑犯”送往南京首都卫戍司令部军法处。

1946 年 12 月在北平发生的美军强奸北大女生沈崇事件，激发了全国范围内的反美学潮。为防止学运蔓延，是月末，军统局在江苏增设苏北站，以朱剑农为站长，直接领导扬州、六合、高邮、宝应、兴化、泰州的军统活动。在六合，原忠义救国军南京行动总队情报组组长王方强出任苏北站六合组组长，辖下十余人，以军统外围组织“新中国社会事业建设协会”京苏分会六合县区会的名义，

[1] 杨正明：《军统特务在六合的活动》，载南京市六合县政协文史资料研究委员会 1984 年编印：《六合文史资料》第 2 辑。

[2] 杨正明：《军统特务在六合的活动》，载南京市六合县政协文史资料研究委员会 1984 年编印：《六合文史资料》第 3 辑。

公开设立机构，发展“协会”在各乡的组织，招募特务情报员；还在全县建立情报网，监视中共军事活动，破坏其地下组织，并侦察社会各方面的动态。他们与国民党六合驻军二六八团二营及县警保系统进行了密切合作。

为了改变招募特务困难的局面，六合组利用民众反国民党拉夫抓兵的情绪，报军统局批准后，提出“只要参加新建会就可不被抓壮丁”；于是在一个月左右会员就由二百余猛增到三千余，在各乡建立了两百三十多个小组。当然，这种小组是极勉强拼凑的，工作效果可想而知；但六合的“新建会”组织因其成效，竟受到了“新建会京苏分会”的表扬。1947 年 3 月 17 日，“新建会”六合县区会成立大会及戴笠的追悼会同时举行。会后，各大小分会长、组长广收门徒或“义子”，借机捞取钱财；如第二特别区分会长金曼燕在马集一次就收“义子”50 多人，收银元 300 块，金戒 10 余个，外加豆油 240 斤。[1] 其贪婪程度可想而知。

在六合，军统的活动还受到中统的干扰和争抢，国民党的两大特务组织从中央争到基层，闹得乌烟瘴气。

1946 年 1 月，新四军撤退。国民党军重占六合后，中统局南京实验区就趁机插足进来，以协同国民党县党部办理中共人员“自首”为由，派陆永江为中统六合县调查室专员，对外以“六合县农村工作研究会”为名进行特务活动。他们把工作重点放在原六合县抗日民主政府所在地竹镇，在该地发展特务，追踪未撤走的中共党员干部与参加过青抗会、农抗会、妇抗会的人员，强迫一些人办理“自首”手续，并利用这些人进行反共宣传。

陆永江在县城很少露面，但却频繁活动于马集、东王、八百等各乡镇，开展搜集情报与发展特务工作。他的活动，引起了六合军统人员的不满，欲予对付。次年 1 月，陆永江逮捕了一名原农会会员吕祥明，勒索吕家交款赎人。吕妻通过关系找到军统六合组组长王方强，王即以吕是军统情报员为由，伙同首都卫戍司令部稽查处六合通讯组组长黄振中等人，找到陆永江，缴了他的枪，并将其痛打一顿。此后，中统人员在六合脸面扫地，一部分人投了

[1] 杨正明：《军统特务在六合的活动》，载南京市六合县政协文史资料研究委员会 1984 年编印：《六合文史资料》第 3 辑。

军统小组。这种两统冲突的最后结果，多数都是以中统的失败而告结束，他们毕竟不如军统人员那样敢于蛮干。5 月间，蒋介石因担心军统尾大不掉，下令撤销了“新建会”组织，六合区会也随之撤销，但各地区分会大小头目仍以军统苏北站六合组外围人员身份继续活动。

戴笠暴死之后，军统内部派系林立。1946 年 9 月，郑介民以国防部第二厅的名义，派出他的亲信黄柳生为“六二”调查小组组长，来六合主管军事情报，配合国民党二十六军“剿共”。10 月间，他们根据线报，在盱眙对新四军盱嘉支队发动攻击，俘虏了十多人，关押在六合县城内，“六二”调查小组对他们进行了刑讯。黄柳生因反共有功，官升上校。后他因与手下特务合贩鸦片一事露馅，被其同事、亲毛人凤的黄烈标告密。黄柳生不愉，反借黄烈标与驻军的矛盾，将他排挤出六合。这件事，反映出军统内部郑介民与毛人凤的争斗一直深入基层。

1947 年 5 月，军统苏北站撤销，六合组也随之解体，组长王方强调任首都卫戍司令部稽查处城南稽查所哨长，六合的情报工作由书记杨正明负责。7 月，六合周边的盱眙、来安等县陆续解放，当地一些地主、区乡保长纷纷逃往六合，军统局本部为利用这些人反共，指令在国民党二十五军“人民服务队”任正副队长的军统分子王某与张某，组织六十余名逃亡地主成立“盱眙流亡同乡会”、“盱（眙）嘉（山）来（安）流亡同乡联络处”以及武装还乡自卫队，搜集共方情报，捕杀农村干部，骚扰解放区。次年 6 月，这批“还乡自卫队”在安徽天长被解放军消灭。

1948 年 10 月，淮海战役开始。保密局局长毛人凤预料苏北将失守，为准备后事，他命令在六合布置特务潜伏，由上海市警察局局长、军统老特务毛森负责。毛森派出冯力生为京沪杭警备总部第二处江北潜伏组组长，吉崇周为书记，带组员四人由上海来六合潜伏。他们纠集附近地区土豪还乡团武装，编成了京沪杭警备总部第二处洪泽湖突击总队，共三百余人。1949 年 1 月，淮海战役结束，国民党军大败，解放军南下挺进两浦。冯力生率“洪泽湖突击总队”配合国民党二十八军，派出三十余人的搜索队，在葛塘小王庄发现了解放军的活动。冯力生令第一大队出动“围剿”，结果遭到伏击，死伤五十多人。月底，解放军四面围困六合，国民党六合县政府逃往南京；江北潜伏组却在当地“防谍除奸”，疯狂捕杀城乡民众，两个月内搜捕了70多人，并公然在马路边一次性枪杀了7名被捕者，暴尸示众。4月21日，毛森召见冯力生、吉崇周等人，说明江北潜伏组多数人因在“洪泽湖突击总队”暴露了身份，不能再潜伏留用，当即下达3点指令，撤销“洪泽湖突击总队”番号，枪支交二十八军，人员乘火车去沪。留下骆静波为京沪杭警备总部第二处江北特别小组组长，负责江北潜伏工作。

于是，骆静波来到南京下关一鸡鸭行落脚，以商人身份往来于江南江北六合、盱眙、来安、天长等地，与情报员联络。在上海解放的前一天，即1949年5月26日，毛森给骆静波发来最后指示，令江北特别小组从下关移往六合，建立情报网络，注意吸收中共基层干部和家属，以利隐蔽。骆静波选择六合东门冶浦桥，开了间猪行为掩护，装成猪贩，四处奔波活动。1950年10月，毛森在香港给骆静波发来指令，要他“注意隐蔽，迅速做好应变准备，以策安全”[1]。但骆静波并不在意，以为他以金钱构筑的网能够保护他，最后在醉梦中被发现逮捕，江北特别小组最终灭亡。[2]

江苏地区的军统特务组织，只是国民党在江苏政治统治的鹰犬。整个解放战争期间，它把矛头直指中共地下党组织、各民主党派和人民的反内战爱国民主运动，在配合国民党军对江苏解放区的进攻和阻挠江苏人民获得彻底解放方面，起了极其恶劣的作用。

第六节　戴笠之死及军统的苟延

戴笠自称随时都有可能死，因为他一年中的一半时间都在全国各地跑，遇到空袭、刺杀、车祸等的可能性都很大。可是唯独没有想到的是，最后出

[1] 杨正明：《军统特务在六合的活动》，载南京市六合县政协文史资料研究委员会1984年编印：《六合文史资料》第3辑。

[2] 同上。

问题的是他乘坐的飞机。

戴笠于 1946 年 3 月 15 日由北平飞天津、济南，16 日转往青岛。当晚，他在龙口路 36 号临时行馆会见了美海军第七舰队司令柯克上将，又会见梁若节，任命其为军统局青岛办事处主任、青岛站站长。

3 月 16 日，戴笠专机由济南飞往青岛。

17 日 11 时，戴笠乘航委会 222 专机飞沪。当天天气不好，但戴笠急于在 18 日赶回重庆向蒋介石报告，摸清蒋对处理军统局问题的底细，并于 19 日参加重要会议，因此不顾一切地起飞了。

下午 1 时左右，飞机到达上海上空时，上海正下着倾盆暴雨，专机盘旋了一阵，不得降落，于是又转飞南京。在向南京机场发出请求降落的消息后，这架专机彻底与地面失去了联络。

到了晚上，坐镇重庆军统局本部的毛人凤坐不住了。以往戴笠从任何地方出发，到达另一个地点，都会先和毛人凤联系，时间不会超过两三个小时。这次，半天过去了，仍然没有戴笠的消息。

第二天一早，毛人凤急匆匆地来到蒋介石府邸报告。蒋介石一听戴笠失踪了，立刻亲自打电话到航空委员会查询 222 号飞机的下落，得到的回答是曾经到过上海、南京上空，因大雨未能降落，之后便失去联系。

蒋介石一面令航委会出动飞机沿途搜寻，一面对毛人凤说可能是迫降到共产党占领的区域去了，所以才没有办法联络。他叫毛人凤立即回去准备，派一个将级大特务、一个报务员和一个外科医生带上药品及一部无线电乘飞机到一些可能降落的解放区上空去寻找戴笠：如条件不允许降落，便跳伞下去营救戴笠，总之要不惜一切找到戴笠。

当毛人凤带着沈醉去向蒋介石复命的时候，蒋介石亲笔写了几行字："无论何人，不许伤害戴笠。各军政机关、地方政府，如发现戴笠，应负责妥为护送出境。此令。蒋中正。"他把手令交给沈醉，吩咐他无论如何要不惜一切找到戴笠。当天，沈醉练习了三次跳伞，准备第二天一大早起飞寻找戴笠。

晚饭后，毛人凤接到南京办事处处长李人士的长途电话，说 17 日有一军用飞机在南京附近坠毁，他正派人前往侦查，是否戴笠的座机现在还不能肯定。毛人凤立刻将这消息报告蒋介石。蒋介石听罢，当即肯定就是这架飞机，说戴局长可能已遭不幸。

蒋介石当天在日记中写道："(戴笠)不幸以气候恶劣竟在南京附近遇险身亡，殊为悲痛，此生虽多缺点，但其忠诚与热心实不愧革命信徒也。今焉则无矣。"[1]随着国共内战的展开，蒋对戴笠的怀念也与日俱增，"雨农之丧实为革命之损失也"[2]，"召见军统局干部：雨农之干部，大部皆比其他各机关为优秀也"[3]。

戴笠暴死之后，蒋介石出于对他以往鞍前马后效忠的追念，给予了隆重厚葬的优遇。

1946年6月11日，国民政府发布褒扬令，追授戴笠陆军中将军衔，褒扬文曰："故军事委员会调查统计局局长戴笠，志虑忠纯，谋勇兼备，早岁参加革命，屡濒于危……该故局长戴笠应予明令褒扬，着追赠陆军中将，准照集团军总司令阵亡例公葬，并交部从优议恤……此令。"[4]

12日，国民政府在南京为戴笠举行公祭，蒋介石不仅亲自出席，还赠送"碧血千秋"花圈一个，挽联称："雄才冠群英，山河澄清仗汝迹，奇祸从天降，风云变幻痛予心。"且为其作祭文，历数其功绩，痛切呼道："胡期一朝，殒此英贤；心伤天丧，五内俱煎！""惟君之死，不可补偿！"[5]无一不表达了蒋介石痛失戴笠的心情。

祭毕，蒋介石又亲自护送其灵柩至他为戴笠亲选的墓地——钟山灵谷寺至公殿。国民党报纸报道为"南京万人空巷，痛哭戴将军"。

随后，蒋介石指示拨款创办以戴笠名字命名的"雨农中学""雨农医院""雨农图书馆"以作纪念。戴氏亲属为此组成以戴藏宜为主任的"戴雨农

[1]《蒋介石日记》(手稿本)，1946年3月19日，藏(美)斯坦福大学胡佛研究院档案馆。

[2]《蒋介石日记》(手稿本)，1946年4月1日，《本月大事预定表》，藏(美)斯坦福大学胡佛研究院档案馆。

[3]《蒋介石日记》(手稿本)，1946年6月7日，藏(美)斯坦福大学胡佛研究院档案馆。

[4]《国民政府褒扬令》，1946年6月11日，见《戴笠传记资料》(六)，(台)天一出版社1985年版，第81页。

[5]沈美娟：《孽海枭雄戴笠》，中国文史出版社2003年版，第481页。

将军纪念事业筹备处”，负责筹备相关事宜，于 10 月 6 日正式开始办公。

1946 年 8 月初，内战已经开始，7 月才发生的李闻惨案使蒋介石又想起戴笠的好处来，他亲自到灵谷寺看望戴笠灵柩。他和宋美龄进入灵堂，把草帽放在手上，凝视着戴笠照片，好久都不做一声……

戴笠死后，军统局的继任局长人选问题马上摆上日程。当时能够考虑的人选有三人，那就是军统局主任秘书郑介民、帮办唐纵和代理主任秘书毛人凤。

从郑、唐二人的资历和地位来看，他们不但是军统局的元老，且都是蒋介石的亲信，与戴笠表面关系甚好。1945 年 5 月，国民党召开第六次全国代表大会时，蒋介石本意欲让戴笠当中央委员，戴却主动推荐郑介民、唐纵为候选人，结果郑当选为中央执行委员，唐当选为候补中央执行委员。毛人凤的资历和地位都不如郑、唐，他虽早年进入黄埔军校潮州分校（军校第二期）学习，但因中途奔丧回故里，中止了在黄埔的学业。然而，他在此行中巧遇同学戴笠并介绍其去投考了黄埔，由此开始了戴的发迹历史，所以戴笠对毛人凤一直心怀感激。毛人凤后来在地方衙门担任股长、科长谋生。1934 年，戴笠经多方打听后得

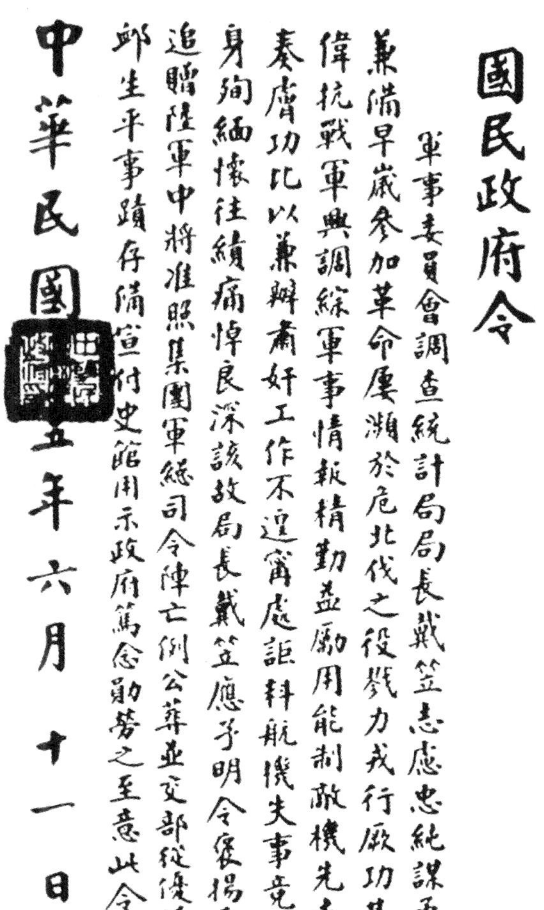
國民政府令
軍事委員會調查統計局局長戴笠志慮忠純謀勇兼備早歲參加革命屢瀕於危北伐之役戮力戎行厥功甚偉抗戰軍興調綜軍事情報精勤益勵用能制敵機先克奏膚功比以兼辦肅奸工作不遑寧處詎料航機失事竟以身殉緬懷往績痛悼良深該故局長戴笠應予明令褒揚著追贈陸軍中將准照集團軍總司令陣亡例公葬並交部從優議卹生平事蹟存備宣付史館用示政府篤念勛勞之至意此令
中華民國[illegible]五年六月十一日

国民政府褒奖戴笠并追赠其为陆军中将令文

知他的下落，立即把他叫到身边担任秘书等职，并步步重用，直至军统局代理主任秘书。因郑、唐二人平时在军令部和侍从室另有公务，在戴笠外出时，毛人凤实际处理全局事务，并向蒋介石汇报工作，给蒋留下了深刻印象，同时也在局内培养了他自己的班底，成为军统局实际领导人之一。

毛人凤是个工于心计的人，多年来也跟戴笠学到了不少东西。他一直跟在戴笠身边做具体工作，并没有太大野心；但自戴笠死后，他有想法了。依他的估计，蒋介石会在郑、唐两人中选一人继任局长，暂时轮不到自己。但郑平时在北平公务缠身，不能分暇兼顾军统局，而唐做事比较认真，且事必躬亲。比较之下，郑当局长，自己的权力还可保留，唐来则麻烦。于是 1946 年 3 月 20 日晚，毛人凤召集心腹商量后，正式向蒋介石提出由郑介民继任局长，理由是军统局主要干部们与郑关系好，对唐比较疏远。

3 月 23 日，蒋介石决定让郑介民继任军统局局长，唐纵、毛人凤为副局长，因郑不在南京，暂由唐纵代理局长一职。

3 月 25 日，郑介民召集唐纵、毛人凤、副主任秘书张严佛等商议“军统局今后工作之转变问题”，决定“将部分军事部分可以公开者归并于军令部第二厅；其他方面可以公开者归并于内政部警察署，其中秘密部分缩小为一精于之秘密组织，军统局撤销”[1]。会后，蒋介石召见郑、唐、毛三人，在听取他们的意见后，“当即裁可，唯秘密组织之名称与系统另议”[2]。

关于新改组成的秘密组织的名称问题，毛人凤与唐纵商量，向蒋建议改为“国防警察局”，但被蒋否决。蒋一转念决定将军统仍归属于新成立的国防部，毛人凤又建议称为“国防部调查统计局”，蒋介石再次表示“调查统计”的招牌在社会上名声太坏，不能沿用。6 月 15 日，蒋介石函示郑介民，就军统局今后的名称、编制、职责做出以下决定：（1）该局撤销后可以情报厅保密局的名义组织秘密核心机构，今后之中心工作为对共产党之情报与斗争，

[1] 唐纵：《在蒋介石身边八年：侍从室高级幕僚唐纵日记》，1946 年 3 月 25 日，群众出版社 1991 年版，第 602 页。

[2] 唐纵：《在蒋介石身边八年：侍从室高级幕僚唐纵日记》，1946 年 3 月 25 日，群众出版社 1991 年版，第 603 页。

其他关于政治、经济、社团各类情报及检举贪污不法等工作，则由该核心机构与各有关机关商酌办理；（2）该局原有之无线电讯业务，可交由国防部情报厅办理；特种化学研究及一般行动工作，可交由内政部警察总署担任，气象工作另案核示；（3）希即根据上列原则分别归并，并裁缩核心机构之内外勤人员数额，以节经费。[1]

同时，蒋介石确定新组织名称定为“国防部保密局”，以比较隐讳的意义使其更加神秘。6 月 7 日，蒋介石对军统局干部训话时说：“特务工作要做无名英雄，不求名利，不求闻达，不好虚荣，而要绝对秘密”，并说“组织问题在共产党看来就是神秘问题，对于神秘必须特别研究与运用”[2]。

关于改组后的军统编制问题，当时，军统局除忠义救国军、别动军等武装已拨归交通警察总局外，仍有近 5 万人，其中有 2 万多人属于军统局的在册编制人员，另 2 万多人则分别编制在一些公开单位。随着一些战时机关的撤销，安插在这些机关的军统人员也都回到军统，其经费开支就日益紧张了。1946 年 5 月，郑介民与唐纵、毛人凤商量后，决定打破戴笠所定下的“只准进，不准出”的规定，对内外勤人员实行择优裁汰。其办法一是准许任何人请长假自谋工作，二是将一部分人员送往军官总队转业，或予以遣散。这一做法得到蒋介石的同意，并获准动用一部分没收汉奸的财物作为遣散费。按照汰弱留强的原则，经过整编，属于军统局的 2.6 万人中，裁去近 2 万人，保留 7000 余人。留下来的一是抗战前参加组织的核心分子，二是由军统各训练班培训出来的基本人员，三是从组织中挑选出来的反共意志坚决且有专长的人员。

按照蒋介石“今后之中心工作为对共产党之情报与斗争”的指示精神，郑介民在 6 月上旬军统各部门负责人会议上，特别强调说：“今后军统的工作重点是和共产党作斗争，不是人多人少的问题，而且必须有精明强干的人才能担得起这项任务，所以宁可少些，但要精干一些，目标越小越好。”

新成立的国防部各厅局分别于 1946 年 7 月 1 日开张，而保密局因上述原因直到 10 月 1 日才正式出笼，由郑介民担任局长，毛人凤任副局长。局本部

---

[1] 唐纵：《在蒋介石身边八年：侍从室高级幕僚唐纵日记》，群众出版社 1991 年版，第 689 页。

[2] 唐纵：《在蒋介石身边八年：侍从室高级幕僚唐纵日记》，群众出版社 1991 年版，第 622 页。

的机构设置，大体上沿用了军统的一套体制，内设局长办公室，情报、行动、人事、电讯、司法、经理、总务等 7 个处，以及督察室、总稽核室、预算室。除这些处室外，还有机要组、特种政治问题研究组、特种技术研究组。其外勤单位在各省市设站，按省市的大小及所处地位的重要性分为甲、乙、丙三类，分别配备人员和设备。保密局在国外还设有韩国、西贡、新加坡、曼谷、开罗、卡拉奇、菲律宾等多个站点。

这种换汤不换药的改组无法解决军统内部固有的问题。保密局成立后不到半年，局长郑介民与副局长毛人凤之间展开了新一轮的权力恶斗。“郑介民先生倾向于‘特工正规化’‘人事制度化’，但求自由发展，不想天下一把抓，所以在步调上比较保守……毛人凤先生则颇有意于继承戴先生之衣钵乃至发扬光大，岂奈内外在条件上都嫌不够，戴先生所有的毛先生只得两三分而已。至此，‘军统精神’萎缩了不见了。”[1] 两强相斗的结果，最终毛人凤取胜，于 1947 年 12 月出任保密局局长，郑介民则专任国共双方与美国人组成的监督调停内战的“军事调处执行部”“三人小组”国民党的代表，基本退出了保密局。

1947 年 3 月，国民党在全国战场上对中共的“全面进攻”宣告破产，随即改为“重点进攻”，其中最重要的就是胡宗南奉命率部进占中共中央所在地陕甘宁边区；胡部被毛泽东的“蘑菇战术”牵着绕了个大圈，最后还是因中共机关主动退出延安城，胡宗南部才占领了延安。

消息传来，国民党统治集团一片雀跃，以为彻底消灭共产党的日子已不远了。保密局为了配合国民党军的行动，加强搜集情报，协助胡宗南部，寻找毛泽东、中共中央的去向，特地在延安设立稽查处，临训班出身的崔毓斌当上了保密局驻延安稽查处处长。

对此唯一保有一点清醒的人是蒋介石。他在大肆“庆祝胜利”的同时，知道西北的形势并不乐观，现在胡宗南只是占领了一座空城，只要共产党解放军的有生力量不除，找不到毛泽东与中共中央的下落，自己肯定无法安宁。他多次指示毛人凤，不管花费多大的人力物力，都要找到毛泽东、中共中央的所在地。

---

[1] 陈恭澍:《英雄无名》第五部《平津地区绥靖“戡乱”》，(台) 传记文学出版社 1988 年版，第 19 页。

在那段日子里，蒋介石几乎每天都要问毛人凤是否有新情报，可崔毓斌的稽查处除了在延安附近抓了几个根本走不动的老弱病残，再也得不到任何线索。毛人凤对此十分焦急，他知道这一次如让中共领导人逃脱了，日后可能再也不会有这么一个历史机会；而且如再找不到毛泽东，蒋介石怪罪下来，他也担当不起。毛只好每天电令陕西省站，一再要其加强延安组的工作，全力寻找毛泽东与中共中央机关的踪迹。

胡宗南也打电报给毛人凤，要其加紧寻找情报，好让他出兵解决。毛人凤因此寝食不安，急火攻心。他以特急电报训斥陕西站，说情报工作配合不了军事行动，“太辜负领袖的期望了”云云。其实当时的毛泽东和中共中央机关，就在离延安不远的一条山沟里，并未走远。保密局在陕北延安一带，毫无工作基础，动弹不得。自以为道法遍天下的保密局终究对中共首脑机关无可奈何。直到 1949 年 10 月，毛人凤还在为此事遗憾万分，他自认为保密局跟共产党斗，终究是失败的。[1]

毛人凤是个很迷信的人，他把一切失败的原因归结为运气风水不好。戴笠死后，军统局总务处处长沈醉把戴遗留的几辆好车分别奉送给郑介民、毛人凤、唐纵使用，毛坚决不坐；而且他上台后，也拒绝迁入军统局新大楼最好的一间办公室，因为那是戴笠准备用的。办公室主任潘其武很懂其心，经常在各地找有名的星相家来给毛看相，听算命的讲他命中缺火，毛便起笔名为“以炎”，这一点倒是学了戴笠的习惯。对于“党国”的失败，毛人凤更有其独特的见解，他认为是国民党政府的国旗有问题，因为旗帜上“满地红”包围了“青天白日”，预示着国民党被共产党围攻。所以在退到西南后，他们还正式向蒋介石建议把国旗改为国民党党旗中间加一点红，表示反包围之意。这真是一个荒谬的笑柄。[2]

---

[1] 参见月西：《蒋介石和他的特务机构》，海天出版社 1996 年版，第 390 页。

[2] 李炎：《民国官场笑林》，江苏古籍出版社 1997 年版，第 199、207 页。

[第十章]

走向末路

——逃台前的保密局

第一节　军统改组保密局后的活动

1946 年 7 月 1 日，军统局改组为国防部保密局，开始由郑介民出面主持工作，他身兼保密局局长及国防部二厅厅长。按公秘单位划分，明确规定各地军事情报机构和谍报参谋，一律划归国防部二厅领导。因此，保密局不能过问各地二厅下属单位人员的工作，厅、局之间也不存在什么矛盾和人事问题。到 1948 年春，郑介民被毛人凤搞垮，毛人凤升任保密局局长，国防部侯腾升任第二厅厅长，他们为发展各自的特务势力，互相争咬起来。

侯腾是国防部第二厅的老牌特务，郑介民的得力助手，与军统组织无关系，属于国民党军事体系内的"陆大派"。他毕业于美国参谋学院谍报系，不但有美国特务机关的背景，而且曾任国民党派驻美国的首席武官，与美国军事顾问团和美国驻华武官有直接联系。美军顾问团在国防部策二厅派驻有上校顾问克雷斯特等人，实行直接控制。1948 年，侯腾曾与美国驻华武官苏乐准将去新疆，对苏联的电台进行特务侦听。侯腾与蒋介石又是师生关系，每周都要到蒋介石的官邸参加会议。侯腾对军统分子插进国防部二厅持反感态度，他上台以后，便在二厅内大力排斥军统分子，将各地军政长官公署和绥署二处处长大多都更换为其陆军大学的同学，情报学校也不准军统分子插足。他的这些做法，引起了保密局的极度不满。毛人凤曾向部下发牢骚说："郑先生怎样搞的，在第二厅用一个侯腾，将我们的同志都排斥了。郑先生简直把戴先生的事业都败光了呀！”[1] 于是，厅、局之间的关系形同水火。经过一番激烈较量后，毛人凤终于排挤掉郑介民，当上了保密局的代理局长，这就强化了他在局内的统治地位。

1947 年 12 月 5 日，毛人凤在不断诋毁郑介民后，终于将其排挤出局，名正言顺地扶正为保密局局长。他因下属各省站无力无权，公秘单位不能配合，遂致力于整顿工作，调整各省站的人事和职权，派出军统中资望高的老特务充任各省站站长，同时达到清洗更换局本部中层干部的目的。如在西南方面，派沈醉为云南站站长，余万进为贵州站站长，颜齐为重庆站站长、吕世琨为副站长，吕尚功为成都站站长、陈子骏为副站长，蓝世立为康定站站长；并令各省站站长，用保密局的名义对外活动，恢复各省站逮人的特权，以加大对革命者的镇压力度。

面对国民党在国共内战中渐显的败局，毛人凤带领保密局开始了最后的挣扎。

一以贯之的反共活动

毛人凤上台后，为了不辜负蒋介石的栽培，指挥保密局的特务们竭尽全力进行反共活动以配合国民党的全面内战。在最初的两三年中，他也干出过一些成绩。例如，1946 年在上海曾破获过中共苏北解放区设立的一个贸易点，截获了一只小火轮，并捕杀了在江海关工作的中共地下党员张渊等十余人。[2] 另外，还曾破获中共北平地下电台，给中共方面造成较大的损失。

1947 年，为有效地对付中共在各地地下电台的活动，国民党特务组织动员各地的特务稽查处将其电台和社会上公开的民用无线电台一律加以登记和注册；然后计划用无线电侦察台侦测没有登记过的电台呼号，确定位置后进行搜捕。

---

[1]《我的罪行实录》，载公安部档案馆编注：《血手染红岩：徐远举罪行实录》，群众出版社 1992 年版，第 35 页。

[2] 月西：《蒋介石和他的特务机构》，海天出版社 1996 年版，第 358 页。

抗日战争胜利后，美国利用战争剩余物资，供给蒋介石大批飞机大炮，被其用于发动内战；美国同时帮助军统训练了一批掌握雷达技术的特务，约二十余人，有丁尔滨、黄又合、林郁民、赵容德等。早在抗日战争时期，美特就利用中美合作所的关系，在兰州、陕坝等地设有电台，布置了雷达网。日本投降后，这些电台本应撤销，但军统建议签订中美气象合作协定，由美方在兰州、陕坝、上海和广州四处以“气象测候站”为名设立电台，布置雷达网。美方又供给军统一批无线电侦察台的设备，使军统在北平、上海、南京、广州、汉口、重庆、西安等地建立了无线电侦察台。他们在各地军事机构内设立电检科，主要工作有两个方面：一方面，指挥侦察台收抄当地秘密电台所收发的电码，提供特技室研译，作为情报的来源；另一方面，测探秘密电台的位置，寻找破坏中共地下组织的线索。

时任北平行营电检科科长的赵容德，毕业于军统杭州特训班电讯系，历任军统电讯处人事股长、科长，曾接受美国顾问的雷达训练。他通过所掌握的侦察台，对北平市内进行了拉网搜索，结果发现在北平鼓楼锣鼓巷方向有秘密电台。他利用线交错办法多次测定位置后，便通知北平警察局刑警队，派出探员爬墙而入，在夜间潜入所怀疑的各屋进行观察，最后确定了具体地点。赵容德报告保密局北平站站长黄天迈，黄就派特务化装秘密监视侦察；同时利用警察局以调查户籍为掩护到该住宅视察，查明该住宅主人是北平市府地政局科长袁永熙，其妻陈琏，是蒋介石侍从室第二处主任陈布雷的女儿。因为陈布雷的特殊地位，黄天迈将此情况报告给了保密局，同时仍对该宅严密监视，盯梢来往人等，注意与袁永熙有联系的人。

保密局局长郑介民在得到黄天迈报告的当晚，与局办公室少将专员王业鸿谈起此事。王对郑分析说：“陈琏是陈布雷女儿，秘密电台能利用陈琏为掩护，即利用陈布雷的社会关系为掩护，那指挥这个电台的机构和人员当然是相当重要的了。从这个秘密电台，可以找到很重要的其他线索和重要人物。这事非常重要。倘若你和毛人凤（副局长）不能去，最好派一得力精干的人到北平指挥破获此案，最适当的人选是第二处（即行动处）处长叶翔之。”他建议郑介民派叶翔之到北平处理此案，并授权他先斩后奏，以免来往电报请示耽误时机。郑介民、毛人凤接受王业鸿的建议，决定派叶翔之到北平任总指挥，会同北平站共同办案。

叶翔之早年是由其大舅子——大特务李崇诗介绍而进入军统局工作的，后来因与手下科员张某闹出桃色纠纷而被戴笠不点名地在全局大会上大骂一顿，张某也被调去做收发工作，叶从此沉寂数年。其后，他得到处长王新衡的赏识，并靠拢毛人凤，才逐步发迹。1942 年升任军统局二处副处长兼中共科科长，在反共方面花了很大力气。他联合中统局的徐复观，成为军事委员会参谋总长何应钦的反共问题助手，在何处设立了参谋总长办公室，专任反共问题研究；叶为秘书长，徐为副职，以何应钦的名义指挥各地行营、战区、各省市政府进行反共联合行动。叶翔之由此成为国民党内有名的中共问题专家，并为创立中统、军统、三青团等组织反共的“特种工作会报”制度出谋划策。保密局成立后曾任中共处处长，去台湾后他又通过王新衡与蒋经国挂上关系，在毛人凤死后接任过保密局长职务。

7 月下旬，叶翔之到北平后，召集军统北平各单位负责人，如保密局北平站前站长、北平市政府民政局局长马汉三，北平警察局副局长白世维，北平特警班副主任楼兆元，北平警备司令部稽查处处长倪超凡，北平行营第二处处长张家铨，保密局北平站站长黄天迈，督察王甫臣以及北平警察局刑警队队长李连夫等人，还有当时派在北平处理日伪汉奸案的保密局法官毛惕园、河北省会保定警察局局长杨清植等，共同开会研讨破案的具体办法，并集合上述人员组织了一个临时行动委员会，指挥逮捕与审讯工作。

行动首先从围捕陈琏住宅开始。当特务们进入陈琏家时，地下电台正在通讯，收发报机、电码本等都在，报务员亦无法隐藏。电台、密码本和来往电稿、各种宣传品等当即被搜走，报务员李政宣、孟良玉和译电员张厚佩、李育萍被捕，连累中共北平地下党骨干、时任北平市地政局代局长的董剑平，北平贝满女中田仲英、北大学生李恭贻等人被捕。陈琏夫妇以及家人同时被逮捕。

特务们从搜到的密件、密本及原监视发现的关系人和报务员、女工供词中查出一些线索，得悉国民党保定绥靖公署第一处处长谢士炎、副处长丁行、军法处长王某和绥署设计委员余心清都与此案有关。叶翔之乃命倪超凡、张西平等将谢士炎、余心清以及绥署第一处其他四个涉案的参谋一起逮捕。在他们逮捕谢士炎的过程中，得知谢士炎与沈阳防守司令部新闻处代处长王书鼐、东北行辕新闻处专员李年等有联系。叶翔之又派楼兆元到沈阳指挥东北行辕督察处处长陈仙洲、保密局沈阳站站长褚大光将中共党员王书鼐夫妇、李年、巩天民等人逮捕，解往北平。在破坏东北地下党时又获得中共西安地下组织的线索。叶翔之随即率领张西平飞西安，指挥保密局西安站站长侯定邦，将中共西安地下交通站奇园茶社破坏，逮捕奇园茶社经理梅永和；同时逮捕西安地下党负责人之一赵耀斌及其家属，以及胡宗南部机要科科长等十多人，并从赵耀斌处得到共产党在兰州方面的地下工作负责人尹家明的住址。叶翔之派侯定邦到兰州将尹家明及其家属逮捕。同时，叶翔之还得悉胡宗南部参谋处处长及胡所办的“西北通讯社”负责人都是中共人员，但在叶翔之采取行动之前皆已逃避。胡宗南唯恐在蒋介石面前丢脸，因此坚决要求叶翔之不要将此事扩大。因胡宗南与戴笠是结拜兄弟，军统特务一向对胡尊重，此事也就到此为止了。

这次由于保密局北平侦察台侦明中共秘密电台地点，北平地下党组织遭到破坏，并牵累保定、沈阳、西安、兰州等地的革命组织，总共被保密局逮捕中共和民主人士一百余人；其中，包括共产党员如梅永和、赵耀斌、尹家明、王书鼐、陈琏等，民主党派有谢士炎、余心清、巩天民、丁行等。

这次逮捕的人员，凡是认为重要者都解往南京，其余则囚禁在北平和西安的军统监狱里。最后，陈琏于 1947 年冬解南京由郑介民向蒋介石请准交由陈布雷管教；赵耀斌、尹家明因其原有少将、上校军衔，于 1948 年解南京后任保密局设计委员会设计委员，被加以监管；梅永和、谢士炎等被杀害；其余人员则由保密局司法处处长李希成分别处以徒刑或释放。[1]

这一案件的发生与进展，一方面使蒋介石对保密局的工作成绩感到欣慰，另一方面却使他越来越不安，他无法理解这么多的中共人员是怎么进入国民

[1] 本文根据保密局办公室少将专员王业鸿 1963 年所写材料整理。此节载于潘家钊等编撰：《蒋介石特工密档及其他》，群众出版社 1993 年版，第 83—86 页。

党的军政要害部门的。他下令给予叶翔之和北平行营电讯科科长赵容德一万元奖金和四等宝鼎勋章，以资奖励；同时命令各地军政部门彻底严查中共地下党，宁可错杀也不可漏网。[1] 因为蒋介石由此意识到一种巨大的威胁正在逼近，这就是国民党政权的机体已经千疮百孔。

与中共党员打入国民党政权形式上相反而实际上作用相同的是，国民党内的一大批左派人士和反对内战的有识之士，纷纷采取多种形式向中共靠拢，他们运用自己的力量，在所在区域内开展和平运动，或直接弃暗投明，倒戈反蒋投入人民阵营。在北平，就有时任市长何思源从事和平运动的例子。

何思源，早年留学美欧，1926 年回国后加入国民党，长期在山东省担任党政职务。1946 年 10 月，调任北平市市长，因其出于一个知识分子的良知，不赞同蒋介石的内战方针，配合“剿共”不力，1948 年 6 月被蒋介石撤职。他又因为在北平时曾与中共方面有联系，意在促成北平的和平解放，更加触怒了蒋介石。蒋介石特别痛恨一些国民党高级干部投向中共，以为杀掉一个像何思源这样在党内有地位的人物，就可以对别的动摇者起到警告和恐吓的作用。于是这年冬天，蒋介石下令保密局毛人凤派人去北平暗杀何思源。

毛人凤奉命后，便找主持行动工作的第二处处长叶翔之、特种技术研究组组长刘绍复、云南站站长沈醉一起做了研究。他们本来计划在何思源出门时，在其住宅附近枪杀他，后来又认为那样做，凶手逃脱不易，于是改为把定时炸弹放在何的住宅房顶，企图把他炸死。

方案决定后，毛人凤令叶翔之亲自率领四名特务，乘飞机赶往北平，并通知当时北平站的特务协助执行。特务们趁夜色掩护悄悄爬上何宅房顶，因算错了位置，并没把炸弹放在主卧室顶上，结果没有炸到何思源，却炸死了他 12 岁的女儿。这一凶案，当时在北平造成了很大的轰动。

蒋介石接报后，异常生气，把毛人凤叫去责骂了一顿。毛人凤回来后就

[1] 月西：《蒋介石和他的特务机构》，海天出版社 1996 年版，第 358—359 页。

埋怨叶翔之，责怪他不应为了凶手的安全，而不采取在途中狙击的办法，实属误事。毛人凤认为，如能杀掉何思源，保密局死几个人是值得的。

于是，面对国民党上层的众叛亲离，蒋介石通过特务手段“杀鸡儆猴”的伎俩也破产了。

……

1947 年间，保密局保定站站长曹亚夫领导的阜平小组曾设法策反了接近中共华北军区的两名工作人员，差点儿酿成刺杀中共领袖的大事。阜平小组组长是刘其昌，书记兼收发是刘从志，刘进昌为组员。孟建德、刘从文均是被这个小组拉下水的中共方面工作人员，他们同是河北省阜平县王快镇人。

当时，刘从文在中共解放军华北军区司令部伙房当司务长，经常外出采购物品，接触的人较多。一天，他在街上结识了商人王宝生，两人谈得很投机。不久，刘从文外出时又结识了同乡同村的刘其昌。刘从文并不知道他们都是军统特务，更没有意识到这是他走向深渊的开始。

在交往中刘从文渐渐觉察到王、刘二人身份特殊，但在当时艰苦的环境中，他也舍不得放弃他们给他的物质上的好处。虽然受到他们的引诱，但刘从文还没有打算跟他们去干特务工作；而这些国民党特务似乎也没有立即将刘从文拉入他们圈内的意思，只是想利用他这个平时能够接触到军区领导的司务长，探取一些有关情报。

刘其昌利用赶集上庙会的机会，或装作到村外的菜园买菜与刘从文联络。他令王宝生给刘从文 500 万边币，让刘先用着。刘从文没有拒绝，把钱收下了。王宝生问他一些情况，他当然尽其所知告诉了他，诸如军区司令部在什么地方、中共中央局在哪里、最近几天军区首长到石门开会去了，过四五天才回来……这些情况，在刘从文眼里不是什么秘密，但在国民党特务那里，却是很有价值的情报。几天之后，我华北军区所在地烟堡、石门一带，遭到敌机的轰炸，房屋损坏一百多间。看着呼啸的飞机直奔轰炸目标而来，刘从文心中直打鼓。他弄不清楚此事是否和自己有关。他想起曾同刘其昌等人说过军区司令部的驻地，也知道他们是那边的人，但他仍对自己的行踪不被人觉察心存侥幸。

上碑庙会上，人密密麻麻，摊位摆了满街。刘从文装作买东西，来这里同刘其昌见面。在一个临街饭店里，刘其昌请他吃饭，并交给他 12 匹白粗布，说：“这是给你的。”刘从文犹豫了一下，还是收下了。刘其昌说：“只要照我说的做，不会亏待了你。”接着，刘其昌取出一个包，交给刘从文：“把这里面的东西放到毛泽东、聂荣臻的锅里……给你两个月的时间，用什么办法都行。如果完不成，就到保定去找我。”刘其昌说完就走了。

刘从文呆住了。后来他交代说：“看到这些东西，我好害怕，叫我谋害人民领袖，我不敢……”

于是，刘从文生病了，头晕肚痛，不思饮食，卧床不起，白天似睡非睡，到了夜晚经常惊叫着醒来。最后，他心惊胆战地把毒药扔到了村外，但心里还是不踏实，总是担心会被人发觉。他的心病越来越重，一直病了一个多月。他一直念叨：再也不能跟他们联系了，再也不能跟他们干了。可是过了一段时间，见到没有什么动静，他的胆子又大了起来，认为只要行事秘密，不会被人发觉。因而，当刘其昌派刘从文的堂兄刘从志来找他联系时，刘从文又对他说了不少军区司令部的情况，甚至让刘从志住在部队，吃在部队，还送他点大米、白面之类的东西。不管刘从文承认与否，此时他已经成了地地道道的内奸分子，一名叛徒和特务。

1948 年 4 月中旬，中共中央主席毛泽东与中央机关来到华北军区司令部所在地河北阜平城南庄。当时毛泽东和中共中央机关的行踪，正是国民党特务组织全力寻求的情报。

刘从文得到这个消息，即告诉了国民党方面。与此同时，在华北军区司令部大丰烟厂担任副总经理的孟建德，也是被国民党特务拉下水的内奸，他从另外的渠道得到了这一消息。

孟建德有个妹妹在军区工作，妹夫是个中共干部。孟从其妹处得知中央机关和毛泽东来到阜平城南庄的消息，并得知“就住聂司令原来住的那个小院”。

孟建德从其妹家出来，就到保定向特务报告了。孟建德事后从保定给其妹带来一笔 2000 万法币的“报酬”，外加美式金笔一枝、口琴一个。当他再次来到妹妹家的时候，却没敢将这些东西拿出来。他怕妹妹和妹夫不再给他透露消息。

5 月初，毛泽东住所遭到了国民党飞机的轰炸，所幸躲避及时，无人伤亡。这在历史上还是第一次国民党方面掌握中共首脑机构的行踪。华北军区聂荣臻司令认为其中一定有名堂，下令严密调查。

不久后，解放区公安机关从截获的国民党保密局保定站致南京总部的电报中，找到了线索。这份电报写道："职组组员刘从志，担任华北军区方面工作，刘从文任'匪'中共中央局毛'匪'行踪工作，二人均由刘文星担任交通员。孟建德奉华北令调天津工作，已派王志诚（王荣）潜伏津地，与刘进昌联系。职组组员刘从文参加工作年余以来，该员对工作尚努力，每次情报颇有价值，职拟按中尉待遇正式任用。"

这份电报是 11 月 1 日转到华北军区的。军区政治部军法处经过几天的紧张工作，取得了确凿的证据。11 月 6 日下午，解放军华北军区保卫部人员来到司令部伙房，逮捕了司务长刘从文。3 天之后，前来和刘从文联系的刘从志也被捕。刘其昌、孟建德也被我地方公安部门捕获，这个潜伏在中共中央核心附近的国民党特务组织基本上被摧毁。

事后，华区政治部军法处多次研究，拿出了处理方案。经司令员聂荣臻、政治委员薄一波等批准，华北军区政治部军法处于 1950 年 9 月 28 日正式做出判决：孟建德、刘从文身为人民解放军干部，竟投敌叛变，充当内奸……实属罪大恶极，判处死刑，立即枪决。刘其昌、刘从志押送河北省人民法院法办。孟建德的妹妹也因泄密遭到了严厉的处分。[1]

破获荣德生被绑架案

1946 年 4 月 26 日，上海《新闻报》《大公报》《文汇报》《申报》等各大报纸，于同日发表了一则惊人的消息：中国当时最大的民族资本家——上海申新纱厂总经理荣德生先生，竟在光天化日之下，被两位持有市警察局红派

[1] 此节参考董保存：《江青借"城南庄事件"攻击聂荣臻》，载《晨报》2005 年 4 月 26 日 D4 版。

司者绑架，并向其家属索价50万美元赎人。《新闻报》称这一绑架案为“上海十年来最引起社会人士注意的案件”。

当时持有上海淞沪警备司令汤恩伯签发的红色派司——逮捕证者，只有为上海市警察局和淞沪警备司令部工作的特务人员，红色派司上所印说明中有一条规定：持证人在所辖范围内逮捕人犯时，当地军警得派员协助。故持警察局红色派司者享有特权，可以在上海为所欲为。

荣案发生时，军统干将毛森正坐镇无锡。南京政府闻讯，因顾及政治脸面严令上海市政府迅速处理。上海市政府限令市警察局和淞沪警备司令部7天内破案。荣德生先生的家属，考虑到荣氏的生命安全，却采取了不与当局合作的态度，想私下与绑匪谈判，花钱赎人。7天后，破案毫无进展。上海市警察局局长宣铁吾无奈，请求钱大钧市长批准他辞职。

当时任上海淞沪警备司令部二处处长的军统大特务陶一珊为此事急得团团转，求助于毛森。毛率亲信黄炳炎自无锡匆匆赶到上海，介入此案。他们分析后认为军队系统人员作案可能性较大，遂以侦察原第三方面军二处驻沪人员行踪为突破口，最后竟获得成功。据1946年8月4日《前线日报》报道：“荣德生绑架案告破。8月3日下午淞沪警备司令部举行记者招待会称：第一绥靖区司令部毛森处长破获此案，情报准确。捕获主犯王绍寅，首建奇功。”后合力20余日，共捕获全部主犯14人，从犯1人。毛森处长捕获其中7人，淞沪警备司令部稽查处捕获其中5人，上海市警察局捕获其中3人。

荣德生绑架案侦破后，主犯全部被枪决，蒋介石闻报大喜。荣德生先生亦亲自登门向毛森酬谢。毛森一时头面有光，蒋介石在南京亲自接见毛森之后，任命他为总统府军务局专员兼第五科科长，分管军法，直接受侍从室主任俞济时领导。这次立功为日后毛森出任上海警察局局长铺平了道路。[1]

---

[1] 此节参考《戴笠自述》，载申元：《江山戴笠》，中国文史出版社1991年版，第143页。

谋刺李宗仁

1948年4月，桂系领袖李宗仁违背蒋介石的旨意，参加南京政府实行“宪政”后的第一次总统竞选。经过复杂的斗争，李竟然当选副总统，这便引起了总统蒋介石的极端不满。由于历史上蒋介石与桂系的长期矛盾，蒋介石甚至准备不惜代价，动用特务杀掉李宗仁。

1948年11月，国民党国防部保密局云南站站长沈醉，接到局长毛人凤的一份紧急电报，要求他把云南省站的职务交给副站长皮绍晋代理，立刻赶赴南京。沈醉不敢延误，立即从昆明坐飞机经上海抵达南京，保密局总务处处长成希超把他送到位于玄武门保密局外宾招待所“诚庐”休息。“诚庐”招待所是保密局开设的，专门给中统局、宪兵司令部、国防部二厅等特务机关首脑开会所用。

沈醉到达南京的当天下午，毛人凤就亲到“诚庐”招待所见他，布置了由蒋介石亲自指派的刺杀李宗仁的工作。

毛人凤说原来打算让保密局行动处处长叶翔之来主持此事，后来蒋介石了解到叶翔之是文人出身，并且一向主持内勤工作，便决定调有经验的沈醉担负这一任务。

沈醉是湖南湘潭人，18岁就参加了戴笠的复兴社特务处，参加过许多次暗杀行动，表现“出色”，因特别“能干”，28岁就晋升为少将军衔，深得戴笠的赏识。后长期担任军统局总务处处长，与戴笠等头目很熟悉，在局内一直以“年纪小资格老”而著称。毛人凤上台后，他被排挤到云南出任国防部驻云南区专员兼保密局云南站站长；但蒋介石对他的行动本领还是有印象的，故特召他来听令杀李。

当天下午，毛人凤和沈醉来到总统府见蒋。蒋介石向沈醉询问了云南站的工作，并问及沈醉的家人，接着问他知不知道这次到南京的新任务。沈醉回答说：“毛局长已经告诉了我。”蒋介石语重心长地说：“这次叫你来主持这项工作是关系到整个大局的问题，之所以采取这个办法，是为了使内部统一团结起来一致对外。”他要沈从速布置，以便保证到时绝对完成任务。

在毛人凤的安排下，保密局长办公室主任潘其武和叶翔之、沈醉等四人组成了一个特别行动组。

这项行动的内容分为两部分，一是防止李宗仁离开南京，二是进行暗杀。鉴于李宗仁为桂系首脑，为防止李被刺后发生意外，他们同时研究了暗杀其他几个桂系首领的措施。暗杀行动由沈醉与叶翔之负责实施。

会后，毛人凤又通知保密局经理处和人事处，在人员器材等方面必须尽量满足特别行动组的需要。

一个星期后，特别行动组便做了以下的具体部署：暗杀李宗仁的工作由沈醉主持，毛人凤选派秦景川、王汉文两人做他的助手。秦景川是军统看守所中有名的杀手，沉着干练，枪法准确。王汉文则是东北惯匪出身，枪法异常准确，能以手枪射落空中飞鸟。

当时李宗仁住在南京鼓楼傅厚岗。为了侦察李宗仁的行动，行动组在其住所附近的马路转弯处摆了一个旧书摊子，由军统临澧特训班毕业的特务吴德厚装扮小贩，用以掩护侦察，并在决定行动时隐藏特务人员。

为了防止李宗仁突然离开南京，特别行动组还分别派人在南京光华门外飞机场附近街上开设了一家小杂货店随时监视。他们决定，如果发现李宗仁到机场，就立刻报告毛人凤，由其通知空军，用战斗机在空中将李宗仁的座机击毁。为了防止李宗仁乘火车走，他们便在江南铁路车站附近买了一所小房子，派人监视车站周边。 此外，在汤山通杭州的公路上，他们派两个人开设了一家小饭馆，担任监视任务。毛人凤还给特别行动组配备了两部速度最快的小车，以便在李宗仁坐火车或汽车离开南京时追赶狙击。由此可见，保密局对暗杀李宗仁势在必得。

另外，在桂系大将白崇禧住宅的对面，他们派人开了一家小酒馆，利用白崇禧的卫士经常来饮酒聊天的机会，对白崇禧的行动实行监视。

淮海战役后，国民党军队主力几乎丧失殆尽。为了获得喘息时间，蒋介石被迫与中共和谈。此时，只有李宗仁的桂系还拥有一部分武力。为了防止李宗仁趁机“逼宫”，暗杀行动提上了日程，特别行动组进入了高度戒备状态。

毛人凤几乎天天叮嘱特别行动组的负责人沈醉，要做好一切准备，以便一接到蒋介石命令就动手。沈醉和秦景川、王汉文每人都准备好了两支手枪，弹头内都已注入最猛烈的毒药，只要射中目标身上任何地方，都可以引起血液中毒而死亡，根本无法救治。吴德厚开设的旧书摊也准备了一支手提机枪和几颗炸弹，做好了掩护和加强行动的准备。

毛人凤还担心李宗仁届时不出门，便又让沈醉在李宗仁的住宅附近进行勘察，并做了突袭的布置。

虽然万事俱备，但蒋介石还是迟迟没有下达行动的命令。这一方面是由于在淮海战役中其军队主力丧失殆尽，不得不依靠桂系军队来保卫长江中游；另一方面也因国民党军的一败再败，引起了美国朝野的极度不满。为此，蒋介石准备以“退休”为名，让李宗仁上台来为他“顶缸”。囿于国内外的形势变化，蒋介石最后不得不放弃了暗杀李宗仁的计划。

1949 年 1 月 20 日，毛人凤通知沈醉，立即结束特别行动组的工作，把所有担任监视工作的人员交保密局人事处另行安置，沈醉则带着秦景川、王汉文、吴德厚重新返回了昆明。

据史料记载，1949 年 9 月，毛人凤在昆明再次见到沈醉时，曾一再提起刺杀李宗仁的事。毛人凤说，蒋介石时常后悔当时没有果断下令把李宗仁刺杀，以至于李宗仁后来敢和他分庭抗礼。[1]

刺杀杨杰与龙云

杨杰将军早在抗战时期就对蒋政权失去了信心，暗中倾向中共。1949 年上半年，他在重庆秘密从事领导民革组织的工作，准备策划川、康、滇的国民党军队将领起义。他的行动引起了保密局西南特区的注意，报告了已逃往台湾的蒋介石。蒋闻讯立即授意毛人凤对杨杰进行监视，密切监控其行动。

此时杨杰已抵达昆明。“李闻惨案”[2]之后，昆明一片白色恐怖。杨杰的

---

[1] 纪红建：《蒋介石曾预谋暗杀李宗仁》，载《档案大观》2004 年 4 月 30 日第一版。

[2] 指 1946 年 7 月 11 日在昆明发生的由云南警备总司令霍揆彰根据蒋介石“权宜从事”的指令，派遣特务刺杀西南联大教授、民主人士李公朴、闻一多的事件。这件事是云南地方当局所为。

友人、云南省参议会议长马崇禄劝他从速离开险境，杨杰也做了些准备，派人去香港与中共方面联系，得到中共中央的正式邀请，准备从昆明去香港，而后赴北京参加中国人民政治协商会议。但杨杰认为蒋介石的特务还不敢杀他，未能成行，只是增加了两名贴身警卫。

实际上，保密局云南站站长沈醉在 1949 年夏秋月余之间就曾接到毛人凤局长的三次密电，命令他暗杀杨杰、缪云台等二十余名民主人士。沈醉因卢汉与这些人都比较亲近，如杀了他们，可能会更加激怒握有滇省军政大权的卢汉，如他翻脸，西南局势将完全失控。所以总是推托，迟迟不敢动手。

7 月下旬，杨杰为加快起义进程，从昆明秘密给四川地方军队刘文辉部下的一个团长写了封亲笔信，令秘书送去。不料，这封密信落到保密局西南特区特务组组长李瑞峰的手中，李把它转交给了区长徐远举。徐如获至宝，当晚发报给毛人凤，随即转报蒋介石。蒋阅后深感不安，批示毛人凤迅速将杨扣押起来，听候发落。就在特务们要动手之时，杨却离滇而去。这时，云南省主席卢汉宣布，接收国民党中央在昆明的机关，限令国民党特务从速离开云南。这一举动使云南处于半独立的状态。蒋介石对此十分惊惶，亲自由台湾乘专机经广州到达重庆，欲着手解决云南问题。

在蒋介石看来，卢汉的举动完全受云南王龙云的影响，事实也的确如此。龙云作为云南省地方实力派领袖，对蒋一直存有戒意，他经过权衡利弊后，决定弃暗投明，策划起义，密召驻昆明的亲信秘书蒋唯生（化名刘蔚）来香港寓所，共商起义事宜。商定之后，蒋唯生带上龙云的几封密信乘飞机返回云南。

谁知李瑞峰一直在对蒋唯生进行监视，派人跟踪，并设下了埋伏，蒋唯生一返滇就落入了特务的魔掌。李得到龙云的密信后，密报给保密局云南特区负责人郭旭。郭旭请示毛人凤，毛人凤马上电报蒋介石，蒋介石如临大敌，即令毛人凤在香港暗杀龙云。

毛人凤按照“御旨”，命令台湾保密局办公室副主任兼第二处处长叶翔之带领六名特务于 9 月上旬奔赴香港行动。为保万无一失，毛人凤又派人来云南与郭旭密商暗杀方案。他们认为可以利用蒋唯生怕死又贪财的特点，收买他行刺龙云。这个方案报经毛人凤审批同意后，郭旭即提审蒋唯生，先以死威胁，再许以重金，答应先付一半，事成之后全部付清。蒋唯生答应下来，收了定金。随后，郭旭带上蒋唯生来到香港办事处副处长袁寄滨家中，商量具体暗杀方法，他们决定用一种慢性毒药，趁龙云不备时放入他的茶杯中加害。然而，龙云在此时警惕性甚高，对饮食非常注意，不许外人接近。蒋唯生慑于龙云的威望，一时不敢下手。叶翔之见状，决定相机亲自闯入龙家，进行枪杀。

9月8日，蒋介石手令驻昆明特务拘捕杨杰，就地枪决。次日，毛人凤派保密局西南特区区长徐远举率领大队特务乘专机来昆明，准备立即逮捕杨杰。

这时，杨杰已提高了警惕。这天上午，他的侄女婿朱健飞（时为空军上校参谋）开车将他送到巫家坝飞机场，他悄悄地登上了飞往香港的班机。特务在杨杰家扑了个空，而且人竟不知去向，徐远举急得大骂沈醉及云南站特务不负责任。随后，徐远举查实杨杰已去香港，立即派出一组特务尾随而去，与奉毛人凤之令已到达香港的广州站特务组接上头，商定由广州特务采取行动。

毛人凤得知杨杰已到香港的准确消息后，密报了蒋介石。蒋暗示说：先杀“羊”，再宰“龙”。毛人凤受令，于9月17日由昆明致电叶翔之，要他原地待令，自己马上赶到香港。叶翔之接电报，找到郭旭说，电报中未讲清杨杰的详细住址，要郭旭与在港的披着民主人士外衣的特务分子卢广声联系。郭旭遵令，通过卢，他们终于找到了杨杰的下落。

9月18日晚上，卢广声密告叶翔之，杨杰住湾仔轩尼诗道302号四楼同乡李棍家中，并说杨杰住下来之后，大门常关，闭门谢客，一般人不易入内。叶翔之经过一番考虑后，决定“引蛇出洞”，他仿照杨杰的好友贺耀祖的字迹，以贺的名义写了一封短信，约杨到外面吃饭，商讨密事。

次日下午4时，郭旭带上特务神枪手韩世昌，手持叶翔之的假信，去会杨杰。当郭旭等人求见时，杨杰毫无疑心，欣然应允。就在他打开信之际，韩世昌掏出无声手枪，一枪将杨杰击倒在桌边，并割断杨府的电话线，夺门而去。次日，郭旭等人离开香港。

杨杰遗体后来由友人贺耀祖等买棺入殓，暂存东华义庄年余。1950 年 10 月 16 日，由其次子杨兆虎从昆明至香港料理善后，旅港云南同乡会举行了公祭。

1950 年 10 月，直接参与谋杀杨杰的七名特务被大陆公安部门抓获，受到惩办。1982 年，中国民政部追认杨杰为革命烈士。[1]

杨杰被杀之事，在港台地区引起了极大的震动，一时舆论哗然。蒋介石怕引起更大的波澜，危及其统治，只好暂时停止刺杀龙云的计划，龙云也因此而保全了性命。其后，他便公开与国民党蒋介石决裂，投向了人民阵营。[2]

第二节　垂死挣扎的保密局

1948 年内，保密局的应变策略只是以派遣特务进入解放区建立组织为主，结果屡遭失败。1948 年后，因原蒋管区大中城市陆续解放，他们便采取预先布置潜伏组的办法，试图在那些地方继续开展特务活动。为此，保密局为了加紧培养训练一批所谓“全能情报员”，在南京成立了一个“全能训陈班”，由电讯处处长杨振裔主持。这个班的成员，都是受过无线电收发报技术训练的特务人员；入班后，再进行搜集情报的训练，其后派到前方城市居住下来，先找好掩护的职业。他们不与原来保密局的站和组织发生横向联系，而是直接由保密局所辖潜伏布置组领导。

在特潜工作中，保密局还采取双层布置的办法，在各大中城市吸收了一批新的人员。担任这项工作的新特务，首先必须有一个正当的职业，最好是医生、会计师、工程师之类的白领人员，既要与特务有一点关系，又不会被人发觉，才容易掩蔽开展工作。

当时，保密局准备在每一个大城市都成立一至两个这样的潜伏组，组长

[1] 王炳毅：《杨杰将军：从亲蒋到反蒋》，载《南京晨报》2004 年 3 月 8 日 C10 版。

[2] 柯云：《国民党保密局杀“羊”放“龙”的内幕：采访原中统特务组长俊德记录》，载江苏省政协《钟山风雨》2004 年第 2 期，第 52 页。

一般由没有暴露身份的原“军统”分子担任，每组设一至二部电台。潜伏特务的工薪以黄金计算，比一般特务要高，如组长兼报务员，每月连房租津贴可得黄金二两左右。在快解放的地区，可一次性领半年到一年的经费。潜伏组的责任是搜集情报。至于造谣与破坏工作，则准备另派人员进行。这些人不配电台，与潜伏组也不发生横向关系，以防被捕时发生牵累。

潜伏组的人员，在地方没解放之前，只做准备工作，不做正式活动；在解放后，主要任务是搜集情报。保密局奉蒋介石的命令，要求他们最好能混到共产党里面，所以这些潜伏特务平时言论都表现得很进步积极，借此迷惑他人，以便活动。

潜伏组所用的电台，一般是两瓦半的美制特工机。这种机器体积不大，可装在写字桌抽屉的后半部，也可装在收音机、留声机、桌灯里边。潜伏组建立时，一次性配发半年到一年用量的电池。因为当时国民党人都有一个幻想，认为不出一年，那些城市都可以在美国的直接帮助之下，次第收复，所以只做一年的预算。其中的大部分负责特务，虽然对这种看法并无信心，但为了鼓动部下，也只好照样吹嘘，连蒋介石自己也一再鼓吹第三次世界大战就要发生，并说只要大战一发生，就可以把共产党消灭。

1949 年 4 月后，保密局在西南地区开始潜伏布置。他们原以为西南短期内不会丢失，因此也不大着急应变。到解放军渡江以后，形势变化很快，他们才紧张起来，派出潜伏布置组第二科科长任鸿传匆匆赶到重庆，由他兼任西南特区潜伏布置专员，指导各省站协助布置。任鸿传与重庆站站长李修凯在重庆及川东等地完成布置后，于 7 月间再到昆明，建立了一个潜伏组和一个独立潜伏台。潜伏组有两名医生，特别开设了一家私人诊所为掩护，并发给了经费。任鸿传在昆明办完事后，又赶到贵阳布置。

到了 9 月间，毛人凤因为华北、华东、华中的一些潜伏组在该地区解放后陆续被破获，感到西南地区潜伏组的布置亦不够理想。为了加强西南地区的布置及企图进一步重建在解放区的组织，又在重庆“中美合作所”原址成立了一个“全能情报员训练班”。这个班由毛人凤自兼主任，王蒲臣为副主任，准备训练几百名潜伏特务派往各地。但开始训练不久，解放军已向西南进军，直至重庆解放前还没有训练好，便退往成都，结果在途中损失过半；抵达后估计再没有时间从容训练了，就把剩余人员编入交通警察第一旅何龙庆部，准备去打游击。[1]

保密局在进行潜伏布置的同时，专门做了在大城市进行破坏暗杀的准备。他们把一些手枪、爆炸品等装备器材，预先存放在可靠又易于取出的地方，避免存于特务家中而被搜出。例如，在上海，一批武器和爆炸品就是用寄存灵柩的办法，把东西放在棺材内送到墓地存放。一般是将棺材搁在条凳上，特务夜间去取用时，只要用预先装置的机关从棺材下面打开就行。那种阴森的地方本来就很少有人去，何况又在黑夜，更不容易为人发觉。存放一年半载甚至更久一些，也不会出问题。另外有一种办法，则是把东西藏在小棺材内，埋在近郊墓地，竖上墓碑标记，需用时在夜间去取，用这种办法可以存放得更久。

1949 年初，由各地逃出的特务，纷纷南逃，不少人还想逃往台湾。毛人凤看到这种情况，便向蒋介石请示保密局的应变办法。蒋介石的答复是：除了少数大特务有必要的准许去台湾之外，其余均须留下来，“与共党斗争到底”。

毛人凤根据这个指示，于 3 月间在重庆召开保密局会议，西南、西北及广西、湖南等省的负责人均奉命参加。他在会上提出一个方案：要特务们返回自己的家乡，在地方上设法立足生根，试图以此来安置和处理拥挤在后方城市的待命特工，想把他们抛弃。

如果这个办法行得通，保密局就可以丢掉一些包袱，蒋介石对此也赞同。然而，这对大批的下层特务来说，是连逃命的机会也给堵死了。

毛人凤在宣布这个办法时，要求那些参加“还乡运动”的人，在自己的家乡坚持一两年。他要他们相信，蒋介石不久便可以在美国帮助下卷土重来，只要特务们能忍受一个短时期，将来便可得到重用。毛人凤还指示他们，回到解放地区后，可以坦白向共产党交代自己过去的历史，不必隐瞒身份；但不准交代组织，特别是不准检举其他特务和揭发别人的罪行。如果不遵守这些规定，

[1]《风云丛书 130：国民党军统内幕》，（台）海外出版社，第 248—251 页。

不但将来要处分，甚至当时便要派人进行纪律制裁。他又指示，凡向共产党自首和交代了历史的人，要进一步取得对方的信任。如果能够在人民政府机关得到工作，保密局自然会派人去联系；在没有联系以前，可以相机行事，对有把握可以做得到的破坏活动，一定要主动进行，成功后逃到后方或台湾，可以受到特别奖励。对一些回到还没有解放地区去的人，规定他们要先设法立足，进一步设法掌握地方团队武力，有把握时可以参加打游击；或者，等到解放军接近时，也可以表面上参加起义，以便混入解放军部队。

这些办法似乎想得很周到，要求也很严格，但是也自相矛盾，很难实施。因为从蒋介石到毛人凤本人，平日都大肆渲染共产党的“残酷”，现在却又要那些人回到那样的环境里去，还叫他们坦白交代、主动自首，又怎能说得过去？因此，特务们表面虽不敢反对，但实际上又不愿遵命，毛人凤的办法尽管已提了出来，愿意真的“还乡”者却寥寥无几。

在3月会议上，毛人凤打算利用特务在社会上的关系，成立一个公开的政治团体，在后方进行反共活动。但很多人鉴于以往的教训，认为不会有什么成效，因此没有做具体的决定。毛人凤在会议上，还要各省站负责人分别迅速拟出“应变计划”来，在计划中，包括撤退前在各地的大破坏、大逮捕、大屠杀及打游击等几方面。毛人凤对于在西南地区打游击，颇有信心。他认为共产党是靠打游击出身的，而“军统”特务们也懂得这一套，比蒋介石的正规部队更能对付解放军，依靠他们在大陆上保留住几个据点，应该没有问题。当时，保密局在四川可掌握的部队计有何龙庆交通警察第一旅的两个总队，贵州站站长陈世贤和余万选的一个总队，在云南方面也有一部分交通警察，兵力约一个总队，加上西南地区十多个兵工厂的警卫部队，以及能够掌握的一些公开和秘密武装，总数可凑成万余人。毛人凤还向四川省主席王陵基介绍罗国熙去泸州专区当专员，并派了几个特务去当县长，准备把这些地方作为保密局的游击根据地。

毛人凤所设计的游击计划，并没有落实，在解放军进军西南后，贵州的陈世贤、余万选早就溜跑。四川的何龙庆交警旅，在成都被解决。只有从云南被赶出来的一个交警总队，被特务田动云拉到他家乡筠连县和川滇边界，台湾方面将之鼓吹为“大陆上的台湾”，并授予田动云“西南军政长官”的空衔，希望他能坚持下去。但这批特务武装，不到三个月便被肃清，田动云被活捉，“大陆上的台湾”亦宣告陆沉了。[1]

在部署潜伏武装的同时，遵照蒋介石的命令，保密局开始了在大陆最后的西南据点的大破坏与大屠杀。

1948 年至 1949 年，国民党在大陆的最后时刻，保密局的特务们有组织有计划地在各地开始大屠杀与大破坏，做最后的垂死挣扎。

1948 年秋，保密局在浙江的负责人毛森，利用邮电检查，发现了衢州中共地下党衢州支部副书记林维雁的线索。这次发现，完全是由林在与其妹妹的通讯中连续书写反蒋内容，过于疏忽所致。毛森在逮捕林时，却意外地抓获了衢州支部书记江文焕，特务们大喜。后来，林、江等人在狱中受尽酷刑而决不招供，使特务们无计可施。最后，1949 年 4 月间，毛森等人将他们两人及相关被捕者，加上另被捕获的中共皖南武工队长程某、从上海投奔皖南解放区的民盟盟员杨欣渡以及胡乱抓来的浙江大学进步学生 6 人等，共计 14 人，全部杀害于衢州城郊。[2] 像这样的罪行，当时保密局特务做了多少，真是无法一一统计。

贵州息烽监狱设在离息烽县城 6 公里的阳朗坝公路边，此地对外名为“国民政府军事委员会息烽行辕”，原为一专门囚禁中共人士的看守所。1937 年 11 月扩大为息烽监狱；至 1946 年撤销，先后关押共产党人、进步人士和其他人员 1200 多人，被杀害和折磨至死者达 600 多人。著名民主人士马寅初、中共四川省委领导罗世文、车耀先等人都在这里遭到过长期的关押和折磨。

息烽监狱成立之初，负责人何子正是一个残忍而又无能的虐待狂，大批被囚者都因经受不住这个“酷吏”的残酷迫害而相继死亡。戴笠虽暴戾成性，但他不能不考虑政治犯大批死亡的严重后果。经过多次磋商，最后决定让周

[1] 陈少校：《黑网录》，群众出版社 1979 年版（内部发行），第 234 页。

[2] 陈达：《1949 年衢州大血案纪实》，载文闻：《国民党特工秘档丛书：我所知道的政治暗杀秘闻》，中国文史出版社 2004 年版，第 257—274 页。

养浩接替何子正出掌息烽监狱，借以改变局面。

周养浩是戴笠、毛人凤的同乡，1933 年从上海法学院毕业后经戴介绍加入特务处，其后干了 16 年的特务工作。他举止文雅而心狠手辣，是军统内有名的“书生杀手”，后来曾直接指挥过残杀杨虎城将军一家的罪恶行动。在息烽监狱出任主任，是他“出名”的开始。

周养浩携夫人毛超群及孩子走马上任，来到这个荒凉的魔窟，一股恶臭血腥迎面扑来，毛超群当即昏倒在地。周养浩上任后使出全身解数，用了“怀柔”政策，以挽救息烽监狱的死亡危机。经过戴笠批准，着手进行以下几项工作：第一，允许去除政治犯的镣铐；第二，实行白天牢房不锁门，让犯人自由活动；第三，把“牢房”一律改称为所谓“书斋”，每斋设斋长一人，同时撤销便衣特务“内卫”，减轻在监犯人的精神压力；第四，适当改善犯人伙食，开展体育活动。

周养浩的这些招数，在戴笠第二次视察息烽时，获得了赞赏，戴称赞“周养浩精明强悍，为何子正所望尘莫及”。从此，周养浩得到了戴笠的进一步器重。

周养浩还把息烽监狱称作“大学”，竭力渲染所谓新型的大学色彩；又集书建立“养正图书馆”，要最早被监押的中共地下党员王子中（号码 103）和车耀先做图书管理员，负责给难友借书。接着又“邀请”中共四川省委负责人罗世文出来“工作”，但为罗世文坚决拒绝。罗世文回复说：“我是共产主义者，我不能改变我的信仰，你们说息烽监狱是一座‘大学’，而且是‘三民主义大学’，这一点我还没有研究，所以谢谢你的美意。”在军统局内部“通共案”中被捕的共产党人张露萍亦被关进息烽监狱，她曾利用周养浩的“改良”机会，写了一篇题为《她是犯了罪吗？》并署名樊仁（犯人谐音）的文章在息烽监狱机关报——《养正报》发表。该报是由被押的杨虎城将军的秘书宋绮云主编的。张

周养浩

文写的就是她自己的经历，内容慷慨激昂，宣扬了革命精神。

周养浩在息烽监狱的“改良”完全是一种手段，目的是软化被囚的共产党员，而绝不是对他们仁慈。后来，张露萍、罗世文、车耀先、王子中等均被周养浩杀害。周养浩却因此而受到戴笠、蒋介石的赞赏，擢升为“少将”，领受了“忠勤勋章”。

在周养浩的经营下，息烽变成了特务机关后方的大本营。军统局在息烽除设有监狱外，还有特训班、仓库、特务第二团、特务队底寨电讯总台以及电机制造所等。1940 年，戴笠亲自到息烽做了布置，并调派江山县陈国桢当息烽县县长，归周养浩指挥。

抗战胜利后，息烽监狱因其反共恶名在外，被迫停办。1946 年 7 月，周养浩转任贵阳市政府视察室主任兼贵州省保安司令部情报处少将处长，成为贵州省政府主席杨森的得力干将。解放战争后期，蒋介石调杨森任重庆市市长兼重庆卫戍总司令，周养浩受杨森倚重，随任重庆卫戍总司令部保防处少将处长。

1948 年 3 月，因保密局重庆站渝组组长李克昌和他布置在文城出版社的“红旗特务”的侦探，特务们通过《挺进报》案件，破获了重庆中共地下党组织，逮捕了市委副书记刘国定。刘国定随即叛变，导致中共重庆市委委员许建业、中共重庆沙磁区委书记刘国志、中共下川东地委委员江竹筠、《挺进报》中共特支委员陈然等一大批中共地下党干部被捕。

保密局在重庆对中共地下党的破坏，在当局内造成了一时的轰动。南京保密局和国防部都认为这是国共内战以来在蒋管区大城市对中共地下党最大的破坏。保密局局长毛人凤、国防部二厅厅长侯腾、西南长官公署长官朱绍良，纷纷向蒋介石报功，分别给周养浩、徐远举等“破案有功人员”请赏。

徐远举，黄埔七期毕业生，湖北大冶人，1932 年参加国民党特务组织；1935 年出任“护送班禅专使行署”少校参谋，随后在西藏做情报工作；1945 年被戴笠调任为军统局三处副处长，1946 年 1 月到华北任军统局北方区区长，是年 7 月又任重庆绥靖公署二处处长。他亲自指挥了对《挺进报》案件的侦破，逮捕了中共地下党员一百三十余人，这些地下党员后来绝大多数被杀害。徐因此获得了四等云麾勋章，当局除发给奖金、奖章外，还为有功者升职升权。

保密局对重庆站的“立功”给予了重奖，并扩充成立西南特区，任命徐远举为保密局西南特区少将区长，周养浩为西南长官公署侦防处处长和保密局西南特区少将副区长，统一领导军统系在西南的公秘单位；同时在西南长官公署成立侦防处，全面加强反共特务工作。

按规定，对特务的行动，当地军事长官不能过问。为防国防部第二厅来“抢功”，毛人凤又派保密局行动处处长叶翔之到重庆主持工作，接着他又亲自到四川视察工作，布置“西南特区”四大任务：（1）加强组织，统一领导，整顿军统在西南的公秘单位，改变各自为政的散漫状态；（2）继续扩大破坏中共地下党组织；（3）执行经济管制任务，稳定西南地区的经济，使金圆券能顺利行使；（4）在西南进行潜伏布置和应变堆备，对各省站做必要的训整。

毛人凤特别对徐远举说：“我们的同志地位都爬高了，不愿做领袖的耳目了，各人找了一个老板。北平的马汉三靠着李宗仁，湖南的杨继荣靠着程潜，东北的文强靠着杜聿明，上海的陶一珊靠着宣铁吾。有人在领袖面前密告你靠‘政学系’，我特别为你解释，希望你能效忠领袖和团体。”[1] 毛人凤说这番话的用意，在于拉拢徐远举以为他卖命，同时也暴露出当时保密局面临的复杂形势和行将崩溃的状态。

中共四川地下党组织被破坏后，国防部第二厅厅长侯腾以国防部名义给徐远举等人颁发奖章、奖金，并让其妻朱和珍借到重庆省亲之机，向特务们表示关切。

此后，国防部二厅加强了在西南的侦防工作，并根据美国上校顾问山克雷斯特的建议，仿照美国反情报队的组织，开始在各地组织“反情报队”及举办反情报训练班；招收上尉至上校级的国民党军官一百八十余人，分两班训练，由山克雷斯待上校和雷根少校亲自主持，每班训练四个星期；完毕后编成9个反情报队，分派到重庆、上海、南京、西安、武汉、北平、广州、

[1] 《我的罪行实录》，载公安部档案馆编注：《血手染红岩：徐远举罪行实录》，群众出版社1992年版，第36—37页。

青岛、昆明等地，进行配合内战的反共破坏活动。[1]

在毛人凤的命令下，叶翔之与周养浩、徐远举等保密局西南大特务头目们对中共地下党被捕者进行了软硬兼施的劝诱威逼和严刑拷问，并与中共重庆地下党展开了斗智斗勇的较量，最后在共产党人的不屈立场面前，军统特务们败下阵来。在重庆解放前夕，刘国志、江雪琴（即江竹筠）、许建业等全部被国民党特务杀害。后来，这一事件的经过被重庆地下党幸存者写成纪实文学作品《红岩》，流传于世。共产党人的光辉形象教育了许多中国青年。

1949 年 11 月，蒋介石在毛人凤的陪同下乘飞机到重庆，部署国民党在大陆最后的挣扎。保密局西南特区区长徐远举等动员重庆党政机关的职员以及大部分特务分子到机场去迎接。此时的蒋介石已如惊弓之鸟，害怕他的行动被解放军发觉拦击。专机降落后，舱门刚一打开，蒋介石已站在那里向两边张望了。他看到保密局的大批便衣特务已经布置在机场周围，这才从容地走下飞机。

蒋介石召集在重庆的保密局头目徐远举、周养浩、郭旭等开会，他说：“大西南是党国在大陆反共复兴的重要基地，你们要千方百计守住这一基地，要做到这一点，就绝不能心慈手软。”蒋介石对特务们杀掉杨虎城、杨杰等人表示很高兴，希望他们再接再厉，把那些在押的共产党分子迅速杀掉；并指示对于那些关押在渣滓洞和白公馆的违纪军统人员，案件明显轻微的予以释放，其他的一起枪决。蒋接着说：“保密局在从上海撤退前的工作做得很好，抓了有嫌疑的人犯 3000 多人，从上海撤退时，杀掉了 1300 多人。重庆也应该同上海一样，凡属有嫌疑的人即予以逮捕，凡是应该枪毙的立即枪毙。我上次 10 月来重庆时，即指示你们杀掉一批共产党，结果只杀了江竹筠、陈然等 32 人，太少了！要舍得下手，不杀不足以立威，不足以挽救党国。”蒋还神色严厉地说道：“广州撤退时，卫戍总司令李及兰对广州的建筑和空军的物资，破坏不彻底，不仅一些重要的建筑设施没有炸掉，而且连空军的 3000 多吨物资也来不及处理，被共军夺去了。这样的事情不能再出现。对于重庆，

[1] 《我的罪行实录》，载公安部档案馆编注：《血手染红岩：徐远举罪行实录》，群众出版社 1992 年版，第 38 页。

必须有坚守到底的思想准备。但是万一守不住，也必须采取一些相应的措施，重要的物资，能运走的运走，不能运走的就地销毁；同时，把发电厂、邮电局、桥梁等统统炸掉，让共产党没有好日过。”毛人凤表示：“总裁训示非常英明，明天就召集专门会议研究处理这些问题。”

1949 年 9 月，广州解放前夕，特务们曾制订了“全面破坏广州”的计划，准备将在广州的重要工厂和大桥统统炸毁。由于解放军进军神速，加上工人组织护厂队护厂，特务们的阴谋没有得逞，仅仅炸掉了海珠大桥。因此，毛人凤吸取广州破坏失败的教训，决定提早做好破坏重庆的工作。

次日，毛人凤在他的住所嘉陵新村 6 号召开秘密会议，参加会议的有保密局西南特区区长徐远举、兵工署稽查处处长廖宗泽、重庆卫戍总司令部保防处处长周养浩、交通警察总局局长马志超、重庆警察局副局长李济中、第五区公路工程局警卫稽查组组长陈粟冬、保密局总务处处长成希超、经理处处长兼重庆办事处处长郭旭等。会议决定在白公馆集中营、渣滓洞集中营和新世界集中营对在押犯实行大屠杀；同时，对重庆实行大破坏行动做了布置，决定成立重庆破坏办事处，由重庆卫戍总司令杨森担任总指挥，以兵工署稽查处处长廖宗泽兼破坏办事处处长，负责领导部署执行。办事处下设参谋、技术和运输 3 个组，由徐远举拟具破坏计划，郭旭拟具破坏经费预算。保密局在重庆的公开单位，要尽力协助破坏工作的进行，给予工作和交通运输的便利。各兵工厂破坏程度，以一年不能恢复生产为原则，各兵工厂稽查组组长须带西南长官公署技术总队队员分赴各厂先行调查，预算所需炸药和雷管器材。预计使用黄色炸药 210—300 吨，所需炸药及运输汽车，由国防部第四厅和兵工署器材总库拨发；破坏掩护部队主要由交通警察总局所属第一、第二两个交警总队担任，各兵工厂的警卫大队予以协助；破坏工作以重庆卫戍总司令部的名义对外，动手时机听候国防部命令执行。破坏对象包括第十、第二十、第二十一、第二十五、第三十、第三十一兵工厂，大渡口钢铁厂，长寿水电厂，大淡沟电力厂，军械总库，小龙坝广播电台以及白市驿、九龙坡和珊瑚坝飞机场，共计 17 个单位。会后，各部即分头着手准备工作。

11 月 25 日，白公馆看守所所长陆景清和看守长杨进兴奉命对白公馆关押的人员实行大屠杀。在这个看守所内关押的政治犯，都已囚禁了多年，有的达十年以上。陆景清、杨进兴把决定予以枪杀的 37 人集中在一间房子里，用机关枪扫射，对个别没有射死的再用手枪补杀。在这次大屠杀中被杀害的七十多人，除大部分是共产党员外，还有著名的爱国将领黄显声将军，留学德国归来的同济大学校长、进步人士周均时博士和因迷路走入魔窟、被军统关押了数年的李仲达等四名重庆国立第六中学的学生，甚至包括狱中刚刚断乳的孩子。特务们采取了最野蛮的残杀手段，甚至乱刀分尸。

26 日，重庆卫戍总司令部保防处处长周养浩率领特务，对新世界看守所关押的人犯实行了大屠杀。这个看守所，表面上隶属于重庆卫戍总司令部，实际上由保密局领导。蒋介石来重庆后，亲自核准将当年被捕关押在这里的三十余位革命志士予以枪决。周养浩指挥特务将这两百多人，其中包括国民党内的所谓"叛变"及违纪分子，押赴中美合作所旧址内的松林坡枪杀，并在附近挖了一个大坑，将他们草草掩埋。

27 日，杀红了眼的特务们又对渣滓洞集中营实行了大屠杀。西南长官公署第二处行动总队副总队长钟铸人奉徐远举的命令，会同渣滓洞看守所所长李磊、看守长徐贵林，率领大批特务将一百余名共产党员和进步人士共三百多人，主要是 1948 至 1949 年间在四川被保密局西南特区和西南长官公署第二处逮捕的中共与民革、民盟人员，集中在一间大房子里，将铁门锁上，先用机关枪疯狂扫射，然后用汽油将房子焚烧灭迹。许多没有被打死的人也被活活烧死，惨叫之声，不绝于耳。钟铸人在干完这一血腥的勾当之后说："在战场上和敌人打仗，因为怕被敌人打死，开机关枪时越打越起劲，在渣滓洞用机枪扫射人犯，看到他们手无寸铁，乱窜惨叫，心里实在有些难过。但是上面有命令，只好昧着良心扫射。这个玩意真不好干啊！我们这样杀人，如果共产党捉了我们，对我们还会饶恕吗？共产党快打到重庆来了，我是非走不可的。"这段话暴露了这帮特务的内心充满了绝望与恐慌。

特务们连续三天在重庆实行大屠杀，蒋介石却意犹未尽，仍不满足。29 日，蒋介石又召集陆海空军和特务头子开会，出席会议的有参谋总长顾祝同、次长肖毅肃、空军总司令王叔铭以及杨森、钱大钧、晏玉琮、毛人凤、蒋经国、俞济时等。蒋介石命令各地的特务机关加强镇压，同时因人民解放军进展神速，重庆难保，乃决定撤出重庆时，对重庆的要害部门进行大破坏。他命令毛人凤派特务将綦江公路大桥破坏，以阻止人民解放军直达重庆。会后，毛人凤于当日下午2点从山洞打电话给破厂办事处处长廖宗泽，通知他下达破坏命令。下午6时，破厂命令到达各厂，各厂即开始点火爆破。瞬时，爆炸声隆隆不绝，许多来不及撤走的工人，也被炸得粉身碎骨。技术总队副总队长胡凌影率技术特务二十余人，乘大卡车前往綦江，会同蒋军第二军陈克非部，将綦江九孔大桥破坏。当时，人民解放军先头部队已逼近桥头，击毙了两名特务，胡凌影和手下特务仓皇逃走。当晚，蒋介石也狼狈地由山洞逃往白市驿机场，从那里乘机飞往成都。行前，毛人凤奉命将沿线公路涵洞和在机场待修的四架飞机予以彻底破坏，然后偕马志超、徐远举、成希超、周养浩和郭旭等大特务，乘机逃往成都。毛人凤的飞机起飞后，胡凌影率特务又将白市驿、九龙坡等机场炸毁。[1]

在这场空前的暴行中，保密局比之内调局，犯下了更严重的罪行，仅其在重庆一个地区的屠杀破坏罪行便足以让人触目惊心。

在西南地区的其他城市，保密局也开始做最后的挣扎。在成都，毛人凤通知四川省主席王陵基，将四川特种会报所逮捕到的中共党员与进步人士十余人，枪杀在成都十二桥；在昆明，他又下令对保密局关押的四百多人大开杀戒，结果被云南省主席卢汉阻止。[2] 在疯狂屠杀的同时，丧心病狂的特务们又奉蒋介石的旨意实施了破坏计划，他们的口号是："我们绝不可以让共产党完整地接收任何一座城市！"

11月29日，蒋介石到达成都，刚刚在重庆执行完破坏任务的毛人凤接踵赶到，欲对成都再进行破坏。12月2日，特务们首先炸毁了内江大桥。毛人凤指令周讯予全权负责对整个成都进行彻底破坏，自己却悄悄逃离了成都。周讯予担心自己会像当年的酆悌一样，成为别人的替罪羊，迟迟未敢下手。就在犹豫之间，解放军已直抵成都。周讯予最终未敢轻举妄动，这座历史文

[1] 此节参考袁南生：《民国特工演义》，湖南出版社1993年版，第289—292页。

[2]《风云丛书130：国民党军统内幕》，(台)海外出版社，第243—244页。

化名城终于被保存了下来。[1]

1949 年 12 月初，在人民解放军的炮声中，徐远举、周养浩等保密局西南特务头目从重庆逃至昆明，准备逃往台湾。因云南省主席兼司令官卢汉将军宣布起义，飞机被扣留，徐远举、周养浩等都被作为战犯逮捕。保密局云南站站长沈醉因在起义书上签字，发表广播讲话，下达了要下属缴械集中的命令，并协助卢汉逮捕了多数特务，在解放后几经周折，最终得到了国民党“起义将领”的待遇。

保密局特务们最后的疯狂没能挽救国民党失败的命运。

第三节　真假保密局的最后闹剧

在此前后，保密局还发生了一场内讧闹剧。

进入 1949 年后，国民党的反共内战遭到了惨重失败。在刚刚结束的辽沈、淮海、平津三大战役中，蒋介石多年来积蓄的内战本钱输得精光。此时，以李宗仁为首的桂系早就等待着这个机会，把自己保存下来的部队向南京移动，以武力抢夺总统宝位，上演第三次逼宫。蒋介石于无可奈何之际，被迫第三次宣布下野，李宗仁当上了南京政府的代总统。

1949 年 1 月，下野的蒋介石回到自己的家乡奉化，住进了“丰镐房”，但他却仍悄然左右着整个局势的发展。在这里，蒋介石以国民党总裁的身份每天接见一批又一批前来请示报告的各类大员，依然发布着他的指示。对于特务系统，他更是毫不放松，除了对外，他还要依靠他们对付党内的敌手。

作为国民党内最大的地方势力，桂系一直是蒋介石所要打击和排挤的对象。这就注定了军统、中统在历史上便与桂系仇隙颇深。在国民党内历次斗争中，桂系也一贯把蒋的特务系统当作攻击的对象。军统改组为保密局后，毛人凤出任局长，为改变戴笠时期树敌过多的路线，他曾一度有意与桂系三

[1] 徐飞：《狼与狈：中统军统行动档案》，河北人民出版社 1998 年版，第 411 页。

巨头李宗仁、白崇禧、黄绍闳等缓和关系，但桂系并不领情，所以保密局与桂系的关系仍处于紧张状态。桂系掌握大权后，毛人凤忧心保密局的日子以后不会好过，而使他更为担心的是，万一保密局不久前策划暗杀李宗仁的阴谋曝光，恐怕就连他的性命也难以保住。

在奉化溪口，蒋介石指示毛人凤辞去保密局局长的职务，让李宗仁接管保密局，以同桂系交密的副局长徐志道去同李宗仁、白崇禧打交道，但组织不能丢。他要毛人凤亲自去上海布置，给李宗仁、白崇禧“留个门面”。毛人凤对此心领神会。

在正式宣布辞职之前，毛人凤首先通过亲信对保密局各地方组织发布命令，在任何情况下，保密局人员只能服从他的命令。接着，他招来副局长徐志道和福建站站长林超，向他们通告自己准备辞职的消息，并决定由他们分别接任正副局长。他交给徐志道一份事先准备好的名单，说明是保密局应李宗仁提出的局本部南下广州的人员的名册。

徐志道突遭升迁，正在琢磨其中的内涵，看了这份名单后便恍然大悟；原来，那份名单上所列的 92 个人员，全是局内的一般文职人员，并无一个外勤人员，是用来装点门面糊弄李宗仁的。不仅如此，即使对这个假保密局，毛人凤也还保留了一手。为牵制徐、林二人，他委任自己的亲信涂寿眉担任新的局本部主任秘书，下面只设业务、总务两个处。总务处长由徐志道的亲戚钮殿臣担任，业务处则由毛人凤的亲信黄逸公出掌。一切仍在毛的控制之中。

设置好假保密局，毛人凤又着手处理真保密局的善后工作。他首先命令亲信、局长办公室主任潘其武将重要档案和文件封存好，派专人送往台湾。同时，着手将保密局本部大部人员及机构分批由南京撤往上海，并在上海成立一个办事处，以此名义继续指挥各地保密局外勤组织的活动。上海办事处实际上成为真正的保密局指挥中枢。等到上海办事处布置完成，毛人凤才正式向李宗仁辞职，并由徐志道接任局长。

为防止李宗仁追查保密局档案资料的下落，毛人凤又一手策划了焚烧南京洪公祠 1 号局本部大楼的计划。这座抗战胜利后新建的保密局大楼便在一场烈火中化为灰烬，同时保密局所有的档案就此失踪。

李代总统得到的只是新局长徐志道交来的他所辖下的保密局名册。

辞职后，毛人凤便赶赴上海，为了避人耳目，他把手下原来的八大处机构全部降格为组。

蒋介石又向他发来指示：如李宗仁以势相迫，强令解散上海办事处，则可酌情缩小编制，并更名为“中国革命青年同志会”，使之成为一个短小精悍的团体，继续进行活动。

毛氏保密局和徐氏保密局，一真一假，本来是蒋介石要的一个手腕，孰料却由此引发了一场真假保密局大战。

徐志道也非安于听令之人。在他得到局长的名衔后，认为既是名正言顺，又有桂系依靠，不妨与毛人凤斗一斗，或可真正取而代之。

此时，虽然徐志道的保密局只是个空架子，不执行任何秘密任务，但由于它属正宗，同国民党国防部的日常交道和领取经费等工作，都由其负责，故有财权和方便的活动余地。在开始阶段，徐志道不得不听命于毛人凤，将所领到的经费基本汇到上海办事处，供毛使用。可当徐氏保密局随国防部南下广州后，他便凭借手中掌握的保密局印信，领取经费后不再交给毛人凤，而是自己截留下来，用于成立自己的外勤组织，同毛记保密局相抗衡。

徐志道计划首先派人潜往广西十万大山一带，收编那里的地方土匪武装，作为自己的外勤人员，然后分派到各地。同时，又以广州为中心，向其他地方派出人员，组建自己的情报小组，作为情报搜集来源。徐志道假戏真做准备大干一番事业了。

要挤掉毛人凤，徐志道首先要办的事是建立一套自己的班子。涂寿眉、黄逸公都是毛人凤的亲信，但徐经过观察研究，拉拢了被毛冷落的业务处处长黄逸公，二人结成了“反毛同盟”。在徐志道建立自己的外勤组织时，毛人凤曾电示黄逸公从中作梗，而黄却拒不服从命令。

为了维持上海办事处的运作，毛人凤决定依靠自身力量筹措经费。他指示手下干将邓葆光、刘文雄一起组织套汇走私机关，从事黑市交易赚钱自用。与此同时，他又主动派人去徐志道处说项，试图说服徐志道回头。

1949 年 3 月，毛人凤的亲信、重庆兵工署稽查处处长廖宗泽赶到广州。

廖宗泽同徐志道颇有私交，此行是奉毛人凤之命前来做说客。徐志道对此产生了犹豫，考虑到不可能一下子达成目的，也想给自己留条后路。但他又不想向毛人凤全面让步，故最后勉强同意，将他所领经费交给毛人凤小半部分，自己截留大半。

毛人凤同徐志道的这场争斗，最终以徐志道的妥协而告结束。

不久，国防部被迫由广州迁重庆，徐志道带着他那个假保密局亦随同去了重庆，而那些初建和正在组建的外勤组织就只好丢弃不管了。

这期间，国防部一再裁减人员，徐志道无力招架。到 1949 年 11 月，当徐的保密局逃到成都时，就只剩下徐志道、黄逸公等几个人了。

在这种情况下，黄逸公又重新向毛人凤示好，企图随保密局本部一同撤往台湾。毛人凤痛恨黄逸公背叛自己，命令其继续留在大陆工作，而这无异于送死。后来，黄逸公被迫逃往西昌。

在成都解放前夕，徐志道当完了最后几天光杆局长，即逃往台湾，两周后转任“国防部参议”，不久被令退出现役。而此时，毛记保密局早已在台湾“复业”了。[1]

内政部调查局的崩溃和毛人凤保密局在台湾“复业”，标志着国民党特务组织全面退出大陆。中国现代史和国民党历史上的“中统”与“军统”两大特务组织，就此结束了他们在中国大陆活动的历史。

[1]《风云丛书 130：国民党军统内幕》，（台）海外出版社版，第 252—254 页。

后　记

本书由马振犊、邢烨合作而成，在马振犊原著《国民党特务活动史》的基础上，补充增添新史料，重拟系统大纲。感谢金城出版社慧眼识珠，为本书问世提供了全力支持与保障。并希望学界同仁与广大读者有以指教，使有关国民党军统组织的历史研究能够不断推进。

作 者

2016 年 5 月 10 日